U0032361

儒門內的莊子

楊儒賓

序言

　　莊子研究的書這麼多，為什麼還要寫這本書？真正的動機大概只能有一個：因為我認為莊子想要傳達的消息還沒被充分地傳達出來。因為還沒被充分表達出來，所以莊子被置放在中國思想版圖上的位置可能是誤置了。也正因為有可能誤置了位置，所以莊子不屬於莊子學，戰國時期宋國蒙地的那位莊周和綿延流長的莊子詮釋學史上的那位莊子，名同，卻是實異；貌合，偏又神離。就思想類型而言，兩人並不同型，最多只是近親的關係。

　　如果真有兩位莊子，一位是戰國時期確實存在過的歷史人物莊周，一位是被詮釋出來的《南華真經》此文本上的莊子，那麼，如何解釋這兩位莊子間的異同？此工作將是本書能否處理得好最根本的關鍵。筆者這樣的對照似有機會還莊子真面目，其實也是高度抽象的產物。先別說詮釋學上「作者原意」所帶來的理論難題，即就《莊子》本身理解，也是困難重重。因為《南華真經》文本有可能不是只有一人撰寫，此書上顯現出來的莊子從來不只一種面貌，因此，也有可能不只一位莊子。

　　既然歷史上存在的莊周與《莊子》一書中單一而客觀的聲調之莊子都渺不可得，筆者宣稱莊子旨義尚未充分展現，所以要重探莊子原義，這樣的論斷相當危險，好像前人的莊子研究都是多餘的一樣。事實當然不是這樣，不管是從前代學者的注解與闡釋，或是從近現代學者的研究當中，我個人都受益匪淺。在現代學術機制建立前的莊學傳統中，注釋是最重要的詮釋方式，歷代莊學名家通常借注釋以發揮莊子大義。時序進入 20 世紀後，中國學界有個打造新學術的大工程，現代論文形式或專書形式的莊

子研究才慢慢成形。這兩個階段的莊子研究偏重面不同,但各可發明《南華》真義,筆者當然也受惠於這兩個傳統的詮釋。

近代之前的《莊子》詮釋史源遠流長,每個歷史階段提供的莊子圖像不一樣,大致說來,筆者認為我們現在對莊子的理解受到早期莊學詮釋傳統的影響最大,司馬遷、向郭(向秀與郭象)與成玄英這三位莊學早期的詮釋者奠定了後世莊學的圖像。現存最早期的三家之說皆足以自立,他們的論點能流傳至今,是有道理的。談玄理能談到向、郭層次,談何容易,向、郭的無言獨化之說提供了本書一種全體性的波狀相連的氣化世界觀。談體證工夫能深入到成玄英所述重玄之境,同樣也不容易。從成玄英到陸西星,我相信這些道士對莊子工夫論的貢獻是遠比大多數名儒高僧的著作來得大的,他們常被當代學者有意無意地視為將莊子帶上了歧途,筆者不相信此種判斷。這些丹道道士以己身為鼎爐,九轉丹成,我相當尊重他們的洞見。至於司馬遷所呈顯出來的莊子,其人顯示出一種反體制的抗議色彩,我們很容易聯想到司馬遷個人的命運,此種存在主義式的莊子對成長階段的年輕學者是有無可抗拒的吸引力的,我們不會忘掉:在專制時期,莊子曾撫慰過多少飽受命運摧殘的士子之心靈。

至於近現代的莊學研究,其成績也相當可觀。如果我們以戰後華人學術社群的先秦諸子研究為例,我們發現《莊子》一書和其他先秦諸子的著作相比之下,其研究確實新義較多,尤其在語言哲學與美學的領域,當代學者的研究幫助了我們理解莊子哲學久受忽視的一面。這兩個領域久受忽視,主因是秦漢後,中國思想在語言哲學方面並沒有突破性的進展;而在美學方面,也多呈現星點般的洞見,沒有像工夫論、心性論、政治哲學方面有成系統的論述傳統。美學與語言哲學在上一世紀卻是歐美思潮的強

項，名家輩出，各領風騷。國人生於斯世，「預流」其學，自然較易獲得成果。

最近十年來，莊子研究有越來越熱的勢頭，兩岸三地，皆有名家。尤其中央研究院中國文哲研究所近年來持續推動國內莊子學者與歐美學者的對話，對話是實實在在的對話，甚至是火辣辣的對話，莊子被放在一個和以往迥不相同的思想冶煉爐裡伏煉，精彩四射。其後座力的震撼效果也是很可觀的，轟隆巨響之聲至今猶然在耳。雖然參與討論的中、外學者之觀點並不一致，但總體的大方向很值得注意，筆者相信一種新的莊子圖像已慢慢地浮現，這個新莊子圖像的名稱，甚至內涵都還沒有較一致的共識，但其方向大致指向一種關懷存有；強調主體的美感、語言向度；帶有一種尊重差異的民主精神之人文自然觀；而這些視角之所以成形，乃因莊子的主體是氣化交感的主體。筆者多次參與文哲所主辦的工作坊，也參與額外加碼的民宿讀書會，受益極多，這些學界畏友提供了筆者一種越來越活潑的莊子形象，一種更帶有現代價值體系：注重差異、語言風格、心物平等的莊子逐漸明晰起來。筆者非常感謝這些年來與我共學、論辯的這些國內、外友人。

筆者玩索莊子多年，早年也有《莊子》的專書行於世，但較為完整的莊子思想圖像可以說是十年來受到國內與域外同行學者的刺激而逐漸成形的。如論本書的源頭與基礎，則可溯至長久以來，我個人對形氣主體的基本關懷以及對晚明「天均之學」的重新解讀。「形氣主體」一詞也可稱作「氣化主體」，這兩個詞語雖由我所撰，卻非杜撰，它們是源自小傳統常說的「形─氣─神」之改寫。本書最早撰寫的一篇文章即探討莊子身體觀的特色，這篇文章也是我任教後，第一篇的身體論述。爾後隨著理解逐漸加深，我漸漸地趨向於認為：「形氣主體」不只是莊子哲學

重要的成分,它的地位更重要,是基源本體論的核心。莊子哲學應該落實到形氣主體上解釋,從語言、技藝、遊觀到具體處世,莫不如此。我相信莊子的形氣主體是種身體理性的作用體,形氣本身孕育了語言發展、與物相契的原始秩序之潛存構造,這種形氣主體是透過氣的波動迴盪與世同在的。莊子哲學是氣化的動態的哲學,是心理合一、與世共在衍化的哲學,他的有先於無,人文建構先於解構批判。換言之,形氣主體即是生活世界的本體。我相信莊子對人文精神的貢獻,不遜於孟、荀。孟子的道德意識、荀子的文史意識、莊子的遊化意識,都是很根源的人文精神之基礎。學界對孟子的研究較透徹,莊子和荀子還大有重讀的空間。

莊子沒有說過:乃所願則學孔子或學老子之類的話語,本書卻以「儒門內的莊子」之名冠此書,這個書名顯然會帶來爭議。因為,既然莊子不以教下哲學家自居,那麼,論者如果批判道:我們其實不用承擔太多的歷史的包袱,不要用「學派」之類的術語框住他,這樣的定位似乎更合理。我同意這種批評有說服力,也很樂意拋棄歷史上發生過的學派的標籤,但對「儒門內」一詞,筆者認為依然可以成說。儒家有各種類型,韓非子說過:孔子逝世後,儒分為八,八派的具體內容很難一一指認了,可以確定的是:沒有單一的儒家。尤其從公元11世紀理學興起以後,中國境內即有種既強調宇宙氣化、生生不息的超越哲學,這支超越哲學也是強調天人參化的形氣主體哲學,北宋與晚明的儒家多有此主張。這類型的儒家可稱為「天均哲學」的儒家,筆者相信天均哲學在當代更形重要。天均哲學的儒家走的這條路和莊子走的那條陌生而豐饒的大道,基本上是同方向的。莊子穿越了在其自體的無之意識,進入意義形式興起的「卮言─物化─遊心」主

體，這種主體是人文之源的主體，莊子的立場結穴於此。莊子和天均哲學的儒家同樣主張以「有」證「無」，晚明的覺浪道盛、方以智、王夫之等人主張《莊子》具有《中庸》、《易傳》的靈魂，它們共同奠定了儒家形上學的基礎，我認為「莊孔同參」有足以成說之處。

本書共十篇，除第七章：〈無知之知與體知〉與結論：〈莊子之後的《莊子》〉外，其餘八篇已先後刊載在國內外的學術期刊或會議論文集上。

導　論　〈道家之前的莊子〉，刊於《東華漢學》，第 20 期（2014 年 12 月），頁 1-46。

第一章　〈莊子與東方海濱的巫文化〉，原刊於《中國文化》，第 24 期春季號（2007 年 4 月），頁 43-70。

第二章　〈儒門內的莊子〉，刊於劉笑敢編，《中國哲學與文化》（廣西師範大學出版社），第 4 輯（2008 年 12 月），頁 112-144。

第三章　〈遊之主體〉，刊於《中國文哲研究集刊》，第 45 期（2014 年 9 月），頁 1-39。

第四章　〈莊子的卮言論〉，即〈莊子的「卮言」論——有沒有「道的語言」〉，刊於劉笑敢編，《中國哲學與文化》，第 2 輯（2007 年 11 月），頁 12-40。原名〈卮言論——莊子論如何使用語言表達思想〉，載於《漢學研究》，第 10 卷第 2 期（1992 年 12 月），頁 123-157。

第五章　〈卮——道的隱喻〉，原名為〈無盡之源的卮言〉，刊於《台灣哲學研究》，第六期（2009 年 3 月），頁 1-38。

第六章　〈技藝與道〉，原名為〈技藝與道——道家的思考〉，刊於陳明、朱漢民編，《原道》（首都師範大學出版社），第 14 輯（2007 年 11 月），頁 245-270。更早刊載於《王叔岷先生學術成就與薪傳研討會論文集》（台北：國立臺灣大學中國文學系，2001）。

第七章　〈無知之知與體知〉，新作。

第八章　〈莊子與人文之源〉，原刊於《清華學報》，新 41 卷，第 4 期（2011 年 12 月），頁 587-620。

結　論　〈莊子之後的《莊子》〉，新作。

附　錄　〈從「以體合心」到「遊乎一氣」——論莊子真人境界的形體基礎〉，刊於《第一屆中國思想史研討會——先秦儒法道思想之交融及其影響》（台中：東海大學文學院，1989），頁 185-214。

本書大部分的文章是最近七年內寫成的，但附錄〈從「以體合心」到「遊乎一氣」——論莊子真人境界的形體基礎〉一文則寫於二十六年前，全書經歷四分之一個世紀才完成，亦云久矣。個別的篇章曾被改寫後又重新出版，此次被整編成為書的專章時，筆者又作了部分的剪裁，以期全書的主旨與風格能更為一致。學者著作的性質有別，有些著作是依設計藍圖打造的，有些是隨機組合而成的，有些是如同生物種子般自然長成的。本書是生物學的模式，全書的內涵已孕育於第一篇的種子。筆者所說的「種子」是指全書中唯一沒有再加以修改的附錄，此篇發表的年代最早，它也是筆者撰寫的第一篇身體論述的論文。其時為民國七十八年（1989），發表於東海大學舉辦的「第一屆中國思想史研討會」上。當時台灣剛好處於解嚴前後階段，依憲法規定，教

育經費要占國家總預算的 15%，學界一下子經費寬鬆了起來，所以有不少「第一屆」的學術會議。爾後經費審查漸嚴，「第二屆」的會議就沒了。本篇文章寫的時間雖早，文字也頗青澀，但筆者爾後發展出的一些學術論點已見於此篇「少作」。

在東海大學舉辦的那場研討會上，此篇現在看來保守的文章當時卻引發了不少爭議，一位國內研究道家的前輩學者對此文從頭批到尾。相對地，一位外國學者編纂具有新方向意義的莊學研究著作時，卻特地挑選此篇著作譯為英文，收入書中。在上個世紀的 90 年代之交，學術和政治一樣，都發生重組的現象。這兩組重組的現象的關係很微妙，不能硬講一定有關，但也不能說沒有關係。當時確實有些前輩學者對新的政局與新的學術語言都很不喜歡，他們常不自覺地將所謂的新說視為邪說暴行的象徵，現在看來，那些昨日之怒的語言當然只有歷史檔案之意義，學術價值不高。但既然這篇拙作的主要論點和今日筆者理解者並沒有太大的出入，所以存此忠實紀錄，以見個人與時代思潮的演變，或許有些參考的價值。此文因此保留原貌，一字不動。

〈儒門內的莊子〉是本書的一章，也是本書的書名。「莊子儒門說」不僅見於宋明時期的儒者，類似的想法在當代儒者熊十力、馬一浮的著作中也都可找到，白川靜與鍾泰先生更是極力宣揚，不遺餘力。但本書的觀點主要是呼應 17 世紀的天均哲學，設想中的主要對話對象則是新儒家，包含宋明新儒家與民國新儒家。從王學到牟宗三先生，他們竭力張揚道德主體的作用，「中國哲學落於主體性」成了具有定向作用的無諍法。天均哲學則認為形氣主體才是真正的宇宙軸，以有我身故，一切法得成。應機不同，不一定矛盾。言各有當，觀其會通，以行典禮，可也。是為序。

楊儒賓　甲午歲暮於新竹清華園

目次

導論
道家之前的莊子

一、前言——回到原點

　　本書想回到詮釋的原點，對《莊子》一書重新定位。所謂詮釋的原點也就是《莊子》此書形成之後而尚未被劃歸學派之前，具體地說，也就是孔老之後、秦漢之前的戰國中期階段的思想史位置。那個階段的一位思想家莊子生於殷商遺民組成的國家宋國，其時正是後世所謂的諸子百家蓬勃發展的時期，中原的空氣中浸潤著中國史上最富生機的思想養分，尤其孔子與老子提供的思想更成了當時不少思想家思索問題的起點。莊子有所思，有所撰述，後來經過一段我們尚未明瞭的過程，有（或有些）他的學生或私淑者承其意，續有創作，後遂被集成一部《莊子》古本的著作。在以《莊子》為名的這部先秦古籍中，莊子們（含莊子本人及其他可能的作者）展開了一種獨特的論述。秦漢以後的史家對此書的論述有所詮釋，並加以分門分派，莊子本人的思想被列到「道家」名下。本書不認為兩漢史家的歸類是合理的，所以想回到現行三十三篇本《莊子》展開的思想世界，直接依原始文本立義。然而，以文本為原點並不表示本書橫空出世，事實上，本書的完成受益於歷代的《莊子》注本非淺，本書的詮釋背後有《莊子》學史的背景。

　　研究《莊子》的學者通常都想回到《莊子》此原典，在原典中尋找思想發軔的原點。然而，「原點」一詞本來即神祕，預設《莊子》注釋史背景的原點更神祕。如果說一部二十四史不知從

何說起，一部原點的《莊子》，一部支持《莊子》原典所展現的原點之思想世界的《莊子》學史，也都不知該從何說起！

《莊子》文字極佳，卻深邃不好讀。像《莊子》這樣影響兩千多年東亞思想史的著作，其論點一再被翻新，各種詮釋觀點跨越的幅度很大，卻又常能打動不同時代、不同宗教立場人士的心靈，它的內容如果不深邃玄妙，是很難想像的。但《莊子》之難讀不僅在內容，連承載內容的文字該怎麼看，都容易有爭議。《莊子》的文字風格很強，不少謬悠之說與荒唐之言，像銀河般流動，浩瀚無垠[1]。莊子的作品乍看之下，常不免語義跳脫，文脈多歧，所以才會有注家的作品和被注解的經典同樣難懂的情況[2]。《莊子》的詮釋空間特別寬闊，此書的特色在此，後世的爭議也常因為此書的文字風格而引起的。

莊子的文字問題和他對語文以及整體智性的價值之定位是分不開的，莊子對語言的正面功能很懷疑，要不然，不會有〈齊物論〉裡那麼多懷疑語言功能的文句。但莊子對語言也是很肯定的，我們很少看到一位思想家像〈天下〉篇那般從語言風格界定自己的思想，在東方固然少見，在西方恐怕也不容易見到[3]。莊子之所以那麼注意語言，甚至可說是耽溺於自己著作的語言風

---

1 這是〈逍遙遊〉篇裡肩吾讚嘆接輿的詞語：「吾驚怖其言，猶河漢而無極也。」我們如將此讚嘆語挪用到《莊子》書上，一樣適用。

2 郭象的《莊子注》是注釋《莊子》的名著，但到底是郭象注莊？還是莊注郭象？世人疑之久矣！郭象《莊子注》常被視為可以獨立於《莊子》文本之外的獨立著作。馮友蘭的《中國哲學史》即將郭象《莊子注》列為個人作品，加以討論。

3 有些哲人很注重自己的作品的文字感染力，柏拉圖、尼采、叔本華、僧肇等人的作品皆可作文學作品讀，但這樣的名單一定不會太長，能自覺地提出語言與自己書寫風格的關係的思想家恐怕更少。

格，一方面固然因為天下沉濁，世人愚闇，不可與「莊語」。所以他只能使用滑稽突兀之語，以破執解蔽。但莊子所以選擇語義這麼飄忽難定的詩的語言，不純粹只是技術的理由，也不只是他是位另類的詩人，因此，握有創新語言的「詩之特權」（poetic licence）。更根本的原因當是出自他的「變化的世界觀」的考量，莊子一直很想找到一種足以和世界實相相襯的語言，也就是可以祕響旁通、連類無窮的語言。所以他使用文字時，喜歡於諧中帶正，於隱中帶喻，語義的游離性很強。

莊子雖然時常質疑言說的功能，但他卻有所說，至今為止，掛在他名下的文字有三十三篇，在先秦諸子當中，他的著作的文字算是多的，而且文字的文學質性極高。《莊子》一書引發了後世連綿不斷的歷史效應，歷代解莊述莊者不知凡幾，受他影響的文人、學者、平民百姓，更是多到不可勝數。所以我們在今日詮釋莊子，不能不站在兩重文本的基礎上：亦即《莊子》原始的文本以及歷代注釋《莊子》的文本。原始的《莊子》所說者已不少，歷代注莊文本說莊者更多。理論上來講，歷代說莊者的合法性要建立在原始文本的莊說的解釋上，才可以建立起來。但莊子本人已不再能說，所以莊說的原始內涵反而要透過歷代說莊者不斷地詮釋，其深層旨趣才能彰顯出來。

研究莊子學史的學者很喜歡分類歷代的莊注，陳鼓應先生最近為一本《莊子》學史的著作寫的序言中說道：中國歷代的注莊者常有以佛解莊、以《莊》解莊、以儒解莊以及以《易》解莊者，紛紜不定[4]。陳先生的感慨自是有為而然，類似的觀察在不少莊子學的著作中也可見到。筆者很同情近賢的感慨，但也不能

4　參見黃方勇，《莊學史略》（成都：巴蜀書社，2008），頁 6-7。

不指出：莊子學史觀點下的歸納是後設的觀點，詮釋者站在後出者的優勢位置，依自己理解的學派屬性，分類以往的莊注著作。這種分類有些便宜行事，可參考，但作用不大。因為如果我們回到歷代注莊者的立場，我相信大概除了少數宗教情感特強的僧侶、道士有以佛解莊或以老解莊的意圖之外，絕大部分的注家恐怕都是自認為想「表莊周之旨趣」，亦即他們都自認為自己是「以莊解莊」者。即使宗教傾向甚強的高僧高道之解莊，筆者認為他們恐怕也會認為自己的工作是要彰顯莊子的原義，而不是有意亂接異派思想之枝，以強化自家根本。只不過他們理解的莊子恰好突顯出莊子是老子原義的發揚者或是佛法東來之前的先行者，其旨歸剛好可以和佛老的真諦相互發揮罷了！如成玄英就認為莊子的意圖本來就想「申道德之深根，述重玄之妙旨」，所以他才依此一線索，以老子義理注解《莊子》。即就本書而論，筆者的解莊當然也自認為是「以《莊》解莊」。

我們探討《莊子》首先要面對的是一部《莊子》文本與歷代釋莊、述莊者合構成的一部波瀾壯闊的莊學演變史。如果絕大部分的注莊釋莊者都自許為「以莊解莊」，那麼，我們如何分辨有效的「以莊解莊」以及無效的「以莊解莊」，這樣的問題就出現了。討論《莊子》詮釋的有效性，我們首先會面臨兩個很棘手的問題，這兩個問題都是陳年沉痾。一是《莊子》各篇章的作者問題，《莊子》此書就像一些先秦的典籍一樣，它可能成於眾人之手[5]，而不是出自單一作者，因此，如何分辨何篇是莊子原著，

---

5 成於眾人之手的情況又有多種，有的是類似一個學圈而非學派的集結，如《管子》很可能與稷下學圈有關，所以其書內容包含各家各派之說。有的是大師的門生或加上再傳門生等集結而成，如《論語》、《墨子》。有的可能是

何者是後人所加，問題就發生了。這件事糾纏已甚，極難分疏。另外一個問題是《莊子》的語言風格極特別，基本上，我們可以確定莊子對於知識論導向的敘述極無興趣，他甚至對語言的傳達功能都很懷疑。因此，頗有莊學名家認為莊子如同後世禪宗，其語詼詭譎怪，正言若反，其旨義不能依一般日常語言下判斷。因此，《莊子》篇章中的語言到底是直敘的？反諷的？或是詩意的？其性質不免費人猜疑。

　　一部《南華》，到底有幾位作者，已是個令人頭痛的問題。在此文本身上又附著了歷代流傳下來的層層疊疊的注解作品，這些衍生出的文字有多少是文字障？有多少是文字般若？又是個問題。原始文本須仔細解讀，這批歷代流傳下來的業績本身也亟待清理。筆者選擇的標準在哪裡？這種質疑可想像地一定會出現的，筆者不能不答覆。筆者還是回答道：依然是要「以莊解莊」。不管「以莊解莊」在實際的檢證標準上是如何地難以檢證，在詮釋學的理論設定上是如何地冒風險，但就作為行之久遠的注解策略，此一詞語仍然相當地有效。筆者的「以莊解莊」將是回到莊子的原點，回到莊子的原點也就回到被漢人分家分派之前的《莊子》文本的世界，在這個世界中沒有司馬遷，沒有劉向，沒有班固。換言之，也就是沒有「道家」一詞。眾所共知，先秦時期只有「儒」、「墨」兩家有學派之名，「道家」就像其他的學派名稱一樣，都是秦漢後興起的概念，是追溯出來的。當我們將道家還給漢代史家，將《莊子》文本還給莊子，我們就得面對一個尚未被定性、定名的原始文本，它呈現自己，自己解釋自

諸子和其門生合作的產物，但可大體代表其人之思想，如《孟子》、《荀子》。情況複雜，不一而足。

己。問題是：經典不會只是「在其自體」（in-itself），它永遠也要「為其自體」（for-itself），我們該如何理解它？

面對著這個未被歸類的文本世界，筆者想嘗試找到一個設想中的《莊子》作者自己所表述的著作旨趣，在下文的分析中，我們將會發現：他的意圖會揭露《莊子》文本有個形上學的原點，《莊子》一書是依形上學原理而不是歷史原理展開的文本，這是第一個原點。其次，由於哲學興起之前通常有個神話的時期，神話題材與哲學議題之間常有關連，莊子可以確定是先秦諸子中最具神話精神的哲人。在神話世界中，發生於開闢時的「彼時」之剎那，乃是一切存在之根源或基礎。筆者相信宇宙開闢的神話母題是莊子論述的「太初本體論」的原點[6]。在形上學的原點、太初本體論的原點外，筆者將會以「形氣主體」作為基源本體論的原點，借以補充形上學的原點。以上述這三個原點為核心，筆者認為《莊子》一書的內容雖然繁富，卻有軸心。莊子既站在孔、老之後的思想風土上回應孔、老的議題；也站在繼承殷商巫文化的宋國這塊土壤上，回應神話的啟示；而莊子之所以能回應遠古的與近世的文化傳統，乃是他對人與世界的本質皆作了根源性的批判，他的新的主體範式全面性的安頓了人的經驗世界。

本書以「儒門內的莊子」名書，既然用到「儒」字，就很難不把學派的因素帶進來，也就不可能不是個學術史的論述。如果有論者從學術史的角度下此評斷，筆者同意這種質疑是可以成說的。但本書的意圖恰好不屬於狹義的學術史，筆者所以透過形上

---

6 有關「太初本體論」（archaic ontology）及「彼時」的意義，參見耶律亞德（M. Eliade）著，拙譯，《宇宙與歷史——永恆回歸的神話》（台北：聯經出版公司，2000），頁 1-4。

學的源頭、神話的源頭、基源本體論的形氣主體之源頭，以界定孔老，主要是這種連結也見於《莊子》原本，筆者可以說是接著講，論本書的根本旨趣，筆者只是希望透過多重管道，指出莊子提供我們一種足以作為有意義的人文精神的主體觀，這種新的主體範式代表的是一種積極哲學的型態，這種積極哲學的主體不見於漢代以後的道家名下的莊子。所以我們只有逆流而上，神與《南華》遊，才有機會切入箇中三昧。

二、《莊子》與莊子

在進入莊說的議題之前，我們不能不面對一個尷尬的陳年問題，此即莊子或《莊子》的原義的問題。因為本書既然有意給莊子其人其書重新定位，自然不能不涉及何者是莊周的真身之討論。即使這個問題終究只是虛擬的問題，但作為理論系統的虛擬預設，其作用仍不可或缺的。在知識論上，我們知道：虛擬的預設與預設所處理的現象往往是不可分割的。《莊子》原義或原本的問題一向是莊子學上的沉痾宿疾，雖然其症難解，每位踏進莊學殿堂的解釋者卻不能不嚴肅地面對。更何況，由於上世紀下半葉以來出土文獻日多，莊子其人其書近年來又有新的討論，老問題更不宜迴避。

關於《莊子》一書各篇章的作者歸屬，這個問題確實很棘手。唐陸德明《經典釋文‧序錄》裡提到他當時所了解的各家莊子注，其中有司馬彪、孟氏注五十二篇本，這本五十二篇注本是《漢書‧藝文志》所說的五十二篇本。但這五十二篇本因為「言多詭誕」，所以後來頗有些注家不認為這個版本可以代表莊子的思想，因此，他們各自「以意去取」，其中有二十七篇本，有三

十三篇本,有三十篇本。在各種版本當中,「內篇眾家並同」,
其餘的「或有外而無雜」。依據陸德明所說,漢代所見的《莊子》
古本為五十二篇本,這五十二篇本是後來各家注本的母本。五十
二篇中的內七篇公認最能代表莊子思想,所以各家注皆有此七
篇。其餘的篇章之歸屬就不免眾說紛紜了,雜篇諸篇受到的青睞
更低。

　　關於《莊子》各篇章的作者問題,如真要一節一節細究,恐
怕問題多如牛毛,王叔岷先生指出古書中出現的莊子文字多有與
現今篇章不合者,有今屬內篇,而原屬外篇者;也有今屬外篇,
而原為內篇者;有兩篇合為一篇,也有一篇分為兩篇者。由此可
見在《莊子》三十三篇版本確定前,《莊子》各篇章的取捨仍多
出入飄泊[7]。比起其他古書經過劉向之手後多已固定下來,《莊
子》一書的情況毋寧是較特殊的。在原始版本的五十二篇本中,
被淨化掉的那些篇章之內容是否真不如內七篇?大部分可能是,
但也很難一概而論[8]。即使僅就現存的三十三篇本考察,內七篇
的地位幾乎眾所肯定,至於其餘篇章的價值之釐定則出入頗大。
是否外、雜篇個別篇章的價值一定不如內七篇,也真是難講。後
世注莊者多有言及外、雜篇中的某些篇章價值頗高者,比如〈天

7　參見王叔岷,《莊學管闚》,此書收入《莊子校詮》(台北:中央研究院歷史
　　語言研究所,1994),冊下,頁 1435-1436。

8　據說被刪掉的這些篇章之內容有如《占夢書》,或如《山海經》。被刪掉的
　　《莊子》篇章還有些佚文殘留下來,有各家輯佚本,王叔岷先生的輯本較完
　　整,輯本見王叔岷先生校注,《莊子校詮》,冊下,附錄。輯本所顯現的內容
　　確實頗有些怪力亂神,與三十三篇本的風格不像,陸德明的判語基本無誤,
　　但還是很難一概而論。而且如不論哲學價值,而是論史料價值,被刪掉的
　　《莊子》文字對我們了解設想中的《莊子》全貌,還是有幫助的。

下〉篇即普受重視。大體說來，不同的詮釋者因其解讀能力不同，關懷各異，因而判斷自也有差異。所以即使雜篇的篇章入選注釋的比例較低，並不表示這部分的文章之理論水平不如內、外篇。如果一定要按後世詮釋者入選的平均值下判斷的話，這樣的統計數字是無意義的。詮釋靠眼力，是質的判斷，而不是量的判斷。如果找不到價值等第的標準，而想從內容來評斷其作者歸屬，可以確定不會有共識可言。

由於從內容判斷，免不了仁智之見；眼力高低的判準，更難有共識。因此，轉從文章形式或文字層面（如單複詞的演變、韻腳的比例、人稱代名詞的使用等等）切入，析辨《莊子》各篇成立之先後，事實上，也可說是理論價值之高低者，近世以來之學者頗有其人。由於作者撰寫文章時，其文字的用語、聲韻、語法往往受制於時代，而作者並不自覺。作者的文字就像刑事案的證物一樣，可以提供破案的線索。因此，如能分辨出一本書中不同的篇章具有不同韻腳、特定用詞、語法形式，而其時代先後又可確定的話，此種手法可能可以提供解決爭議的方案。此手法雖然早在宋明時期的蘇軾、朱得之等人的著作中皆已用過，但在近現代，有意識地採用此方法的學者中更頗有其人，如高本漢討論《國語》、《左傳》關係；胡適論《論語》、《孟子》關係的〈爾汝篇〉；楊伯峻考證《列子》篇章；嚴靈峰考辨〈天下〉篇的作者[9]，其論點皆有足以成說之處。但不容否認的，可以討論的空

9　高本漢（Bernhard Karlgren）著，〈左傳真偽考及其他〉，收入陳新雄、于大成編，《左傳論文集》（台北：木鐸出版社，1976），頁 1-60。胡適，〈爾汝篇〉，《胡適文存》卷 2，收入季羨林主編，《胡適全集》（合肥：安徽教育出版社，2003），冊 1，頁 233-237。楊伯峻，〈從漢語史的角度來鑑定中國古籍寫作年代的一個實例——《列子》著述年代考〉，此文收入《列子集釋》（北

間也仍大。

　　晚近從文章形式立論，分辨《莊子》各篇章的價值者，就管見所及，竊以為張默生先生的《莊子新釋》可為代表[10]。張默生依文章呈現「議論─寓言」之結構者為一類，其餘為一類，將《莊子》文章分為三類，事實上也就是三等。他最後下了判斷：內七篇、〈寓言〉、〈天下〉為一類。至於從語詞演變角度，探討《莊子》一書篇章之成書先後者，劉笑敢先生《莊子哲學及其演變》一書可作為代表。劉先生依「精─精神」、「氣─精氣」之類的語詞演變，指出《莊子》一書中內七篇當是最首出云云[11]。劉先生的論證細膩，舉例周詳，比起前修之作，真是後出轉精，引發的撞擊也就不可同日而語。在今日，如要討論《莊子》一書各篇章的成書年代或作者，劉笑敢命題很難跳過不論。

　　張默生、劉笑敢諸先生的研究給我們很大的啟示，也可以說給我們很大的警惕，亦即我們使用《莊子》一書的材料時，不能一概同量。然而，文本考證之事需要滿足成立條件的因素很多，其中有一項困難極難克服，此即古書在流傳的過程中，通常單篇流傳，而且在劉向寫定前，通常多手轉抄。沒有定本的穩定架構，流傳過程中出現的變數就不會少，文字很難不混淆。由於晚近出土文獻提供了不少活生生的反證，證明古書的真假、先後問題絕不能輕忽。以後出材料或晚期材料當作原作者的觀點，這是很危險的。但反過來說，如果沒有辦法很確定的判斷真假先後，

　　京：中華書局，1979），頁 220-243。嚴靈峰，〈論「莊子天下篇」非莊周所自作（上、中、下）〉，《大陸雜誌》第 26 卷，第 1、2、3 期（1963 年 1 月、2 月）。

10 張默生，《莊子新釋》（台北：漢京文化出版公司，2004）。

11 劉笑敢，《莊子哲學及其演變》（北京：社會科學出版社，1988）。

學者卻要從中切割，強分先後，這樣的態度一樣危險。更危險的事是一種過度謹慎的態度，論者很容易流於將思想問題和「作者」的傳記問題緊密相扣，《莊子》一書的思想無意間被設想為莊子個人的思想。所以一旦設想中的作者之傳記問題不明，現成的文本也許除了內七篇外，再也無法發聲了。先秦子書的作者問題和後世文集的作者問題恐怕應該分開處理，《莊子》一書即是如此。

如果郭店或上博竹簡中有較完整的莊子文本就好了，這自然是美麗的幻想。但《莊子》三十三篇中的〈盜跖〉、〈讓王〉兩篇常被懷疑非莊子自著，其出現年代也較晚，有的論者認為其成篇時間甚至晚至漢代。王夫之注《莊》，他連這兩篇都懶得注。然而，1988 年，湖北江陵張家山出土漢簡《莊子・盜跖》殘篇；1977 年，安徽阜陽雙古堆出土〈則陽〉、〈外物〉、〈讓王〉殘篇。兩地出土的漢墓年代分別為公元前 173 與 165 年，距廢秦朝挾書律不過二十年上下，所以其撰述甚至抄寫的年代都有可能更早。兩篇抄本的年代姑且不論，但我們如將「原本」書寫的年代定位在戰國晚期，應當是非常合理的。以此證彼，古本《莊子》五十二篇，至少向郭本三十三篇的內容寫成於秦國統一天下之前，可能性不小。秦統一距離莊子卒年約莫一甲子，了不起也不會超過百年[12]。一甲子歲月的落差不知道能夠提供多少語言文字變遷的空間？依常識判斷，由於戰國時期社會激烈變動，語言文字的波

---

12 依據錢穆《先秦諸子繫年》（台北：臺灣商務印書館，1981），冊下，頁 618，莊子的生卒年為 B.C. 365-290。王叔岷先生則定為 B.C. 368-288。參見《先秦道法思想講稿》（台北：中央研究院中國文哲研究所，1992），頁 63。錢、王兩人估的生卒年當然只能是大略估計而已，無法確指。

動應該也會很激烈，因此，如果我們能分別出戰國中晚期文字形式各方面的演變情況，有可能可以找到客觀的證據，提供我們分列《莊子》一書篇章先後的依據。

但如果細部的語言文字之演進情況沒辦法確立，其證據就比較難周全，更關鍵的麻煩還是前文所說的古書流傳之慣例。如果現行《莊子》三十三篇本大體成書於戰國，依據古書流行通例，這三十三篇的篇章有可能分別流通了一段時間，在流通的過程中，難免有整理、加注、改寫的可能，這種可能性幾乎可以確定是會出現的。內七篇的文字風格一致，義理精微，這是個值得注意的線索。由於內七篇的內容一般認為水平一致，義理深刻，因此，內七篇被視為莊子本人或可代表莊子本人的作品，其解釋力較強。但此線索是否就可作為「莊子本人」與其後學的劃分標準，也很難那麼肯定地講，中間仍有一些變數[13]。但我們如果不考慮個別字句的爭議，觀其整體，內七篇的作者歸屬問題比較不會有爭議。

《莊子》各篇章的「作者」或「真偽」爭議糾結纏繞，清理不易。先秦古籍雖然也都會碰到類似的困難，《莊子》尤甚。三十三篇《莊子》的文字風格與內容無疑地不全一致，因此，設想各篇不是出於一人之手，這樣的設想是有理由的。然而，既然在文字考證與謀篇設論上的考訂仍很難確切的訂立規則。因此，從

---

13 王叔岷先生即指出現行三十三篇中，有些是內篇文字見之於外、雜篇者，也有外、雜篇文字見之於內篇者。劉笑敢先生對此出入有所解釋，認為無關大局。王、劉兩先生之說的是非牽涉到目前很難一刀切的前提，如魏晉時所見之五十二篇本是否即為漢代所見之五十二篇本。但合理的猜測：五十二篇本應當有傳下來，向郭所未取者，當是遺佚的另外十九篇。至於三十三篇本的文字容有錯簡，但這種文句上的小出入應該不會影響全篇的歸屬。

分析思想內容以判學派歸屬，這樣的方法雖然難以取得共識，但也就難以避免了。大體上，筆者會採取一個較常識性的設準：戰國晚期可能有幾種《莊子》版本，其中有本《莊子》古本可能是後世郭象本的母本，現行三十三篇大體收在此古本內，此古本作者或編者以〈天下〉篇作為全書序言。古本《莊子》的哲學立場不全然一致，其中有些篇章的內容近於積極政治哲學的黃老學派，有些篇章近於消極政治哲學的無政府主義。有些篇章近於密教內容的神話知識，其性質或許接近耶教的「偽經」之類的篇章，這些神話知識在三十三篇本編成時即被淨化了。其餘的篇章當為同一種哲學傾向的作者所編寫，因而可視為義理相容的文本。這樣的設想不需動大手術，又不至於衝擊到我們對《莊子》的理解，這個前提較安全，本書的論述會保守地依靠在這個前提上。

更直接地講，筆者只能進行詮釋觀點的轉移。面對現行《莊子》一書，除了內容與文字明顯不佳，或知識的歸類上不宜列入莊子學派的篇章外，我會將它視為一位「作者」的作品。事實上，一位作者也就是無名作者，無名作者也就是不指涉作者單、複數的功能性概念，「莊子」是《莊子》一書中作者們的代表。筆者將以《莊子》文本為依據，而不是以作者為依據，這種稍加篩選過的文本呈現了非關作者意圖而是整體文本的互文指涉所呈現的思想圖像。即使理論上我們知道其中有些文字也許不是莊子所寫、所著，但在文獻的歷史證據欠缺的情況下，我們只好從內在理路釐清，將稍加整理過的《莊子》一書視為相容性的文本。即使這個相容性的文本的部分章節可能是莊周後學整理的，也有可能是莊周後學作的，我們只好相信整體的內容大體是相容的，

甚至「後來者比原作者更能了解作者」[14]。不管「後出轉精」之說在追求「原始文義」的詮釋學立場上會受到什麼挑戰，筆者倒覺得此觀念如當作一種功能性的設定，它用以探討先秦的文獻，還是使得上力的，而且可在「歷史還原」的視角外提供「以理論開展為核心」的詮釋路線。

落實下來談，本文還是不能不對前人的詮釋有所取捨。既然「內容」仍是主導性的判斷依據，一則篇章能不能代表莊子，其判斷之合理與否當依詮釋者的洞見而定，不依贊成與否的數量之政治性共識產生。竊以為莊注傳統中，王夫之解莊的洞見戛戛獨造。筆者認為經王夫之法眼判斷者，其判準皆有個理路。如果筆者要在各種解莊、析莊、論莊的著作中，加以選擇的話，筆者會認同王夫之的判準。近賢如張默生、劉笑敢諸先生之說有個理路，他們耳提面命，警告學者不宜忽略掉明顯異質的成分，其警告也須嚴肅考慮。基本上，筆者會以作品為核心，而不是以作者為依據，即使行文中偶爾要架構莊子的「意圖」，因此，不免要「以意逆志」時，仍舊希望其「志」是在莊子整體的思想圖像之背景中顯現出來的。

至於莊子用語是否真如後世禪子所說，其語義極曖昧，幾乎走在「諦與非諦」（sense and non-sense）的界線。因此，詮釋者有很大的解釋空間。對此流行說法，筆者不甚贊同。《莊子》文本確實幽默滑稽、圓融無礙，莊子是哲學家中第一等操弄文字的大詩人。但莊子的回應語言並沒有艱澀到難辨雌雄，事實上，莊子這些謬悠之說、荒唐之言不但沒有阻礙莊子思想的傳達，相反

---

14 「後來者比原作者更能了解作者」之說是詮釋學的著名諍辯，赫施（E.D. Hirsch）與高達美（H. G. Gadamer）對此說多有討論，知者已多，茲不細論。

的，我們毋寧認為這些語言反而使得莊子的論述更強而有力地呈顯出來。《莊子》一書就像思想史常見的學派發展之案例一樣，當經典著作出現後，它的命運就不是大師所能掌握的。他的後學會在宗師的名號下發展出宗師始料未及的思想因素，王陽明之後，黑格爾之後，馬克思之後，都發生過這種情況。即使「正典」形象極濃的哲人如朱子，他的思想傳到朝鮮半島，仍發生了李退溪與李栗谷二派相持不下的情形。一位哲學家是否稱得上偉大？我們往往可以從大師過世後，教義是否有爭議？學派是否有分化？由此看出。

　　莊子喜歡運用隱喻、反語（「正言若反」之語），他的話語的解釋空間較大。六朝後，中國思想中的「心學」一枝獨秀，「心學」中又發展出禪宗這類極挑戰文本權威的學派，而莊子對心學的發展，尤其對禪宗的影響，又是那麼顯著的事實。因此，我們可以理解：《莊子》詮釋學史上的一些著作為什麼會引人反感！這些人的詮釋真是太自由了，他們甚至喜歡將莊子的日常語言蓄意解成禪語或反語，如郭象、覺浪道盛等人的詮釋即是，他們之所以如此解，通常是他們已經帶了明確的目的閱讀《莊子》所致。這些因素可能是宗師著作未盡之意所蘊含，也有可能是「六經注我」的產物[15]，注解者以竊據者的身分取代了傳譯者，經典只是用以印證注者原有的意圖而已。筆者認為莊學史上的一些有原創性的大家，其發明莊學的作用有時還不如自鑄系統的作用來得大。

　　莊學名家之於莊子，有的是發其底蘊，調適而上遂，注語平

---

15 「六經注我」與「我注六經」可代表兩種不同的詮釋路線，參見劉笑敢，〈六經注我還是我注六經〉，《中國哲學與文化》，第 5 期，頁 29-60。

實可從；有的是舊瓶裝新酒，斷裂甚於連續，其注解等於自說自話。背叛者的解讀雖未必有助了解「原義」，但有時反而可在發展中豐富「原義」。忠實與不忠實的解讀，兩者應當各有作用，同為思想史不可或缺的環節。然而，本書既要發莊子底蘊，論者不能不質疑：《莊子》一書的莊子原聲既然很難辨識，本書作者的莊學詁解依何人的話語而立？筆者的回答是：依然是要依莊子本人的說法而立。本書也是以莊解莊，第二個「莊」字指的是《莊子》一書的旨趣，第一個「莊」字則是在〈天下〉篇現身的那位作者。本書作者認為〈天下〉篇所表達的論點如不是莊子本人的晚年定論[16]，至少也是可以代表莊子本人思想的定論。此一通說有文本與義理的依據，筆者沒有理由不接受。詮釋內容複雜的文本，我們理當從了義，不從不了義，〈天下〉篇就是了義的作品，筆者將站在〈天下〉篇的基礎上重新詮釋莊子。

三、道之行程即體道之旅

〈天下〉篇是現行《莊子》三十三篇的最後一篇，一般注家多主張此篇是《莊子》一書的「自序」或「後序」。由於古書中的序言常置於全書之最後篇章，因此，「自序」也可以是「後序」。總論一書大義的篇章置於全書之後，確為先秦兩漢古書所常見，《史記·太史公自序》、《呂氏春秋·十二紀·序意》、《淮南子·要略》、《漢書·敘傳》等等莫不如此，《孟子·盡心下》

---

16 依錢穆，《先秦諸子繫年》，莊子約活 76 歲，在諸子中，可謂長壽。《莊子》一書或內七篇似乎沒有早晚期的問題，「晚年定論」只是套語，取成熟期之意。

「堯舜至湯」章、《論語·堯曰》篇、《荀子·堯問》篇多少也帶有編者序言的性質，《莊子·天下》篇明顯地也具有類似的作用。而且，我們有理由認定現行的三十三篇本和古本的五十二篇本的《莊子》有可能都是以〈天下〉篇墊底，作為一書的總序。換言之，在權威的劉向集結本《莊子》五十二篇本，亦即爾後六朝所有注家所依據的底本中，〈天下〉篇就被視為是《莊子》一書的總序。

　　〈天下〉篇就像《孟子·盡心下》的「堯舜至湯」章以及《史記·太史公自序》一樣，在這些篇章中，作者都提出了為什麼他們要撰寫自己的著作之意圖。其中與〈天下〉篇最可參照的當是《孟子·盡心下》，孟子提到以往的歷史每隔五百年即有聖賢繼起，一匡天下，而今世衰道微，他也要正人心，繼往聖而起。孟子很自覺的站在文化傳統的脈絡中，給自己的思想找到好的位置。莊子的立足點不同，他將自己的思想以及學術判斷的標準放在一個形上之道展衍的過程中定位。依莊子的解說，包括自己的學術在內的天下所有的學術（他稱為方術）都來自於「一」。「一」則存在於一種獨特的虛擬時代的「古」，任何從「一」中派生出的思想也存在於此虛擬時代的「古」，我們可稱呼這種奠基於太初時期的思維為「遂古本體論」或「太初本體論」的思維模式。關於「太初本體論」的問題，下文將再予討論。

　　「一」用於形容最高存有，這個字眼是常見於東西哲人著作的詞彙[17]，它的地位與其他的數字迥不相侔[18]，可作為道的表述

---

17 參　見 F., *Religion and the One: Philosophies East and West*（London: Continuum International Publishing Group Ltd., 2003）。

18 另一個差堪相比的數字是 0，0 為印度人所發現，0 的形上學帶有濃厚的東方

詞。如再從其至高無上著眼,「一」上可加「太」字以當形容詞,因此有「太一」一詞。〈天下〉篇論學術淵源時,採取的是形上學的觀點,它主張:天下學問皆可溯源至「一」或「太一」,反過來說,「一」遍布於天下所有的道術,「無乎不在」。這是一種帶有非常濃厚東方風味的文化哲學論述,一切的存在(包含自然與文化)被視為源於超越的存在,這樣的思維可稱為泛神論之表達方式[19],在印度,在中國,它形成了綿延不絕的大傳統。在泛神論的文化中,即使是反思性格很強的哲學思想的價值也是要在和一種接近泛神論性格的「道」之關係網中獲得定位,才能樹立起來的。

泛神論的表達方式常用於靜態的表述道與萬物的關係,可以說是對自然的宗教解釋,但擴充到人文世界的案例也是有的,〈天下〉篇的著眼點即是如此。首先,它將道的施用範圍擴充到「本數」、「末度」,亦即擴充到文化價值體系載體的詩書禮樂所呈顯者,這是「本數」;也擴充到百官「以此相齒」的制度,並

風,它無內涵的內涵令人聯想到「空」、「虛」、「無」的哲學概念。

19 「泛神論」一詞是 pantheism 的漢譯,它不能不帶有西方宗教傳統下「神」的內涵。但既然此詞語用到漢字的「神」,而且「最高存有遍於一切」之類的思想在中國可謂大宗,老子的「大道氾兮,其可左右」及莊子的「道在屎溺」之說可為代表。《易經》言:「神也者,妙萬物而為言者也」,其語與「泛神論」一詞之名實更為相切,所以我們不妨以「泛神論」和具有「體物而不遺」的道論相互格義。泛神論和中國的道論頗接近,連佛教的真如觀亦不妨作如此想,此義論者已多,姑引熊十力先生底下之言以見一斑:「佛教徒恆推其教法高出九天之上,必不許泛神論與彼教相近。實則義解淺深及理論善巧與否,彼此當有懸殊,而佛之真如與儒之言天、言道、言誠、言理等等者,要皆含有泛神論的意義。謂之無相近處可乎。」熊十力,《十力語要初續》(台北:樂天出版社,1973),頁 49。

擴及到百姓日用的民生事件，這是「末度」。太一─經典─制度─事件一貫而下，這樣的格局就是所謂的「內聖外王」之道。「內聖外王」的性格很容易讓我們聯想到「體用論」的表達方式，事實上，理學家注莊者，經常就是用「體用論」的語言解讀「內聖外王」[20]。體用一如也就是聖王一如，人世間的文化表現因此有本體的意義。除非我們要否定〈天下〉篇對莊子思想的詮釋權，否則，〈天下〉篇所呈現的對「此世」的肯定態度是無法否認的，它所代表的意義也是極為深遠的。

　　既然各種思想的定位只能依它們與「一」的關係而定，所以最好的思想家乃是能與全體性的「一」合一者，莊子稱呼此種人為「天人」、「神人」、「至人」、「聖人」。這四種人不管是否同等第[21]，但他們的本質在於「與一相合」，這點是肯定的。莊子所以立下這四種「皆原於一」的人，乃因要對照當時的諸子百家，諸子百家的思想創造也緣自此太一。換言之，他們的創造心靈也是扎根於道體上面的，這種創造的心靈可解作「神明」。神者，伸也；明者，朗現也。「神明」表示這些哲人的創造使太一明朗化、體現化，道的訊息被帶到人世間來。問題是：諸子帶來的訊息夠不夠充分？他們體現或表達出來的道完整不完整？他們是否達到「天人」、「神人」、「至人」、「聖人」這樣的人格等第？

---

20 梅廣先生認為「內聖外王」之說並非儒家概念，以「內聖外王」釋「體用」者，當始於熊十力。梅先生大作檢證詳細，足備一說。然而，明季釋莊名家如方以智、王夫之諸人解釋「內聖外王」之說時，皆以為其語惟孔子足以當之。梅先生之文〈「內聖外王」考略〉，見《清華學報》41 卷，4 期（2011年 12 月），頁 621-667。

21 郭象即認為此四種人其實指的是同一種人，馮友蘭則認為天人、神人、至人一組，聖人單獨一組，馮說似乎較為道地。

　　天下的學術都沿自太一，但它們表現出的「道」之內涵顯然都不夠完整。莊子用了一個很適切的比喻說道：當時的各種學術就像人的五官一樣，它們各有職司，各有功能，但卻囿於彼此的職司之內，不能通觀世界之全貌：「譬如耳目鼻口，皆有所明，不能相通」。但每個學派卻「各得一察焉以自好」，它們堅持各自所見，但因為所見非全面，所以各有所蔽，而且忘掉了原出的本源，這樣的現象就造成了「道術為天下裂」的後果。戰國時期百家爭鳴，諸子蜂起，我們當代人往往讚美之為文化史上的黃金時代。但從莊子的觀點來看，這卻是道術為天下裂的不幸年代。

　　諸子百家的學術地位之問題因此可以說是它朗現道之全貌到何等程度的問題，朗現越全者，地位越高。依據莊子「內聖外王」的全貌以及強調太一的「神明」性格，我們看到莊子判斷諸子思想地位高低的標準，乃依據「道」在其學說呈現的程度而定，落實下來講，也就是其精神「體現」道之關係而定。〈天下〉篇處理的是歷史上出現的思想形態的議題，但它的編排不是依照歷史的貫軸，而是依理性的進程，所以才會有年代最早的哲人老子、關尹反而被安排在諸子之後、莊子之前的架構，這樣的編排方式很值得注意。我們看到先秦兩漢的著作論及諸子百家的價值者，如《荀子·非十二子》、《韓非子·顯學》、《史記·太史公自序》、《漢書·藝文志》等等，其編排與評騭雖詳略有別，但哲學的理據如不是不足，要不然就是其編排鬆散零亂，不足以見出一代思潮之風雲偉觀。〈天下〉篇的格局完全不同，它是依不同的思考模式判斷當時各種思想的價值。如果我們勉強要以歷史的知識與理性的知識加以劃分的話，〈天下〉篇接近的是理性的知識。

　　落實到文本上來，我們看到〈天下〉篇的敘事結構乃沿著墨

翟→宋鈃、尹文→彭蒙、田駢、慎到→關尹、老聃→莊子的主軸展開的[22]。墨翟的行事極感人，思想亦有體系，但其學說多偏重外於主體的道德論述，與人的存在感太疏遠，所以其人雖是「天下之好也」，但他在思想世界的位置卻被擺在最底層。接著乃有「宋鈃—尹文」一派，此派講平等，去分別，對「心之容」、「心之行」這樣的主體意識有所反省。「體道」的層次較高，所以位置高於墨家。再接著為彭蒙、田駢、慎到，他們也講平等，反區隔，對主體意識也有反省，但他們更主張「去知」，以達到「塊不失道」。這種學說的主體性色彩頗濃，道德有「為己之學」的內涵，因此，也就有「工夫論」的意義可言。但縱使慎到等人已強烈的自覺到主體的解放與道的關係，〈天下〉篇所謂：「慨乎皆嘗有聞者也」。但他們對精神的本性了解仍不透，所以才會想解消意志，灰身滅智，希望達到「無知之物」的土木形骸之層次。他們的工夫很像各大宗教裡的苦行僧，王夫之判為「枯木禪」[23]。就道而言，這些哲人終是望之而未之見。

諸子當中真正能呈顯完整的道之學說者，關尹、老聃應是箇中的佼佼者。莊子說他們聽到一種「以本為精，以物為粗，以有積為不足，澹然獨與神明居」的古之道術，乃聞風興起。在此世的「物」之上或之內，另有更根源的大本，學者透過潛居在深層

---

22 在莊子之後，現行〈天下〉篇另列有「惠施」其人其學，此安排甚怪，前人雖多有解說，但終不愜人意。考《莊子》五十二篇本中有現已遺佚的〈惠施〉篇，王叔岷先生引武內義雄之說，認為《莊子·天下》篇最後一節所述可能即是〈惠施〉篇原文。武內義雄、王叔岷的假說雖然缺少強而有力的佐證，但頗合理，似可成說。參見王叔岷，《莊子校詮》（台北：中研院歷史語言研究所，1994），冊下，頁 1351。

23 王夫之，《莊子解》（台北：里仁書局，1984），頁 283。

意識的「神明」，可保與此本的合一，這樣的學說是標準的冥契論的類型。在各種宗教經驗中，冥契論是學者與最高存有（道、一、上帝等）連結最深也最直接的一種類型，這種類型的宗教經驗發展到極至，有些體證者會有厭世絕俗的傾向[24]。莊子說關尹、老聃「虛空以不毀萬物為實」，反面的說出了這種類型的學者常會「毀萬物」。關尹、老聃避開了這個常見的陷阱，足見卓識。我們看莊子的敘述，知道關尹、老聃不但對「道」體證甚深，否則，「建之於常無有、主之於太一」這類體驗形上學的語言是表達不出來的。而且，他們對如何進入「道」的工夫法門，以及如何在日常行為上常保「謙下、守雌」的習性，也做了很好的說明。簡言之，他們提出「逆」、「損」的方法，從感官世界（感官與現實世界）游離出來，再遁入另一種存在的次元。關尹、老聃第一次在中國思想史上建構精神與形上之道的關係，確立了心的本質（無之意識）亦是道的本質。但弔詭的是，當他們彰顯了一種超越現實秩序的深層秩序的價值時，同時卻也製造了本精—物粗的世界圖像。與神明合一的哲學反而造成了道、物對分的格局，物的價值依道而立、並被道吸走之後，物的世界就

---

24 理學家分判儒學與佛老的不同，常依「會不會沉空滯寂」作為標準，「沉空滯寂」也就是所謂的「無世界主義」。耶教冥契者或冥契論學者論耶教與印度各教冥契傳統之異同時，也時常依照類似的判斷標準，參見 R. Otto, *Mysticism East and West*（New York: Macmillan Company, 1932）。印度冥契論傳統給人的公共印象常是「虛空以毀萬物為實」，但〈天下〉篇已提出此一現象，可見所謂的「沉空滯寂」之說與冥契經驗的關係較為密切。「無世界主義」雖是人病，而非法病，但修此證悟法門者確實較有機會罹患此人病。求道者如果沒有足夠的道德意識，他一有體悟，反而很容易遁入「獨與神明居」的孤子心態，後世高僧與理學名儒對此一弊病批判甚力，對悟之體驗頗為戒慎，其來有自。

「粗」了，「本精物粗」是老子、關尹這類型的哲學很難避免的結局。

老子哲學在中國思想史或文化史上的重大意義，至此完全突顯出來。莊子雖然說老聃、關尹也是聞古之道術而興起者，古之道術或許別有所指，但就成家的思想而言，我們可以確定老子是首位徹底的將道與人的精神發展勾聯起來者。有了老子這樣的開創者，以後，一種「在心上作工夫以體契終極真實」的思想，我們如使用後世成熟的哲學語彙來講，亦即一種洞見本體的唯心論傳統，遂形成中國思想史的大動脈。縱使後出者不見得直接受到他影響，但老子無疑有開創之功。這種道家冥契思想帶來了意識、世界與道的複雜交涉之難題，其中最根本的難題是：體道後，如何能維持此世的價值？老子以「自隱無名」為務，但他的思想影響極大，隱藏不住的。他給後人留下的功課是：如何回應這種「為道日損」的思想？誰來回應？

老子「主之以太一」，那麼，體證「太一」以後呢？這個問題不是我們問的，而是在體道論述中時常會出現的議題，禪師所謂「萬法歸一，一歸何處？」赫拉克里特（Heraclitus）所謂：「有不比無多」[25]。一個純粹的「有」，一無規定，其不可理解一如一無規定的「一」。但最早提出此一議題者，至少在中國最早提出此議題者，當是莊子。〈天下〉篇在論完老子後，緊接著是他本人的現身說法。〈天下〉篇論莊子思想特色時，語調極特別，先是從「芴漠無形，變化無常。死與？生與？天地並與？神明往

---

25 原出自亞里斯多德，《形而上學》第 4 卷第 7 章所引。本文轉引自黑格爾著，賀麟、王太慶譯，《哲學史演講錄》（北京：商務印書館，1983）卷 1，頁 299。

與？芒乎何之？忽乎何適？」一連六個問句開頭，然後下加按語
「萬物畢羅，莫足以歸」，此按語正是「一歸何處」的先秦版。
再接著論莊子聞其風而悅之，但莊子主張了什麼哲學內容呢？
〈天下〉篇事實上沒有述及，他只寫了一連串「茫乎昧乎」的形
容詞，用以形容他本人書寫的風格。〈天下〉篇論莊子的部分事
實上是一法不立，不著系統相。而莊子之所以無系統相，乃因他
的核心關懷不在建樹，而在打散「逆覺歸一」的體系。莊子之於
老子，似乎很像後來的禪宗之於真常唯心系佛教。

　　然而，將莊子之於老子比之為禪宗之於大乘佛教，畢竟有些
不倫。因為莊子不是心體徹底地朗現後，站在禪佛式的消融遣蕩
的立場，追求當下的絕對主體性之自由。他有所說，他說了一連
串自己書寫的文字風格，而且其說有辯證的發展。就此而言，莊
子的立場反而近於黑格爾和智者大師。我們不妨將〈天下〉篇視
為一部具體而微的東方版《精神現象學》，或濃縮版的儒家《摩
訶衍論》。〈天下〉篇描述作為一切存在本源的「一」如何透過
外於精神的哲學（墨家）進入準精神的哲學（宋鈃一系與慎到一
系），再進入精神在其自體的抽象之一的巔峰（老聃、關尹），
最後進入精神四達並流的具體之一的階段（莊子）。在最後階
段，莊子的超越並非拋棄前者，而是通過前者，並且消融前者，
這是「內聖外王」一詞的內涵。

　　先秦兩漢論諸子興起或特色的文章不少，它們的論點通常是
歷史的或是政治學的，〈天下〉篇可能是唯一的例外，至少它的
哲學性最強，〈天下〉篇的敘述預設了本體宇宙論與工夫論的雙
向視野。莊子和智顗、黑格爾隸屬不同的思想傳統，根源性的價
值定位自然無從比較，但這無礙於他們都探討整體世界（法）的
超越性依據以及主體與世界的關係之問題，他們可以說都作了

「集大成」式的回應。就形式而言，莊子在〈天下〉篇的位置，就像黑格爾本人的哲學在他的精神現象學中的位置，也像天台宗在五時八教中的位置一樣。他們都是站在前代思想發展的基礎上，作了融通會合的消化的工作。〈天下〉篇之異於《精神現象學》者，在於《精神現象學》的工夫論基礎不清楚，「如何說明」不能取代「如何體現」，〈天下〉篇的語言則蘊含了濃厚的工夫論的因素。〈天下〉篇之異於《摩訶衍論》者，在於天台宗的「即」之哲學之圓融乃圓融到一法不增不減的圓頓之境。莊子的全體氣化論則是永恆的創化、翕闢、未盡，歷程是必然的命運，他以未濟為既濟。

四、兩種渾沌與孔老

〈天下〉篇展示了作為道體的「一」的流傳之故事，故事始源於「總體性的一」。這個「總體性的一」在時空的網脈上展開它的布局，我們且再回首，反省一下它的結構：㈠首先，它在遙遠的古代曾出現過，起點的格局是爾後發展的終點，這是「古之道術」的時代，「一」與「古」同在；㈡它分布於人文世界的經典、制度、百姓日用，這是結構面的展示「一」應有的內容，此之謂「內聖外王」之道；㈢「內聖外王」之道的代表人物即是不離於宗的天人；不離於精的神人；不離於真的至人；以天為宗，以德為本，以道為本，兆於變化的聖人；君子則是「以仁為恩，以義為理，以禮為行，以樂為和，薰然慈仁」。㈣道在當時甚或是當今的世界都是受阻的，因為時人多得一察以自好，再也體悟不到「一」的全幅朗現；㈤即使只是得到「一察」而不是「一」的諸子百家在宣揚他們自己的學說時，也要從「古」汲取智慧，

他們都知道「古之道術有在於是者」，他們「聞其風而悅之」，遂有諸子百家之說；㈥道經由精神的發展朗現自身，具體化於諸子的思想之搏搏上升。它從外主體性的墨翟一路上升到抽象總體性之一的老聃、關尹，再從老聃、關尹上升到具體性之一的莊子。

〈天下〉篇列莊子於老子之後，其意表示莊子回應老子，這是不成問題的，〈天下〉篇可說為此一大事因緣而寫。然而，〈天下〉篇也遺留了一個一再被提及的謎團：天下治方術者多矣，莊子言天下之治方術者亦多矣，莊子為什麼不論儒家諸子？儒家諸子不論已怪，不論孔子更怪，因為莊子和孔子關係甚深，孔子又是當時第一大名人。莊子討論東周一代的學術鉅子，沒有任何理由不論述孔子。我們如仔細考察〈天下〉篇，當然還是有可能可以耙梳出儒家的成分，而且其間也有可能蘊含莊子對孔子極高的禮讚。從向郭以下，採取這種詮釋觀點的人不少。然而，莊子終究沒有明言，此一現象和「孟子、莊子同時，卻互不道及」，同屬學術史上極大的謎團。但莊子在〈天下〉篇避而不談，在其他篇章卻大談特談，尤其在內七篇，孔子的身影更是頻頻出現。這種強烈的對照，很難不引人遐想。

如果孔子在〈天下〉篇缺席是則公案的話，孔子在內七篇大量出現，一樣也是需要高度詮釋的公案。「孔子」之名頻頻出現於內七篇中，其相關故事高達九則，如果連其弟子及儒家人物的數量計算，故事更高達二十則。上述這些數字即使會因分類或解釋的不同而稍打折扣，但再怎麼打折，孔子話語被引用的次數還是遠比老子及道家傳統中的古仙人高出許多，這種高頻率的出現費人猜疑。一般論莊子思想者，不會將內七篇的孔子故事太當一回事，莊子自己說過：他喜歡用寓言、重言的方式表達思想，內

七篇的孔子明顯的是莊子寄寓其意的人物，也可視為假托其名使
人尊重的人物。由於「孔子」被視為扮演寓言、重言中的角色，
不能當史料看，因此，內七篇的孔子遂被認為是文學造型人物，
他得與歷史的孔子切分開來。

　　然而，我們怎麼知道莊子理解的孔子不就是這種形象？我們
怎麼知道莊子的寄意之言之所寄與所意不是和弦共鳴，寄意即本
義？因此，焉知莊子之托孔立言並非以竊奪者，而是以同情兼同
意者的身分寫下的友善回應？戰國時期有股「回應孔子」的思
潮。孟子說：「乃所願則學孔子」；子思說：仲尼「辟如天地之
無不持載，無不覆幬」。孔門弟子從顏回、子貢以下，幾乎無人
不正面回應夫子之道。直到六國覆亡前夕，荀子的思想主軸也還
是在回應孔子，他可以說是順沿儒門傳承，接著講。相對之下，
反對或毀謗孔子者亦不少，要不然，子貢、宰我、孟子、荀子就
不必竭力為孔子辯解了。孔子之後的戰國諸子，一大半以上可以
說是後孔子時代的哲人，他們以自己獨特的表達方式，或肯定
地，或否定地，回應孔子在歷史上出現的意義。

　　我們如從「後孔子時代」的觀點定位，將內七篇的孔子放在
戰國時期的回應孔子之潮流來看，莊子應當也是屬於此一回應潮
流的哲人。但他的立場不同於墨家或當時的一些「毀孔集團」，
他的立場與儒家教派意識下的孟、荀也不同調。我們如分析內七
篇所呈現的孔子形象，不難看出他基本上具備了三樣特性：他體
現了無形的化而不化之軸心；他與世同在的人格氣化日生；他具
足圓轉的整體性視野而又能照應到人間世中對立的雙方之相生相
成，孔子活像一只運轉的陶均[26]。很明顯的，這種形象的孔子不

---

26 詳細論證參見本書第二章〈儒門內的莊子〉。

像我們在《論語》中所見到的，與孟、荀所見者也不同，它無疑的是莊子理想人格的化身。如果我們將《莊子》書中的孔子之象徵與其「渾沌」的基本象徵作一比較，不難發現「孔子」就是「渾沌」的人物顯像，這種創化型的渾沌也可名之為「天均」。均者，陶器也，天均是只處在永恆的創化歷程中的天成陶器，天均的孔子是種原型意象[27]。

　　渾沌之重要在於它是個創世神話，創世神話的題材是我們進入孔莊關係另一個重要的原點。中國曾經被視為是缺乏神話的國度，缺乏創世神話更被視為中西文化一項很大的差別[28]，但晚近的研究卻發現中國的神話題材不少，創世神話的因素也不少。即使少數民族的神話不算，我們發現幾乎所有類型的創世神話在中國的文本裡都找得到[29]，中國的創世神話中最典型的就是渾沌神話。筆者所以提及創世神話，乃因筆者接受耶律亞德（M. Eliade）的理念：創世神話在許多文化中都具有關鍵性的地位，它是一切創造的原型，創世的事件因此可以為爾後一切文化活動所依循[30]。作為中國創世模型的渾沌神話也不例外，它是後世儒道兩家的「太極」、「無」之源頭，也可以說是孔老分化之源

---

27 筆者的用詞借自王夫之，王夫之論《易經》、《莊子》以及自己的哲學，都從「陶均」的隱喻著眼。

28 參見傑克・波德著，程薔譯，〈中國的古代神話〉，收入中國民間文藝研究會上海分會編，《民間文藝集刊》，第 2 集（1982），頁 267-300。波德此名文的論點應該已經過時了，但它反映了一個相當流行的看法。

29 參見葉舒憲，《中國神話哲學》（北京：中國社會科學出版社，1992），頁329-336。

30 參見耶律亞德（M. Eliade）著，拙譯，《宇宙與歷史——永恆回歸的神話》（台北：聯經出版公司，2000），頁 13-16。

頭[31]。借著渾沌神話，我們或許可以理解《莊子》一書為何而作，莊子想回應什麼問題。

　　莊子在〈應帝王〉、〈天地〉兩處都運用到渾沌的題材，「渾沌」是個從神話轉為哲學的神話母題。「渾沌」的家族語彙特多，從宇宙山的「崑崙」、太歲在子的「困敦」、圓融狀態的「渾淪」、甚至食物的「餛飩」，都是「渾沌」的轉語。「渾沌」的家族語彙雖廣，其面貌卻不甚清楚，我們現在見到的比較完整的「渾沌」敘述見於《山海經》，《山海經》記載的「渾沌」是位於「天山」的怪獸，它有六足四翼，但沒有面目；它赤如丹火，卻懂歌舞。渾沌是中國的創世神話母題，渾沌此原始存在以渾圓而無面目的姿態出現，但它自身卻有動力，有秩序。造化者創造所需的理、力，及造化者特別稟賦的通天、渾圓的象徵都有了。

　　《山海經》的渾沌神話應當是較原始的版本，但我們現在最熟悉的版本卻是莊子提供的改造版。莊子在〈應帝王〉篇所述的渾沌故事大家耳熟能詳：有一位中央之帝渾沌時常招待北海之帝忽與南海之帝儵，儵、忽兩帝感激之餘，謀求回報渾沌之德。他們見到渾沌其狀怪異，茫無眉目，而人是要有七竅才算是正常的。所以他們替渾沌日鑿一竅，希求打通七竅以報答之，結果，「七日而渾沌死」。莊子將這一章放在內七篇的最後一篇的最後一章，這樣的設計發人深省[32]，莊子在此顯然有意彰顯渾沌之德。渾沌是整全，而儵與忽則代表生命或感性的盲動，它們鑿破

---

31 參見拙作，〈渾沌與太極〉，《中國文化》，第 32 期，秋季號（2010 年 10 月），頁 34-52。

32 筆者相信莊子是以最後一節「渾沌」的題材定位第七篇的旨趣，以第七篇的內涵完結內七篇的整體結構。內七篇的篇數「七」以及「七日渾沌死」的日期之「七」都是有象徵意義的。

渾沌，渾沌耳聰目明的結果，整全撕裂，世界毀矣！七是循環數字之極，七日渾沌死，但七日也來復。原點化為現實的存在，現實的存在又歸回原點，莊子在此的用意是很清楚的。

　　然而，在〈天地〉篇，我們看到另一則有關渾沌的故事：子貢與孔子行經漢陰，看到一位老丈人手抱陶甕，上下山坡與水邊，不斷汲水灌田。子貢不解，告訴他有一種可以「後重前輕」的機器，名為「槔」，可以將水從深處打上來，省時省力，它的功效強多了。漢陰丈人聽了，大不以為然，他發出了一段有名的議論，他說：「吾聞之吾師：有機械者，必有機事；有機事者，必有機心。機心存於胸中，則純白不備；純白不備，則神生不定；神生不定者，道之所不載也。」有機械法則在心胸，則心為機心，原始的完整再也沒有可能保存。子貢聽到漢陰丈人的一番話後，恍惚若有所失，他回去報告給孔子聽。孔子回答道：這是位修「渾沌氏之術」的高人，這種人境界高則高矣，但「識其一，不知其二；治其內，而不治其外。」換言之，漢陰丈人只能活在一種素樸的社會與素樸的心境，走不出去。走得出去的人當是「明白入素，無為復樸，體性抱神，以遊世俗之間者」。白、素、樸都是原初的質性，用以比喻渾沌，渾沌落於行為上講則為「無為」，落於主體的模態上講則為「體性」、「抱神」，具體的人的具體存在則是「遊」。莊子的「遊」字意味著自在、逍遙，「遊世俗之間」即於世俗之間得其自在，人的真實處境就是「人間世」之人，漢陰丈人的渾沌氏之術卻是主張不遊世間的。

　　同樣是渾沌題材，同樣是寄渾沌神話以出莊子之意，莊子的焦點卻偏重不同。〈應帝王〉篇是借渾沌母題回應世間的感性、智性活動與「一」的緊張關係，〈天地〉篇則是借孔子回應漢陰丈人，也就是回應「真渾沌」的喻旨。筆者認為此種雙向發展的

主題值得省思，論者可以將這種乍看矛盾的現象解釋為內、外篇的作者不同所致，也就是第一個渾沌故事是莊子自著，〈天地〉篇的則是莊子後學所著。但筆者不贊成這種說法，筆者毋寧認為兩說各有所當，不相矛盾，在〈應帝王〉篇的渾沌故事中，渾沌與倏忽可視為深層精神與感官的對照，倏忽是對渾沌的謀殺，莊子是肯定這種作為深層意識的渾沌意識的，它不能被謀殺。但也許也必須被謀殺，其義見後。

在〈天地〉篇中，莊子更進一步指出：它不但不可被謀殺，還要成為爾後一切活動的依據；但人是「化」的存在，是「遊」的存在，人不可沉溺於渾沌主體，它必須要被世界穿過，也要脫自體化，但在脫自體化的歷程中仍須一體化。兩則渾沌的故事指出：真正的圓融意識要通過渾沌而又不僅於渾沌，渾沌要貫穿到分化之中，這才是具體的渾沌，也就是所謂的「真渾沌」[33]。

莊子是說故事的高手，他的哲學論述可以說是和故事交織而成的。他所說的故事有些來自史實，有些來自傳聞，有些自編自導，大宗則是來自遠古的神話。遠古神話經過他借來的庖丁之刀的遊刃出入，其語義或延伸，或轉折，或跳躍，或反向，光怪陸離，不可方物。但莊子使用神話，從來不是好奇的談論發生在遙遠的太古時代或遙遠的神山仙島的傳聞，他的神話語言通常比原來的神話敘述之內容還豐富，他常借神話以介入現實。莊子是再造神話的大哲學家，渾沌神話就是很好的案例。〈天地〉篇在

---

33 在〈天地〉篇記載的孔子評驚漢陰丈人之後，向郭有注云：「真渾沌也，故與世同波而不自失則，雖遊於世俗而泯然無跡。」此「真渾沌」一詞所本。但向郭說的真渾沌類似跡本論下的命題，未必其能窮盡「真渾沌」之意。惟「真渾沌」一語甚合莊子旨趣，前代注家多採納其語，筆者亦從之。向郭注語引見郭慶藩編，《莊子集釋》（台北：河洛圖書公司，1980），頁438。

《莊子》三十三篇中不算是受到太肯定的一篇，但《莊子》文本
裡的各篇章的理論價值不見得都可依篇立論，不甚了義的篇章中
可能有了義的敘述，筆者認為「漢陰丈人」一則的寓言即具備補
足〈應帝王〉篇最後一章「七日而渾沌死」的內涵。

　　「渾沌」的起源深矣，遠矣，它有可能是太初怪獸，如西亞
的創世神話中被英雄馬都克（Marduk）殺死的蒂雅馬（Tiamat）
巨蛇，印度神話中軀體被支解為山河大地的普魯沙（Purusha），
或是太初的巨人如盤古。渾沌神話的創世之環節顯然已失落了，
但它作為神話母題，卻保留在後世的道教之哲學敘述，也保留在
盤古神話的情節裡[34]。盤古神話是被設定在「渾沌」的框架的：
「天地渾沌如雞子，盤古生其中」，後來盤古死了，其身軀化為
日月星辰、山河大地，遂有了世界。以盤古神話為線索，我們有
理由臆測：渾沌神話當有「鑿破渾沌」的情節，就像樂園神話常
有失樂園的情節一樣。如果「鑿破渾沌」原本即是渾沌神話中的
一個環節，莊子在內七篇的最後一篇引用渾沌神話的題材，當也
有「渾沌—鑿破渾沌」的複雜內涵，其意為：代表感性、智性所
謀殺者可能是歷經「人間世」、「養生主」、「應帝王」等等人間
活動的渾沌，亦即已鑿破渾沌的渾沌，真渾沌死矣，所以莊子才

---

34 《太平御覽》卷二引徐整《三五曆紀》云：「天地渾沌如雞子，盤古生其中。
萬八千歲，天地開闢，陽清為天，陰濁為地，盤古在其中，一日九變。神於
天，聖於地。天日高一丈，地日厚一丈，盤古日長一丈。如此萬八千歲，天
數極高，地數極深，盤古極長。後乃有三皇，數起於一，立於三，成於五，
盛於七，處於九，故天去地九萬里。」另一則原始的盤古神話題材見馬驌，
《繹史》卷 1 所引《五運歷年記》，此書記載盤古後來身死分為萬物，世界於
是被創造出來。盤古神話兼有太陽神話及原始巨靈化身神話二型，《三五曆
紀》中的盤古的特質即用「渾沌」形容之。

如是感慨。如實說來，原始渾沌不能不鑿破，渾沌鑿破後才有真渾沌，但真渾沌是不能被謀殺的。

「渾沌」是典型的創世神話，「創世」在所有的神話母題中居有本體論的優先地位，因為只有創世了，一切事物的存在才有可能。莊子將此神話主題運用到〈應帝王〉與〈天地〉兩篇，不會是無意的。不僅如此，莊子喜歡運用的「陶器」、「石臼」、「巵器」等意象可以說都是「渾沌」哲學的隱喻，它的化身極多。化身極多，此現象顯示如何看待一切存在根源母體的渾沌，此事具有哲學論述上的優先性。所以才會象徵勾連，連類無窮，莊子將此渾沌主題由「太初本體論」之作用轉化為「哲學本體論」的意義[35]。

落實此哲學本體論的構造，我們如溯其源，不難發現這個偉大的改造工程早已有人啟動，「渾沌」一詞最早的出處當是《老子》所說：「沌沌兮，俗人昭昭，我獨昏昏」。中央帝的渾沌與修渾沌術的漢陰丈人，其人正是昏昏沌沌，筆者視他們為老子的化身。與漢陰丈人對話的孔子，他拒絕入而不出的隱遁心態，他認為真正的渾沌主體是二中之一、內外一如，前代注家多視他為真渾沌的體現。如果我們將〈應帝王〉篇的「渾沌」視為「老子學說」的隱喻，〈天地〉篇的渾沌故事則可視為「孔子學說」的隱喻。莊子將渾沌的母題導入當時的哲學論辯場中，造成渾沌與孔老形象的巧妙結合。兩次出現渾沌，兩次定位不同，不會是無

---

35 「太初本體論」（或譯「遂古本體論」、「太初存有論」）是耶律亞德用以解釋神話母題在存有論上的地位。關於「太初本體論」的觀念參見耶律亞德（M. Eliade）著，拙譯，《宇宙與歷史——永恆回歸的神話》（台北：聯經出版公司，2000），頁 1-4。

意的,筆者認為莊子本人的思想可以說是對孔老的回應,也就是如何回應渾沌的題旨。

渾沌有兩種,老子與孔子分別代表之,老子之渾沌與孔子之渾沌都可視為智慧老人的原型意象。老子人如其名,裡外名實都是智慧老人的意象,他提供了一種深入精神與世界實相的進路。孔子年高德劭,七十而從心所欲不踰矩,他的智慧是經由長期的人生歷練由志學、而立、不惑、知命、耳順步步深化而成,這位智慧老人提供了一種創生不已的文化圖像。兩者分途發展,但不矛盾,莊子都有繼承,莊子可說既是後孔子也是後老子時代的哲人。

後世學者詮釋莊子,如果忽略了莊子承繼老子的思想特色,對莊子重要的工夫論命題如「心齋」、「坐忘」、「心養」、「見獨」等,即無法真切地理解,所以即使解釋高妙如向、郭,鍾情其學如李約瑟,其解都不免令人有買櫝還珠之憾。至於忽略莊孔關係者,則對莊子超越冥契論傳統而又能豐盈人文精神的特質遂不免會有所忽略,其失更大。關於兩種影響的比重或價值高低,筆者相信莊子於其間自有抉擇。至於此真渾沌的孔子與春秋時期魯國歷史人物的孔丘是同是異,是一是別,這是另一個問題。

五、從氣化主體到形氣主體

作為《莊子》一書總序的〈天下〉篇提供了我們進入莊子思想的門徑,從它所言的「古之道術」入手,我們分別從「哲學本體論」與「太初本體論」出發,分別探討了「一」的精神發展史,也探討了「渾沌」所演化出的原始渾沌與真渾沌之分流,這兩條路線最後匯向一個共同的結論,也可以說合流了。此合流顯

示莊子會通孔老,其哲學固然築基於冥契的體證上,但超越的體證不是精神唯一的核心,此境無法久留。氣化日生,意義日成,才是道之所在。

有關「太初本體論」所涉及的兩種渾沌之解釋,當可澄清老莊之道與神話淵源的關係。從神話學入手,我們發現老子與大母神、渾沌的神話關連甚深,這種神話類型和老子「返」、「復」的精神非常一致。莊子哲學距離神話時期已遠,但仔細辨識,我們還是可以看到字裡行間習習巫風(薩滿教)的基因。至於「哲學本體論」的問題,我們可進一步探討其蘊含的主體性問題。誠如前言〈天下〉篇所示,莊子總論天下的學術發展時,其發言形式確實有些黑格爾的味道,但此相似終究不能太誇大,因為兩者背後的主體依據不一樣。黑格爾預設了絕對精神在時空總體世界的行程,這是一種同一性主體辯證的自我發展,內容的豐富性與形式的封閉性同樣令人喘不過氣來。莊子則著重一種體現於交感性身體的主體在當下的綜合創造之能力,筆者稱呼莊子的主體是「形氣主體」或「氣化主體」。形氣主體的本質是心氣的創化作用,它與物共遊中即賦予也彰顯了物之意義;它的運動模態是「茫乎昧乎,未之盡者」,它是永恆的「未濟」哲學,因為創化沒有終點。

「氣化主體」一詞似乎已逐漸成為學界通用的術語,它意指主體的屬性在氣化,主體經由氣化顯現出來。「氣化主體」落實到人身上,「身體」體現「氣化」,遂有了「形氣主體」一詞,亦即「形氣主體」是「氣化主體」加上形體的作用。人的形體在中國的修煉傳統中被視為宇宙的縮影,精神沿著經脈,繞行於頭足之間,小循環是小周天,大循環是大周天。人身的大周天比起天體的循環,自然還是小周天,但這無礙於人身之託擬於宇宙。

凡人身、陶均、石臼等圓形之物皆可象徵宇宙，宇宙也是被設想為渾圓的圜天。此圓形之物加上創化力道即被設想為宇宙創化的象徵。宇宙創化的原型是渾沌創化，渾沌之創造是被視為太初時期開天闢地之第一舉。但渾沌創化的真實內涵須落實到主體上來，人身也是一個渾沌或一個天均，人身所在的形氣主體之創化可以說是宇宙性的渾沌創化之真實內涵。

　　「形氣主體」是本書設想的另一個原點，也是基本的預設。筆者交叉使用「形氣主體」與「氣化主體」[36]，「氣化主體」是「形氣主體」在宇宙論或深層意識面上的表現，「形氣主體」則是「氣化主體」的概念更完善的呈現形式。筆者相信氣化主體是進入莊子世界的鎖鑰——或許還不止莊子，戰國時期的儒家與道家諸子恐怕大半相信文化的創造與道體的創造都是要經由氣化主體的朗現才得以呈現的，但相對於其他諸子，莊子談得最徹底。莊子的氣化主體不只是主體內部的概念，氣化主體總是與世共在，而且彰顯世界的意義的。換言之，始源的實相就在氣化主體的框架本身，莊子主張不能破壞此框架以入無分別之無的意識，

36　「氣化主體」的論點可從本書附錄〈從「以體合心」到「遊乎一氣」——論莊子真人境界的形體基礎〉見出，本章是本書諸篇中最早寫出者，也是筆者最早撰寫的身體論述，其時為 1989 年，筆者為參與東海大學文學院籌辦的「第一屆中國思想史研討會：先秦儒法道思想之交融及其影響」而寫的。這一篇文章雖然寫出的時間最早，但它的論點卻是其他篇章不言自喻的前提。筆者當時選用「氣化主體」作為莊子身體主體的稱號。在這篇文章處，我主要揭發出的是遊化美學的莊子，此種遊化的狀態是由氣化主體展開的。當時對莊子的語言、技藝、隱喻觀，理解得還不透，所以對《莊子》一書在當今世界會起的解放功能，或者對莊子之有助於了解更豐富的中國人文傳統，闡釋得也就相當不足。但籠統中總有些感覺，知道文化的表現模式與人的存在模態都是由此氣化主體展開的。

但也不能擺落此一框架，從此分化出去。「身體哲學」是筆者思索中國思想的核心概念，不管就「史」的研究或就「理論」的研究，皆是如此。

「身體哲學」是現代的學術術語，梅洛龐帝的著作提供了極佳的樣本[37]。回到《莊子》一書的文脈，此論述自然離不開「氣」或「氣化」的語言。「氣」或「氣化」是中國哲學各派共享的論述，也是頗具中國文化特殊風味的概念。在先秦子書中，雖然人人言氣，但氣的內涵的充分展現，不能不有待於莊子其人，莊子是奠定氣概念內涵的大家。秦漢以後，氣概念依舊流行，事實上是更流行，但其時的氣概念常和陰陽五行之說結合，人身是宇宙論格局下的一物，精神的屬性是氣化宇宙論中的一環。此時氣概念是自然哲學的用法，是早期中國科學的核心概念。這種領域的氣概念到底其解釋的效率有多高？它與當代的科學概念能否共容？或其契合處到什麼程度？筆者無能贊一辭，本書的重點也不在此。但莊子所代表的先天型的氣論（亦可說是體用型的氣論）和後天型的氣論兩者關懷不同，氣的性質也不同[38]，我們不能不有所區隔。

筆者討論莊子的形氣主體之說，所以要帶出秦漢氣學的問

---

37 梅洛龐帝似乎不常使用「身體哲學」此詞彙，早期的一位梅氏詮釋者關特（R. C. Kwant）倒是突顯了此概念，他的一本專著 *The Phenomenological Philosophy of Merleau-Ponty* 更直接點明了「身體主體」的重要性。關特的著作清淺易懂，明顯地是過時了，但竊以為「身體主體」此概念頗有助於打散「主體＝意識」此成說。

38 關於兩種氣論的差別，參見拙作〈兩種氣論，兩種儒學〉，收入《異議的意義——近世東亞的反理學思潮》（台北：國立臺灣大學出版中心，2012），頁127-172。

題，乃因筆者要在莊子的「氣」與秦漢時期的「氣」之間，畫下一道區隔的紅線。典型的秦漢時期的氣論是自然哲學的用法，是種自然主義的氣化論，它建立在素樸的宇宙論上面，此時的主體可以稱作自然主義的氣化主體，這種主體缺乏精神創造的動力。莊子的氣論則殊非其倫，莊子的氣論是連著心性論與本體宇宙論開展出的，莊子此種本體宇宙論就像典型的中國式本體宇宙論，比如張載、王夫之等人的類型，其本體宇宙論是由工夫論來證成的，其工夫論則有心性論的依據。雖然就他們所說的主體之內容考量，其強度與展現的面向不會一致，莊子對強烈的道德意識與人間倫理圖像的興趣一向不高，但這無礙於他們的哲學扎根於性天交會的奧祕處，而創造的唯一管道卻只有經由人的主體才可彰顯。氣化無形，卻也有精粗可言。漢儒的氣化論指向現象的氣化流動，莊子的氣化論則是表裡兼透的精緻創化。莊子的氣化論落實到主體上來講，即可以稱為氣化主體。

自然主義的氣化論與本體宇宙論的氣化論如何區分，很棘手，因為兩者確實有共同的成分。世界由波動性的氣所注滿，個體的構成基質是氣，上述這樣的概念雖然在《莊子》書中表現得特別明顯，但我們有充分理由相信史華茲（Benjamin Isadore Schwartz）的「共同論述」之說。但莊子之異於其他諸子，尤其異於秦漢諸子者，在於他理解的氣乃立基於無名的主體之上的精微之動能，這種精微的動能被認為具有精神的屬性，但與超越之道也有奧妙的繫連。形氣主體與超越界的繫連會帶來冥契之感的宇宙意識，或馮友蘭所說的天地境界，這種冥契向度的莊子雖然不太符合當代莊學名家的脾胃，但卻是無從迴避的「不願面對的

真相」[39]。《莊子》書中,尤其內七篇提供了不少的文本證據。我們如從莊子思想源頭之一的巫教或老子思想繼續爬梳,也不難發現《莊子》著作中的冥契論因素從何而至。在冥契論或准冥契論傳統的地方,主客的界限、心物的界限,很容易被帶出來。莊學的物論(假如有的話)之所以特別,乃在他的冥契論背景下的「物」並沒有被超越的主體吞噬掉(如印度傳統),也沒有被模糊掉(如老子),而是在形氣主體逆返到形─氣─主體的深層依據時,物氣四流,物即物化,也就是物更精緻化,氣化不已被莊子視為物之實相,但此實相的依據不是知識論的,而是要建立在體證哲學的基礎上的。

正因物的本質乃物的氣化流行,但此論述又是體證哲學下的命題,所以莊子哲學中的「氣」的首出義應當是從主體立論的。用傳統的語彙講,也就是氣乃是一種「心氣」或是一種「神氣」。我們所以以「心氣」稱呼莊的氣,乃依「心氣同流」這樣的理論而發的,莊子的「遊心」和「遊氣」(「遊乎天地之一氣」)兩詞是可以互換的。在有名的「心齋」敘述中,「聽之於氣」比「聽之於心」的境界更進一層,其實就是「心氣同流」的「心氣」比意識作用的「心」更具穿透力,這樣的「氣」也可稱呼為「神」[40]。在壺子與季咸的鬥法中,壺子能示之以「杜德機」、「衡氣機」云云,此種「機」即是心氣之微。莊子的氣之屬性不是非關主體的自然之氣,而是一種精微主體的波動流行。由於有此與自然共在的精微主體的心氣之共振、微調、滲化,所

---

39 假借美國前副總統高爾(Al Gore)宣揚生態危機的紀錄片《不願面對的真相》(*An Inconvenient Truth*)。

40 文子說:「下學以耳聽,中學以心聽,上學以神聽」,此「神聽」即是莊子所說「聽之以氣」。

以超乎一般感官現實、也就是超乎一般經驗現實上的世界實相，才可與之變化得如如呈現。但反過來說，精微主體的共振之所以能使美感經驗或玄妙的心電感應經驗能夠成立，此經驗也預設了主體之外的他者之氣化。

如果說秦漢氣論容易造成封閉的自然氣化的系統，氣成命定。莊子的「氣化」則是以精微的深層主體力道共振於世界之氣化實相，使物的世界（亦即今日所說的自然之世界）變為意義的世界。博蘭尼論身體的作用時，強調身體之賦予意義與接受意義的能力，我們如果將他用的「身體」一詞代之以「形氣主體」，結論依然適用。但氣化主體的氣感只是使自然世界意義化的第一階段，接著，此精微的主體力道還會轉化「非意識所及的感通格局」為敘述的架構。亦即它有能量將氣感的知覺事件彰顯出來，它會將可感而無名的內容昇華並轉譯成語言的敘述。這種昇華的語言敘述既體現了心氣的內涵，並且使心氣的內涵從私人性的主體因素蛻變為公共的文化領域內的成分。由於心氣變化不已，所以莊子強調真正的語言也當生生不已，語言無固定的本質。然而，語言既已由心氣體現為語言，它既出則定型，也不能不定型，所以莊子強調學者須接受語言興發，但也宜跳脫其限制，他進而強調學者需能領會言外之意，亦即了解聲音背景的沉默。言默兼攝，乃為圓照。莊子喜歡一種格式塔意味的有機語言觀，雖然他的語言格式塔裡的成分「自然」大於「社會」，但任何語言總是預設了他者，預設了傳統，預設了群體，語言排斥了孤堡式的主體的概念。由於語言加入，所以莊子的氣化主體不再只是自然美學的概念，它還有人文化成的功能。筆者此處用「人文化成」一詞雖是挪用，卻非誤置，莊子的主體確實具足了根源性的人文之創化力道。

　　創化性的語言謂之「巵言」,「巵言」拉開了氣化主體與氣化自然婉轉共振的一體性,人文從自然中生出。重新解讀「巵言」,我們對莊子的主體應該會有新的體認。不只真正的語言建立在氣化主體上面,隱喻、技藝、政治這些議題的歸結點幾乎都指向一種「氣化主體」的核心。明乎此,我們終於了解莊子為什麼在技藝問題上說「官知止而神欲行」;在美感鑑賞問題上說「與彼百化」;在語言問題上則是「其來不蛻」。因為氣化主體是真正的語言(所謂巵言)、真正的技藝(神欲行的運作)、真正的鑑賞自然(遊觀)得以成立的依據,氣化主體具有統合身心以及協調周遭環境的一種超自覺的能力,這種能力是要發展出來的,但它的功能卻是先驗的賦予人的,此種統合身體內外諸種知覺的綜合能力可謂之「天」。

　　「天」的層次意指非分殊性感官(分殊性感官可謂之「人」)之上的另一種統一的、熟化的運動層次。氣化主體此種「天」的能力顯現在「從渾沌中與世界產生關連」此根源性的詮釋作用,這是非自覺的整體性意義之朗現;接著是轉化此整體性而又私密性的經驗為可共享性的語言,這是第二步的分節;再接著,乃顯現在第二步的與物(一般所謂的對象)產生關連的分節化作用中;也顯現在與人生所有具體的活動(從人間世的種種到應帝王)這些具體的分節化作用中。主體不是不要學習,但莊子似乎更相信學習是為了誘發身體的潛能,使身體提供有綜合各感官能量與內外情境的反應模式(理)。人的根源性存在就具備了秩序化的潛能,這種秩序化的潛能也見於氣化氤氳的自然世界中。潛存的自然秩序與潛存的身心秩序可能是同一潛存秩序的不同面

目，其縮合處當在一種非化非不化的主體深處之「神」[41]，學者的實踐目的就是要具體地活出此種「天」的秩序。

　　當氣化主體的建構功能，也就是筆者認為的人文之源的功能日益顯著後，筆者毋寧較喜歡用「形氣主體」甚於「氣化主體」一詞，因為有「形」介入其中後，我們可以保留「個體」在實踐中的作用。莊子無疑是要破除形骸限制的，「氣」的主要功能之一即是破除限制的作用；但莊子想破除形骸的限制卻沒有破除形骸的個體化意義，「氣」的功能總要從漫無邊際的自然哲學的概念落實到人的身體上來。「形」可以說是脫胎於人的形體且由此發展出的意義形式，形式是不可少的，形式就是結構，是使力量凝聚的匯合處。「形」就像莊子喜歡運用的「陶均」、「卮」、「葫蘆（瓢）」、「石臼（研、倪）」、「大壑」的隱喻一樣，只有「均」、「卮」、「瓢」、「臼」、「壑」的「形」呈現了以後，創化的力量在這些「形」之中不斷湧現，其文化功能才可彰顯。同樣的，只有不斷湧現的力道落在人的身體上來，或者說：從身體的深淵湧現上來，身體與語言、身體與技藝、身體與具體的當下情境之創造或自動調適的功能才會浮現而出。莊子的形氣主體是五官互融、形氣神同化、認知與行動合一的作用體，它是落實於形氣神構造中一種具有超知覺統合能力的創造力，莊子的哲學由此一基點展開。

　　筆者所以重視「形氣主體」一詞甚於「氣化主體」，除了「形

---

41 莊子不是用「非化非不化」形容此種神祕的樞紐，而是借用陶均運轉模式的「外化而內不化」以形容之，但他所用的陶均這個隱喻終究是隱喻，「內不化」的「內」或「不化」事實上都是找不到的，「外化而內不化」實即為「非化非不化」。

氣主體」更具體化，也與「形氣主體」可以涵蓋社會性的身體有
關。我們只要一思及《南華真經》中的「聖人」所顯現之「形」，
莊子借著形體的另一種瓦解社會規範性身體—威儀觀的形也就浮
現上來了，莊子所使用的此解構意象即是「支離」觀，一種反正
常化的身體意象，「支離疏」其人之反正常甚至到了想像力不太
容易想像的「反常」之地步。由於有了形氣主體帶來的「支離
觀」，中國文學及藝術史上才會有以醜為美、以拗救平、以拙勝
巧、以散濟駢的審美觀，也才會有嵇康、李白、李卓吾、徐渭這
些以身體姿態、髮膚、服飾作為反抗體制的戰鬥形式之文人。莊
子在解構語言、實體、社會價值的僵化作用上，其潛存的理論價
值及實際發生的歷史影響都極可觀，形體是反抗精神很重要的縮
結點。本書的重點不在此，所以點到為止。總而言之，莊子的形
氣主體之形體部分至少擔負了「束縮氣化主體於具體個人」及
「瓦解社會意識型態於具體個人」的雙重作用，創化與解構同時
到位。言各有當，書各有限制，本書的重點將落在其創化面上。

六、結論——「儒門」的合法性

本書詮釋《莊子》，雖然有筆者個人的關懷，此一關懷是詮
釋學意義下的成見（prejudice），但詮釋的有效性仍是建立在學
術的基礎上。筆者希望透過莊學的源流以探討莊學的特色，以莊
學的特色重新確認筆者的學術關懷。在探討學術源流時，筆者蓄
意跳開後代歷史文獻的局限，直接從《莊子》文本入手。我們現
在理解的莊子受到漢代以下史官的定位之影響甚大，然而，眾所
共知，「道家」是秦後之後才興起的概念，它是被建構出來的。
先秦時期，只有儒、墨有學派意識，其他的哲人都屬於「諸子」

的範圍，而不是九流十家或百家中的人物。因此，我們研究莊子，有理由由兩漢回溯先秦，也就是走回「道家」這個學術標籤之前的時期，理解莊子其書其人。

在「道家」之名尚未興起的年代，我們如何了解莊子的關懷呢？筆者直接從〈天下〉篇此序言篇入手，觀看他如何借助於形上學的「一」之理念的開展，如何改造神話的敘述，亦即莊子同時借助於「太初本體論」與「哲學本體論」的語言，暢談先秦諸子學的發展。形上學的「一」（也就是道體的「一」）落實到具體的實踐點則是形氣主體，形氣主體在人文世界的創化比道體在自然界的無心以成化，具有更豐富的人文價值的內涵。莊子論諸子百家的起源以及他們的思想特質時，著眼點甚高，不與其他人同。形式上他雖然以「古之道術」與「一之展衍」的視角雙管齊下，事實上是借著哲學理據此種本體論意義的說明改造了神話的敘述，更取代了歷史的說明。莊子使用的方法在中國特顯孤子，在西洋一些哲學家如黑格爾身上，我們反而看得到類似的敘述。

透過了哲學本體論與太初本體論的雙重敘述，我們有理由認定：莊子這種玄遠的手法乃是站在孔老之後的思想位置上，回應孔老遺留下來的問題。更具體地講，也就是在哲學慧命的發展上，他繼承了老子將道精神化的走向，而克服了東方體證哲學中常見到的「本精物粗」的毛病。在學問境界的光譜上，因為莊子強調道的創化性，所以他不能不從老子偏於大母神的靜之哲學中走出，走向一個在「一」中保持創化的、動態的能量的一種積極哲學。這樣的創化哲學的依據雖可溯源神話之「遂古」，也可溯源至形上的「一」，但其基礎也可以說就在當下的身體本身，筆者稱呼為「形氣主體」。形氣主體是意義彰顯的依據，但它的彰顯不是獨裁式的自我投射，而是與物共遊地精微的合作下的創

造，形氣主體因而帶有基源本體論的內涵。

　　基源本體論意義下的本體既足以說明自體的存在，也賦予周遭世界意義的基礎。〈天下〉篇的道體之「一」所以可歸結到形氣主體上來，是有說的。筆者相當側重莊子形氣主體本身具足的語言、感知（身體）的屬性，語言與身體是當代哲學的焦點，本書因此多少帶有回應時代議題的作用。當代莊學研究對語言與身體的議題也頗熱衷，但相對於解構色彩濃厚的當今莊子語言哲學詮釋路線，本書則突顯莊子語言哲學中語言開顯道的創造功能；相對於無言獨化的道家美學路線，本書則強調莊子氣化主體所呈顯的始源性世界秩序之構造。本書並不是先有完整的構想，再逐步依藍圖建構而成。而是發現突破點，逐步處理個別議題後，全幅圖像才日漸清晰，這是陣地戰的手法。具體的講，筆者是隨著處理莊子的身體觀、技藝觀、語言觀之後，眼界始寬，視座自然而然的由解構哲學的莊子往創化哲學的莊子轉移。

　　本書本來無意介入學派的定位，也不希望被當作解讀歷史文獻的著作。本書所呈顯的莊子圖像與定型化的道家人物形象誠然不同，但也不見得符合定型化的儒家型人物。道家或儒家這種學派的歸類不是本書的重點，也不是作者的主要關懷。筆者起初反而擔心學派的意識太介入，會模糊掉本書的焦點。然而，筆者畢竟用了「儒門」一詞，文獻學的烽火就不可能不被舉起來。論者很容易質疑道：如果說在莊子生前或秦漢之前，根本未聞道家之名，所以道家與莊子掛鉤是後來塑造的。那麼，莊子生前雖已知有儒家之名，但莊子並沒有說自己學仰周公、孔子之道，先秦的文獻也找不到莊子和儒家連結的痕跡。准此，則歸於儒與歸於道，其文獻學的有效性（其實也就是無效性）應當是同樣的。老子說：唯之與阿，相去幾何？我們也可以說：唯儒與道，相去幾

何？我們有什麼理由排除「莊子道門說」，而相信「莊子儒門說」？

　　論者這個質疑說得好，筆者很難不答覆。筆者嘗試回答道：本書的「儒門」之說並非自我作古，而是《莊子》注釋史上的一個有力舊說，源遠流長，筆者是接續這個詮釋傳統，再加以發揮的。所以這個問題如果由明末的道盛、方以智、王夫之等人回應，或許更恰當。但這樣的答覆顯得滑移，逃避「接著講」的人的責任。代他們設想，我們應該還是可以找到一個合理的解說，此即：《莊子》文本本身即孕育了孔莊相繼的內涵，莊子對孔子很可能有些特別的情懷。道盛、方以智、王夫之注《莊子》，所以著重莊子的人文精神，並連結孔子與莊子的關係，實非得已，因為他們就是看出了這樣的文本。「莊子儒門說」可以視為學術史的敘述，筆者同意明末這些高僧大儒的觀點，所以才自認為是「接著說」。

　　筆者另一個更想提出的答覆是：本書的「儒門」固然指向了歷史上出現過的現象，但歷史上的儒家有各種的分類，《論語》中的儒者即有子夏氏之儒、子張氏之儒；荀子也喜歡分類各種儒，有雅儒，有大儒；《韓非子》也說孔子之後，儒分為八，儒家從來不是只長成一種面貌。何況我們看哲學史上的記載，確實有不少名家認為以《易經》、《中庸》為代表的學問才是儒門之學，這樣的儒學和莊子的基本性格恰可相互呼應。所以筆者使用「儒門」一詞是否妥當，端看論者心中的「儒門」意象為何，但此詞語並沒有誤用的問題。總之，不管學術史的「真相」如何，筆者希望的是透過一種新解讀，或是再解讀三百五十年前的舊解讀，重新挖掘中國傳統另有一支偉大的人文精神傳統。

　　由於筆者的根本關懷構成了本文立論的基磐，我會認為儒家

需要《莊子》這樣的資源。對支持莊子獨特性的人來說，本書的立場似乎減低了莊的價值，事實不然，其實無傷於莊子尊崇巍峨的形象。因為本書的論點與其說削弱了莊子的獨特性，不如說豐富了他尚未被充分揭露出來的解釋力道，儒家得之於莊子者可能超出莊子得之於儒家。本書不管在意圖上被視為是援莊入儒或是會通孔莊或是恢復莊子原貌，關係都不大，誠如王叔岷先生說：莊子乃「無家可歸」[42]。此言雖然近譃，就史料論史料，確實足以成說。筆者唯一想確定的是：本書的基本立場是莊子的主體觀蘊含了豐饒的人文精神之源。

退一步想，如果讀者覺得本書的立場太儒家了，偏離了中國詮釋傳統中莊子的形象。那麼，讀者不妨採取知識論上的唯名論的立場，將本書所說的「儒家」內涵看淡。甚至不妨把書中出現的「儒家」或「人文精神」一詞拿掉，代之以新道家、創化精神或文化表現精神等等，均無不可。筆者相信如果仔細釐清這些術語，透過文本的細讀，結果不會改變，兩千多年了，莊子的學術性格是該重新確認了。重新認識莊子不是為了一家一派之爭，而是為了這位了不起的哲人提供了我們一種基源的人文價值的哲學，他讓我們看到跨越歷史上儒道分流之上或之前的一種新穎活潑的世界圖像。

莊子說他的故事，我們說莊子的故事。本章的結論與本書的立基點如下：莊子之於孔、老，就是他會通了孔、老。他在絕對意識與文化世界中，找到了聯繫的管道。莊子對人文化成的依據有極好的證成，雖然依中國老傳統來定義，我們不能說莊子是位典型的人文主義者，他對道德意識不夠注重，所以他的主體缺少

---

42 王叔岷，《先秦道法思想講稿》，頁 89。

偉大宗教家身上帶有的那股同體大悲的深沉情懷；他也無法充分肯定禮樂制度與人格成長的關係，所以他的主體也缺少偉大政治家身上具有的那股深邃悠遠的歷史文化意識。但莊子的用心本來就不在此，或許說：他是別有用心，因為他對體制永遠有戒心。莊子對後世的影響之所以常見於反抗者對體制的批判，或對體制的逃逸，其來有自，因為莊子的形氣主體哲學的本質本來就容易與任何結構化的事物對反，否定哲學是莊子哲學的一個重要面向。

　　但否定哲學不是莊子哲學唯一的面向，也不應該是主要的面向，莊子的批判性建立在形氣主體和世界本來即有種根源性的繫連上面，這種繫連是原初的肯定。形氣主體的氣化感通、與物宛轉、卮言日出乃是前於詮釋的事實，是基源本體論的內涵，他的否定源於原初的肯定得不到滿足。不管現行的《莊子》文本裡刊載了多少「非湯武而薄周孔」的文字，我們依然有充分的理由肯定：孔子以下，莊子對人文精神的貢獻絕不遜於任何一位儒家思想家。他的思想早就超越了沒有文化創造力的氣論哲學（不管是向郭的或是漢儒的），也早就超越了意識在其自體的復性論傳統（不管是老子的、內丹的、佛教的或王學的）。莊子打下了人文活動得以成立的基礎，語言、氣化、器物的原初肯定使得世界的衍化與文明的日新得以成立，人文精神的關鍵就在形氣主體本身。

莊子與
東方海濱的巫文化[1]

1　本文原為中研院支持「東北亞的巫」跨國計畫的報告，文章曾先後在史語
　　所、中興大學中文系、彰化師範大學國文系以及清華大學人社院的會議上報
　　告過，承蒙與會學者多所匡正。筆者尤其感謝梅廣、林富士、蘇建洲、林清
　　源、蔡璧名諸教授的指正。

一、前言

巫在早期中國傳統文化的傳承中占據很重要的位置，早自近代國學奠基者的劉師培、王國維以下，已一再提及斯義。巫是上古文獻中所能見到的最重要的宗教人，也是涵義最廣的宗教人。如果我們認為在文明發展的初階，所有的知識都離不開宗教的母胎，宗教的知識總會以或隱或顯的方式滲透到所有的文化的分枝的話，那麼，中華文明當也不例外。筆者相信：最早的歷史、地理、政治、文學、戲劇等等的知識都可看到巫文化的胚胎。

本文想探討莊子與巫文化的關係。莊子為公元前 3、4 世紀的哲人，其時「道術（已）為天下裂」，這是史家所謂「哲學突破」的時代，巫已很難再掌握太多的知識，因此，也沒有那麼大的文化詮釋權力。但筆者認為巫文化在莊子思想仍占有相當重要的分量，莊子不但借助巫文化的因素當作他敘述時的核心架構，莊子思想的核心義往往也是來自於對巫文化源頭的轉化。筆者嘗試作文化解碼的工作，此工作一方面探索莊子思想的起源問題；一方面也希望探觸到從莊子思想的起源到其思想本質的建立之間的轉換過程。這樣的轉換過程包含了敘述時所使用的巫文化因素，也包含了從巫的精神內涵到莊子體道論的轉化。本文由於篇幅所限，重點將落在起源的問題上面。

二、《莊子》古本與巫

關於莊子思想的起源問題，從《莊子・天下》、《史記・老莊申韓列傳》以下，言之者多矣，解釋相當紛歧，據筆者粗淺的統計，比較流行的說法大概有下列各種：「歸本於老子」（司馬

遷）[2]、「源於太一」（莊子本人）[3]、「源於儒家」（韓愈）[4]、「源
於楊朱」（朱子）[5]以及「自成一家」（郭象）[6]諸說，這些說法雖
然證據強弱不同，但大體可說言而有據。其中，筆者認為論證最
薄弱者當是「楊朱說」。此說雖得到一些大有來歷的人物之支
持，但這樣的說法不管就外在的歷史淵源或就內在的理論考量，
都找不出較強的證據足以支持此說[7]。「自成一家」之說最難反
駁，但這樣的解釋事實上也可以說沒有作出太多的解釋。沒有人
會否認莊子已成一家之言，但我們可以反過來想：沒有任何思想
是獨特到自創己見，前無古人，後無來者。任何獨創的思想總需
要滋養此思想之傳統，所以「自成一家」與影響兩說並不構成任
何互反的關係。這個理論最多只能說明莊子綜合百家，而無一家
可歸納之。「太一說」則是種形上學的提法，這樣的解釋可以給
世間的任何學問一種形而上的保障，但此說無關史實。「源於老
子」之說頗有文獻之依據，歷代提出此說者的公信力都比較高。
但此說依然僅能解釋莊子思想之部分因緣，而不足以解釋莊子與
老子兩者思想之差異。至於「莊出孔說」，此說如作為哲學或思

2　《史記・老子韓非列傳》（台北：鼎文書局，1979），頁 2143。

3　參見〈天下〉篇。郭慶藩集注，《莊子集釋》（台北：河洛圖書公司，
　　1974），頁 1065。

4　〈送王秀才序〉，馬通伯校注，《韓昌黎文集校注》（上海：中華書局，
　　1957），頁 151。

5　黎靖德編，《朱子語類》（北京：中華書局，1994）卷 125，頁 2988。

6　郭象，〈莊子序〉：「言雖無會而獨應……不經而為百家之冠。」引見《莊子
　　集釋》，頁 3。

7　參見王叔岷先生對此說的批評，《先秦道法思想講稿》（台北：中研院中國文
　　哲所，1992），頁 83-87。

想史的解釋,其言論似有一獨特理路[8]。但作為歷史的解釋,此一說法似乎不太能成為有力的論述。

上述所說的幾種論點之是非得失,牽涉到歷史文獻的諸多檢證,枝蔓甚廣,當專文檢證,此處姑且不論。「莊子思想起源於巫文化」的說法當然不像上述諸說那般受到注目,但自從聞一多提出「古道教」之說後[9],莊子與原始宗教的關係已不是太陌生的子題,《莊子》書中蘊含的神話題材,現在更是日益受到學界重視。然而,從巫或薩滿教(見下文)的角度重新詮釋《莊子》,此工作恐仍大有發展的空間。筆者作的這個工作當然無法推翻或取代前人所提的各種「源出」說,筆者也不作此想。本文的意圖只是想突顯《莊子》一書較少被正視的「巫」文化之因素,《莊子》書中這種類型的巫文化因素之內涵及其轉換,不管對我們想了解莊子本人的思想或對我們想了解先秦道家精神史變遷的人而言,應該都會帶來一些啟示。

本文想從「巫」的角度重新探討莊子思想的起源,但本文的前提頗涉曖昧,因為「巫」的角色甚多,涵義甚廣。《說文》釋「巫」字云:「巫,祝也,女能事無形,以舞降神者也,象人兩褒舞形。」許慎作的雖然是字詞的解釋,但他指出巫的兩大特色:(一)溝通神人,(二)巫是舞藝(廣義來說,藝術)修養甚高的人,這兩點都極中肯。晚近研究巫的學者,其主要論點往往亦不出此兩者。但這兩點的具體內涵需要再擴充,如「事無

8　參見謝明陽,《明遺民的莊子定位論題》(台北:台大文史叢刊,2001),第 2、3、6 章。

9　聞一多,〈道教的精神〉,《神話與詩》(北京:三聯書店,1982),頁 143-152。

形」一詞尚可包含祭儀、巫的人格特質等等。舞藝或藝術方面，更宜擴大到包含天文、醫學等等巫師專長的技藝[10]。至於「巫」是不是專指女性，這倒不一定。《國語》雖有「在女曰巫，在男曰覡」的說法，但更常見的情況乃是：巫為男巫女巫之通稱。

　　近人對巫的解釋日漸豐富，但由於記載「巫」的典籍通常離巫文化最盛的時期已遠，而且「巫」本身的功能也不斷的分化。就最廣義的觀點來說，它可以指涉擔任一切宗教職務的人員，「巫」與「祝」、「宗」、「卜」、「史」、「醫」的工作往往重疊，他最重要的特色遂變得隱沒不彰。因此，中文原始材料及第二手研究對「巫」的解釋固然是我們探討中國的巫文化時最重要的依據，但就理論架構而言，我們不妨參考晚近學者對薩滿教的解釋，然後兩者對勘，如此或可突顯在諸子興起前甚至周公制禮作樂前的一段思想史之特色。

　　薩滿教當然也是個內涵複雜的詞語，我們不妨參考耶律亞德（M. Eliade）、佛爾斯脫（P.T. Furst）及相關材料[11]，羅列其特色如下，以便討論：

1. 薩滿式的宇宙乃是巫術性的宇宙，而所謂自然的和超自然的環

---

10 《山海經》有「六巫」、「十巫」之說，《周禮》有「九簭」之名，兩者合計二十五名。扣掉重覆的三個巫名，共有二十二個巫名。周策縱先生將其名與工作性質分成如下五項。（一）與醫藥有關者：1.巫更 2.巫咸 3.巫抵。（二）與性和生殖有關者：4.巫即 5.巫姑 6.巫比 7.巫祠 8.巫禮 9.巫履。（三）與卜筮和天象有關者：10.巫式 11.巫目 12.巫易 13.巫陽 14.巫參。（四）與樂舞有關者：15. 巫肦 16.巫彭 17.巫凡 18.巫相 19.巫環。（五）與魔力有關者：20.巫真 21.巫謝 22.巫羅。參見《古巫醫與「六詩」考》，頁 154。

11 M. Eliade, *Shamanism*（Princeton: Princeton University Press, 1974），pp. 93-95, 259-274. 張光直，《中國青銅時代（二）》（北京：三聯書店，1990），頁 135-137。

境這種現象乃是巫術式變形的結果，它的宇宙一般分成三層，有時還有四方之神或四土之神。宇宙的諸層之間為中央之柱（所謂「宇宙軸」）所穿通；這個柱與薩滿的各種向上界與下界升降的象徵物在概念上與在實際上都相結合。

2. 薩滿教相信人和動物在地位及性質上是平等的，他們可以相互溝通。而且，人與動物之間可互相轉形，自古以來，人和動物彼此即可以對方形式出現。薩滿們一般都有動物助手，這些助手可稱作助靈，助靈可幫他到彼界作神祕之旅。

3. 靈魂可以與身體分開並且可以到各處旅行，甚至旅行到天界或地下的鬼魂世界。

4. 自然環境中的所有現象都被一種生命力或靈魂賦予生命，因此在薩滿世界裡沒有我們所謂「無生物」這種事物。

除了上述四個特點之外，薩滿教當然還有些重要的特性，如不怕火燒、靈魂或生命力常駐骨頭，以及嗜食麻醉性強易導致幻象的植物等等，但上述四個要點：空間形式、空間的鳥獸、主體、世界的本質，與我們要探討的主題最為相關，也特具思想史趣味。第三點離體遠遊的人格型態更是特殊，它與後來佛教與理學追求的圓滿人格相去絕遠，但在國史的發軔期，它卻非常重要，所以我們將它特別標明出來。本文下文所謂可以和莊子思想相互發明之「巫」、「巫教」、「巫文化」，即指此解體人格型態的薩滿及其文化母體薩滿教而言。

現行《莊子》一書，直接提到「巫」的地方不多，只有三處[12]。為什麼巫文化與莊子頗有交涉，但「巫」字在《莊子》書

---

12 三處分別為〈人間世〉：「此皆巫祝以知之矣」；〈應帝王〉：「鄭有神巫曰季咸」；〈天運〉：「巫咸祒曰：來，吾語女」。第一則是泛泛之論，第二、三兩則內

中卻不占重要地位？我們現在想到這個問題，覺得很棘手。然而，如果我們是在一千五百年前作這個工作的話，情況應該就會好很多，因為當時的《莊子》版本和現在流行的郭象版不一樣。郭象版三十三篇，但先前的《莊子》版本並沒有統一，班固、高誘、司馬彪等人所見的《莊子》是五十二篇，郭象認為這五十二篇當中，頗有些篇章是「一曲之士，不能暢其弘旨，而妄竄奇說」的偽作，因此，將它們刪掉了。郭象還特別指出五篇的篇名，並說這些偽作「或牽之令近，或迂之令誕。或似《山海經》，或似《占夢書》，或出《淮南》；或辯形名，皆略而不存。」[13]簡言之，我們現下看到的是淨化的簡本，是郭象依他的眼光判斷所抉選的產物。郭象說的「或出《淮南》，或辯形名」這類的內容不在我們的考量之列，但「或似《山海經》，或似《占夢書》」這類的文字卻不能不令人眼睛為之一亮，因為《山海經》本來就是部巫書，而占夢原本也是巫的看家本領之一。如是說來，《莊子》五十二篇本應當保留相當多有關巫風的文字。

　　我們的猜測應當不離譜。郭象刪《莊》，內容雖已淨化，但被刪的文字不見得就可以乖乖束縛，從此消逝於天壤之間。就像歷代「淨本」或「禁本」的慣例一樣，那些被刪除的「不雅馴」的文字往往表現出驚人的生命力，總會有一些有心人士想將它們搜集起來，以期恢復舊觀。《莊子》的情形也是如此，自從宋代王應麟以下，蒐集《莊子》佚文者，代不乏人[14]。近人馬敘倫、

涵較豐富。

13 郭象，《莊子後語》，引見王叔岷，《莊子校詮》（台北：中央研究院歷史語言研究所，1988），下冊，頁 1383。類似的文字又見於陸德明《經典釋文‧序錄》論「莊子」處，惟文字有簡省。

14 王應麟的輯佚見《困學紀聞》（台北：中國子學名著集成編印基金會，1987）

江世榮以及王叔岷先生先後也有蒐羅、辨證[15]，王先生曾多次來回校證，用力最勤。筆者底下將依王叔岷先生最後定本所蒐羅的一百七十六條佚文，探討《莊子》古本（可能就是五十二篇本）中蘊含的巫文化因素。

這些佚文中頗可發現和《淮南子》或形名之學相關的材料[16]，本文志不在此，不予以討論。另外，頗有些細碎支離或與本文不相關的題材，本文亦不處理。筆者將相關的材料羅列成底下五組：（一）《占夢書》、（二）《山海經》、（三）《博物志》、（四）天文知識、（五）巫、醫。這五組的內容都可歸類為巫文化的題材，底下，我們將依序排列。

首先是占夢的材料，佚文中至少可見到三條題材相關的文字，如：「鹹者不作，而欲食之，夜必夢飲三冷。」（34 條）[17]、「尹需（一作儒）學御，三年而無所得，夜夢受秋駕於其師。明日往朝其師，其師望而謂之曰：『吾非獨愛道也，恐子之未可與也。今將教子以秋駕。』」（50 條）、「夢者陽氣之精也。心之喜惡，則精氣從之。」（91 條）這些內容不是很像《占夢書》嗎？

卷 10，冊下，頁 25a-30a。黃奭，《黃氏逸書考》（上海：上海古籍出版社，續修四庫全書本，1995），冊 4，頁 511-512。

15 馬敘倫的輯佚見《莊子義證》（上海：商務印書館，1936），筆者尚未見到此書。江世榮的輯佚見〈莊子佚文舉例〉，《文史》，第 13 輯，1982。王叔岷先生的輯佚先見於《莊子校釋》（台北：台聯國風，1972）之附錄〈莊子逸文〉、〈莊子逸文補遺〉、〈莊子逸文續補遺〉。後重加考訂，復收錄於 1988 年出版的《莊子校詮》，下冊，頁 1382-1414。

16 如王先生收錄的佚文第 4、5、6、7 條即見之於《淮南子》，至少兩者的文字極相近。第 66、73 諸條則近乎形名之學。

17 原文出自《北堂書鈔》，轉引自王叔岷先生輯佚《莊子佚文》，收於《莊子校詮》，頁 1389。底下引佚文，即依王先生輯本，編號亦同，不再註明。

第 50 條的內容似乎顯示其夢尚是一種具有知識涵義的「正夢」，第 91 條所說，好像也意味著夢的正面價值。如果對照現行《莊子》文本的「夢」資料，莊子對夢似乎站在頗肯定的立場。

其次，像《山海經》的佚文亦所在多有，如底下這些文句都是：「昔者十日並出，草木焦枯。」（7 條）、「易姓而王，封於泰山，禪於梁父者，七十有二代。其有形兆垠堮勒石，凡千八百餘處。」（45 條）、「龍伯國人釣鼇」（96 條）、「夸父與日角走，渴死於北地。」（101 條）、「老子見孔子從弟子五人，問曰：『為誰？』對曰：『子路為勇，其次子貢為智，曾子為孝，顏淵為仁，子張為武。』老子歎曰：『吾聞南方有鳥，其名曰鳳，所居積石千里，天為生食，其樹名瓊枝，高百仞，以璆琳琅玕為實；天又為生離珠，一人三頭，遞臥遞起，以伺琅玕。鳳鳥之文，戴聖嬰仁，右智左賢。』」（113 條）。這些文字都可在《山海經》書中找到相對應的文字，王叔岷先生的《莊子校詮》已將《山海經》的相關資料羅列出來，檢核不難，茲不贅敘。

第三、佚文中頗有些文字傳達了類似古代《博物志》之類的知識，這是種非關人文、無涉於經國之大業的另類知識，我們可稱之為巫術型的知識。如「地三年種蜀黍，其後七年多蛇。」（9 條）、「蜫二首」（12 條）、「有斲雞於其戶，懸葦灰於其上，插桃其旁，連灰其下，而鬼畏之。」（26 條）、「童子夜嘯，鬼數若齒。」（105 條）、「插桃枝於戶，連灰其下，童子入不畏，而鬼畏之，是鬼智不如童子也。」（110 條）、「師曠為晉平公作清角，一奏，有白雲從西北起；再奏，大風大雨隨之，裂帷幕，破俎豆，墮廊瓦。平公懼，伏於室內。」（140 條）、「馬血之為燐也，人血之為野火也，大鴿之為鸇，鸇之為布穀，布穀之復為鴿也，燕之為蛤也，田鼠之為鶉也，老菲（當作韭）之為莌（當作莞）

也，老韭之為莧也。魚卵之為蟲也，此皆物之變者。」（148
條）、「童子埋蜻蛉頭而化為珠」（153 條）、「老槐生火，久血為
燐，人弗怪也。」（154 條）、「蛞蝓之智，在於轉丸。」（155
條）。以上諸條透露的內容與日常經驗所知者不同，這樣的知識
類型較特殊，如第 26 條、110 條、140 條所說，其內容意味著對
鬼神與風雨的操控。第 148 條的內容與〈至樂〉篇「種有機」一
段有些類似，兩者談的都是跨越種屬的變形論，但佚文的前兩句
則頗有些巫術的意味。其餘諸條的內容常異不等，但看起來也有
機會轉變而為巫術的手段。這些文字不正是郭象所說的「迂之令
誕」嗎？

第四、有些佚文和古代天文知識相關，如「騰水上溢故為
霧」（35 條）、「陰陽交爭為雷」（36 條）、「以谷通氣故飄風」（51
條）、「其生無父母，死登遐，三年而形遁，此言神之無能名者
也」（75 條）、「陰氣伏於黃泉，陽氣上通於天，陰陽分爭故為
電，玉女投壺，天為之笑則電。」（102 條）、「陽炙陰則虹」（103
條）、「陽燧見日則燃為火」（124 條）諸條皆是。這幾條佚文有
的傳達了古代的天文知識，有的在天文知識的脈絡中還穿插了神
話的敘述。巫教的天文知識是其文化體系中極重要的一環，而且
此知識原本即和其神話體系糾繆難分。這幾則佚文即反映了這樣
的結構。

第五、有些文字和巫醫的內容有關，如「牧馬小童謂黃帝
曰：『熱艾宛其聚氣。』雄黃亦云：『燔金熱艾，以灸其聚氣。』」
（27 條）、「流脈並作，則為驚怖；陽氣獨上，則為顛病。」（137
條）、「孔子病，子路出卜。孔子曰：『汝待也。吾坐席不敢先，
居處若齊，食飲若祭，吾卜之久矣！』」（147 條）、「君子齋戒，
處心掩身，身欲寧，去聲色，禁嗜欲，安形性，靜以待陰陽之

定。」（163 條）諸條皆是。巫醫並舉，早見之於《逸周書》、《論語》等古代文獻[18]，也見之於一般的初民社會[19]。第 163 條論齋戒之事，雖然與「醫」不見得相關，但這樣的儀式往往牽連到身心的淨化，這也可以說是和身體的訓練有關的論述，巫醫雅而為之，故一併及之。另外還有兩條明確說出「巫」字的佚文，首先是下面這一條：「小巫見大巫，拔茅而棄，此其所以終身弗如。」（109 條）此佚文的「小巫見大巫」，已成日常用語，這是現存《莊子》文本可見到的三條「巫」字資料以外，第四條提及「巫」的材料，其內容頗值得留意。

《莊子》佚文中最具巫文化的史料價值、也可以說最為珍貴的文獻當是底下這兩條佚文：

關奕之隸，與殷翼之孫、遏氏之子，三士相與謀致人於造物，共之元天之上。元天者，其高四見列星。[20]

游鳧問雄黃曰：「今逐疫出魅，擊鼓呼噪，何也？」曰：「昔黔首多疾，黃〔帝〕氏立巫咸，教黔首，使之沐浴齋戒，以通九竅；鳴鼓振鐸，以動其心；勞形趨步，以發陰陽之氣；春月毗巷飲酒茹蔥，以通五藏。夫擊鼓呼噪，非以

---

18 《逸周書·大聚解》云：「鄉立巫醫，具百藥，已備疫災。」《論語·子路》：「子曰：南人有言曰：人面無恆，不可以作巫醫。」

19 M. Eliade 的宗教史學資料選輯的第 4 分冊之書名 *From Medicine Men to Muhammad*（New York: Harper & Row, 1974）的第 10 分節 A 即以 "Shamans and Medicine Men" 命名。Eliade 開宗明義即說：「薩滿是醫者、祭師，也是亡魂的導引者。」參見上書第 3 頁。至於巫師為醫者的民族文獻，參見該書頁 4-25 的相關史料。

20 顏延年，〈車駕幸京口侍遊蒜山作詩〉，李善注引《莊子》佚文。《昭明文選》（台北：五南出版社，1991），頁 572。《莊子佚文》，第 61 條。

逐役出魅，黔首不知，以為魅祟也。」[21]

　　這兩條佚文很可能就是被郭象點名批判的〈閼奕〉、〈游鳧〉兩篇的文章，而且有可能就是篇章的首節。但這兩篇佚文還有輯佚之外的重要的意義，因為這兩段文字傳達了強烈的巫教氣息，可以讓我們具體的想像古本《莊子》的另一種風貌。第一條資料預設了「昇天」的主題，它與「天文」知識的佚文可以放在同一範圍看待。後者則是「儺」此特殊祭典的寫照，「儺」是巫師的常業。《莊子》佚文所述，我們在後世的史料中仍可見到大體類似的狂恣放縱之身心狀態[22]。雖然莊子對「儺」之「逐疫出魅」之意義另有解釋，但筆者認為他的「另有解釋」仍可見到底層的原始架構。我們如更進一步將焦點集中在這一條資料的文本上，還可發現更直接的意義。因為此條的「巫咸」是我們在佚文中見到的第二則出現「巫」字的記錄，也是古本《莊子》的第五條史料，而且它的內容毫無問題的傳達了「巫咸」所流傳下來的巫文化。

　　上引的五組內容乍看細碎，難免斷爛朝報之譏，但就殘存下來的佚文之數量而言，這些材料所占的比重實在不輕了。何況，有些未引的文字只因其內容太殘缺，但未必沒有巫文化的因素。我們有理由相信：五十二篇被刪掉的內容極可能就是本文最想要參考的材料。面對著傳世已千餘年的道家注釋者郭象整理過的淨本，筆者難免突發奇想：如果這些佚文仍保留在《莊子》的文本內，而且沒有被視為偽作的話，那麼，我們對《莊子》的理解將

---

21 《莊子佚文》，第 25 條。《困學紀聞》卷 10，「游鳥」作「游鳧」，王先生認為此段佚文當是〈游鳧〉篇之文。《莊子佚文》，頁 1388。

22 古典文獻中對儺儀的解釋，首見於《周禮・夏官・方相氏》，但最詳盡者當屬司馬彪《續漢書・禮儀志》所述，文長，易檢，不錄。

會有多大的不同，本文的立論也容易多了。可惜，這樣的前提是
不存在的。我們目前只能立足在三十三篇此一淨本上面，辛苦的
思索莊子思想與巫的關係的問題。

三、東方的神話空間：姑射山

　　巫是另類的人，巫活動的空間是另類的空間。就初民宗教的
實踐面而言，我們可以稱此種空間為巫術的空間；就理論面而
言，則可稱為神話的空間。我們探討莊子與巫文化的關係，首先
從巫術—神話的空間意識入手。因為空間意識是一切經驗的依
據，巫術—神話的空間則是巫的活動劇場。

　　中國流傳下來的最早也最具體系的有關巫術的空間之典籍當
是《山海經》，《莊子》一書與《山海經》有些內容可相互發明，
許多學者早已注意到此事[23]。張亨先生〈莊子哲學與神話思想〉

---

23 近代學者注意到兩者關係的，筆者不能不想到廖平其人。廖平言「天學」，
　　多言莊子、屈原與《山海經》同宗，其言雖多詭誕不經，然去蕪存菁，其中
　　正不乏洞見，如言：「考《山海》為地球五洲之古說，《詩》、《易》之於《海
　　經》，亦如《春秋》、《尚書》之於《禹貢》。《楚辭》本之為說。地水、古帝、
　　神祇、鳥獸、草木，如《天問》諸篇，吳氏諸書皆據《海經》為說。所云遠
　　遊上下四旁，與《列》、《莊》之神遊、飛升六合、置身於無何有之鄉。大約
　　除名物以外，所有章句言語，不出於《詩》，則出《列》、《莊》。本本原原，
　　均可覆按。是屈、宋所學同於蒙莊，遊心泰素，步超黃老，所著諸篇，皆以
　　發明道德宗旨、風雅義例。」《廖平選集》（成都：巴蜀書社，1988），頁
　　277。又如：「《山經》五篇言山川、動植、礦物、與鬼神形狀、嗜好、祭品
　　名物最詳，蓋其書為『天學』之天官宗、祝、巫、史所掌。學者以祭祀鬼神
　　譏之，實則所稱鬼神，皆為彼世界之人。至其時鬼神往來如賓客，亦如今外
　　交部與外國相交涉。」同上，頁555。這些話語當然夾雜許多怪說詭辭，但
　　我們如果不以辭害意，其語非不可解。

[24]一文對兩者的關係曾作過詳細的比對，本節即建立在張先生文章的基礎上，但重點將放在神話地理上面。底下，我們不妨將相關資料分為兩組，觀看莊子除了在戰國時期中原的大地上活動外，他經常使用到的地理性知識為何。

（1.1）北冥與禺彊：〈逍遙遊〉云：「北冥有魚，其名為鯤。」鯤化為鵬的寓言是莊子第一篇的開宗明義章，義理極為豐富，我們下文還會討論它的內涵。成玄英注解此文時，引《十洲記》及《玄中記》的記載，以證明此魚之巨大，及莊子何以要使用此意象。但就注疏而言，成玄英對材料的選擇其實不算理想，因為《十洲記》及《玄中記》的年代都偏晚。郭象很老實，他說「鯤鵬之實，吾所未詳也」。然而，這樣一則意義完整的故事不可能沒有源頭，《十洲記》與《玄中記》之前恐另有說。袁珂認為鯤鵬之實，其義可詳，它來自禺彊的神話。考禺彊其神，其名見於〈海外北經〉、〈大荒北經〉、〈大荒東經〉，〈大荒東經〉除提及禺彊外，另有禺䝞其神，其文曰：「東海之渚中，有神，人面鳥身，珥兩黃蛇，踐兩黃蛇，名曰禺䝞。黃帝生禺䝞，禺䝞生禺京，禺京處北海，禺䝞處東海，是為海神。」袁珂解釋道：「鯤實當為鯨。而北海海神適名禺京，又字玄冥，此與莊周寓言中北冥之鯤（鯨）豈非有一定之關連乎？而鯨，字本作鱷，《說文》十一云：『鱷，海大魚也，從魚，畾聲』又與禺彊（禺京）之『彊』合。……然而禺彊不僅海神而已，實又兼風神職司。」[25]禺彊與禺䝞皆人面鳥神，皆是海神兼風神。然大鵬固風之屬，風、鳳兩字古不分，鳳（風）乃上天之使者也。大鵬與禺彊之功能，

---

24 此文收入《思文之際論集》（台北：允晨出版社，1997），頁 101-149。
25 袁珂，《山海經校注》（台北：里仁書局，1982），頁 249。

高度重疊。

　　大鵬乃風神禺彊所化，難怪它全身帶有風的功能。〈大荒北經〉又云：「有儋耳之國，任姓，禺號子，食穀。北海之渚中，有神，人面鳥身，珥兩青蛇，踐兩赤蛇，名曰禺彊。」《山海經》中言及任姓者，除禺彊外，另有長人之國的「無腸之國」，此人為「無繼」之子，此外再也見不到。然《莊子・外物篇》卻有任公子其人。這當中似有脫落的情節，詳細情況參見底下第三條「任公子與波谷山」。關於禺彊與禺號的關係，袁珂沒有進一步說明，筆者認為：此當為海神一神之分化，這種情況就像〈堯典〉的羲和一樣。羲和原為一神，後分化為羲仲、羲叔、和仲、和叔。袁珂注釋鯤與禺彊，其言雖為推論，但穩當可信。《莊子》一書的開宗明義章，其材料來自《山海經》。

　　（1.2）姑射山與神人：〈逍遙遊〉篇云：「藐姑射之山有神人居焉，肌膚若冰雪，綽約若處子，不食五穀，吸風飲露。乘雲氣，御飛龍，而遊乎四海之外。」郭象注：「此皆寄言耳，夫神人即今所謂聖人也。」「寄言」自然是種寓言，此注雖然無誤，但所寄者何呢？李楨言之曰：「姑射山，釋文云在北海中。下文姑射在汾水之陽。考《山海經》本有兩姑射。〈東山經〉：盧其之山，又南三百八十里，曰姑射之山，無草木，多水。又南，水行三百里，流沙百里，曰北姑射之山，無草木，多水。又南三百里，曰南姑射之山，無草木，多水。〈海內北經〉：列姑射在海河洲中，姑射國在海中，屬列姑射，西南山環之。《列子・黃帝》，列姑射在海河洲中。與〈海內北經〉同。」[26]「姑射」前頭既然冠上「列」字，則知此山當有多座，莊子此處所言的姑射山

當如《山海經》所說，指海中之仙山。

（1.3）任公子與波谷山：〈外物〉篇云：「任公子為大鉤巨緇，五十犗以為餌，蹲乎會稽，投竿東海，旦旦而釣，期年不得魚。已而大魚食之，牽巨鉤，錎沒而下，騖揚而奮鬐，白波若山，海水震蕩，聲侔鬼神，憚赫千里。任公子得若魚，離而臘之，自制河以東，蒼梧以北，莫不厭若魚者。」〈外物〉此則故事所述的大魚，乃是《莊子》文本中除鯤之外的另一條巨魚。郭象、成玄英對此皆無善解。考任公子其人，史書未載其事，釣魚食魚之事因而不得其詳。然《山海經》卻有任姓之人，〈大荒北經〉云：「有無腸之國，是任姓，無繼子，食魚。」〈海外北經〉又言「無腸之國」之人「長而無腸」。任姓之人食魚，身長，這些特徵與莊子所言「任公子」相合。〈大荒東經〉又云：「有波谷山者，有大人之國，有大人之市，名曰大人之堂。有一大人踆其上，張其兩耳。」觀「波谷山」、「踆其上」之語，則知莊子的文字有本，其言與〈大荒東經〉所言相合。《莊子·外物》所言雖然情節較詳細，但它的內容無疑與《山海經》所言極為密切。

任公子姓任，身為巨人，蹲乎會稽，釣大魚而食之，這種種的條件不得不令人聯想到記載最早的大人傳說——防風氏的故事。據孔子所說，故事的情節如下：「昔禹致群神於會稽之山，防風氏後至，禹殺而戮之，其骨節專車。」至於防風氏其人，乃「守封嵎之山者也，為漆姓，在虞夏商為汪芒氏，于周為長狄，今為大人。」防風氏之風，其字同鳳，此人為東夷人當無可疑。而「任」氏原為太皞後裔，其原始意義當為神祕氣息甚濃的戴勝鳥，任國所在亦處於山東[27]。其次，封嵎之山當為〈海外北經〉

---

27 「任」與戴勝鳥的關係，參見揚雄的論點：「尸鳩，燕之東北，朝鮮洌水之

所云之「矛嵎之山」，〈海內東經〉作「鮒魚之山」，〈大荒北經〉
則作「附禺之山」。由「鮒魚」、「封嵎」之詞，我們當可理解「大
魚」之說之所自。其次，「封嵎」之「嵎」當與「嵎夷」有關。
《尚書・堯典》云：「分命羲仲，宅嵎夷，曰暘谷。」暘谷、嵎夷
一也，兩者同處山東，這樣的地點很值得注意。

　（1.4）夔與流波山：〈達生〉篇云：「山有夔」，夔單足，形
如鼓，此物乃有名之山精，然此山精所居之山固有說也。前云任
公子事，曾言會稽海外有波谷山，然同樣是〈大荒東經〉的記
載，另有一山，其名與之相似：「東海中有流波山，入海七千
里。其上有獸，狀如牛，蒼身而無角，一足。出入水則必風雨，
其光如日月，其聲如雷，其名曰夔。黃帝得之，以其皮為鼓，橛
以雷獸之骨，聲聞五百里，以威天下。」夔原本是東海島山上的
山神，後來才演變成為一般的山神。就這個意義而言，流波山之
夔是一切山神的「原型」。

　（1.5）苑風與歸墟：〈天地〉篇云：「諄芒將東之大壑，適
遇苑風於東海之濱。苑風曰：『子將奚之？』曰：『將之大壑。』
曰：『奚為焉？』曰：『夫大壑之為物也，注焉而不滿，酌焉而
不竭，吾將遊焉。』」考「大壑」一詞，《楚辭・遠遊》、《列子・
湯問》亦見之，其意皆有特指，不是一般的泛泛之論。〈湯問〉
云：「渤海之東不知幾億萬里，有大壑焉，實惟無底之谷，其下
無底，名曰歸墟。八紘九野之水，天漢之流，莫不注之，而無增
無減焉。」此「大壑」即為「歸墟」，即為〈秋水〉篇所云之「尾

間，謂之鶛，自關而東，謂之戴鵀，東齊海岱之間，謂之戴南，南猶鵀
也。……或謂之戴勝。」揚雄，《方言》（上海：商務印書館，1919）卷 8，
頁 2-3。

閭」，成玄英疏之曰：「尾閭者，泄海水之所也，在碧海之東，其處有石，闊四萬里，厚四萬里，居百川之下尾而為閭族，故曰尾閭。海水沃著即焦，亦名沃焦也。《山海經》云，羿射九日，落為沃焦。」「歸墟」是《山海經》重要的地理指標，重要的地理指標通常具有神話的意義。相傳在遙遠的上古，后羿射下九個太陽，太陽落海，餘威不減，成了沃焦。此巨石仍具熱量，其熱能量恰可蒸發每年由百川下注海洋的水量，不多亦不少。傳說少昊曾在此歸墟之處，拋棄了琴瑟。

「苑風」之名亦有來源，〈大荒東經〉云：「有女和月母之國。有人名曰鵷，北方曰鵷，來之風曰狻，是處東極隅以止日月，使無相閒出沒，司其短長。」「鵷」當是「苑風」之神格化，苑風則是有名的四方風之一。至於何以「北風曰鵷」，而又「處東極隅以止日月」，此誠費解。但莊子〈天地〉所言大壑與苑風之題材當取自《山海經‧大荒東經》，或類似的文本，此事無可疑。

「諄芒」一詞不易理解，前人或解為霧氣，或解為寓意之人名，筆者懷疑此詞亦如「苑風」，兩者皆有神話的源頭。如果苑風是四方風之一，則「諄芒」不無可能是與此概念相應之四方神祇之一的「句芒」[28]，句芒乃東方大神太皞之佐神，鳥身人面，

---

28 「諄」古音章母文部，「句」見母侯部，兩者讀音差距較遠。然先秦時期，「淳于國」之「淳于」，可名斟，名諸，名州。參見王獻唐，《山東古國考》（濟南：齊魯書社，1983），頁 252。「諸」章母魚部，「州」章母幽部。「諸」讀音與「句」相近，「州」讀音與「句」字的假借字「鳩」相近，1965 年紀南出土「越王鳩踐用劍」，「鳩踐」即「句踐」。「鳩」，見母幽部。吳越與山東常見「諸」或「句」構成的地名與人名，這是兩地極大的文化特色，參見董楚平，《吳越文化新探》（杭州：浙江人民出版社，1988），頁 13，頁 58。

乘兩龍。此神的來源也許可追溯到一段歷史故事[29]，此處不暇論。他的轄區為「日出之次，榑木之地」（《淮南子‧時則》），大壑（歸墟）是他的家鄉，他東之大壑，固其宜也。我們下文還會對「苑風」與「句芒」作進一步的解釋。

（1.6）湯谷與十日：〈齊物論〉云：「昔者十日並出，萬物皆照。」〈海外東經〉云：「下有湯谷。湯谷上有扶桑，十日所浴，在黑齒北。居水中，有大木，九日居下枝，一日居上枝。」湯谷亦曰溫源，〈大荒東經〉云：「大荒之中，有山名曰孽搖頵羝，上有扶木，柱三百里，其葉如芥。有谷曰溫源谷。湯谷上有扶木，一日方至，一日方出，皆載于烏。」〈齊物論〉所言與《山海經》所述，顯然是同一事件。〈逍遙遊〉篇言神人之德有云：「大旱金石流土山焦而不熱」，筆者懷疑這個意象背後仍有「十日並出」的神話歷史之追憶。

「湯谷」、「溫源谷」、「扶桑」皆位處東海，然〈大荒東經〉又言少昊之國位在「東海之外大壑」，此地有甘山、甘水、甘淵，袁珂注云：「此經甘淵當即大荒南經羲和浴日之甘淵，其地乃湯谷扶桑也。」[30]少昊原本即山東古國郯國之建國始祖，準此，則知歸墟（大壑）亦是產於山東海濱地區之神話。

吳越地名人名的「句」字可能是前綴的發聲詞，參見周法高，《中國古代語法（構詞篇）》（台北：中央研究院歷史語言研究所，1962），頁 206。「句」字如此，「諸」字亦不無可能如此。如上述所說可以成立，「句芒」當是「諄芒」。

29 《竹書紀年》「帝芒」：「元年壬申，帝即位，以元珪賓于河。十三年，東狩于海，獲大魚。」沈約（？）撰，《竹書紀年》（台北：藝文印書館，1966）卷上，頁 8。筆者懷疑帝芒不無可能化身為句芒，亦即句芒乃是「愛凡麥化」（Euhenerize）的結果。

30 《山海經校注》，頁 340。

　　上述所列六項，皆是《莊子》書中著名的「寓言」，這些「寓言」都可以在《山海經》中找到源頭，而且除了「姑射山」的主題外，其他五者的出處皆出自〈大荒東經〉，其地都在東海之外。不但如此，即使姑射神話此案例，我們如將其情節地點列於東海之外，也完全可以說得通。莊子說：「藐姑射之山有神人居焉，肌膚若冰雪，綽約若處子。」姑射在東海，海上之仙山也。但同樣在東海，依據《列子》的載錄，另有五仙山，「其上臺觀皆金玉，其上禽獸皆純縞。珠玕之樹皆叢生，華實皆有滋味，食之皆不老不死。所居之人皆仙聖之種，一日一夕飛相往來者，不可數焉。」[31]就功能而言，姑射山與蓬萊、方丈這些仙島的作用高度重疊，我們如再看這些仙山位於「歸墟」，這些仙山下面有禺彊所支使的十五隻巨鼇舉首負載之，即不難推知姑射、蓬萊的神話與本組的一系列神話是同系列的，同位於「東海之外」。不但如此，我們甚至可以斷言姑射神話與蓬萊神話原本同源，它們當是「同出而異名」[32]。

　　我們上文提到姑射神話實即蓬萊神話，而「蓬萊」云者，不無可能從蓬夷與萊夷兩族得名[33]。如果論者覺得此說稍嫌繳繞，我們當看「姑射」此地名，亦可得到一些線索。人名地名冠

---

31 楊伯峻，《列子集釋》（台北：華正書局，1987），頁 94-97。

32 現行《莊子》一書，蓬萊神話的痕跡較為隱晦，然《莊子》佚文中有「龍伯國人釣鼇」（第 96 條）之言，此言與《列子·湯問篇》所述蓬萊神話的一節相合。考慮《莊子》與《列子》文句多重疊，筆者認為《列子·湯問篇》所述，可能也見於五十二篇的《莊子》古本。小川琢治也認為姑射山與《列子·湯問篇》所述之方壺、蓬萊、瀛州三山之神話相同，小川琢治更進一步確認其地在朝鮮之南。參見《支那歷史地理研究》（京都：弘文堂書店，1928），頁 262。

33 王獻唐，《炎黃氏族文化考》（濟南：齊魯書社，1985）有此說。

「姑」字者，山東與越地為多，如：「姑蔑」、「姑幕」、「姑水」、「離姑」、「尊姑」（以上山東）；「姑蘇」、「姑末」、「姑妹」、「姑熊夷」（以上越地）。依據董楚平的研究，夏越原本同族，越地文化乃夏人長期逐漸經營的結果[34]。「姑射」之地，至少此傳說產生的地點，應當在山東，而不在吳越。至於此組第三條任公子事所言及之「會稽」，其地亦非浙江之會稽。考古書所見之「會稽」，其地有三，一在越，一在遼西，一在山東。任公子之蹲於會稽，其地與禹會防風氏之會稽，兩者皆是山東之會稽，亦即所謂「封泰山，禪會稽」之「會稽」。因為封禪兩地相距不可能相去太遠，「禪會稽」之「會稽」應當即在「封泰山」的「泰山」之附近[35]。

如上所論，本組六則神話，除第一條「禹彊」為北海之神、第二條的地理位置在東海與東北海之間徘徊外，其餘的發生地點皆在東海之外，實即在山東濱海地區。第一、二條的地理空間其實也相去不遠，可視同一體看待。這些材料和來源大體可在《山海經》中的〈大荒東經〉找到，第一條「鯤化為鵬」的神話又見於今已失傳之《齊諧》一書。齊諧者，或許即是齊東野人之語。然齊東野人之語恰好保存了山東以及其北地區的神話。很令人訝異的，我們發現孔子所提及的防風氏之神話，其內涵與莊子所提及的這批蓬萊仙山系列神話，關係竟然相當密切。

這些寓言的場景全排在東方偏北的海域，這樣的安排似非巧

---

34 《吳越文化新探》，頁13、58。

35 參見楊向奎，〈夏本紀、越王句踐世家地理考實〉，《禹貢》第3卷，第1期。董楚平，〈《國語》防風氏箋證〉，《歷史研究》，1993年，第5期。江林昌，〈從長翟、鮒魚看防風氏的起源〉，鍾偉今編，《防風神話研究》（合肥：安徽文藝出版社，1996），頁58-67。

合。〈秋水〉記載北海若教訓狂妄自大的河伯云：「計四海之在天地之間也，不似礨空之在大澤乎？計中國之在海內，不似稊米之在大倉乎？」莊子固知四海，亦當知海內、外之分者也。而《山海經》亦分〈海內經〉、〈海外經〉，且〈大荒經〉諸篇每篇開始皆有「東海之外」、「南海之外」、「西北海之外」、「東北海之外」之類的語句，神話─巫術空間也是有方位秩序的。莊子對《山海經》式的空間並不陌生，他西、南、北海不選，卻選用了這麼多東海之外的「荒唐之言」的神話傳說，當中不能說沒有特殊的涵義，其奧祕仍有待我們慢慢解碼。

四、「西方的」神話空間：崑崙山

看完第一組的神話空間後，我們且再看底下這組所列的幾則《莊子》文章的神話來源為何。

（2.1）堪坏、肩吾與西王母：〈大宗師〉云：「堪坏得之，以襲崑崙。」《山海經·西山經》云：「又西北四百二十里曰鍾山，其子曰鼓，其狀如人面而龍身，是與欽䲹殺葆江于昆侖之陽，帝乃戮之鍾山之東曰崜崖。欽䲹化為大鶚，其狀如雕而黑文白首，赤喙而虎爪，其音如晨鵠，見則有大兵。」欽䲹即堪坏也。〈大宗師〉又云：「肩吾得之，以處大山。」〈西山經〉云：「西南四百里，曰昆侖之丘。是實惟帝之下都，神陸吾司之。其神狀虎身而九尾，人面而虎爪；是神也，司天之九部及帝之囿時。」郭璞注云：「即肩吾也。」肩吾亦稱開明獸，〈大荒西經〉云：「昆侖之丘，有神，人面，虎身，文尾，皆白，處之。」袁珂云：「即神陸吾，亦即開明獸也。」開明獸是崑崙山的鎮山神獸，管守九井、九門，聲勢極為顯赫，它當然也是「不死」之山

神。同篇又云：「西王母得之，以處少廣。」少廣山未知其處，成玄英云：「西極山名。」考《山海經》中，西王母記載共三見，一云在玉山，一云在昆侖虛北，一云在昆侖之丘。然西王母既是不知終始之神人，則其人居於作為宇宙山的昆侖之丘，此實順理成章之事。成玄英言少廣山為西極山名，「西極」的概念，乃自東土眼中觀之，方可成立。如自大九州之觀點看，則西極固天地之中也。堪坏、肩吾與西王母此三位神人，皆與崑崙山有關。

（2.2）渾沌與中央：〈應帝王〉云：「中央之帝為渾沌。」〈西山經〉云：「又西三百五十里，曰天山，多金玉，有青雄黃。英水出焉，而西南流注于湯谷。有神焉，其狀如黃囊，赤如丹火，六足四翼，渾敦無面目，是識歌舞，實為帝江也。」渾沌無面目，識歌舞，且為中央之帝。《左傳》言「帝鴻氏有不才子，天下謂之渾沌」，此帝鴻即帝江，而一言渾沌，一言渾沌之子，此固神話分化之常態。帝江、帝鴻、渾沌當是黃帝之化身，至少具備黃帝之象徵功能。

（2.3）黃帝與空同：〈大宗師〉云：「黃帝得之，以登雲天」；〈在宥〉篇云：「黃帝立為天子十九年，令行天下，聞廣成子在於空同之山，故往見之。」空同山，《釋文》云：「當北斗下山也。」《爾雅》云：「北載斗極為空同。」北斗為天樞，在北斗下之山乃崑崙山，則空同山亦為崑崙山之分化也。黃帝登雲天的故事詳見《史記‧封禪書》。黃帝乃《山海經》之主神，崑崙山為通天宇宙山，亦是黃帝之下都。黃帝之登雲天，此為黃帝之基本性格使然。

（2.4）赤水與離朱：〈天地〉云：「黃帝遊乎赤水之北，登乎崑崙之丘而南望，還歸，遺其玄珠。使知索之而不得，使離朱索之而不得，使喫詬索之而不得也，乃使象罔，象罔得之。黃帝

曰：『異哉！象罔乃可以得之乎？』」據《淮南子‧地形》所示，赤水與黃河同出崑崙山，其確實位置恐不可考。然就神話地理而言，赤水與離朱皆實有其物，兩者同見於《山海經》。〈海外南經〉云：「三株樹在厭火北，生赤水上，其為樹如柏，葉皆為珠」。〈海外南經〉又云：「狄山……爰有熊、羆、文虎、蜼、豹、離朱、視肉。」離朱即是《孟子》書中之「離婁」，其本來面目當是明察秋毫之神鳥也[36]。

（2.5）馮夷與河伯：〈大宗師〉云：「馮夷得之，以遊大川。」〈海內北經〉云：「從極之淵深三百仞，維冰夷恆都焉。冰夷人面，乘兩龍。一曰忠極之淵。」郭璞注：「冰夷，即河伯也。」郝懿行注：「《水經注》引此經作中極，中、忠古字通。」馮夷為黃河之神，他住於「中極之淵」。「中極」一詞頗特別，「中」是神話思維最重要的象徵，它是俗世與神聖溝通唯一的途徑[37]。而「極」原本即有「中」的意思，先秦典籍的「皇極」、「太極」皆意味著「大中」。筆者懷疑此處的「中極之淵」為神話地理中的崑崙山下之河源所在，它上通天漢，乃天水與河水相通之管道。

（2.6）委蛇與苗民：〈達生〉篇云：「委蛇，其大如轂，其長如轅，紫衣而朱冠。其為物也，惡聞雷車之聲，見則捧其首而立，見之者殆乎霸。」〈海內經〉云：「有人曰苗民。有神焉，人首蛇身，長如轅，左右有首，衣紫衣，冠旃冠，名曰延維。人主得而饗食之，伯天下。」聞一多認為延維、委蛇即漢畫中之伏

---

36 參見袁珂，《山海經校注》，頁 192-193、203-204、302-303。

37 耶律亞德（M. Eliade），拙譯，《宇宙與歷史》（台北：聯經出版公司，2000），頁 9-13。

羲、女媧，乃南方苗族之祖神，此可備一說。苗民故事最著名者，當是《尚書・呂刑》所載蚩尤作亂，苗民弗用靈，黃帝乃絕之，不使其上通之故事。

（2.7）伯子高與黃帝：〈天地〉篇云：「堯治天下，伯成子高立為諸侯。堯授舜，舜授禹，伯成子高辭為諸侯而耕。禹往見之，則耕在野。」成玄英《疏》說：「伯成子高，不知何許人也。」《經典釋文》則以為是老子所變，然老子之說羌無故實。考〈海內經〉云：「華山青水之東，有山名曰肇山，有人名曰伯高，伯高上下于此，至于天。」郭璞注云：「柏子高，仙者也。」郝懿行云：「據郭注，經文當為柏子高，藏經本正如是，今本脫子字也。莊子〈天地〉篇云：『堯治天下，伯成子高立為諸侯。禹時伯成子高辭為諸侯而耕。』史記封禪書說神僊之屬有羨門子高，未審即一人否？又郭注《穆天子傳》云：『古伯字多从木。』然則柏高即伯高矣。伯高者，《管子・地數》有黃帝問於伯高云云，蓋黃帝之臣也。帝乘龍鼎湖而伯高從焉，故高亦仙者也。」〈天地〉篇所言伯成子高很可能即是伯子高，莊子言政治，偏好借用堯之「重言」，所以伯子高即成了堯臣，但另外的版本則將他視為黃帝之臣。《莊子・胠篋》言至德之世十二聖王，其中有「伯皇氏」其人，筆者懷疑此伯皇或許是伯子高，如此，則伯子高乃是與堯帝、黃帝並列之古聖王。神話人物面目難辨，君臣佐使，參差不定，伯子高並非特例。

以上七則題材都可在《山海經》中找到原始的出處，而且其內容都與崑崙或黃帝有關。黃帝是戰國時期最著名的「先王」，但他也是《山海經》一書的主神。《山海經》最重要的神山是崑崙，圍繞著崑崙山這座宇宙大山有許許多多的神話動物、植物、地理景觀，以及西王母、后羿等等的神話人物與神話事件。但與

崑崙山關係最深的神話人物卻是中國許多民族傳說中的始祖神黃帝，因為崑崙山原本為黃帝之「下都」，黃帝由此上下天神兩界，崑崙與黃帝的情節緊緊綑綁在一起，固其宜也[38]。

我們上面所羅列的《莊子》書中的兩組神話題材，居然在《山海經》書中都可找到，這絕非偶然之事。顧頡剛先生在二十幾年前曾經撰文指出：《莊子》書中的地理景觀有二大系統，一是東邊的蓬萊島，一是西邊的崑崙山[39]。蓬萊島（姑射）是戰國時期最著名的仙島，崑崙山則是戰國時期最著名的宇宙山。此山山上有銅柱，直趨帝座，往下則直通黃泉。崑崙山位於宇宙中央，它是溝通三界的宇宙軸。崑崙神話在戰國時期取得極大的優勢，戰國子書常有相關的記載，但言之最詳者厥為莊子與屈原，這是個極重要的文化現象。從此點看來，顧頡剛的分類是可以成立的。只不過，崑崙山在神話地理上的西方位置乍看很確定，事實上，卻有含混之處。

討論崑崙山之文章多矣，十幾年前，何幼琦與何新兩位何先生先後撰文，指出崑崙山即是泰山。何幼琦先生依據《山海經》所描述的崑崙山地形，參照《淮南子‧地形》的說明，再加上對現代地理的掌握，斷言：「根據上述七條河川，兩個大海，一個調節湖，以及合黎、積石等的關係和位置，綜合觀察，可以確認：《海經》的昆侖就是後世的泰山。」[40]何新在此文的基礎上，加上「中央」、「主生死」等等的象徵意義，指出崑崙山只能是

---

38 參見徐中舒、唐嘉弘，〈山海經和黃帝〉，中國山海經學術討論會編輯，《山海經新探》（成都：四川社科院出版社，1986），頁 93-101。

39 〈莊子和楚辭中昆侖和蓬萊兩個神話系統的融合〉，《中華文史論叢》，1979，第 2 輯，頁 31-57。

40 何幼琦，〈海經新探〉，《山海經新探》，頁 79。

泰山[41]。兩位何先生的論旨頗有理趣。關於地理位置的說明，由
於《山海經》與《淮南子》所言，介於神話與真實之間，其論證
比較難取得一致的共識。但像何幼琦先生所引《尸子》佚文：
「赤縣州者，實為昆侖之墟，其東則有鹵水、島山、左右蓬萊。」
這樣的文字確實令人容易聯想此昆侖之墟或為泰山。即使我們就
本文第二組的引文考察，也可以得到一些印證。比如第一條言
「肩吾得之，以處大山。」大山者，泰山也。而據《山海經》所
示，此肩吾又是赫赫有名的鎮守崑崙山的神獸陸吾。如此說來，
崑崙山即泰山。第二條引文言渾沌在天山，天山乃通天之山，通
天之山自然是崑崙山的主要功能，此山有「英水出焉，而西南流
注於湯谷。」湯谷在東海之外，應該就是「歸墟」的另一稱呼，
這樣的地理敘述很難不令人認定天山即泰山。

　　崑崙山與泰山的關係，糾纏已甚。回到莊子的主題上來，筆
者同意兩位何先生的觀察有部分的道理，但筆者認為與其將崑崙
山解作泰山，不如承認它們都是宇宙山，它們分別獨立存在，但
偶爾有重合混淆之處。就泰山而言，它作為宇宙山的資格很老，
莊子不可能不知道此事。但泰山不是戰國時期學者了解的唯一一
座宇宙山，如果我們同意華夏民族是多元的，文化是多元的，其
間甚至不乏域外傳來的因素，那麼，我們即不當設定宇宙山就只
能是某一座山。在戰國中期，一種超出中土原有的地理概念的宇
宙山應該已經形成了，鄒衍無疑與此種新的神話地理之傳播關連
很深，但他應該不是此種新的神話地理的創造者[42]。我們看到莊

---

41 何新，〈古昆侖──天堂與地獄之山〉，《中國遠古神話與歷史新探》（哈爾
　　濱：黑龍江教育出版社，1988），頁 117-148。

42 參見小川琢治，《支那歷史地理研究》，頁 239-272。マスペロ（H. Maspero，

子和屈原對崑崙山都很熟。莊子了解的「崑崙山」之神話地理座標較曖昧，忽東忽西，它似乎同時坐落於中土的兩極。它有時指的是舊有的宇宙山泰山，但有時指的是西極的崑崙山。屈原不然，他奔往崑崙山，是一路西行的，這樣的崑崙山當是新興的大九州說的宇宙山。由此可見此崑崙山為宇宙中心的神話地理知識當時已傳播很廣，所以屈原才會一往直前，九死不悔。莊子顯然對崑崙山的新舊意義之指涉都不外行，他沒有特意去區別它們。我們第二組所列的崑崙山系列題材，其象徵層：中央、渾圓、永恆、得道，這些性質對任何宇宙山而言都是相通的，但它們在現實上指涉的文化層則是新舊兩種宇宙山的混合。

如上所述，我們知道海外仙山與崑崙山的詳細內涵，《山海經》一書對此多有所論述，而且這兩組系列儼然構成《山海經》此神祕地理書的核心架構。很令人訝異的，莊子居然對這兩山的神祕功能都相當熟稔，對東方的海島神話素材的運用更是精義入神[43]。我們如果考慮莊子身處華夏老文明地區的宋國，他竟對遙不可及的東海與西極之聖山仙島那麼著迷，他對大海的熟悉程度尤令人費解[44]。顯然，東西兩域的神聖象徵可以釋放他無窮的想

馬伯樂），〈先秦時代の支那に於ける西方文明の影響〉，《史學雜誌》，40篇，8號，1929。丁山，《中國古代宗教與神話考》（上海：文藝出版社，1988），頁 410-415。饒宗頤，〈論釋氏之昆侖說〉，《大陸雜誌》46卷，4期，1973。蘇雪林，〈崑崙之謎〉，《屈賦論叢》（台北：國立編譯館，1980），頁 575-685。御手洗勝，〈鄒衍の大九州說と崑崙傳說〉，《古代中國の神々：古代傳說の研究》（東京：創文社，1984），頁 653-681。

43 崔大華，《莊學研究》（北京：人民出版社，1992）認為莊子神話較多是屬於崑崙神話，而非蓬萊神話，參見該書頁 28。筆者不贊成此一說法。

44 〈逍遙遊〉與〈秋水〉多言大海巨浸之事，莊子佚文亦言及此事：「海水三歲一周，流波相薄故地動」（第 104 條）。這幾條線索加上本文第一組所列題

像力，所以他在〈逍遙遊〉與〈天地〉等篇章中，才會藉著姑射山與崑崙山的通天及樂園性質，建構了逍遙的理論。喻根是一樣的，喻旨當然已有所轉化。

問題來了：《山海經》是什麼樣的書？莊子為什麼會有這種知識？答案很清楚：《山海經》是部巫書，莊子的思想與巫文化有相當深厚的淵源。就現行所知的先秦諸子當中，也許除了鄒衍外，再也沒有一位像莊子這般熟稔神話的地理，也沒有一位像他這般熟稔集巫書大成的《山海經》了，莊子到底何許人耶？

五、天文知識與昇天

莊子不但擁有豐富的神話地理知識，他對天文知識，至少對天文現象的喜好也是相當顯著的。他說「騰水上溢故為霧」（佚文第 35 條）、「陽炙陰則虹」（佚文第 103 條）、「陰陽錯行，則天地大絯，於是乎有雷有霆」（〈外物〉）若此之學，皆是相當道地的「官人」之學。猶有甚者，在〈逍遙遊〉中，莊子描述大鵬搏飛，直上九萬里高空，下望天地之間，惟見「野馬也，塵埃也，生物之以息相吹也」的氣機滾動，莊子無疑地是以宇宙之遼闊象徵至人之逍遙。遼闊的宇宙是莊子或明或暗的根本喻根：「萬物一齊，孰短孰長？道無終始，物有死生，不恃其成；一虛一滿，不位乎其形。年不可舉，時不可止。」北海若這樣的語言，我們在〈齊物論〉篇的長梧子口中，在〈則陽〉篇的大公調口中，也可以聽得見。在「有實而無乎處者，宇也。有長而無本

材，我們可以看出莊子思想某部分的海洋性格。事實上，莊子比任何中國哲人更有資格稱作「海洋哲學家」。

剽者，宙也。」（〈庚桑楚〉）這樣的語句裡也可以見其大意。

　　莊子行文隨掃隨立，隨立隨掃，恢詭譎怪，不主故常。但其立論有一特色，此即其書中似特多無盡、圓轉之類的語言，也特多這類的隱喻，如「天均」、「天倪」、「道樞」、「環中」、「摶而飛」云云。這些渾圓之語的內涵彼此相互指涉，它們的思想本源似乎尚可追究。考〈則陽〉篇有言：「冉相氏得其環中以隨成，與物無終無始，無幾無時。日與物化者，一不化者也，……容成氏曰：『除日無歲，無內無外。』」容成氏相傳為黃帝時人，懂陰陽，造曆日[45]。王夫之認為容成氏所造之曆，即依渾天之說而來，渾天無終無始，無內無外，莊子以之形容道，所以也特多始卒若環之言。王夫之最後下個斷語：「探得其所自悟，蓋得之於渾天。」[46]渾天是《莊子》一書的喻根，三十三篇內容依之而轉。

　　王夫之之言頗具慧見，「渾天」此喻根確可與莊子「卮言」、「環中」之語相互發揮[47]。但本文的旨趣不在探討莊子的語言問

---

45 容成氏為道家聖人，傳說不一，俞樾考之曰：「《漢書藝文志》陰陽家有《容成子》十四篇，房中家又有《容成陰道》二十六卷，此即老子之師也。《列子‧湯問》黃帝與容成子居空峒之上，同齋三月。當是別一人。《淮南‧本經》昔容成氏之時，道路雁行列處，託嬰兒於巢上，置餘糧於畝首，虎豹可尾，虺蛇可蹍，而不知其所由然。此則當為上古之君，即《莊子‧胠篋》之容成氏，與大庭、伯皇、中央、栗陸諸氏並稱者也。而高誘注乃云，容成氏，黃帝時造曆日者，則以為黃帝之臣矣。此以說《列子‧湯問》與黃帝同居空峒之容成氏，乃為得之，非此容成也。合諸說觀之，容成氏有三：黃帝之君，一也；黃帝之臣，二也；老子之師，三也。然老子生年究不可考，其師或即黃帝之臣，未可知也。」引自郭慶藩，《莊子集釋》，頁 888。

46 王夫之，《莊子解》（台北：里仁書局，1984），頁 284。又參見頁 229-230、237、248、205-208。

47 參見拙作〈卮言論：莊子論如何使用語言表達思想〉，《漢學研究》10 卷，2 期，1992，頁 123-157。

題，我們還是轉到天文知識的問題上來。如果「渾天」是《莊子》書的基本隱喻的話，那麼，他好用天地或天文的意象，此事即可理解。但即使莊子深為渾天之說所著迷，我們又如何確定這套知識是來自於巫的傳統呢？此一質疑誠難有絕對的材料足以袪疑，但我們不妨看底下〈天運〉篇這則文字所敘述者為何：

> 天其運乎？地其處乎？日月其爭於所乎？孰主張是？孰維綱是？孰居無事推而行是？意者其有機緘而不得已邪？意者其運轉而不能自止邪？雲者為雨乎？雨者為雲乎？孰隆施是？孰居無事淫樂而勸是？風起北方，一西一東，有上彷徨，孰噓吸是？孰居無事而披拂是？敢問何故？

《莊子》這段話的風格非常接近屈原〈天問〉的形式，據王逸的說法，〈天問〉是屈原見楚國先王廟上的壁畫有感而發的。王逸的說法不知語出何據，但我們大概可以相信：〈天問〉這樣的表達是常見的原始宗教詩歌之模式，它事實上可視為一種巫系文學[48]。《莊子·天運》這段話的性質亦然。證據不遠，在上述的引文下面，莊子即接著道：「巫咸袑曰：來！吾語女。天有六極五常，帝王順之則治，逆之則凶。九洛之事，治成德備，監照下土，天下戴之，此謂上皇。」〈天運〉篇破題的問與巫咸袑[49]

---

48 藤野岩友將〈天問〉視為巫系文學中設問文學的一種，參見《巫系文學論》（東京：大學書房，昭和 44 年），頁 38-79。蘇雪林亦曾舉印度《讚誦明論》及《舊約·約伯傳》為例，指出域外宗教文學亦多類似《天問》之表達方式。蘇文所舉例子頗有說服力，至於論及《天問》所受域外影響之關係，恐無確證，她自己亦承認「姑備一說」而已。蘇雪林觀點參見《天問正簡》（台北：廣東出版社，1974），頁 27-29。
49 原文中的「巫咸袑」之「袑」字不好解，前人多視為巫咸之名，姑且從之。

此處的答（如借用柳宗元〈天對〉的詞彙，我們也可以說巫咸祒的「天對」），兩者是怎麼樣的對應關係，不見得可以清楚的繫聯。但巫咸祒嫻熟天文知識，甚至掌管天文知識，這點是相當清楚的。天文，原本就是巫的專業。

如果說「巫咸祒」與天文的關係可以視為《莊子》一書提供的內證的話，我們從《莊子》文本之外未嘗不可搜得外證。薩滿掌握天文知識，這是普遍的現象。因為宇宙間最神聖的事業也可以說就是最危險的事業，有神遊天壤間的人格型態即很難設想沒有與之相應的天文知識，「天文知識」與「離體遠遊」的人格型態乃是同一種宗教系統下的連體概念。中國古代的巫的情況恐怕也與此類似。《周禮‧春官‧筮人》有「巫易」一詞，另有「巫參」一詞，周策縱先生綜合前人的解釋，認為「巫易」即「巫陽」，不管此「陽」指「太陽」或「月亮的光彩」，其意皆指天象。至於「巫參」的「參」乃指二十八星宿的參星，所以巫參的職能大概與占星象有關。巫易與巫參各自掌握了不同類型的天文知識[50]。

巫最著名的天文知識當是「望氣」，氣也者，虛無縹緲，最難掌握，但又被認為影響特大。戰國秦漢時期，特多望氣記載，而且其記載多與政治或軍事有關，此事論者已多，茲不細論[51]。如果「望氣」活動考驗的是巫者的目力或神祕交感能力的話，「式」則代表天文知識進一步的術數化，亦即可進一步的被操控化。晚近由於式盤屢次出土，有關式盤與天象間的關連，已日益

---

50 周策縱，《古巫醫與「六詩」考》，頁 177。

51 參見坂出祥伸，〈中國古代の氣または雲氣による占い─漢代以後における望氣術の發達〉，《關西大學中國文學會紀要》10 号，1989，頁 1-24。

清楚。術數化的天文儀器（式盤）一方面可以說將神祕的天文知識職官化、技術化，但一方面我們仍可看到它與原始巫教間的繫聯[52]。

巫的天文知識之內涵自然與理性化的知識迥然不同，因為「天」代表終極的神聖，價值的根源，有關天的知識（所謂「天文」）在知識體系中的位階自然也會與眾不同。莊子的天文知識從何而至，就像他的地理知識得自何處，這是個頗能發人興致的議題。如果巫與天的關係之理論面在於神祕的「天文學」或「占星學」的話，其實踐面之大者在於其人格之解體遠遊，由此我們不能不探觸巫文化中登天的著名子題。

巫的世界是個咒術的變形世界，但天在巫的世界中居有絕對優勢的地位，這是很清楚的。世界上很多民族都流傳絕地天通的神話，薩滿教地區流行的尤廣[53]，中國古代有名的「顓頊使重黎絕地天通」的故事亦屬此一範圍。相傳在不知名的上古，人是可以自由往返上下兩界的，龔自珍的詩「人之初，天下通，人上通，且上天，夕上天。天與人，且有語，夕有語」[54]，所描述的即是此一神話時代的情景。後來因為蚩尤犯錯，重黎絕地天通後，人再也上不了天了。但故事還沒有完，「人」是上不了天，但某種具有特殊能力、為上天先祖所鍾愛的「巫」卻仍保存了一絲「向上一機」的能力。他們透過神靈、象徵、儀式、齋戒等等的幫助，據信最後可以離體遠遊，重返久暌的精神故鄉。從這種

---

52 參見李零，〈式與中國古代的宇宙模式〉，《中國方術考》（北京：東方出版社，2000），頁 89-176。

53 M. Eliade, *Shamanism*, p. 483.

54 〈壬癸之際胎觀第一〉，《定盦續集》（台北：中華書局，1970）卷 2，頁 7。

角度看，巫是彌補人類不幸遭遇的英雄，他也是人重新取回人應有的權力之人格典範。

有關「絕地天通」神話與巫「登天」的意義，晚近逐漸受到重視，探討的文章也慢慢增多。我們在此僅想提出一點，此即莊子對於「登天」的主題非常熟稔，運用這些材料也非常純熟，有一部分的材料很明顯的與巫之通天有密切的血緣關係，且看底下這則材料：

> 千歲厭世，去而上仙，乘彼白雲，至於帝鄉。（〈天地〉）

這一條材料出自堯與華封人的對話，內容已頗有「仙話」的味道，但我們如參照古書所述列仙行徑，或參照一般薩滿的昇天之旅，其間的連續性還是很清楚的。

莊子對於登天主題之嗜好不僅見於幾則零星的材料，事實上，莊子論及其理想人格之精神活動時，經常使用到的意象都是「昇天」，我們且看底下這些資料所言為何？

> 夫列子御風而行，冷然善也，旬有五日而後返。彼於致福者未數數然也，此雖免乎行，猶有所待者也。若夫乘天地之正，而御六氣之辯，以遊無窮者，彼且惡乎待哉？（〈逍遙遊〉）
>
> 至人神矣，大澤焚而不能熱，河漢沍而不能寒，疾雷破山風振海而不能驚。若然者，乘雲氣，騎日月，而遊乎四海之外，死生無變於己，而況利害之端乎。（〈齊物論〉）
>
> 勇士一人雄入於九軍，將求名而能自要者而猶若是，而況官天地，府萬物，直寓六骸，象耳目，而心未嘗死者乎。

彼且擇日而登假，人則從是也，彼且肯以物為事乎？（〈德充符〉）

　　夫道有情有信……黃帝得之，以登雲天。顓頊得之，以處玄宮……傅說得之，以相武丁，奄有天下。乘東維，騎箕尾，而比於列星。其生無父母，死登假，三年而形遯，此言神之無能名者也。（〈大宗師〉）

　　孰能相與於無相與，相為於無相為，孰能登天遊霧，撓挑無極，相忘以生，無所終窮。（〈大宗師〉）

　　古之真人……登高不慄，入水不濡，入火不熱，是知之能登假於道者也若此。（〈大宗師〉）

　　至人潛行不窒，蹈火不熱，行乎萬物之上而不慄。（〈達生〉）

　　這些材料大多出自一般認為最能代表莊子思想的內七篇，而且這些文句表達的並非邊緣的概念，而是核心義的至高人格之意象。我們如果將這些至人意象視為文學技巧的比喻，那麼，它們就是一堆美妙的文學意象。但如果我們正視文字的表意功能，說文解字，那麼，我們不難發現莊子所謂的至人具有種種的巫術力量，下列兩項尤其鮮明：

　　一、他們具有「不懼水火」的特殊能力：「大澤焚而不能熱，河漢冱而不能寒」、「潛行不窒，蹈火不熱」、「入水不濡，入火不熱」。

　　二、他們具有「昇天」的經驗：「乘雲氣，騎日月，而遊乎四海之外」、「擇日而登假」、「黃帝得之，以登雲天……傅說乘東維，騎箕尾……死登假」、「登天遊霧，撓挑無極」、「去而上仙，乘彼白雲，至於帝鄉」、「行乎萬物之上而不慄」。

不懼水火——尤其不懼火——是薩滿之所以為薩滿很重要的特色，耶律亞德在《薩滿教》此名著中，羅列了世界各地有關薩滿的論述，發現許多地區的薩滿所擁有的一項人格特質，乃是他們抵抗火燒高熱的能力特強。而且依據該部落的傳說，越是古代的薩滿，他們抵抗火燒的能力越強。薩滿所以必須具有抵抗火燒，甚至控制火燒的能力，我們不難理解，因為只有他具足了特殊的能力，甚至足以打破物理的規律，他才可以和另一存在的神聖次元取得聯繫的管道。一旦他擁有常人缺乏、神靈才具有的特質，他即創造了一種新的宇宙性的存在模式，所以從某一種觀點說，會控制火燒的薩滿其實等於從事某種層次的宇宙開闢[55]。

不懼火、控制火，這樣的特色當然不僅見於薩滿教，許多民間宗教也都強調這個面相，比如：南太平洋地區或台灣相當流行的「過火」儀式，這也是該地區宗教的一大特色。中國古代的神祕人物，如《列仙傳》所述的嘯父之升天成仙，乃因「列數十火而升」，師門「能使火」，有名的赤松子更是「能入火自燒」[56]，這些「神仙」都可在火中來去自如；甚至史實或半史實的著名人物如舜、萇弘、介之推[57]也都有類似的記載。筆者先前已有專文

---

55 M. Eliade, *Shamanism*, p. 335, 373, 412.

56 《搜神記》亦提到赤松子，並言其人能「入火不燒」，此種狀語與《莊子》所述之真人條件相合。然「入火自燒」似亦有理路，此語表示巫具有「內在產生熱能」的能力，很多薩滿都有這樣的魔力，但是否能熱到「自燒」，不得而知。《搜神記》（台北：新文豐出版社，1985）卷1，頁1。

57 介之推據說被火焚燒而死，故有寒食禁火之說。但據王嘉，《拾遺記》（台北：藝文印書館，1966）卷3，頁3所述，晉文公焚林以求介之推，忽有白鴉圍繞他，「火不能焚」，這則記載雖不夠典型，但「至人入火不燒」的輪廓卻依稀可見。

討論此義[58]，此處細節從略。但我們如比較莊子所述的真人之奇行與列仙所為，並放在薩滿教的背景下考量，我們不難發現它們之間的共同因素。中國古代的列仙往往就是可以上下天壤之間的群巫，莊子對神話傳說甚為熟稔，而且巫文化本來就是他出生地的宋國的顯性文化，所以他描述真人的本地風光時，很自然的就運用了不懼水火的巫的意象。

如果「入火不燒」可算是薩滿（巫）的人格特質，但這樣的特質卻不是他們的專利的話，「昇天」卻是薩滿的獨家品牌，耶律亞德對薩滿教的著名定義即是「出神之技」。薩滿是否僅有「出神」此種類型，而不能有「憑依」的類型，這是宗教學的老問題。但不管如何歸類，「出神」總是薩滿教極常見的現象，薩滿或為了探視死者，或為了治病，或為了傳遞彼界的消息，因此，他們會藉著儀式（甚至包含藥物在內）的幫助，讓靈魂脫離軀殼，乘著神話中的動物，得到動物助靈的扶持，登上了宇宙山，走進了與此界異質的祕境。如果就外表而觀，薩滿可能可以躺在地上或床上數日之久；但就薩滿的靈魂而論，他卻已昇天而去，人格昇華，從事宇宙間最神聖的事業。

我們如同時參考莊子對天文知識非凡的理解，至人人格的昇天意象，以及莊子時常從凌虛的觀點俯瞰下界所造成的廣角視野之氛圍，即不難理解從巫文化到哲學的莊子的一條線索。

六、鳥與風

中國上古的巫顯然不會只有昇天遠遊的類型，我們如果衡量

58　〈昇天、變形與不懼水火〉，《漢學研究》第 7 卷，第 1 期，1989。

上古中國境域之遼闊，種族之複雜，「巫」字涵蓋的語義史之悠久，我們即不該設想任何重要的語彙可以一口吸盡西江水，認定一種核心語義可以通貫四方。但昇天遠遊的巫在上古的巫之系譜中，占有極重要的位置，這是毫無疑問的。先不要說《山海經》中記載的可「自此上下」的群巫——這樣的「自此上下」，當然指的是上下於天人或聖俗兩界；也先別說《列仙傳》中的仙人多能「昇仙而去」，「高飛雲端」；也別說半史實、半傳說中的人物如黃帝、嫦娥、夏啟、舜多具有昇天的本事。我們單單從三代考古遍布全中國各地的鳥與龍之文物遺跡，亦可體得「昇天」這樣的經驗在初民的精神活動中，占有何等重要的地位[59]。對中國早期的巫或世界其他各地區的薩滿而言，「昇天」通常是需要動物或神話動物幫助的，馬是常見的一種，但鳳凰與龍在中國的「巫」之昇天活動中，則占有更優勢的地位。

薩滿教的昇天敘述與鳥獸之神祕功能分不開，這樣的特色也見於《莊子》與屈原作品，但屈原兼使鳥獸，莊子則偏好鳥的作用。《莊子》書中特別多與鳥相關之主題，人與鳥不但特別相親，而且可以溝通。不但可以溝通，《莊子》書中的一些聖人其實即是神鳥之化身。論及「鳥」的意義，首先，我們發現《莊子》書中凡言及精神自由處，它往往使用了鳥的意象，如〈養生主〉言「澤雉十步一啄，百步一飲，不蘄畜乎樊中，神雖王，不

---

59 參見張光直，《中國青銅時代》（台北：聯經出版公司，1983），頁 327-387。李學勤，〈西水坡龍虎墓〉，《李學勤學術文化隨筆》（北京：中國青年出版社，1999），頁 375-383。陸思賢，《神話考古》（北京：文物出版社，1998），頁 71-107。石興邦，〈我國東方沿海和東南地區古代文化中鳥類圖像與鳥祖崇拜的有關問題〉，田昌五、石興邦編，《中國原始文化論集》（北京：文物出版社，1989），頁 234-266。

善也。」〈至樂〉言「昔者海鳥止於魯郊，魯侯御而觴之於廟，奏九韶以為樂，具太牢以為膳。鳥乃眩視憂悲，不敢食一臠，不敢飲一杯，三日而死。」這是從反面立論，突顯鳥的自由本性。〈應帝王〉篇所言「予方將與造物者為人，厭則又乘夫莽眇之鳥，以出六極之外，而遊無何有之鄉，以處壙埌之野。」莊子此處強調的是種超出時空，進入不可言說的至極之境（「無何有之鄉」），「莽眇之鳥」扮演的是由有限進入無限的媒介，而且「乘」的意象很容易令我們聯想到《楚辭》的巫術世界，也很容易令我們聯想到廣大的薩滿世界中所見的「動物助靈、載人昇空」之主題。

　　《莊子》書中，魚鳥是與人相親的，它們的地位不低。莊子不但將它們視為自由的象徵，他甚至將某些鳥人格化為典範化的聖人。此事學者注意的少，但很可能是可以進入莊子宗廟之美的關鍵性鑰匙之一。筆者認為其中有幾種鳥特別值得注意，「鷾鴯」一也，「白鷴」二也，「諄芒」三也，「桑扈」四也，「鵷雛」五也，「大鵬」六也。先說鷾鴯，〈山木〉篇假孔子之口道：

　　　鳥莫知於鷾鴯，目之所不宜處，不給視，雖落其實，棄之而走。其畏人也，而襲諸人間，社稷存焉爾。

　　「鷾鴯」不離人間世，不受人間害。不但免受人間害，而且「社稷存焉」。此鳥特別有智慧，所以在〈大宗師〉中，此鳥乃化身而為特別有智慧的堯時代之賢士意而子。意而子在此篇中，大智若愚，以請教許由的方式，發其高致。「鷾鴯」此鳥在《莊子》書中似乎有特別的地位，莊子除了將它人格化外，筆者懷疑同一篇〈山木〉中的東海之鳥「意怠」，應該也就是「鷾鴯」鳥，

因為「怠」與「鴯」韻母同為之部，聲母一為舌頭音定母，一為舌上音日母，音近相通。更重要的是它們的性格極相近。這兩種鳥行事謹慎，處世有智慧，行為如出一轍。

鷾鴯、意怠、意而子都這麼的智慧如海，此鳥究竟何方之神聖耶？據成玄英的疏，此鳥即是「燕子」。燕子何以是所有鳥類中最有智慧者，真正的答案大概保留在莊子腦海處，外人無從得知了。但如果我們想到：它是隻東方的鳥，而且是燕子，我們再回想殷商「天命玄鳥，降而生商」的神話，根據前人的解釋，「玄鳥」即燕子[60]，那麼，我們大有理由認定：莊子是借用了流行於東夷地區的圖騰鳥燕子，用以加強自己的論證。由於燕子是商之始祖，可想見的是圖騰鳥，由此我們可以理解〈山木〉篇引文中「社稷存焉爾」的旨義。前賢對此句的解釋頗紛歧，現在看來都不合調。

其次，論及「白鶂」。〈天運〉提到一種鳥，這種鳥只要兩眼相視，眸子不待運轉，即可感風而化，這就是「白鶂」。生命的起源是個神祕，對許多民族——包括中國古代初民在內，生命不一定是透過男女牝牡交合而生的，它可能是上天給予，它也可能是「自然」產生的。自然產生的生命，用莊子的語言講，即是「風化」。空中飛禽因風化而生的，乃是白鶂，地上走獸因風化而生的，乃是種名叫「類」的怪獸[61]，水中生物因風化而生的，乃是黿鼈。人類當中也有因風化而生的，他們是海外思幽國的思

---

60 《詩·玄鳥》：「天命玄鳥，降而生商。」〈毛傳〉云：「玄鳥，鳦也。」《楚辭·天問》「玄鳥致貽女何嘉」，王逸〈章句〉云：「玄鳥，燕也。」

61 〈天運〉云：「類自為雌雄，故風化。」《山海經·南山經》云：「類自為牝牡，食者不妒。」《山海經校釋》，頁5。

士與思女，他們不夫不妻，「直思感而氣通，無配合而生子。」[62]
風化事實上即是氣化，氣化是《莊》書的核心概念，它指的是
存在的流行，遍布於萬物之內的交互感應。氣化論最難以解釋
者，莫過於屬種的生殖作用，我們今日很難接受跨屬種間的生命
延續性，但莊子卻認為：即使種與種之間，也沒有絕對的隔閡，
「萬物皆種也，以不同形相禪」，這是世界的實相。至人能在各
種表相的分類系統下來去自如，這就是遊乎「天地之一氣」。無
疑地，白鶂「相視，眸子不運而風化」，這類的生殖方式最合莊
子的癖好。

　　然而，白鶂者何許鳥耶？考「鶂」、「鷁」、「鶃」皆一字之
轉[63]。《呂氏春秋·音初》言有娀氏有二佚女，為之九成之台。
「帝令燕往視之，鳴若嗌嗌。」古代傳說中有「伯益」其人，此
人或言為吞玄鳥卵之女脩之後代，其人據說知禽獸，懂鳥語。袁
珂說：「在更古老的神話中，伯益本人就是天上的玄鳥即燕子。
益同嗌，嗌籀文描繪的就是一隻張口分尾的燕子的形象。」[64]袁
珂並引古書各種記載，以證成此說。益如果是燕，則鷁與鶂應該
也是玄鳥之燕，白鶂與鷁鶃之說恐是一事之分化[65]。

　　〈天運〉有至鳥白鶂，〈齊物論〉與〈應帝王〉有至人「王

62 郭璞注語，參見《山海經校注》，頁346。

63 參見方以智，《通雅》，《方以智全書》（上海：上海古籍出版社，1988），第
　　一冊下，頁1353。

64 袁珂，《古神話選釋》（台北：大安出版社，1986），頁324。另參見楊寬，〈伯
　　益考〉，《齊魯學報》，第1期，1941，頁141-154。此文後來收入《古史辨》
　　（上海：上海古籍出版社，1982），冊7。

65 葉舒憲亦有此說，參見《詩經的文化闡釋》（武漢：湖北人民出版社，
　　1994），頁582。

倪」。〈齊物論〉篇的王倪知道至人「乘雲氣，騎日月，而遊乎四海之外。」〈應帝王〉的王倪就像伏羲一樣「其臥徐徐，其覺于于，一以己為馬，一以己為牛」，齧缺向他請教問題，他「四問而四不知」。白鶃與王倪同樣是言語道斷，同樣是將個體溶進氣機之感應中。「倪」與「鶃」又是同聲字，它們應當有「右文」的關係。如上所述，我們如將王倪視為「白鶃」的人格化，恐怕再恰當不過了[66]。

　　我們在第三節提到「東之大壑」的「諄芒」當是「句芒」，「句芒」固是東方大神也。「句芒」一詞先秦古籍常見，較之其他諸神，祂算是出現率較頻繁的神祇。但此神的真實身分為何，前人通常只解碼解到一半。今人丁山、胡厚宣、蕭兵等人皆以「句芒」為《山海經・大荒北經》的「九鳳」，兩者皆是燕子的異稱[67]。「句芒」是否可視為「九鳳」，丁、胡等人舉的例證不多，筆者持保留態度[68]。但「墨子」書中的「句芒」，「鳥身，素服三絕，面狀正方」[69]；此神又為東方大神，主生長、繁衍等等

---

66 〈齊物論〉篇另有「天倪」一辭，「天倪」者，天研也，渾圓之天的象徵。如此之解，其義自宜另立一幟，與「鶃」有別。然天倪可使「是不是，然不然」，因物而行，各得自然。如此，「天倪」、「王倪」、「白鶃」三者的意義未嘗不可相互發揮。

67 丁山，《中國古代宗教與神話考》（香港：龍門聯合書局，1961），頁 49。胡厚宣，〈甲骨文中殷商崇拜鳥圖騰的遺跡〉，《歷史論證》，第 1 輯，1965，頁 136。蕭兵，《楚辭新探》（天津：天津古籍出版社，1988），頁 298-306。

68 「九鳳」的形象是「九首人面鳥身」，這裡的「九首」之「九」看起來是實際的數目字「九」，而非假借字。準此，此鳥就不像燕子了。

69 「三絕」無義，孫詒讓校云：「疑當作玄純。玄與三、絕與純，草書並相近，因而致誤。」參見張純一，《墨子集解》（成都：成都古籍書店，1988），頁 201。孫詒讓校正如果可以成立的話，「素服玄純」之語正是燕子的寫照，此

的功能。由此看來，則此神乃燕子之轉化，此說不失為一種合理
的設定。

除上述燕子屬的三鳥外，另有「桑扈」值得留意。考《左
傳》昭公十七年記載郯子回答昭子：「少皡氏以鳥名官，何故
也？」的問題時，提到龍紀龍師龍名、鳥紀鳥師鳥名那段著名的
話語，其中有「九扈」一語，九扈為「九農正」。杜預注九扈之
名，其中有一扈為「桑扈」：「桑扈竊脂」。孔穎達正義引賈逵之
言曰：「桑扈竊脂，為蠶驅雀者也。」[70]如果依據許慎的說法，則
不只「桑扈」，其實九扈整體都是「農桑候鳥」[71]。我們看到郯
子充滿神話傳說的語言，再看到「桑」此神話性質極濃的植物，
又見到與季節神話可能有關的「候鳥」此語，對於「桑扈」不能
不特加留意。

《莊子》書中沒有「桑扈」此鳥，但卻有「子桑戶」、「子桑
雽」其人。戶、雽、扈音通，「子桑戶」、「子桑雽」應即為「子
桑扈」[72]，亦即其人為「桑扈」此鳥之人格化。如果郯子鳥紀鳥
師之說可靠的話，「桑扈」或許可視為職官之稱呼。「子桑戶」
出自〈大宗師〉篇，此人與孟子反、子琴張「相與於無相與，相
為於無相為，登天遊霧，撓挑無極。」這些人表現出莊子最嚮往

　　楊寬所以說：「黑身白肚的鳥，活像玄燕了。」參見〈伯益考〉，《古史辨》，
　　冊 7，頁 388。

70 參見杜預注，孔穎達疏，《春秋左傳注疏》（台北：藝文印書館，1995）卷
　　48，頁 5。「竊脂」之義頗晦澀，前人或以為「盜人脂膏」，或以為「竊」即
　　「淺」字，「竊脂」為「淺白色」。

71 許慎，〈隹部〉四上，《說文解字》（台北：臺灣商務印書館，四部叢刊初編
　　縮本，1965），頁 5。

72 「雽」「戶」音通，「子桑雽」即為「子桑戶」，俞樾有是說。引見《莊子集
　　釋》，頁 684。

的人格境界。「子桑虖」一語出自〈山木〉篇，此人在文章中扮演開導孔子的角色，孔子也接受了他的建議。莊子無疑的是假借「子桑虖」之言以出己意。

　　「桑扈」鳥擬人化為「子桑扈」，此當無可疑，然猶有可注意者。一是子桑扈可「登天遊霧，撓挑無極」，這樣的敘述表現的是「昇天」的主題，「昇天」是莊子的至人意象的常見因素。另一是「子桑戶」為子姓，子姓為殷商民族的主幹，子姓族的代表在殷、宋尤為顯著。子姓的族神追究到底，可以說都是玄鳥[73]。三是「九扈」可能即是《尚書·甘誓篇》所說的「有扈氏」，其地在今山東范縣，它可能是益轄下的部屬，所以此部落亦屬殷民族集團[74]。關於「子桑扈」的殷商內涵之意義，我們在結論處會有更明確的展示。

　　如果說燕子（鶗鴂、白鷃、諄芒、桑扈）是殷商及東夷最神聖的宗教圖騰，是莊子氣化思想的體現，它的地位是其他的動物所望塵莫及的話，我們不宜忘了：神話之鳥鳳凰。這種鳥雖然在現實世界不存在，但它的地位卻不下於鶗鴂、白鷃、諄芒與桑扈。《莊子》第一篇的第一段的破題文字，即顯示了「鳳凰」所占的特殊地位：「北冥有魚，其名為鯤。鯤之大不知其幾千里也。化而為鳥，其名為鵬，鵬之背，不知其幾千里也。怒而飛，其翼若垂天之雲。是鳥也，海運則將徙於南冥。」莊子的〈逍遙遊〉篇之主旨在「明至人之心也」，亦即強調主體之自由，此事

---

73 御手洗勝有是說，參見《古代中國の々神》（東京：創文社，1984），頁644。

74 上述說法參見孫作雲，《中國古代神話傳說研究（下）》（開封：河南大學出版社，2003），頁507-509。

殊無可疑。但從神話學的角度看，〈逍遙遊〉篇的大鵬乃是鳳凰，鳳凰是祥瑞之物，它集人類一切欲望異化於其身。「鯤化為鵬」此變形神話，言者多矣，筆者認為：它是「鷲與蛇」此常見的神話母題之案例。〈逍遙遊〉的「鯤」是鯨魚，神話思維中，鯨魚就像蛇、龍一樣，代表的都是原始渾沌未分的整全，它們往往與五行的水、土結合，也與黑夜、地下物質等掛鉤在一起。相形之下，大鵬鳥就像鷲一樣，它們往往與風、火結合，而且常用以象徵精神、天上、光明等等[75]。比較莊子所用的「鯤化為鵬」與「蛇—鷲」的神話母題，我們知道莊子借用了東夷民族神聖的神話之鳥鳳凰之振翅高飛，用以描述至人的修養境界之脫胎換骨。莊子對鳳凰是津津樂道的。

　　「鶬鴰」擬人化為意而子，「白鶂」擬人化為王倪，大鵬這類的鳳凰是否亦可人格化為典範人物呢？可以的，我們將試舉兩例。首先，我們將舉出前文業已提到的「苑風」，苑風原為四方風之一，莊子將它人格化了。「苑風」的化身即為女和月母之國的鸞，鸞即為鶂，我們有理由相信它就是「鵷雛」。莊子在〈秋水〉篇中有名的「鴟得腐鼠」的敘事中，即以「非練實不食，非醴泉不飲」的「鵷雛」與器小量狹的鴟作對照，「鵷雛」固鳳凰之屬也。不但如此，如果「鶂」為「鷲」之說可靠的話[76]，「鶂」的地位會更特別。《玉篇》有言：「鷲雞鳥，自為牝牡。」此鳥的性質竟然與白鶂相似，同樣是風化之鳥。「風化」是莊子最喜歡的感應方式，「鵷雛」體現了這樣的存在模式。

---

75 M. Lurker，林捷譯，《鷲と蛇》（東京：法政大學出版局，1996），頁 198-199。

76 孫作雲有是說，參見《中國古代神話傳說研究（下）》，頁 271。

還有更重要的鳳凰化身的典範人物，只是此典範人物不是莊子憑空創造，而是遠有所承，此人即是孔子。傳說莊子曾經假借老子之口讚美孔子道：「吾聞南方有鳥，其名曰鳳，所居積石千里，天為生食，其樹名瓊枝，高百仞，以璆琳琅玕為實；天又為生離珠，一人三頭，遞臥遞起，以伺琅玕。鳳鳥之文，戴聖嬰仁，右智左賢。」（佚文第 113 條）更有名的故事當是〈人間世〉的記載：楚狂接輿歌而過孔子之門曰：「鳳兮，鳳兮，何如德之衰也。」〈人間世〉此則故事也見於《論語》。接輿所歌詠者何人，莊子自然非常了解。鳳凰是東夷族之象徵，孔子生前，頗多關於他「天縱將聖」之傳聞流傳於世，環繞他身旁，確實也有些神祕的氛圍，時人（包括他的學生）對他有些類似期待彌賽亞那般的渴望[77]。有些人甚至認為他是殷商民族的希望，東夷文化的體現[78]，所以他廣泛的被比擬為鳳凰，莊子也老老實實的將這樣的佚事記載了下來[79]。

以「鶢鶋」、「白鶃」（燕子）及「大鵬」（鳳凰）這些神鳥為例，我們不難了解意而子、王倪、孔子的深層意義，《莊子》書中另外還有些聖人如瞿鵲子、蒲衣子[80]等人，恐怕也有鳥形鳥

---

77 參見朱曉海，〈孔子的一個早期形象〉，《清華學報》32 卷，1 期（2002.6），頁 1-30。

78 參見胡適，〈說儒〉，《胡適作品集》（台北：遠流出版社，1986），冊 15。

79 參見聞一多的〈龍鳳〉一文，《神話與詩》，《聞一多全集》（北京：三聯書店，1982），頁 69-72。

80 鵲是滿蒙、朝鮮神話中的聖鳥，《山海經・南山經》中另有「瞿如」之鳥「其狀如鵁，而白首三足，人面，其名曰瞿如，其鳴自號也。」筆者懷疑此「瞿如」當為「瞿鵲子」名之所出。又〈應帝王〉篇有「蒲衣子」其人，《淮南子・覽冥》有「蒲且子」，此人「連鳥於百仞之上……得清淨之道太浩之和也。」筆者懷疑兩人為同一人，而且其名與鳥之神祕化或圖騰化有關。兩者

語的嫌疑。〈天地〉篇說：「聖人鶉居而鷇食，鳥行而無彰」，這樣的狀詞看來不只是種比喻，它恐怕還有些神話象徵的源頭。我們有理由相信：這些象徵乃是承自東夷之巫文化傳統。而由大鵬鳥與白鵁的「風化」能力，我們很自然的又想到薩滿教的另一特點，此即自然界所有的現象都被賦予生命力。

　　莊子的思想的一大特徵乃是對死亡的否定，我們的理論不是來自〈齊物論〉有趣的「麗之姬」之類比，也不是來自〈至樂〉篇髑髏託夢之寓言，而是來自莊子的氣化理論。簡單的說，莊子將一切存在的現象皆歸因於氣的變化，包括生死在內，無一不然。換言之，生死並不是本質的斷裂，「人之生，氣之聚也；其死，氣之散也。」死亡，乃是有限時間內的暫時之樣態重新回歸其母體，有一天，這母體之內的氣可能又會湧現為新的樣態。「氣」是存在的本質，它必然是連續性的，不可能有斷層。

　　如果我們把莊子（甚至包括《易經》）的生死觀和神話思維或薩滿教的思維作一比較，不難發現兩者之間驚人的相似。嚴格說來，這樣的相似並不驚人，因為《莊》、《易》氣化的想法很可能來自於遠古的薩滿文化底層。只是後來哲學突破了，《莊》、《易》發展出一套細密的形上學系統，「氣」遂與原來的「生命基質」（類似 mana 之類的概念）分途發展，其實兩者是同出而異名。

　　在《莊子》書中，賦予存在生命的當然是「氣」，但「氣」的源頭，至少源頭之一，乃是「風」。依莊子的用語習慣，「風」、「氣」、「化」這幾個概念是環環相扣的，世界的實相是「化」，「化」意指沒有固定的本質，而「化」的可能性基礎乃在

皆孤例無援，姑記之，以備一說。

「風」或「氣」。由此我們回過頭來,可以重新反省白鷴、鳳凰與風的關係。白鷴、鳳凰兩者有一類似性,此即它們都是「風化」之鳥,它們的生殖都是透過氣化的交感自然成孕的。莊子對「氣化」特別著重,他選擇白鷴與鳳凰作為重要的理論之喻根時,不可能沒考慮它們特殊的生殖方式。

中國古書中,「風—氣—鳥」的關係難分難解,這是常態,而非特例。《周禮·春官·大宗伯》的「風師」之「風」寫作「飌」,也是一個明顯的例子。孫詒讓說:「全經六篇,風雨字皆作風,惟風師字作飌。《說文》無此字,從羣,與六書例亦不合,所未詳也。」[81]就文獻而言,確實不易詳,但就神話思維而言,倒不難理解。因為風師是個神話的概念,它的源頭甚古,所以風師之字不得不從鳥。鳥呼風,風呼鳥,《莊子》書中最重要的線索當是大鵬鳥。〈逍遙遊〉中,大鵬鳥是要乘風,摶扶搖而上九萬里的,換言之,有了風,才有逍遙。但風從那裡來,風其實來自大鵬鳥,因為大鵬鳥即鳳凰,鳳凰即風之鳥,大鵬所以暮宿風穴,此事再自然不過了,因為它本是風鳥,它回到老家睡覺,此事有何可疑!

〈逍遙遊〉一篇敘述的是風的故事,或者說:風氣的故事。有了風氣,才有逍遙。我們前文曾舉〈天地〉篇「諄芒將東之大壑,適遇苑風于東海之濱」的故事,說明莊子如何借助了巫文化的因素。我們當時舉例,沒有說完,引文之後,諄芒與苑風還有場對話,對話是以「上神乘光,與形滅亡,此謂照曠。致命盡情,天地樂而萬事銷亡。萬物復情,此之謂混冥」作結。結語顯然是悟道語,但此語為何由諄芒與苑風口中說出?原來苑風與諄

---

81 孫詒讓,《周禮正義》(北京:中華書局,1987),冊5卷33,頁1299。

芒皆是帶來生命變化的風氣。兩者皆蒼蒼莽莽，耳目難識，但它們卻構成了「道」的本質。

《莊子》書中論及生成變化，我們總是看到「風（氣）—神鳥—神人—宇宙圖式—生命變化」之類的意象，不斷生起轉換。自然的本質（風、氣）被神聖化了，即有神鳥；自然的本質要解釋存在的轉換，即有變形神話；自然的本質要生生不息，保持能量，它必須回到神祕地理學的宇宙根源（歸墟、湯谷）。莊子用到神人之離體昇天與神鳥之興風鼓氣的意象，手腕極為靈活，顯然，他擁有我們目前仍不甚清楚的枕中祕笈，此一祕笈為何？此事真是令人好奇。

七、漆園、長桑君與東海

本文旨在作一種精神史的考古工作，如果說「巫」曾是上古中國知識分子的總稱，只有他們才可以掌握知識，那麼，顯然後來諸子百家的學問在某一個意義或某個歷史階段上，應當與巫有密切的關係。三代的「巫」的主要精神面貌是否如張光直先生所說的，乃是某種解體型的人格，筆者沒有資格妄下斷語。但由種種的資料看來，這種解體型形態的巫——也就是耶律亞德所說的「薩滿」，當是三代早期極重要而且極具典型意義的宗教成員，這應當是很合理的假說的。由巫到諸子，這中間的過程曲曲折折，每個學派「除魅化」或「創造性轉化」的時期不會一樣。比如儒家的「師」或「儒」應當也與早期的巫之職能有關，但由「絕地天通」的大巫到荀子的師儒之教，這中間無疑已有極大的變化。墨家之墨與原始之巫的關係，恐亦類似。陰陽家與巫的關

係可以想見的較為密切，但陰陽既然可以成家，這中間想必也要加上許多環節，學術思想的演變才可以說得通。

先秦諸子百家與巫文化或多或少都會有些關連，但筆者認為我們如果採取特定的立場，將「巫」視為解體性人格的薩滿，將巫文化放在薩滿教文化下考量，那麼，莊子（應該再加上屈原）的作品很可能是兩千多年的文化傳統中，巫文化顯性因素較集中的典籍。莊子與屈原的年代已進入戰國中、晚期，他們的思想何以保留那麼多的巫文化之因素，此事不易理解。屈原的例子很可能與楚國的風尚以及他的家世、還有三閭大夫的祭官職業有關。莊子的情況不好講，我們對他的家庭不太了解，不知道他的父親何人，也不知道他的先祖有何世守的職業。我們只知道他有妻子，但不知道他的妻子給他帶來什麼樣的影響。因此，我們只能輾轉從他的師友、職業、鄉里入手，嘗試看看能否找到一點線索。

首先，我們從他的交遊入手。莊子僻處蒙地漆園，交遊似乎不廣，我們能夠追查的線索相對的有限。如果我們將偵察的範圍限定在天文與地理知識，那麼，我們很容易想到莊子最好的朋友，甚至可能是唯一的知識圈朋友惠施，他也同樣對天文與地理的知識感到興趣。〈天下〉篇所言惠施「麻物」十事，其事率言及天文地理之問題，如言「日方中方睨」、「我知天下之中央，燕之北、越之南是也」，惠施之言與莊子觀點頗有相似之處，上述所引，即隱含「化」與「渾圓」的隱喻。然而，莊子所知道之天文地理，不僅在於哲理或「官人」之學的天文學、地理學，還在於神話的天文地理學。而惠施的形象一向是智者的面貌，當代的中國哲學史家在尋找中國的知性傳統時，往往溯源到「名家」

的惠施。莊子這位老朋友似乎不太能提供他巫文化的訊息。

　　如果莊子的家庭與交友不能提供我們任何巫文化的訊息的話，我們也許可以考慮他的師承所出。很可惜的，《莊子》本文沒有提及他師承何人，比較可靠的先秦兩漢文獻也沒有提及此事。倒是唐代的成玄英說莊子曾師「長桑公子」，成玄英的說法很少被當作一回事，但他的說法是有所本的，筆者認為成說當依循陶弘景〈真誥敘錄〉之說而來[82]。道教有獨特的史觀與師承關係，教外人士不易了解。反過來說，教外人士通常也不會重視這種材料的史實價值。但筆者認為這種來自道教傳統的宗教歷史知識，偶爾會有個歷史的理路。筆者認為長桑公子不無可能是戰國時期傳說中的神醫，事實上也是巫醫長桑君，據說扁鵲曾向他學習醫術。扁鵲飲了長桑君授予的上池之水，經過三十日後，居然可以洞鑒人的五臟，病人的身心狀況一目瞭然[83]。長桑君將禁方書盡授予扁鵲後，「忽然不見，殆非人也」。非人之人，其人殆亦黃石公之流者歟！「上池之水」可能是可以明目成仙之神祕露水，神祕之藥必須在神祕的時期（一月）傳予特定之人。長桑君一節充滿了巫教色彩，其傳授知識也是標準的巫術儀式[84]。如果莊子曾師事他，那麼，莊子文字偏好巫風的原因即可理解。雖然長桑公子之說羌無故實，陶弘景與成玄英沒有交代他們的觀點是從那個管道得來的，莊子思想的師承仍有待探索，但「長桑公子」之說不失為一種有想像力的提法。

---

82 陶弘景，〈真誥敘錄〉，《陶弘景集》（江蘇：廣陵古籍刻印社，1992），冊6，〈真誥〉卷19，第一。
83 司馬遷，《史記・扁鵲倉公列傳》（台北：鼎文書局，1979），頁2785。
84 山田慶兒，〈扁鵲傳說〉，《東方學報》，第60冊，1988，頁118-119。

　　「長桑公子」之說所以值得考慮，筆者在下文還要提到，其原因與燕齊海濱有關。本文在此僅想簡略提示一下，筆者認為「長桑」一詞很難不令人聯想到「窮桑」或「空桑」的傳說，傳說中的古聖人如少昊、羲和、伊尹，或著名的惡人代表如共工、蚩尤，其出生或重要活動事蹟皆與「空桑」有關[85]，這是東方的傳說。「長桑」一詞也很難不令人聯想到「扶桑」一詞，事實上，「扶桑」、「空桑」、「窮桑」很可能是一氣化三清，其源頭皆來自桑樹的神話。根據白鳥庫吉的解說，「長桑君」其人很可能是扶桑樹的神格化，也可以說是「東王父」的一個分身[86]。而接受長桑君上池之水的扁鵲，其歷史面貌原本恍兮忽兮，但晚近因為山東地區幾件類似扁鵲行醫圖的畫像石出土，我們才赫然發現：原來扁鵲其人乃人面鳥身，其人固神話中人也。而且扁鵲傳說流傳的區域主要在山東地區，其區域與出土畫像石地點符合[87]。從傳說聚集的地點看來，「長桑公子」之說不一定是無稽之談，恐怕有一些苗頭。

　　看完了師承，我們接著考慮他的里居，太具體的地點是無從談起了，即使就他身處的宋國考量，由於年代邈遠，出土相關文物不多，我們幾乎不可能作地域史與其思想的關連之確切研究。

---

85 「窮桑」（空桑）與少昊的關係，見《左傳》昭公二十九年「少昊氏有四叔」，杜注孔疏。與羲和的關係見〈啟筮〉：「空桑之蒼蒼，八極之既張；乃有夫羲和，是主日月。」郭璞注引，參見袁珂，《山海經校注》，頁 381。與伊尹的關係見於《呂氏春秋‧本味篇》，與共工的關係見於《淮南子‧本經篇》，與蚩尤的關係見於《玉涵山房輯佚書》所搜集之《歸藏》遺文。

86 白鳥庫吉，《大秦國に現はれたる支那思想》，《白鳥庫吉全集》（東京：岩波書店，1971）卷 7，頁 260-262。另參見題目相同的兩篇〈扶桑國に就いて〉，《白鳥庫吉全集》卷 9，頁 15-36、71-90。

87 參見劉敦愿，〈漢畫像石上的針灸圖〉，《文物》，1972 年第 6 期。

但放在一個較大的時空架構看，我們不妨設想：與宋國相鄰的陳
國與楚國是春秋戰國時期巫風特盛的兩個國家。〈陳風‧宛丘〉
云：「無冬無夏，值其鷺羽。」〈東門之枌〉：「子仲之子，婆娑
其下」，其言皆道及陳國巫風之盛。至於楚國巫風之盛，更是享
名已久。宋接陳、楚，很難說其風俗與陳楚無關。更重要的，莊
子出身地的蒙（位於宋國）的歷史風土很特別，它與殷商有雙重
的關係。眾所共知，宋乃是殷商後裔之國。在東周時代，乃是代
表殷商文化的活化石。其次，「蒙」位於今日之商邱，其地與商
朝舊都亳緊鄰，歷史積澱特厚[88]。我們都知道殷商祀鬼祭神，巫
風極盛，這是殷文化極大的特色。莊子處在這樣的地理位置，生
於斯，長於斯，我們實在沒有任何的理由質疑他為什麼對於巫風
那麼熟悉。

　　莊子與巫的關係，我們還可以從他做蒙這個地方的漆園吏考
量。合理的設想，莊子做的這個官位階大概不高。漆在戰國是重
要的經濟作物，種植面積廣，收成量大，它具有重要的市場價
值，所以控管很嚴格[89]。另一方面漆工在此時期有一突破性的發
展，戰國漆器之美，種類之多，久已膾炙人口[90]。然而除了經濟
與藝術的面相外，漆這種植物似乎還有些特別的功能，我們且看

---

88 商湯舊都「亳」位於何處，頗有異說，或言在今日關中，或言在偃師，或言
　　在濟陰，或言在蒙。王國維認為其地在蒙縣西北，此說似可信從。參見李
　　民，《尚書與古史研究》（鄭州：中州書畫社，1983），頁 101-109。

89 睡虎地出土竹簡即有如下的記載：「漆園殿，貲嗇夫一甲……三歲比殿，貲
　　嗇夫二甲而法，令丞各一甲。」管理相當嚴格。《睡虎地秦墓竹簡》（北京：
　　文物出版社，1990），釋文頁 84。這是秦代的情況，但上推戰國，恐亦相去
　　不遠。

90 王世襄，《中國古代漆器》（北京：文物出版社，1987），頁 9-13。

《神農本草經》的記載：

> 絕傷，補中，續筋骨，填腦髓，安五臟，五緩六急，風
> 寒濕痺，生漆去長蟲，久服輕身耐老。[91]

我們且再看底下這則材料：

> 陶弘景曰：仙方用蟹消漆為水，鍊服長生。抱朴子云：
> 淳漆不粘者，服之通神長生。或以大蟹投其中，或以雲母
> 水，或以玉水合之，服九蟲悉下，惡血從鼻出。服至一年，
> 六甲行廚至也。[92]

《神農本草經》帶有相當巫術的性質，其所載藥效如何，很
難求證。陶弘景與葛洪，其人皆在道醫之間，他們對藥草的說
明，無疑也帶有相當強的宗教或巫術之因素。

論者可能還會進一步批評道：《神農本草經》的醫學知識是
「累層」造成的，不管作為醫書或作為史書，此書都不可靠。但
筆者認為葛洪與陶弘景的年代雖晚，作為實用之學的本草之學卻
有可能代代相傳，源頭甚早。因此陶、葛兩人的觀點與《神農本
草經》的敘述可能保留了較原始的醫藥的觀念，他們的理解與莊
子的理解反而有機會較為接近。即便就作為「醫書」的資格而
言，筆者認為：《本草經》所記載的「漆」之神妙功能固待檢
驗，但漆作為宗教性的「仙藥」，這個「知識」傳統恐怕一直存
在的，不要忘了我們引用的陶弘景資料是出自大醫家李時珍的曠

---

91 吳普等輯著，《神農本草經》（上海：中華書局，1936）卷 1，頁 37。
92 李時珍，《本草綱目》（台北：臺灣商務印書館，1968），冊 20 卷 35，頁
  15。

世名著《本草綱目》。我們也不會忘了神醫華佗提供的一帖「去
三蟲，利五臟，輕體，使人頭不白」的妙方即為「漆葉青黏散
方」[93]。漆葉殺蟲、益氣的功能也許不是出自偽科學，而是修煉
傳統裡的一種特別的知識[94]。因此，如果莊子看到漆樹，他除了
知道此樹的經濟價值外，他還知道它是很好的藥材，可輕身、防
老、殺蟲，那麼，我們相信：莊子至少接觸到一條上通巫文化的
重要管道。

除了漆的神祕醫藥功能外，我們還可從漆器與巫風的關係著
眼，考察它們與莊子思想的隱微關係。

戰國漆器甚美，它有兩樣特色，討論中國古代漆器的書籍幾
乎都會提到。首先，戰國漆器保留了相當多神話的題材，比如河
南信陽長台關楚墓或湖北曾侯乙楚墓出土的漆器，其人物造型詭
怪琦瑋，不可方物。夷考其實，如方相、土伯、燭龍、禺彊等
人，皆是《山海經》中人。這些墓出土漆器的年代與莊子生卒年
相當，長台關與蒙地地緣尤近，此墓的漆器不無可能使用到莊子
管理的漆園的漆樹之汁。此時期漆器大量製造，而漆畫題材特多
來自於《山海經》或其他不知名的巫風傳統。莊子的漆園吏所處
理的具體工作不知為何，但他對漆汁加工成器的藝術題材，難道
會一無所悉嗎？

漆器另外的明顯特色是裝飾花紋，事實上，頗有人認為這是
漆器最精彩的部分[95]。戰國漆器常見的花紋有雲紋、花瓣、幾

93 參見《三國志》（台北：鼎文書局，1978），頁 804。
94 Discovery 頻道介紹日本肉身菩薩（肉身不壞之意）的修行方式中，有一道必
　　要的手續是「利用漆樹葉本殺菌」，所以他們入滅之際修行地點常選在溫泉
　　與漆樹聚集之地，此法據說由空海所傳。此條資料承蒙蔡錦香小姐告知。
95 索予明主編，《中華五千年文物集刊・漆器篇一》（台北：中華五千年文物集

何、龍、鳳等等，但不管其花紋如何，這些紋樣都呈現著高度流線形的圖式，迂迴環繞，漩渦流轉，觀者乍睹之下，不禁目眩神馳。漆器紋飾與青銅紋飾頗有關連，但如論生動、變化，漆器紋飾遠超過青銅器上的紋樣。前代藝術品差堪與之比擬者，或許只有新石器時代彩陶上的漩渦圖式。筆者認為：就風格論，漆器紋樣之飄漩渦，其構造頗可與莊子若驟若馳、變化不已的世界觀相呼應。這樣的風格的類似性誠然不易找到文本上的文字加以證明，但它們帶給讀者的印象是如此的強烈，筆者每看到從彩陶[96]到漆器的紋樣，免不了就會想到它們與巫風及《莊子》、《易經》這些強調「變化是世界實相」的典籍之關係。

如果莊子所處的宋國之蒙地巫風很盛，如果莊子對漆樹的神祕身心功能知之甚詳，如果莊子從漆器的題材與紋飾得到啟發，如果莊子真的從長桑公子學習的話，那麼，莊子書中充滿了許多巫文化的因子，此事即可獲得解釋。即使我們對於他的《山海經》般性質的知識何處得來，了解仍然有限，但至少我們不會認為莊子的巫教知識是憑空創造的，它是有「在地性」或「風土性」的憑證的。

八、結論——殷商文化的折射

莊子巫文化知識的具體傳承雖然很難追蹤，但我們現在既然

刊編委會，1984），頁 120。

96 莊子常借用陶均之旋轉象徵道之運行。如〈齊物論〉言「天均」，〈達生〉篇言「工倕旋而蓋規矩，指與物化，而不以心稽。」陶均運轉與漆器紋飾渦旋，筆者認為有「意象的旁通」。

已經認定它的來源有風土性，這些線索已可以提供我們作更深一層的探索，筆者在此嘗試將它們落實下來，希望可以得到更確切的結論。

如前文所述，我們看到莊子使用的神話題材，東海之濱的因素占了極大的比重。我們在第三節所列的神話，內容一面倒的是東海神話，說的更清楚些，除了禺彊神話與姑射神話可能是燕國附近海域的神話外，其餘很可能都是出自齊國海濱。兩者籠統說來，可稱之為燕齊海濱之神話。第三節這組神話的地域特徵，我們在上一節論莊子師承的長桑公子之材料，再度見到，同樣是出自東方海域；我們在第四節論「崑崙」與「泰山」的曖昧關係，也可以找到有力的支持「燕齊海濱」假說的線索；甚至我們在第六節引用到的莊子嗜好風、鳥、氣之題材，我們依然可以從中辨識出東夷文化之特色。

莊子思想與東方海濱文化有關，《莊子》文本的內證應該可以證成此說。由於此一假說會帶來較深遠的影響，筆者願意再舉一例，以資說明。〈在宥〉有「雲將東遊，過扶搖之枝而適遭鴻蒙」的故事，一般注家都同意此段落為「寓言」，寓言也者，寄假託之言出莊子之意也。鴻蒙在此段寓言中，扮演的是莊子的代言者之角色。他年紀高，受人尊重，所以雲將稱之為「叟」；智慧深，其所說之「天養論」與〈大宗師〉所說「心齋論」可相互發揮[97]，兩者同樣是《莊子》書中重要的工夫論語言。無疑的，鴻蒙此叟在本篇寓言中，扮演的是智慧老人的角色，他是莊子的

---

[97] 「心齋論」道及「坐忘」：「墮肢體，黜聰明，離形去知，同於大通。」其言與「天養論」所說：「墮爾形體，吐爾聰明，倫與物忘；大同乎涬溟。」如出一本。

化身。

　　「鴻蒙」當為莊子的化身，這是可以肯定的。但筆者懷疑「鴻蒙」一詞另有深義，此詞可能是莊子自創的複合詞，「鴻」字姑且不論，「蒙」字不無可能即影射莊子的出身地「蒙」。如果此說可靠，則〈在宥〉的「鴻蒙老叟」實即莊子此「蒙叟」也。我們觀文中莊子提到雲將初見鴻蒙後，再過三年，「過有宋之野」，才再度遇到鴻蒙，即可略知箇中蹊蹺。無巧不成書，鴻蒙和莊子一樣，居然都是宋人，而且都與「蒙」有些淵源，這未免太巧了。但如果我們了解他們本來就是同一人，疑情可以立刻雲消煙散。這位作為莊子化身的鴻蒙，不會無事跑到東海之外的「扶搖之枝」去的，因為扶搖很可能指的就是扶桑，東海外的神木[98]。扶桑—歸墟的子題在《莊子》書中頻頻出現，此神話地理當是東夷民族的聖地，也是蒙叟神遊嚮往之地。鴻蒙此叟不但東遊扶搖之枝，更特別的，他還有法術，可「合六氣之精，以育群生」。即便就他想打退堂鼓用的語詞「僊僊乎歸矣」，我們如果嗅覺敏銳一點，也可聞出其間的仙味[99]。鴻蒙可說是位神巫，他是莊子的分身。

---

98 《經典釋文》以扶搖為「神木也，生東海。」成玄英疏同之。兩說參見郭慶藩，《莊子集釋》（台北：河洛圖書公司，1980），頁 385-386。林希逸則以「扶搖之枝」為「扶桑日出之地」，日本學者福永光司、池田知久等人同之。林說參見《南華真經口義》（台北：藝文出版社，無求備齋莊子集成本）卷13，頁 14b。池田知久之說，參見《莊子》（東京：學習研究社，1989），頁475。

99 聞一多說：「僊之為言猶迅也，飛躍而上之貌也。《說文》：『僊，長生遷去也』、『遷，登也』。遷去之義，尚無不合，長生則古只謂壽，飛昇乃稱僊。」〈神仙考〉，《神話與詩》，此書收入《聞一多全集・1》（台北：里仁書局，2000），頁 173。

〈在宥〉篇「雲將東遊，過扶搖之枝而適遭鴻蒙」一節，其結構與內容和〈天地〉篇「諄芒將東之大壑，適遇苑風於東海之濱」一節，非常相似，兩者幾近一事之分化。這兩節內容即便不是莊子自著[100]，但它們透露出莊子與濱海文化關係的祕密並不比內七篇少。筆者相信莊子與東方海濱文化的關係應當還有資料可論[101]，但上述的材料透露的消息已夠多了，只要我們將這一些材料累積起來，它們自然而然的會揭露一個值得深省的現象，此即莊子思想與燕齊海濱關連甚深，與巫的關連也甚深。兩者綜合來看，也就是說：莊子浸潤甚深的巫文化乃是燕齊海濱的類型，這是種典型的薩滿教型態的文化。

如果莊子大量採用了燕齊海濱的神話故事，我們不得不感到好奇：一位僻處在河南商邱附近的中級官員，為什麼有機會成為「海洋哲學家」？他的「海洋」知識是那裡來的？莊子為什麼要使用這個區域的神話題材？「為什麼」的問題很難有一定的答案，但筆者懷疑：莊子與殷商文化有些特別的關連。傅斯年早年即已指出：殷商發跡於遼東一帶，這個說法頗得到一些史家與考古學家的支持[102]。如果此說可以成立的話，上述問題的答案就呼

---

100 根據劉笑敢先生的分法，〈天地〉與〈在宥〉可歸類為黃老學派的作品。筆者認為這兩篇的情況不在此列。劉說參見《莊子哲學及其演變》（北京：社會科學，1988）。

101 如《莊子》、《列子》書中皆言及「庚桑楚」（或作亢桑子），筆者即懷疑此人和空桑神話有關連，茲不贅言。相關的研究另見朱任飛，《莊子神話的破譯與解析》（長春：東北師範大學出版社，1999），頁17-28。

102 傅斯年，〈夷夏東西說〉，《傅斯年全集》（台北：聯經出版公司，1980），冊3，頁86-157。金景芳、張光直亦有類似的說法，參見金景芳，〈商文化起源於我國北方說〉，《古史論集》（濟南：齊魯書社，1982），頁83-87。張光直，〈早商、夏和商的起源問題〉，田昌五編，《華夏文明・第一集》（北京：

之欲出了。因為宋國保留極多的殷商文化因素，這是深沁莊子骨髓的歷史風土，莊子幾乎沒有機會不受到此風土影響。由於海洋的記憶深烙在他的思考中，所以莊子雖然不直接思索海洋的巫文化，但他的思想卻透過海洋的巫文化之格局顯現出來。我們現在看到「燕齊海濱」一詞，很容易聯想到的是從鄒衍以至秦漢方士的傳承，這股傳承形成了後世道教的源頭[103]。我們不方便說莊子對方士有什麼直接的影響，但他們至少在神話題材上分享了共同的資源，只是後來巫─道異業，彼此分道揚鑣了。

本文從巫術空間、人格型態、神話飛禽、生命基質（風氣）入手，比較了莊子與巫文化的關連，並試圖從極簡略的原始傳記材料入手，追溯他的巫文化的因子是如何來的。本文的終點站是殷商文化的精神風土，這樣的目的地有些出人意料之外，但材料的理路就是這樣的導向。如果莊子的巫文化因子確實與殷商文化有關，我們除了可以理解莊子何以對東方海域一往情深之外，也可以比較同情的理解莊子學研究上的一些相關議題，比如莊子與孔子的關係。這是後話，此處暫且不論。

本文追溯莊子思想源頭最重要的意義恐還不僅在於其中的巫教因素，而是希望借著重探源頭，進而理解莊子如何走出巫教的精神。我們前文一再說明：上古巫的特色在於其人之人格易於解體，與神明交，其人在靈魂之神遊中，自得逍遙。但我們有理由認定：三代精神史的發展大體上乃是道德意識與理性意識不斷的

北京大學出版社，1987），頁 408-424。孫作雲先生的〈飛盧考〉、〈后羿傳說叢考〉、〈鳥官考〉諸文論之亦詳，這些文章收入《中國古代神話傳說研究》上、下兩冊之中。

103 陳寅恪，〈天師道與濱海地域之關係〉，《陳寅恪先生全集》（台北：九思出版社，1977），頁 365-403。

加強，從顓頊使重黎絕地天通，以至周公之制禮作樂，我們看到一代的精神風氣都是要使學者對身心內部的意識與對外在情境的認識固定化，條理化，道德化。重黎絕地天通以後，顓頊統治下的人民再也不能旦上天，夕上天；天和人也不能旦有語，夕有語。周公制禮作樂以後，周朝臣民再也不能像殷商末期的君臣一樣，整日沉湎酒中，亦即不能再度沉迷在飲酒後所釋放出來的解體合一之感[104]。每一次政權遞換，每一次文明進展，人民的意識總是趨於明確，巫術的因子日益被逐出身心之外，也日益被逐出自然之外──至少對主流的學派來說，「除魅化」是個明顯的歷史行程之特色。

　　巫的社會地位與歷史的行程成反比，戰國中晚期的巫早已不是活在美好的歲月。莊子與屈原卻是其時少數仍被巫風價值吸引住的大人物。莊屈之後，離體遠遊的巫已極少現身於主流的大傳統論述，他一方面被流放到一部分的道教及民間宗教裡去，另一方面他轉化成遊仙的意象，成為後世文人精神嚮往的象徵[105]。時光悠悠，神巫蟄眠。直到二十世紀新學術典範樹立時期，劉師培、王國維、陳夢家、聞一多以至後來的張光直先生先後有所論述，復甦之巫似乎才顯現他的力道，大家赫然發現：原來他曾光芒萬丈，一度統轄了所有的文化領域。而且，他在後現代當令的今天，隨著理性崩盤，主體一無所在，亦無所不在，他的好日子

---

104 關於殷商晚期縱酒文化的宗教意義，參見張光直，《中國青銅時代（二）》（北京：三聯書店，1990），頁 63-64。謝選駿，《神話與民族精神》（濟南：山東文藝出版社，1986），頁 358-364。

105 彭毅先生對〈遠遊〉與「遊仙」主題的關係有詳細的考察，參見〈《楚辭・遠遊》溯源──中國古代文學裡遊仙思想的形成〉，《楚辭詮微集》（台北：臺灣學生書局，1999），頁 271-324。

似乎越來越近。看來，《山海經》的想法是對的，巫終究是不死
之巫。

貳

儒門內的莊子[1]

1 本文初稿曾分別在中央研究院中國文哲研究所主辦的「法國莊子研究研討會」以及香港中文大學主辦的「道家經典的詮釋——我注六經還是六經注我學術研討會」上宣讀，承蒙與會學者多所針砭，謹致謝意。

　　莊子，不知他何所傳授，卻自見得道體，蓋孟子以後，
荀卿諸公皆不能及。[2]

一、一條明顯而又受忽視的線索

　　明末清初曾有一股將莊子迎向儒家陣營的思潮，為方便定位
起見，筆者稱之為「莊子儒門說」[3]。明末莊子儒門說的首倡者
當是一代高僧覺浪道盛（1592-1659），集大成者則為方以智
（1611-1671）。至於以同情莊子聞名的王夫之（1619-1692），他
雖不用其言而有其意。圍繞著道盛師徒與王夫之這三位不世出的
儒佛龍象，還有錢澄之、石溪等人作為奧援。明末清初這股「莊
子儒門說」的思潮不是憑空而來的，因為明中葉後原本即有相當
濃厚的儒道或儒莊同道說，廣而言之，「三教合一說」更可以視
為明中葉後極重要的一股思潮[4]。方以智《藥地炮莊》時常言及
的袁宏道、袁宗道、管東溟、焦竑等人，或其親人如方孔炤、吳
應賓、王虛舟等人，無一不是這股思潮的擁戴者。明末的「莊子

2　黎靖德編，《朱子語類》（北京：中華書局，1994），冊 2 卷 16，頁 369。

3　參見拙作，〈儒門別傳──明末清初《莊》、《易》同流的思想史意義〉，鍾
　　彩鈞、楊晉龍主編，《明清文學與思想中之主體意識與社會‧學術思想篇》
　　（台北：中央研究院中國文哲研究所，2004），頁 245-289。

4　王龍溪的〈三教堂記〉可為代表。一般而言，王學通常對道教較為寬容。王
　　龍溪文參見吳震標點，《王畿集》（南京：鳳凰出版社，2007）卷 17，頁
　　486-487。關於王龍溪的三教觀，最近的研究參見彭國翔，〈多元宗教參與中
　　的儒家認同──以王龍溪的三教觀與自我認同為例〉，此文收入《儒家傳
　　統──宗教與人文主義之間》（北京：北京大學出版社，2007），頁 141-
　　168。

儒門說」雖然是將莊子推向儒家最徹底的一種主張，但卻不是唯一主張莊儒同道的思潮。

明中葉後的「三教合一」思潮與明末清初的「莊子儒門說」的關係很深，如更往前推論，類似「莊子儒門說」的論點在儒家傳統內還可找出源頭，一般常上溯到韓愈、蘇軾。韓、蘇是唐宋時期的大文豪，其角色介於文人與學者間。文人論道，通常帶有些業餘的嗜好之意味，不能太當真。但此次不同，他們的觀點算是足以自圓其說，因此，頗受到後人重視，如言：㈠莊子之學出自田子方，田子方則為子夏之徒，所以莊子有孔門的傳承之印記。㈡《莊子》一書雖多非薄周、孔之言，但這些語言就像禪子之呵佛罵祖一樣，陽擠而陰助之，不能只看文字的票面價值。㈢《莊子・天下》篇言天下學術，諸子皆各自成家，亦各有所偏，莊子皆一一評騭之。唯獨儒家諸子不在評述之列，對孔子更是一言不發。這顯示莊子視孔子及《六經》為諸家之宗，不與諸子百家為侶，其地位大不相侔。韓愈、蘇軾援莊入儒之言的語氣雖強弱不同，但上述的論點卻有理路，其論證大體也為明末的儒者所繼承。

有關明中葉後的「三教合一說」以及唐宋文人的「莊子儒門說」，由於論者已多，旨義已顯，本文不擬再討論[5]。筆者僅再補充兩點，以作為道盛、方以智、王夫之等人的說法之背景。首先，如論「莊子儒門說」的源頭，應該還可以再往前推到魏晉時期。魏晉玄學深受老莊影響，此自是事實，玄學一般常被歸類到道家的領域內，魏晉玄學也常被定位為新道家學說。但另一個同

5　詳細的介紹參見徐聖心，〈「莊子尊孔論」系譜綜述──莊學史上的另類理解與閱讀〉，《臺大中文學報》第 17 卷（2002 年 12 月），頁 21-66。

樣明顯的事實也不宜忽略，此即玄學家通常主張會通孔老，而且
孔子的境界被定位高於老子，王弼的「聖人體無」之說即是典型
的代表。在莊子身上這種解釋模式也出現了。郭象注《莊》，只
要涉及堯、孔之處，不管《莊子》本文如何說，郭象都以「寄言
出意」的方式，解釋莊子之意仍鍾情於儒門之聖人，表面的文字
作不得準。莊子本人更是位「雖未體之，言則至矣」的哲人，意
在聖人，而去聖人一間，但論理則登峰造極。所以《南華真經》
其書等於為聖人的聖言量背書，就像經學中「傳」與「經」的關
係一樣。郭象「寄言出意」的解釋模式再下一轉語，未嘗不可視
為「莊子儒門說」的一種變形。

　　「莊子儒門說」另一個值得注意的背景是：理學家一般如何
看待莊子？明末「莊子儒門說」的意義還是要放到儒家思潮的脈
絡下定位。理學家一般護教意識較強，批判異端之念較烈，程朱
系統在這點上更是明顯。但我們如翻閱主要理學家的著作，從北
宋五子、南宋的朱、陸，到明代的陳、王、羅（整庵）、劉（蕺
山），不難發現他們所說的異端，主要指的是佛教，道教是連坐
法的陪祭品，道家則是額外附獎，受批判的力道較輕。朱子與呂
祖謙合編《近思錄》，此書被當作學子晉階用的基本教材，此書
的卷十三為「異端之學」，此卷共收錄北宋儒者言論十四條，其
中的異端幾乎都指向佛教，獨占了十條[6]。《朱子語類》搜羅朱
子平日言論，算是最齊全，此書論異端處，幾乎也都將矛頭指向

6　參見陳榮捷，《近思錄詳注集評》（台北：臺灣學生書局，1998），頁521-
　　538。另外四條，兩條言神仙，一條言楊墨，另一條言「諸子言有無」。只有
　　最後一條可視為對道家的批判，但此條如果說包含佛教在內，也是可以講得
　　通的。

佛教。我們大概可以籠統地下這樣的判斷：理學家除了陳白沙、王陽明等少數人外，對佛教的世界觀都很有意見。即便陳、王等人，他們的寬容大體也只是消極性的一語帶過，而不是有所證成。至於羅整庵、劉蕺山批判佛教之嚴厲，更是不在話下。理學家批判的異端主要指佛教，這點是不必有爭議的。

　　道家、道教相對之下，殃及的烽火少了許多。道家如果以老莊著作的內容為代表，那麼，道家比起道教來，所受到的批判更少。理學家雖然一般會佛老或佛道連用，也連帶一起批判，因此，老子或老莊自然不會被視為同營的同志。然而，老莊比起道教或佛教來，不一定會列在理學家排斥的黑名單之上，至少不會是第一波的首犯。程朱甚至對老子的某些章句，如「谷神不死」章等等，還有讚美之處[7]。但對老子流為《陰符》，流為陰謀，如《老子‧三十六章》所說：「將欲歙之，必固張之」之說，則批判甚厲。老莊相對之下，莊子的罪名又輕了許多，理學家一般說來，對莊子算是相當友善。宋明大儒如果偶有批評莊子處，大抵在其人放縱、不守規矩這些細目上，嚴重的罪名不多。至於邵雍、陳白沙這類被劃歸為曾點之統的學人看待莊子，更是視同家人看待，基本上不太忌諱將莊子引為同道。後人對邵雍、陳白沙的理解，往往也反過來將他們引為莊子的同行。以理學家護教意識如是之強，我們如要找出幾位反莊的代表人物，或反莊的代表

7　程伊川之言如下：「莊生形容道體之語，儘有好處。老氏『谷神不死』一章最佳。」《河南程氏遺書》，《二程集》（北京：中華書局，1981），冊 1 卷 3，頁 64。學生問朱子「谷神不死」之意，朱子答道：「谷之虛也，聲達焉，則響應之，乃神化之自然也。『是謂玄牝』。玄，妙也；牝，是有所受而能生物者也。至妙之理，有生生之意焉，程子所取老氏之說也。」黎靖德編，《朱子語類》，冊 8 卷 125，頁 2995。

性論點，還真不容易。

如果我們將明末清初的「莊子儒門說」放在縱深較遠、背景較廣的框架下考量，可以發現道盛、方以智師徒當年提出有名的「託孤說」時，雖自覺石破天驚，時人也大多認為這是不世出的偉論。但我們如果衡量他們所處的文化氛圍，不得不認為：他們的創見其實是奠基在親和性相當濃烈的文化氛圍上的。莊子這位高士在綿延流長的中國歷史中，一向是被視為隱逸生涯與逍遙精神的象徵，他身履方內，心在方外，結果方外的佛道常引他為同調，方內的儒家人物對他也無甚惡感。兩宋之後，不時有儒門中人呼應蘇軾的論點，希望莊子能早日脫掉道袍，重新列名儒籍[8]。更極端者，甚至主張莊子與孟子相反相成，兩人共同曲折地完成了保存並弘揚儒家價值的使命[9]。筆者認為理學家對待莊子基本上相當友善，此事值得留意。

明末清初的「莊子儒門說」是有滋養此說的文化土壤的，也與提出者的生平經歷緊密相關。道盛、方以智、王夫之他們看待莊子，多少有借他人酒杯以澆自己胸中塊壘之意，他們眼中的莊子曲折的反映了自己思想的影子。筆者完全同意：明末這些了不起的學人所了解的莊子思想，與他們本人思想若合符契，沒有他

---

8 王龍溪即認為蘇軾主張莊子當列為儒門人物，其說雖「善於斡旋」，但也是「莊子心事本來如此」。明中葉後，這樣的話語絕非罕見。民國新儒家中，馬一浮稱呼其書屋為「濠上草堂」，熊十力曾自稱漆園老人，這兩個晚近的例子也顯現了類似的理念。王龍溪之語參見〈三山麗澤錄〉，《王畿集》卷1，頁14。

9 覺浪著〈三子會宗論〉，即將莊子與孟子、屈原並列，視為以不同途徑彰顯孔門精神的三位代表性人物。屈原姑且不論，莊子竟被視為與孟子同道同風，此論點頗不尋常。此文收入《天界覺浪盛禪師全錄》，《嘉興大藏經》（台北：新文豐出版公司，1987），冊34卷19，頁698-700。

們從九死一生中體證出來的獨特論點，即沒有類似「託孤說」這種論點的莊子。但筆者不認為明末的莊子學著作與其作者的平生經歷之關係因為如此緊密，所以他們理解的莊子即是「投射」的結果，好像《莊子》文本可以被任意解釋，此書只是反映詮釋者他們自己心象的羅夏克墨漬投射（Rorschach inkblot test）之試紙一般。到底理論發生的機緣和其成立的理由不一定相同，本文將很嚴肅的看待他們提供的論證，希望從中找出莊子與儒門的密切關連。

本文繼承明末方、王之學的精神而來，但重點不落在明末莊子學的細部論證上面，本文可以說是「接著講」的論文。筆者希望藉著道盛、方以智、王夫之的洞見，利用我們當代較具勝場的神話、隱喻等理論，以及站在後出者立在巨人的肩膀上有機會看得較遠的立場上，試圖直接從《莊子》本文出發，更明白地解出此書原本即已半顯半隱的語碼。

二、孔子在《莊子》內篇

探討莊子與儒家的關係，我們首先可以從一條清楚的線索談起，此即《莊子》內七篇中到底使用了多少比例的儒門之材料。筆者在此節所以特別將材料限定在內七篇上，不是認定內七篇才可以代表莊子的思想。事實上，筆者認為外、雜篇的文章頗多精金粹玉，只因名列外、雜篇，難免被排斥在外，或被視為內容較為冗雜。有關《莊子》一書的篇章之成篇年代問題，姑且不論[10]。本文之所以不得不將材料限定在內七篇，乃因莊子對孔子

---

10 有意者請參看劉笑敢，《莊子哲學及其演變》（北京：社會科學出版社，

的態度內、外、雜篇有別，外、雜篇中個別的情況又不一樣。但一般認為內七篇可代表莊子的思想，筆者認為在不影響外、雜篇的作者歸屬的問題下，不管就版本的流傳或就文章內容所提供的證據來看，內七篇都是《莊子》一書中最重要的篇章，這一點應該可以不用懷疑。為避免著作權的瓜葛，筆者儘量依照共識，先對材料來源作了限制。

筆者所以要在內七篇找孔子的材料，乃因筆者很難相信：一位嚴格意義的學派中人所宗之經會是他家之經，所宗之聖會是別派之聖，經典與聖人典範應該是檢證學派隸屬極重要的標準。實際的情況當然有可能更複雜，《莊子》一書就是極複雜的例子。但不管怎麼說，我們從內七篇尋找儒門最重要的象徵──經典與聖人，至少是個可以運作的切入點。如果我們確認：莊子真的喜歡運用儒家的象徵符號，而且其運用是「代言人」式的挪用，那麼，這樣的消息就不太尋常了。由於內七篇很少提到經典，本文很自然地會將焦點集中在「聖人」──孔子身上。

首先，我們不妨分析內七篇的構造。〈逍遙遊〉篇共有寄意之言六章：㈠鯤化為鵬，㈡湯問棘，㈢堯讓天下於許由，㈣肩吾問連叔有關姑射之山之事，㈤惠子與莊子論瓢，㈥惠子與莊子論樗。〈齊物論〉篇有五章：㈠南郭子綦─顏成子游論喪我，㈡齧缺─王倪論知與非知，㈢瞿鵲子─長梧子論天倪，㈣罔兩問景，㈤莊周夢蝴蝶。〈養生主〉篇有三章：㈠庖丁解牛，㈡公文軒見右師，㈢秦失弔老聃。〈人間世〉篇有六章：㈠顏回見仲尼請

1988），頁 3-33。劉榮賢，《莊子外雜篇研究》（台北：聯經出版公司，2004）。王叔岷先生則力主內、外、雜篇之分不可靠，參見《莊子管闚》（台北：藝文印書館，1978），頁 17-20。

行，㈡葉公子使齊先問仲尼，㈢顏闔傅衛靈公太子，㈣南伯子綦
遊乎商之邱，㈤支離疏，㈥孔子與接輿。〈德充符〉篇有六章：
㈠ 仲尼論兀者王駘之物化守宗，㈡申徒嘉與子產論安之若命，
㈢叔山無趾與仲尼論天刑，㈣仲尼論哀駘它才全德不形，㈤闉跂
支離無脤，㈥惠子與莊子論無情。〈大宗師〉篇共七章：㈠南伯
子葵問女偊，㈡子杞與子犁、子來相與為友，㈢子桑戶、孟子
反、子琴張與孔子，㈣顏回問孟孫才于仲尼，㈤意而子見許由，
㈥顏回與仲尼論坐忘，㈦子輿與子桑友。〈應帝王〉篇共六章：
㈠ 齧缺問王倪，四問四不知，㈡肩吾與接輿論聖人之治，㈢天
根問無名人為天下，㈣陽子居與老聃論明王之治，㈤季咸與壺子
鬥法，㈥儵忽與渾沌。

　　上述的歸納只是大體的勾勒，細部的出入容或有之，但不至
於影響基本的分類。表列的目的只是希望有助於討論，標題的名
稱及文章長短始末不必太在意。我們如果將內七篇這些寓言（寄
意之言也）的內容稍作分類，大體可分成㈠神話型，㈡孔門型，
㈢莊子型，㈣老子型，㈤其他聖賢型。

　　我們觀看內七篇中這五類寓言分別占的比例，發現莊子的選
擇很值得玩味。首先，內七篇雖被視為最可能是莊子本人著作的
篇章，但這七篇假「莊子」之口說出來的內容只有四則，「老聃」
出現的篇幅竟然也只有三則。相對之下，孔子的設論則有九則，
這九則故事幾乎都集中在〈人間世〉、〈德充符〉、〈大宗師〉這
三篇。而且其對話人物多為孔門弟子，顏回占的比重尤大。事實
上，後世學者（包含理學家）理解的顏回形象，往往來自於莊子
所說的「心齋」、「坐忘」[11]，莊子對理學家的道統意象之建構有

11 呂與叔的名詩〈送劉戶曹〉：「學如元凱方成癖，文似相如反類俳。獨立孔門

很大的貢獻。其次,在第五組的「其他聖賢人物」當中,儒家價值取向的人物也偏多,如堯、湯、子產等人皆是儒家喜歡張揚的聖賢,如接輿等則與孔子的經歷頗有相涉。這些人物可以代表儒家的價值理念,似可不用懷疑。我們如將第五組中帶有儒家價值傾向的人物列入,儒家成分在內七篇中占的比重會比表列的分類所得還要大。

　　即使從嚴估量,不算「儒門人物而非孔門人物」的那些人,上述第五組的寓意人物中,還有幾則值得留意。首先是〈齊物論〉篇開宗明義第一章的「南郭子綦隱机而坐,仰天而噓,荅焉似喪其耦。顏成子游立侍乎前」。關於顏成子游,《經典釋文》引李頤的解釋道:「子綦弟子,姓顏,名偃,字子游。」其人傳記似已有著落,但偃—子游這組名詞似乎令人有似曾相識之感,因為孔門十哲中的「文學」科代表人物,不就是子游嗎?子游也叫偃,只是他姓「言」,不姓「顏」。然而,「言」、「顏」兩字的音讀不但在現代漢語中相同,上古音「言」屬疑母元部,「顏」也屬疑母元部,韻部同,聲母又同,擬音的音值極近似,兩字有可能可以通假。然則,顏子游不無可能就是言子游。至於「顏成」如果是複姓,為何(或者何時)可解成姓「顏」,筆者尚無研究。但類似的情況也見於「伯成子高」與「伯子高」的案例,〈天地〉篇說:「伯成子高立為諸侯」,伯成子高其人為何,郭象與成玄英無注。考《山海經·海內經》有從肇山上下天地的「柏

無一事,唯傳顏氏得心齋。」即為一例。此佚詩引見陳俊民輯校,《藍田呂氏遺著輯校》(北京:中華書局,1993),頁 600。此詩後來還得到朱子的大加讚美,可見莊子所塑造的顏回意象入人之深。

子高」其人，郭璞注云：「柏子高，先者也。」[12]古伯字多從木，然則，「伯成子高」與「柏子高」當是同一人。同理，「顏成子游」可解作「顏子游」，此人不無可能即為孔門高弟的「言子游」。

同一篇〈齊物論〉，另有「瞿鵲子問於長梧子」章，古注認為長梧子名「丘」。俞樾對此有所匡正：「瞿鵲子必七十子之後人，所稱聞之夫子，謂聞之孔子也。」[13]俞樾根據文章上下文，對全文更有解釋，文稍長，不錄。根據俞樾的解釋，則此文乃長梧子因瞿鵲子得之於其師孔子的一席話，大加發揮的紀錄。此節因而可列入「孔門型」的範圍。

〈大宗師〉篇「子桑戶、孟子反、子琴張三人相與友」一章，前代注家對此三人之來歷，說明欠詳。但孔莊門戶相通，《莊子》書中影響模糊者，儒門文獻中反而可找到可堪對比之材料。考《論語》有「孟之反不伐」一節，朱子注：「孟之反，魯大夫，名側。胡氏曰：『反即莊周所稱孟子反者是也。』」[14]孔門弟子另有「琴牢」其人，孟子視之為狂者的代表，前人多疑琴牢即莊子此處所說的子琴張，朱子亦從之[15]。「仲尼問子桑伯子」一節，朱子注：「子桑伯子，魯人，胡氏以為疑即莊周所稱子桑戶者是也。」[16]「戶」與「伯」音義皆相遠，恐不可通，且「桑戶」一詞另有指涉，朱注有待斟酌。如果標準寬一點的話，我們

---

12 參見袁珂，《山海經校釋》（台北：里仁書局翻印，1982），頁 444。原文作「柏高」，但依據郭璞注「柏高」當為「柏子高」，原文少了「子」字。

13 引自郭慶藩，《莊子集釋》（台北：河洛圖書公司，1974），頁 98。

14 朱熹，《論語集注》，《四書集注》（台北：鵝湖出版社，1984），頁 88。

15 參見朱熹，《孟子集注》，《四書集注》，頁 374。

16 朱熹，《論語集注》，《四書集注》，頁 83。

可以解釋道：莊子塑造此詞語時，不無可能祕響旁通到孔子弟子此一名人。莊子在一則故事中，同時運用了孔門三位弟子作為寓言人物，動作不可謂不大。我們都知道：孔門弟子除名氣響亮者尚有事蹟可考外，大半的人往往只剩下人名表上的名字而已。相對之下，子桑伯子、孟子反、琴牢等人尚有逸事流傳於世，略可見出其人真面目，而且其事蹟與莊子此節所要傳達的「方外之士」的行徑可以相通。

這三則逸事如果再加進去「孔門型」一組的範圍內，此組占的比例會愈形增大，莊子也會越看越像儒林傳中的人物。即使〈大宗師〉篇「子桑戶、孟子反、子琴張三人相與友」一章因已列入孔門的類型，不予考慮，孔門型的情節仍占有十一章之多。不管怎麼計算，儒門人物的意象都是內七篇的顯性因素。

莊子的孔子情結不僅見於人物造型，筆者認為：就敘事的情節而論，構成內七篇的結構因素有兩種：人物造型結構與地理背景結構，兩種結構都反映了濃厚的孔門因素。以人物造型論，孔子、莊子是相呼應的兩極，這類型的敘述通常可分成故事情節與作者評論兩部分。其中故事情節的部分，「孔子」的意象出現最多；就評論而言，莊子自是全書的操盤者。至於以地理結構的因素論，宋國與東海之濱是另一組的對照。筆者認為〈逍遙遊〉一篇的主背景乃是東海區域的神話，這種東海海域的因素也可稱之為「姑射—扶桑」神話主題，此主題不僅見於〈逍遙遊〉，它實為全書極重要的卮言。另外一處重要的活動背景是「宋」，此地既為莊子的故鄉，也是孔子的祖籍所出之地。神話原鄉的東海與孔莊的原鄉宋國，東西呼應，但兩種原鄉在孔子身上是匯集在一起的，它們也貫穿了莊子思想活動的全程。人物與地理的兩組對照可視為內七篇的綱領，綱舉則目張。

　　地理對照組留待下節再論。關於孔子、莊子的對照組，我們首先要面臨一個詮釋學基本的質疑：孔門的因素即使在內七篇的題材上占有極懸殊的比重，但莊子的旨趣到底如何呢？他是將孔子視為理論的對手或批判的對象，因而長篇累幅，論點不斷地圍繞著仲尼轉呢？還是只因孔子為戰國時期世人最熟知的文化名人，莊子不得不用「重言」的方式，寄孔子之名以出己意？還是以上的選擇皆非；第三種也是最方便解釋的一種，乃是莊子所以頻頻使用孔子及其門生之名，乃因在深層的思想或情感上，他與孔子有共同的情懷？

　　莊子由於認為天下沉濁，「不可與莊語」，因此，屢屢使用寓言、巵言、重言的形式，表達出謬悠、無端崖的風格。這樣的語言亦莊亦諧，既有直顯，亦有破相，因此，其語言到底是「正言」，還是「正言若反」，解讀上常常會相去懸殊。然而，莊子的語言不管如何特別，筆者認為除非他沒有表達的意圖，或者除非他想發明一種純粹的私語言，否則，他的文章還是不得不有一致的風格，這樣的風格還是會展現出一致的意義圖像的。無可否認的，莊子在內七篇所展現的孔門圖像，基本上是正面的肯定，而且理論層次都很高。具體來講，〈人間世〉篇的「顏回見仲尼請行」，孔子在此節表達的是著名的「心齋論」；「葉公子高將使于齊，問于仲尼」此節，孔子傳達的是「乘物遊心論」；〈德充符〉篇的「魯有兀者王駘」一節，孔子表達了「無假守宗論」；「魯哀公問于仲尼曰：衛有惡人焉，曰哀駘它」一節，孔子表達了「才全德不形論」；〈大宗師〉篇的「子桑戶、孟子反、子琴張三人相與友」一節，孔子表達了「遊乎天地之一氣之論」；「顏回問仲尼曰：孟孫才其母死，哭泣無涕」一節，孔子表達了「寥天一之論」。這六論明顯的是莊子思想的重要論點，莊子將布達

真理的榮耀給了孔子。

其他和孔子相關的章節，〈大宗師〉篇有「顏回曰：回益矣！仲尼曰：何謂也」一節，有名的「坐忘論」即見於此節，此論是假顏回之口說出，但孔子大加讚美。「魯有兀者叔山無趾，踵見仲尼」一節，這一次莊子將冠冕給予老聃，孔子則自言「丘則陋矣！」〈人間世〉篇「孔子適楚，楚狂接輿遊其門」一節，接輿歌「鳳兮！鳳兮！」此故事很有名，《論語》也有類似的記載，莊子對孔子與接輿未加明顯的好惡的評述，但此節的內容義涵極深，參見下文。〈齊物論〉篇「瞿鵲子問于長梧子」一節，長梧子表達「參萬歲而一成純」的「天倪論」，並說道：「丘也何足以知之。」這四節當中，顏回的「坐忘論」與接輿的「鳳兮歌」，可以說都側面地突顯了孔子的人格魅力，這樣的孔子形象一樣地突出而崇高。其餘兩節，孔子成了配角，而且莊子的用語可以解釋成是揶揄的。即便如此，叔山無趾與長梧子的語言莊諧參差，兩人的語氣還大有解釋的空間[17]。

整體而言，內七篇的孔子逸事，或許前有所本（如楚狂接輿的故事）。但篇中所述孔子言論應該都是代莊子立言，孔子本人不太可能講過這樣的話，創作者莊子顯然會和這樣的孔子站在同一陣線上。但兩者在同一陣線上，到底表示孔子只是莊子借以自重的「重言」，還是莊子所以敢大肆張皇地代孔子立言，乃因他

---

17 從語言行為學的角度看，語言除了認知的功能外，也有祈使、命令的功能，當然也有說笑解放的功能。從康德、柏格森以後，我們知道「笑話」這類的文體有釋放身心緊張的功能之效，彭約恩（A. Penjon）、杜威等人更由此將「笑」結合「自由」，一併討論。莊子的謬悠之言之作用恐怕也有些類似。上述的「笑」的各種解釋，參見朱光潛，《文藝心理學》（台北：臺灣開明書店，1959），頁269-292。

認為孔子與他本人的思想頗能桴鼓相應呢？由於莊子一再警告世人不可以太相信語言的票面價值，因此，如果論者認為莊子重用「孔子」之名，純粹是出於「重言」的考量，借殼上市，而非真情對待，這樣的解釋不是講不通的。

然而，筆者覺得明末道盛、方以智、王夫之等人的理解更有說服力。基本上，他們認為孔子與戰國時期的儒者不一樣，孔子不理解戰國時期的儒門人物，戰國時期的儒門人物也認不清誰是真正的孔子。正因莊子認為時儒束手綁腳，一成龍，一成虎，不能深入孔子堂廡，所以才會大聲疾呼，喚醒孔子之魂，以期挽回日益頹廢的儒道。明末這幾位儒佛龍象認定的莊子扮演的角色，乍看怪異，其實不那麼怪。因為類似的模式在各大宗教史上都發生過，這些偉大的教派皆曾出現反對主流思潮的反抗者，這些反抗者認為當時主流的當權派已偏離了「聖人」的思想軌道，所以他們有義務挽狂瀾於既倒。如後代的馬丁路德（1483-1546）與王陽明（1472-1528）即大致在同一段時間的不同區域，分別對耶、儒兩教展開過拔本塞源的回歸原始精神之運動。他們主張的內容當然天地懸隔，但思維模式非常近似。從明末這些證道極深、理解經典能力極強的高僧大儒看來，公元前 4 世紀的莊子與 15 世紀的王陽明之用心沒什麼兩樣。莊子之假託孔子立論，實乃現量直說，而不是文學技巧的寓言。

三、同鄉與同族

談到莊子與孔子及儒家的關係，前賢已多精闢之論，但筆者注意到莊子為宋之蒙人以及他的著作中頻頻使用東方海域的文化因素，這兩個地理題材前賢較少注意，但很可能它們可以帶來解

決問題的曙光。

　　莊子為宋之蒙人，蒙在今河南商丘。莊子的里籍不僅見於《史記》等書的記載，我們從《莊子》一書中也可找到內證。比如時常與莊子辯論，幾乎可以視為莊子唯一的友人惠施，他就是宋人[18]；問仁於莊子的「商太宰蕩」，也是宋人；〈列禦寇〉篇記載曹商「反於宋，見莊子」，可見莊子居宋。宋地有栗邑，以產栗出名，〈山木〉篇言「莊子遊乎雕陵」，雕陵為栗園[19]，所以此文有「栗林虞人」追逐莊周之事。《莊子》書中又可見到食栗之事，如〈山木〉篇記孔子行誼，說孔子「食杼栗」；〈盜跖〉篇記盜跖之言，也說到「晝食橡栗」。此外，內七篇中莊子言及宋地的掌故也偏多。相關證據仍有，茲不細論。「蒙」屬宋，在今之商邱，此舊說恐沒有多大翻案的空間[20]。

　　莊子的里籍所以值得注意，乃因宋為殷商後裔所立之國，而商丘很可能即是商代之亳。微子啟所以能夠於殷商帝國覆滅之後，得在宋地立國，乃因此地本就是殷商民族之舊居。武王因勢利導，以殷民族舊居封給順從的殷之舊臣，這也是順理成章的事。人的主體是有情境性的，人居住的場所不是物理空間，而是風土，風土即是人的世界[21]，莊子的「世界性」是由殷商文化所

---

18 參見錢穆，〈惠施傳略〉及〈惠施年表〉，此兩文收入《惠施公孫龍》，《錢賓四先生全集》（台北：聯經出版公司，1998），冊 6，頁 1-12。

19 成玄英的注解，參見郭慶藩，《莊子集釋》，頁 695。

20 最新而詳細考證的文章，參見方勇，〈莊子籍里考辨〉，《諸子學刊》，第 1期（2007 年 12 月），頁 77-100。

21 此處所說的「世界」不是物理空間，而是現象學的意義的用法，參見海德格著，陳嘉映、王慶節合譯，《存有與時間》（北京：三聯書局，1987），頁 78-140。

滲透而黏合成的。

眾所共知，孔子本是殷人後裔。孔子先祖在孔父嘉之前，歷代都是以殷民族為主幹的宋國的貴顯階層，即使孔子先祖因畏懼政治迫害而逃奔魯國，殷商文化與孔子家族仍有密切的關係。在孔子身上，我們即可看到一些值得留意的線索。首先，孔子十九歲娶妻亓官氏，其妻正是宋人。一位居住魯國的沒落階級的後代竟會越境遠娶，此事殊不尋常。其次，《禮記‧儒行》篇記載孔子「長居宋」，雖然我們不知道他的「長」是什麼年紀，也不知住了多久，但可預期的總當有段歲月。第三，孔子的學生雖以魯人最多，但也有宋國的學生，其中司馬牛還屬於宋國的頂層階級，其兄弟把持國政，為患宋國甚久，孔子學生中再也沒有比司馬牛的身世更顯赫的了。第四，他的孫子子思和宋國關係也很密切，《中庸》一書相傳即子思困於宋時所作[22]。由這些線索看來，孔子一家雖然落籍魯國已久，但和宋國仍有相當密切的聯繫。

孔子與宋國或殷商文化最密切者還不只上述的傳記性因素，而是孔子雖然一方面主張三代的傳承關係，對周文明之燦爛與周公之人格尤其禮讚。但作為宋國沒落貴族且寄人籬下的子孫，孔

---

22 根據《孔叢子‧居衛第七》的記載，其始末如下：子思十六歲到宋國，宋國大夫樂朔與他對談，甚佩服，因此隨他學習。後言談不合，樂朔覺得受到此「孺子」之辱。樂朔之徒勸樂朔道：「此雖以宋為舊，然世有仇焉，請攻之。」遂圍子思，宋君聽到此消息，駕車解救，事乃平息。子思痛定思痛，乃憤而著《中庸》一書，以表其志。子思十六歲作《中庸》，未免太年輕些，著書的年歲恐不可靠。然而樂朔之徒說子思「以宋為舊，世有仇焉」，宋君又會為子思驅車援救，這樣的語言與動作很值得注意。如果《孔叢子》之說可靠的話，孔家和宋國大概有很久遠的複雜關係。所以即使孔子已累代居魯，仍會成長於宋，娶宋人為妻，其孫仍與宋國的縉紳先生有所往來。上述論點參見《孔叢子》（台北：臺灣商務印書館，1993）卷上，頁45-46。

子在情感上卻對殷商文化有極深的黏著。〈儒行〉篇說：「丘少居魯，衣逢掖之衣；長居宋，冠章甫之冠。」可以想見的，其平居之服恐怕多夾有殷人之服飾。《論語》記載「鄉人儺，（孔子）朝服而立於阼階」。孔子鄉人多為殷商民族後裔，儺當為其鄉之神聖祭典，其祭祀不無可能在魯國被統治階層信仰中心的「亳社」舉行，而孔子的態度莊嚴如是。三年之喪在現實生活上不見得容易實行，但孔子卻認為這是天下之通義。其所謂天下通義者，恐未必真是普天之下的人皆曾實行過。誠如傅斯年（1896-1950）、胡適（1891-1962）所說的，這只是殷人的禮俗，而孔子如此堅信[23]。

上述所說，皆足以見出孔子的殷商情懷。然而最足以顯示孔子浸潤殷商文化之深者，莫過於《禮記・檀弓上》記載的「孔子蚤作，負手曳杖，消搖於門，歌曰：泰山其頹乎！樑木其壞乎！哲人其萎乎！」這段發人深省的故事。在這篇優美雋永的散文中，孔子自言他自己是「殷人」。在生命的最後關頭，他夢見自己夜來「夢坐奠於兩楹之間」，而「殯於兩楹之間」正是殷人的喪禮形式。《禮記・檀弓上》這段記載顯示孔子在臨終之際，自然而然地回歸到他生命的起源處，終點即始點，百川歸大海。當作為宇宙軸的泰山將崩，樑木將壞之時，孔子也即將回到他生命最深層的安息地。孔子不管生前如何禮讚周文化，不管如何獻身於淑世的活動，他的靈魂的激情因素仍是對故國舊家難以言喻的依戀。

孔子對宋國與殷商文化有特別的情誼，這是可以確定的。莊

---

23 參見傅斯年，〈周東封與殷遺民〉，《傅斯年全集》（台北：聯經出版公司，1980），冊 3，頁 163-165。

子身為宋人,他對宋國傳承的殷商文化有相當深的情感,這點也是可以理解的(見下文)。至於他對現實上的宋國到底抱著什麼樣的情感,由於莊子行文不太帶私人性的情感語言,我們不得而知。但如果他自己說的「君臣大義,無所逃於天地之間」之說可靠的話,莊子對戰國時瀕於危難的宋國不能沒有情誼。如果「舊國舊鄉,望之暢然」(〈則陽〉)被莊子視為普遍性的情感的話,那麼,即使以睥睨六合、遊乎方外著稱的莊子,他應該也有相當眷戀故國的面向。如上述所說可以成立,那麼,「孔子—莊子—宋國—殷文化」之間的線索是可以找得到的。

如果說「宋國」是殷商文化的具體顯像,它串起了莊子與孔子的聯繫之管道,此外,筆者還發現到第二條更深沉但也更深刻的通道。筆者發現在東、西、南、北四個方位中,莊子對東方海域特別感興趣,莊子是中國哲人當中最有資格被稱為海洋哲學家的一位。此事所以值得留意,乃因東方海域很有可能是殷商民族活動的舊居。殷原為東夷民族,在打敗夏桀,取得天下之前,殷民族長期遷徙不定,後來逐漸壯大,終入中原成為共主。但依據傅斯年〈夷夏東西說〉此名文所示,殷民族之舊居恐離不開環渤海地區的山東、遼東沿海一帶[24]。傅斯年的假說對我們了解莊子何以特別喜歡使用東方海濱文化的材料,很有幫助。對我們了解莊子與孔子的關係,也很有幫助。

筆者在上節提到《莊子》開宗明義第一篇〈逍遙遊〉使用了東方海濱的材料。此篇第一章講「鯤化為鵬」的故事,可以確定

---

24 傅斯年,〈周東封與殷遺民〉,《傅斯年全集》,冊 3,頁 163-165。丁山也說殷商民族「定有很長的時間滯留在今山東半島」。參見《商周史料考證》(北京:中華書局,1988),頁 41。

不是莊子憑空創造出來的，而是有本的，其本之依據即在東海外的神祕海域[25]。此一海域的神祕地點之一即是此篇文章後頭所說的「姑射山」。《山海經》中頗有幾個姑射山[26]，但姑射山的本尊當在東海之外，它與傳說中的蓬萊、瀛州、方壺諸仙島（島上有山即為仙山）的位置及功能極相似，事實上，我們很有理由相信：「姑射」與「蓬萊」兩種海外仙山原本是同一個樂園主題的分化[27]。在〈逍遙遊〉篇中，我們看到莊子利用東方海域的樂園神話之母題，架構起精神自由的隱喻構造。

〈逍遙遊〉篇的「海島—巨魚」的故事主題在《莊子》其他著作中不時折射出來。〈外物〉篇提到任公子其人曾蹲於會稽，釣到巨魚，其魚震驚，「白波若山，海水震蕩，聲侔鬼神」，此魚幾乎餵飽了天下大半的人。〈達生〉篇記載有住於東海流波山

---

25 袁珂證明《山海經》、《莊子‧逍遙遊》中的禺䖷即禺京，海神兼風神也。而禺京與鯨魚，亦有關聯。袁說很有說服力，參見《山海經校注》（台北：里仁書局，1982），頁 249。

26 李楨說：《山海經》本有兩姑射，「《東山經》：盧其之山，又南三百八十里，曰姑射之山，無草木，多水。又南水行三百里，流沙百里，曰北姑射之山，無草木，多石。《海內北經》：列姑射在海河洲中。姑射國在海中，屬列姑射，西南山環之。《列子‧黃帝篇》：列姑射在海河洲中，與《海內北經》同。」引自《莊子集釋》，頁 28。

27 現行《莊子》一書，蓬萊神話的痕跡較為隱晦，然《莊子》佚文中有「龍伯國人鈞鼇」（第 96 條）之言。佚文引自王叔岷，《莊子校詮》（台北：中央研究院歷史語言研究所，1988），冊下，頁 1400。此言與《列子‧湯問》所述蓬萊神話的一節相合。考慮《莊子》與《列子》文句多重疊，筆者認為《列子‧湯問》所述，可能見於五十二篇的《莊子》古本。小川琢治也認為列姑射山與《列子‧湯問》所述之方壺、蓬萊、瀛州三山乃相同之神話，他更進一步確認其地在朝鮮之南。參見《支那歷史地理研究》（京都：弘文堂書店，1928），頁 262。

的「夒」此一神人，「夒」或被視為山神的原型，但此山神所居之流波山卻在東海之中。但論及東海神話主題中義理內涵最豐富者，當是〈天地〉篇所說：「諄芒將東之大壑，適遇苑風於東海之濱。」此文中的「諄芒」很可能是東方佐神的「句芒」；「苑風」則可能是有名的四方風的鵷風。此節的內容描述了在大壑地區發生的氣節轉換的故事。另外一篇值得留意的篇章乃是〈在宥〉篇所述「雲將東遊，過扶搖之枝而適遭鴻蒙」這節故事，此文中的「扶搖之枝」當是指東海地區的扶桑之地，雲將與鴻蒙皆指風氣而言，此文一樣表達了氣候迴轉的消息。上述這兩節故事再加上〈齊物論〉篇所說：「昔日十日並出，萬物皆照」隱含的湯谷、扶桑神話主題，我們對《莊子》書中的東海海濱的情節其實已有相對完整的了解。

　　《莊子》東方海濱的敘事基本上是個建立在傳說的歷史事件上的神祕地理學論述：傳說遠古時期，十日並出，天下酷熱，生民不堪。東夷的文化英雄后羿承奉「帝命」，乃射下九日，獨留今日的太陽掛空。九日落到東方海域中，造成名為大壑或沃焦或尾閭的神祕地點，此地點實為無底洞，但因有九日殘骸之巨石所發之熱量存焉，因此，雖然天下之水以及天上之水皆匯聚於此，其流進之水與沃焦巨石所蒸發之水，恰可互抵。天地間的水透過此大壑地區的能量交換，維持了平衡。此後，太陽每日從扶桑樹升起，日日世界新生；接著太陽西行，墜入沒谷，世界再度沉淪漆黑。然而，熱能不死，墜入沒谷的太陽隨後會再經由地底之水東行至歸墟[28]，在無底、無邊、無形、無狀的絕對無之中，等待

---

28 太陽西墜之後再東行之說出自屈原《九歌・東君》：「杳冥冥兮以東行」，王
　　逸注解道：「言日過太陰，不見其光，出杳杳，入冥冥，直東行而復出。」洪

隔日沿著扶桑樹再度向上躍起。

后羿射日此歷史故事與「姑射―扶桑」此樂園主題的神話在《莊子》書中有一奇妙的結合，此結合具有無比尋常的意義。首先，大壑是無，是世界的托體；太陽是光，是有的創造者，扶桑海域是有無轉換的機制。其次，大壑之吞吐水量與太陽之日夜行程，恰好構成循環。它們日日耗盡能量，但又日日重複新生，生死轉換的樞紐即落於此處。「大壑」是《莊子》書中關鍵的神話主題。〈天下〉篇說：「以天為宗，以德為本，以道為門，兆於變化，謂之聖人。」聖人要領悟天道之不斷創化，並且在己身上體現，以為行事之根柢（以德為本）。變化是種能量的轉換，連熵（entropy）都會枯竭，何況一般的存在之物。但莊子的「變化論」意味著創化，創化是源源不竭的，因為創化有其所以然之根源。大壑―扶桑這個神話主題徹底地體現了莊子核心的「氣化無窮」的思想。筆者認為大壑與渾天、陶均、風這四個因素，乃是莊子用以表達無盡能量之源的基本喻根[29]。

「姑射―扶桑」神話除了內涵與莊子終極的關懷關連極深外，它坐落在東海之外，隸屬東夷神話，這點地理因素也同樣重要。宋國蒙地位在今日河南商丘，其地離海已遠，應該算是中原了。莊子為什麼對海洋知識那般熟悉，頻頻使用東方海域的神話因素，此事乍看費解，現在看來不是那麼難以理解了。因為殷人本來自東方或從東北方一帶遷徙而來，宋國本來就是保存殷商文化最後的堡壘。在莊子的脈搏裡，流動著深層的東夷文化的因

興祖，《楚辭補注》（台北：長安出版社，1995），頁 109-110。

29 筆者撰有〈無盡之源的卮言〉一文探討此義，此文刊於《台灣哲學研究》，第六期（2009 年 3 月），頁 1-38。

素，類似的底層因素也流動在孔子的脈搏裡。無可否認的，孔子對神話的興趣不如莊子來得高，對某些權力內涵特重的政治神話如黃帝神話，孔子還作過相當人文化的論述之轉換。但孔子不管如何地轉化自己身上某些的東夷文化，他並沒有轉化、也不想轉化一種很深沉的情動的因素。

孔子對政治神話雖有戒心，但他與殷商文化的關係卻血肉相連，其緊密已密到連臨終作夢時，都會回歸到原始精神的母胎。論及孔子與東夷民族的神話因素的關係，我們與其將孔子視為此種神話的摧殘者，不如將他視為轉化者。事實上，從孔子一生的行事，我們可以看到兩者之間牽扯不斷的瓜葛。東方有一神祕的地點空桑（窮桑、𥤪桑），空桑當在今日的曲阜。根據傅斯年的說法，空桑是上古時期東夷民族最重要的宗教、文化中心[30]。空桑傳說很可能是扶桑神話的延伸，重要的神話事件（如共工洪水）發生在此處，重要的英雄生於此處（如伊尹），傳說中的天子（如后羿）立國於此處。少昊棄琴瑟於海域、以鳥名官的傳說，也是環繞空桑區域展開的，曲阜至今仍有少昊墓遺跡。更重要的，孔子傳說也是生於空桑[31]。此外，孔子一生「祖述堯舜」，堯舜固東夷民族之聖人也。堯與后羿的事蹟在古書中常會相混，不知何故。大罄的神話如果和后羿頗有交涉，我們有理由推論：堯可能是真正的主角[32]。縱使堯與后羿在神話論述中是兩個獨立

---

30 參見傅斯年，〈夷夏東西說〉，《傅斯年全集》（台北：聯經出版公司，1980），冊 3，頁 154。

31 參見《春秋演孔圖》所說：「孔子母徵在，遊大澤之陂，睡，夢黑帝使請與己交。語曰：『女乳必于空桑之中』，覺則若感，生丘于空桑之中。」引自《藝文類聚》（台北：文光書局影印本，1977）卷 88，頁 1519。

32 射日之英雄或言后羿，或言帝堯，即為顯例。參見袁珂，《中國神話史》（上

人格，但堯是東夷民族最重要的文化英雄，孔子繼承了這個傳統，並轉化了這個傳統，後來形成中國文化史上綿延不絕的堯舜之象徵，這點是可以確定的。我們不會忘了：在內七篇中，「堯舜」之名也出現過，道盛論莊子與儒門關係時，則時常「堯孔」連用。這樣的聯用是符合《莊子》文本，也符合儒門的精神的。

最足以看出東海（東夷）文化因素與孔子、莊子關係者，莫過於「鳥」此神話主題。鳥圖騰不見得只見於東夷民族，但東夷民族無疑地以豐富的鳥圖騰文化見稱於世。《莊子》書中，我們不時看到許多由智慧之鳥、神聖之鳥所轉換成的人物，如〈山木〉篇的東海之鳥「意怠」、「鵬鶿」之於〈大宗師〉篇的「意而子」；〈天運〉篇的風化之鳥「白鵙」之於〈齊物論〉篇、〈應帝王〉篇的「王倪」；〈天地〉篇記載往東行到大壑參觀的「諄芒」之於東方神祇「句芒」；作為農桑候鳥的「桑扈」之於〈大宗師〉篇的「子桑戶」。鵬鶿、白鵙、諄芒、句芒大抵是「燕子」屬的鳥類，燕子是殷商民族的聖鳥，是始祖神話的生命之鳥，而莊子頻頻用之。「燕子」是帶領我們進入莊子生命世界一個極重要的入口。

莊子偏好鳥意象，這些意象集中在兩種鳥類身上，一是上說的燕子屬類，一是鳳凰屬類。這兩種鳥類雖然在生物界一虛一實，但在宗教意識上，卻是同樣的真實，其真實不亞於現實世界的事事物物。鳳凰屬類的鳥一見於〈秋水〉篇的「鵷雛」，此鳥非梧桐不棲，非醴泉不飲；二見於〈逍遙遊〉篇所說的大鵬鳥，大鵬鳥乃作為潛存的能量之鯤所化成，它是風之鳥，在《莊子》書中據有極崇高的地位；三見於〈人間世〉篇楚狂接輿所歌詠的

海：上海文藝出版社，1988），頁86。

「鳳兮！鳳兮！」，鳳凰本尊在此從神話世界走進《莊子》書中展開的生活世界。鳳凰如此神聖，然則，鳳凰有沒有體現為神聖人物，如鵷鶵之於意而子或桑扈之於子桑戶？顯然，《莊子》書中的鳳凰沒有化身為神話人物，但它卻在孔子身上具體地體現，神話介入了歷史。楚狂接輿歌「鳳兮，鳳兮」，即是以鳳凰比孔子[33]。古書中，以鳳凰比孔子之隱喻也不時可見[34]。鳳凰是生命之鳥，是能量（風氣）之鳥，是東夷民族的神聖圖騰，結果此鳥竟道成肉身於歷史人物的孔子身上。孔子生前，應當已有他是東方聖鳥的體現此一傳聞，所以連南方的智慧狂人都會歌詠此事，而莊子也接受這樣的傳說。

　　宋國的地理環境與殷商民族傳承下來的文化傳統，合構成莊子一生活動基礎的文化風土，也是牽動孔子一生活動的情動因素。這樣的文化風土是莊子及孔子焦點意識活動背後的支援意識向度，甚至是他們一生的身心活動的基本圖式（schema），它的

33　參見聞一多，〈龍鳳〉，《神話與詩》，《聞一多全集》（北京：三聯書店，1982），冊 1，頁 69-72。

34　《藝文類聚》載錄：老子見孔子，從弟子五人。老子問其人，孔子答道：「子路為勇，其次子貢為智，曾子為孝，顏回為仁，子張為武。」老子聽了，疑道：「吾聞南方有鳥，其名為鳳。所居積石千里，天為生食，其樹名瓊枝，高百仞，以璆琳琅玕為實；天又為生離珠，一人三頭，遞臥遞起，以伺琅玕。鳳鳥之文，戴聖嬰仁，右智左賢。」《莊子佚文》第 113 條，引自王叔岷，《莊子校詮》，冊下，頁 1403。《藝文類聚》所引此段《莊子》佚文將孔子比喻成鳳凰，將高弟比喻成其身之「文」：戴聖嬰仁，右智左賢。此傳說旨趣與楚狂接輿所歌者可相互發揮，值得留意。類似的敘述結構也見於他書，如《韓詩外傳》卷 8 所引黃帝與天老的對話，可見鳳凰傳說流傳之廣。《韓詩外傳》文長，不錄。

影響超出行為者意識所及的範圍之外[35]。「宋國」與「殷商文化─東海海域神話」這兩個要素在孔、莊兩子身上的比重不會相同，但都有很深沉的源頭，而且都已肉身化為深層的創造性結構本身的成分。孔子是體現這兩個因素最偉大的先行者，他在戰國時代已變為殷─宋文化極重要的精神象徵，殷商遺民對他不無可能抱著彌賽亞式的期望[36]。莊子如果對他有強烈的的同情、同感，並引為異代的同道，這都是可以理解的。要不然，莊子就不會讓代表殷商精神的鳳凰之象徵落到孔子身上。

四、《易》風《庸》魂

莊、孔如果是同鄉，而且分享了共同的文化傳統，莊子對孔子又有極高的尊重，如果這些因素可以成立的話，那麼，明末這些高僧大儒「引莊入儒」的動作就不是那麼地難以理解。如果論者堅持說：「孔子」此意象只是莊子運用的「重言」，不能太當真。讀者如我輩免不了會有些疑惑：「孔子」在內七篇看起來已超越了工具的價值，他簡直成了莊子的代言人，莊子為什麼特別喜歡使用這個名字？後世如果真有人「誤解」莊子的意圖，我們有理由責怪莊子，因為他使用的文字情見乎辭，讀者如果因此信以為真，莊子本人當然要負最大的責任。但話說回來，我們怎麼

---

35 關於風土、歷史積澱與人的存在的關係，參見和辻哲郎，《人間の としての倫理學》，此文收入《和辻哲郎全集》（東京：岩波書局，1962）第 12 卷。

36 胡適〈說儒〉此一名文的中心主題即探討此義，此說頗引發正反雙方的爭議，馮友蘭、江紹原、錢穆、郭沫若皆有所辯駁。方便使用的資料集參見耿云志編，《胡適論爭集》（北京：中國社會科出版社，1998）中卷，頁 1760-1847。

知道莊子不是直抒其意，有意讓世人了解他對孔子的擊節稱賞？老子在戰國中期已極有名，堯舜黃帝在莊子當年更是諸子百家時時樂道之聖王，為什麼莊子在內七篇不特別挑選他們？如果莊子假顏回之口說孔子「奔逸絕塵」是衷心禮讚，而不是一時興到之語，我們不能不感到好奇：莊子理解的孔子到底是什麼樣的人物？

　　《莊子》內七篇的孔子的風格很一致，雖然和孔子對話的對象不同，談的主題也不同，而且對話的雙方大部分顯然都是莊子因應不同主題的需要，前後努力地塑造出來的。但〈人間世〉篇、〈德充符〉篇與〈大宗師〉篇的孔子的性格卻相當接近，其核心理論也相當一致。看來莊生之言雖多恢詭譎怪，卻也有所堅持。本文將從這三篇中各選出兩個案例，作為分析的底本。〈人間世〉篇多言在亂世中如何與昏君相處之義，此篇中著名的「心齋論」，原本是孔子回答顏回：如何在惡劣的政治環境中自處的處方。同篇中之「葉公使齊先問仲尼」一節，孔子所提「乘物遊心論」，同樣也是回答葉公子高如何面對苛刻的人君以自處的方案。〈德充符〉篇描述德充於內，自可行顯於外並化及眾人。「儒有兀者王駘」節，孔子所提的「物化守宗」論；以及「哀駘它」一節，孔子所說「才全德不形」論，兩論皆是至德之人的人格之寫照。〈大宗師〉篇意在突顯通天人之大宗，「子桑戶、孟子反、子琴張三人相與友」一節，孔子提出「與造化者為人，而遊乎天地之一氣」之論。在此篇顏回與孔子的對答中，莊子以顏回代孔子，作為聖言量的代表人物，顏回提出的是有名的「坐忘論」。

　　上述六論名目不同，但都與孔門相關。我們且將這三篇裡的六論攝其旨要，編排如下：

1.心齋論	A.若一志。	B.氣也者，虛而待物者也。
2.乘物遊心論	A.不得已以養中。	B.乘物以遊心。
3.物化守宗論	A.審乎無假而守宗。	B.命物之化。
4.才全德不形論	A.靈府不失于兌。	B.日夜無卻而與物為春。
5.遊乎天地一氣論	A.與造物者為人。	B.遊乎天地之一氣。
6.坐忘論	A.離形去知。	B.同于大通，化則無常。

　　上述六論的內容可分成 A、B 兩部分，A 部分描述的是「一志」、「養中」、「守宗」、「靈府」、「造物者之友」、「大通」。這六組語詞中的前四者都是心性論語言，「一」、「中」、「宗」、「府」這四個詞彙指的都是超越的主體。比照「心體」、「性體」、「道體」之說，我們也可說「一體」、「中體」。「宗」、「府」兩字不方便接上「體」字，但兩字可作為本體的隱喻。這種超越主體的呈現通常需要預設先前一連串的工夫，「心齋」、「坐忘」之論講得更是清楚。剩下的最後兩者表面上看不出是一種迴脫塵根的超越主體，但「與造物者為人」（或〈天下〉篇所說的「與造物者為友」）不會是文學技巧的誇飾手法，如果我們對東方式的體證語言不是太陌生的話，幾乎可以確定它所描述的是與超越界會面的代稱，而這樣的境界一般都設定在超越的主體（所謂心體或性體）層次之上。「離形去知」是工夫論語詞，此用語沒有直接觸及心體，但依東方的體驗哲學的脈絡，「無」、「虛」等遮撥的工夫路線總會通向一超越的心體，用莊子的語言講，也就是「常心」。簡而言之，上述這六個語彙都蘊含了超越義的「中心」、「底據」的意味。

　　如果說六論中的 A 組部分呈現的是超越的心性主體，是一種本根式的主宰或定盤針的話；B 組的言論則是呈現出一種動態的、波湧的、變化的因素，這樣的因素可稱作「化」，「化」的基礎在「氣」的流通，感受到氣與物流的狀態叫作「遊」。

「遊」、「氣」、「化」這三個單詞自可組合成同義的複詞，如「遊乎一氣」、「氣化」、「遊化」等等，其義皆表變遷的實相。這三個詞目就如同當時的名家學者喜歡用的「周」、「遍」、「咸」三個字眼，名目不同，指涉的狀態實際上是同層的。B 組六個語彙中唯一沒用到「遊」、「氣」、「化」三字的「日夜無郤而與物為春」，表達的是種不斷湧起的氣化之流的和諧狀態，因此，其旨趣之相同也是皎然可見的。

　　綜合六論中的 A、B 兩項，我們看到莊子眼中的孔子是一位體現了統一變化與不變兩端的聖人。歷來對莊子的解釋很容易落向精緻的氣化論或是精微的心體論兩頭上去，如果說郭象可以代表一種精緻的氣化論之解釋模式的話，明代中晚期的陸西星之《南華真經副墨》則可代表另一頭的心體論之解釋。這兩種解釋在《莊子》書中都可找到證據。有關莊子氣化論的文字如是明顯，學者討論莊子的特色時，很難不會立刻想到他所主張的：世界若驟若馳、實相無時無刻不在變化之中的論點。但莊子所以被後代的修煉傳統大肆張揚——內丹道教張揚最甚，理學與禪宗也頗採擷其芳，熔鑄新義——這樣的現象絕非無故。因為我們在《莊子》一書中，確實看到「心齋」、「坐忘」、「喪我」、「審乎無假」、「見獨」、「心養」諸種的工夫論，而且這些工夫論都指向了一種「返於大通」的冥契境界。我們如將莊子這些論點和張伯端的《悟真篇》相比，其工夫之密及指點心體之深，一點都不遜色。總而言之，論者不管主張莊子思想的特色在常或在變，其說皆可得到文獻的支持。

　　常與變，《莊子》書中兩種論點皆有，因此，也可以說都解釋得通。但如果論者只選其一，而排斥另一項，就非莊子所願了。論者如果兩者同時選取，但卻將它們看作歷時性的、或者所

謂的「辯證的」關係，這種詮釋大概也不符合莊子或莊子理解的孔子的立場。事實上，莊子這些重要的理論所表達的內容和莊子喜歡用的根源性隱喻的陶均，是完全相通的。陶均運轉時，恰恰好有一帶動旋轉的中心點以及不斷迴旋的陶模。使旋轉得以旋轉的中心似乎是靜寂不動的，但它卻又不斷地介入陶模的運行中，使靜者常動。莊子稱呼這種變與不變的模式為「外化而內不化」，所謂「內不化」並不是日常意義的不化，因為我們看到莊子是把這種「不化」的依據放在超越的源頭上的，這是種神祕的動而不動的運轉。莊子特善運用輪轉之隱喻，如門樞、圓環、陶均、石臼、車輪、渾天、漩渦等等，莫不如此[37]。這些隱喻皆有渾圓的外貌，以及動而不動的核心和受此核心帶動的圓轉運動。「化」與「不化」同時俱足，不是所謂的辯證發展。

《莊子》書中的孔子所看到的，想表達的，正是這種「外化而內不化」的理念。這樣的孔子在春秋前的《六經》的傳統中找不到，在《荀子》書中大概也沒有，在《論語》書中事實上也不好找。因為《論語》雖也有心性論或形上學的語言[38]，但比例小，性質隱，爭議強。《論語》如果有心性論可言的話，它的心性論基本上還是在倫理結構與文化傳統中鋪展開來的。我們如果要找出莊子眼中的孔子形象之來源，恐怕還是不得不回到《中庸》、《易傳》身上。方以智說：莊子是「《易》之風而《中庸》

---

37 參見拙作〈莊子的「巵言」論——有沒有「道的語言」〉，劉笑敢編，《中國哲學與文化・第二輯》（廣西：廣西師範大學出版社，2007），頁 12-40。此文大幅改寫自舊作〈巵言論——莊子論如何使用語言表達思想〉，《漢學研究》10 卷，2 期（1992 年 12 月），頁 123-157。

38 參見劉述先，〈論孔子思想中隱涵的「天人合一」一貫之道——一個當代新儒學的闡釋〉，《中國文哲研究集刊》，第 10 期（1997 年 3 月），頁 1-24。

之魂」[39]，所說的正是這個意思。

《易傳》在宋代之前一向被認為孔子所作，《中庸》則為子思的專著，先儒更無異論。宋代之後，尤其到了近代，兩說都有人懷疑。但風水輪流轉，從上個世紀下半葉開始，尤其到了世紀末，隨著郭店出土大量儒簡以及上海博物館陸續公布新收的出土材料以來，原來的舊說似乎又逐漸占了上風。先秦文獻的考證往往很難一言論定，因為從書籍雛形到成為定本，往往綿延了幾百年之久，其間不免有離合整編的過程。但基本上我不認為舊說可以批倒，至少莊子生前，筆者認為原始的《中庸》與《易傳》當已形成，或至少有類似郭店儒簡〈性自命出〉這類的儒門文獻流傳於世。如果此說無誤的話，莊子當年對寫於他家鄉的子思代表作《中庸》不至於太陌生，對殷商有史以來出過最重要的人物孔子之相關論著，也不至於沒有興趣。退一步想，即使我們完全不考慮《中庸》與《易傳》的例子，戰國中期之前儒家已有《子思子》、《公孫尼子》或〈性自命出〉這類的論述傳於世，這應當是不成問題的，而莊子對於此儒門的玄遠之學不會陌生的。

先談方以智所謂的莊子具備「《中庸》之魂」的部分。我們如比較《中庸》最重要的「中和」說與莊子「天樞」、「心齋」、「守宗」諸論預設的「外化而內不化」之論，不難發現作為「天下大本」的中體，可以被視為在流動的世界中貞定內外之主體；而作為「天下達道」的「和」，正是扮演與世界共幅振動的震波之角色。用後世的語言講，「中」是本體，是不化者；「和」是作用，是與時俱化者。源出《中庸》的「參中和」或「觀喜怒哀

---

39 方以智〈向子期與郭子玄書〉，《浮山文集後編》（上海：上海古籍出版社影印，續修四庫全書本，1995）卷 1，頁 10。

樂未發前氣象」之說在理學工夫論中的地位舉足輕重，我們甚至
可以大膽地說：是理學系統中最重要的工夫論。此工夫論極關鍵
的一個因素乃是在證本體以及成就在世間的具體道德行為之間，
如何尋得融合貫通。從二程到道南一脈到朱子，兩宋最重要的思
想家在這個問題上研精竭慮，費盡心思，才逐步具體化這個工夫
論命題。

「參中和」的問題更確切地說，也就是在人文化成的世界中
如何承體起用地執行道德的命令。「參中和」如用理學的話語表
達，為的是「致中和」。「致中和」一詞如果再換成莊子的語言，
則可以說是「樞始得環中，以應無窮」；可以說是「立之本原，
而知通於神」；可以說是「命物之化而守其宗」。總而言之，也
就是「外化而內不化」。「中—環中—本原—宗」一組，「和—神
化—無窮—物之化」一組，兩組語言是詭譎的統一。

莊子「外化而內不化」的張力轉到子思身上，成了「中之
體—和之用」的張力；轉到了《易經》身上，即成了「太極與陰
陽氣化」的張力。傳統上一般認為《易經》討論宇宙論最有名的
一段文字當是〈繫辭傳〉所說的「易有太極，是生兩儀，兩儀生
四象，四象生八卦。」《易傳》這段文字是否一定講宇宙論，雖
未可必，但至少是可以這樣解釋。《易傳》這段文字表面看來，
可以是表達一種素樸的宇宙生成論的模式。宇宙原始型態是渾沌
一片的「太極」，接著太極分化，因此有了最原始的分化之二元
論——陰與陽。再接著，陰陽兩極又分別作更複雜的分化——四
象、八卦云云。上述這種素樸宇宙論的解釋基本上可視為自然
論，甚至是自然科學下的分支，這是對宇宙的形成此物理現象所
作的一種合理的說明。

然而，「太極—陰陽」的關係不一定要解釋成不斷地對立與

分化的結構，它也可以解成在「陰陽」的階段後，世界一方面不斷地衍化，越來越複雜，但作為本體的太極卻可在世界的分化中，保持自體。不，更恰當地說，當是作為本體的太極帶動世界的分化，它本身卻在動中如如不動，並參與到各分化後的項目上去。關於這種矛盾的用語，筆者願藉宋代理學家的用語，略進一解。邵伯溫繼承其父邵雍的太極之說，引申道：「夫太極者，在天地之先，而不為先；在天地之後，而不為後。終天地而未嘗終，始天地而未嘗始。與天地萬物圓融和會，而未嘗有先後始終者也。……自古及今，無時不存，無時不在，萬物無所不稟。」[40]朱子論太極與陰陽、萬物的關係時，也說道：「太極只是天地萬物之理，在天地言，則天地中有太極；在萬物言，則萬物中各有太極。」[41]簡言之，太極與萬物的關係是神祕的因陀羅網式的關係。同一個太極分散到萬物，但太極不增不損；一切萬物共稟同一個太極，但萬物之殊性分別判然。此之謂：「統體一太極」、「物物一太極」。

　　太極與陰陽、萬物的關係，因此可以有南轅北轍的兩種解釋，前者是種自然科學模型的元氣分化論之解釋，後者則是縱貫的承體啟用之解釋。如用山田慶兒的語彙，前者可稱之為二極的，後者則是三極的。依據筆者的理解，所謂的「二極」，乃是對立者之不斷作細部的分化，由二而四而八，有些像細胞分裂的構造圖。所謂的「三極」，意指對立者仍不斷分化，因此，仍具二極之構造。但不管如何地分化，作為原始之極的太極會參與到

---

40 引自黃宗羲等編，《宋元學案》（台北：河洛圖書公司，1975）卷 10，頁90。

41 黎靖德編，《朱子語類》卷 1，頁 1。

每一分化的項目裡去，因此，分化之二極加上縱貫之一極，可視為三極[42]。山田慶兒將《老子》視為三極的構造，而《易經》的宇宙論則被視為兩極的構造。山田慶兒的解釋頗有理趣，他對《老子》的解釋之得失姑且不論，他視《易經》為對立分化的兩極構造，前人也有作此解釋者[43]。但筆者寧願選擇理學家的解釋模式，亦即《易經》之創造模式不是元氣論的分裂模式，而是本體宇宙論的縱貫之創生。因此，比起《老子》弱勢的縱貫模式，《易經》更有資格作為三極論的代表。

比較《易經》與《莊子》所述，我們不能不同意：「太極─陰陽」的三極構造與「外化而內不化」、「命物之化而守其宗」的原理是相同的。三極構造中的「太極」正是永恆地帶動外化的內不化者，而所謂的「內不化」也不是經驗意義的「不化」，而是周敦頤所說的「動而無動」者也。至於「陰陽」一詞固可視為對待語詞，但也可視為相續語詞，「一陰一陽之謂道」正表示一種連續性的氣化歷程，也可以說是始終不斷的「化」之歷程。

《莊子》的「外化而內不化」之論，配合《易經》的「太極─陰陽」圖式，再加上《中庸》的「中─和」理論，三者相互映照，相同構造的情況相當地明顯。三者都顯示了它們有本體論的

---

42 參見山田慶兒，〈空間・分類・カテゴリ──科學的思考の原初的な、基底的形態〉，《渾沌の海へ》（東京：朝日新聞社，1982），頁 289-347。

43 大抵兩漢魏晉儒者解釋「太極」時，皆將此詞語作為渾沌的、原始整全的元氣解釋，而太極之創造乃是原始渾沌之分化，如《洛書靈準聽》所說：「太極具理氣之原，兩儀交媾，而生四象。陰陽位別，而定天地。其氣清者，乃上浮為天；其質濁者，乃下凝為地。」其說即是。詳情參見拙作，〈《易經》與理學的分派〉，洪漢鼎主編，《中國詮釋學、第二輯》（濟南：山東人民出版社，2004），頁 158-182。

追求，但它們所理解的本體不是與氣化隔離的本體，而是本體即在氣化之中，或說：本體即在用之中。在理學家與民國新儒家的著作當中，體用不二，即體即用，動靜一如云云，這類的語句不時可見，幾乎已達到氾濫成災的地步，其意義反而在熟爛中失掉了。我們如果追溯這些言語的理論依據，讓它們「陌生化」（defamiliarization），從習矣不察的用語習慣中掙脫而出，不難發現：《莊子》、《中庸》、《易經》正是這種理論的濫觴，但濫觴也是典範，三者皆是典型的主張作用不離本體的變易哲學。

五、莊子的「物」與「庸」

根據山田慶兒的解說，老子思想是三極構造的類型。但如依照〈天下〉篇的敘述，莊子思想更有資格作為典範，莊子可視為比老子更高階段的發展。莊子「化」的哲學建立在老子「無」的基礎上，但這種發展也可以視為一種質變的新類型。因為老子的「無」之哲學可視為一種東方版的意識哲學，是 uroboros 在其自體的模態。與其說三極、兩極，還不如說一極。莊子的「化」的哲學則建立在貫通心物、主客二分結構上的一種圓融道論，「承體啟用的化」與「深根寧極的無」是兩人思想明顯的差異點，莊子所以有機會被拉到《中庸》、《易傳》的陣營，依據上節所說，很關鍵性的因素乃是三者都可以被詮釋成體用論的變化哲學。

「化」或「創化」是切入「老莊異同」以及「援莊入儒」兩說的一個關鍵點，另一個關鍵點是「物」與「庸」的概念。儒家對「物」相當重視，「格物」之論雖然爭議甚大，晚明人士甚至

有格物七十二家的說法[44]，但歧義不斷正顯示儒者對此概念的重視。相對之下，老子對「物」的定位不高。在追求作為萬物根源的「無」之目標下，世界的存有位置淡化了，雖說「虛空以不毀萬物為實」，但「物」終究是自然、塊然、忽然的存在[45]，它與「道」在本體論秩序上的位差極其顯著。莊子說老子「以本為精，以物為粗」，又說他「以深為根，以約為紀……常寬容於物」。莊子對老子的斷言銖兩相當，不愧解人。老子的「物」預設著在朗照的心靈（玄覽）下所呈現者，「物」依「玄覽」之心而顯；兩相對照，莊子論「物」，則重物本身的變化生成，不斷湧現，所謂「應化解物」之說也。「應化解物」與「以物為粗」又是老、莊之間明顯的理論對照組。

莊子重「物」，此說在晚明之前很少受到重視。莊子的物論所以受到忽視，有很強的文化傳統的制約因素。支道林詮釋《莊子》的逍遙義云：「逍遙者，明至人之心也。」支道林之說在東晉渡江初期，曾轟動一時。如果我們將「明至人之心」的範圍擴大到對《莊子》全書的解釋，大抵符合六朝以下注《莊》的主流觀點。成玄英說莊子「申道德之深根，述重玄之妙旨」；憨山注《老》《莊》，說「古之聖人無他，特悟心之妙者，一切言教，皆

44 劉宗周有此說，參見〈大學雜言〉，《劉宗周全集》（台北：中研院中國文哲所，1997），冊1，頁771。七十二家之說後來成為套語，清儒亦多沿襲其說，徐養原〈格物說〉、謝江〈格物說〉亦採此語。引自《經義叢鈔》，《皇清經解》（台北：藝文印書館，1965），冊20卷1388，頁25-26。

45 這些語言皆出自郭象的莊子注，「自然」、「自爾」是郭注的核心概念，處處可見；「塊然自生」參見郭注〈齊物論〉篇「大塊噫氣，其名為風」以及「夫吹萬不同，而使其自已也」；「忽已涉新」參見郭注〈大宗師〉篇「夜半有力者負之而走」，「有自欻然生」參見郭注〈庚桑楚〉篇「無有一無有」。這幾個狀態詞皆表物之存在乃無因自生，忽爾自存。

從妙悟心中流出。」[46]類似的語言在唐宋後的莊學著作中隨處可見。這種注《莊》觀點可以說是心學文化下很自然的一種反映，大概很少人會否認莊子在心性工夫上的體證之切，以及在心性論上的造道之深，所以後世會出現「妙悟心」的詮釋模式是可以想像而知的。但從「明至人之心」的觀點解莊子，意識哲學的味道甚強，莊學很容易老學化，或者很容易真常唯心（大乘佛學）化，前引成玄英及憨山即有此義涵。

方以智、王夫之等人則要我們從另一種角度看莊子。〈則陽〉篇有言：「知之所至，極物而已。睹道之人，不隨其所廢，不原其所起，此議之所止。」〈則陽〉篇此段話可視為對〈齊物論〉篇的踵事發揮，〈齊物論〉篇也是討論「物論」的。戰國時期曾流行論物之風，《墨子‧經下》曾說當時論物的三種觀點：「物之所以然與所以知之、與所以使人知之，不必同。」物之所以然的提問方式，隱約之間，已可看到郭象《莊》注與程朱理學的影子。「物」能從「存在一般」中突顯而出，被形而上學化，這不能不說是種思想的飛躍。但莊子看當時論物諸說，皆有偏執，蔽於一曲，用佛教用語講，也就是這些論點全為不了義。

莊子重視「物論」，是有時代背景的。莊子認為真正合理地對待世界萬物的方式乃是「凡物無成與毀，復通為一」，所有的「物」原則上都可互成，都可相通。用佛教的用語講，莊子反對「破相顯性」，而主張「物」的當下圓成。「凡物無成與毀，復通為一」、「知之所至，極物而已」這類語言皆是高屋建瓴的化境之語，這樣的物論一掃陳說，理論內涵很重要，但在「心學」氛

---

46 語見憨山，〈觀老莊影響論〉，此文收入《老子道德經憨山解‧莊子內篇憨山注合本》（永和：台灣琉璃經房，1972），頁4。

圍的籠罩下，這些話語的精義沒辦法顯現出來。方以智以及王夫之所代表的方、王之學，對於此段話有極深的體會，而且視之為貫穿《莊子》一書的主要論點之一。簡單地說，依方、王之學的圓頓之義，沒有與世界隔絕的形上之物，也沒有與形上隔絕的形下之物。絕對即在相對之中，公因即在獨因之中，心境一如，無始無終。方、王之學中的「物」已非現象意義的物，而是體化之物，是建立在公因基礎上的獨因之物。這樣的物不可問其起源，不可求其所終，它即是終極意義的，終極的意義即見於──獨立的事物之中。

「物」如泛論而言，可稱作萬有，事實上也就是一種「有」。莊子重物論，「不隨其所廢，不原其所起」，亦即不離現成去作抽象的推論。換個表達方式，也就是莊子為「崇有」的哲人，其立場與老子的「貴無」大不相侔。注重「有」、「物」，這是方、王之學極鮮明的特徵。近代學者論方、王之學的特色時，很快就注意到他們的主張與唯物論有近似之處，方、王基本上可視為中國的唯物論者，「方、王唯物論者」之說是社會主義中國哲學史家的主流論述。「唯物論」在近代中國是個政治涵義很強的語彙，涵蓋的理論光譜又廣，此詞語不容易有澄清問題的效果，可想而知。筆者倒不完全反對方、王之學的「唯物論」性質，問題在於「唯」字如何「唯」法。筆者所理解的方、王之學的「唯物」不是經驗性質的概念，而是一種體用論的化境的概念，它是針對唯心論傳統一種地位相等的超越論之對應概念。莊子之學的「物」都要高看，都要圓融而化地看。如果能高看，「唯物」亦無不可，但當代主流論述所說的「唯物」不屬於這個層次。

從「物」的觀點看，與其說莊近於老，還不如說莊近於儒。儒家的「物」當然也有各種的涵義，正德、利用、厚生云云，這

種實用性質的敘述也可以視為物論的重要因素。但當儒家把「物」提升到具有本體論的義涵時,「物」的性格全變了,如宋儒理解的「格物」即是。宋儒的「格物」為的是要達到「物格」,「物格」是「物」作為太極的載體此一本體論的面向之呈現。「格物」不能沒有經驗意義的認知過程,但「物格」不是認識論的意義,而是境界論的意義。「格物—物格」的活動既不以主吞客,但也不是讓「物」成為遍計執識的對象。「物格」即「物轉」,「物」從對象義迴返到在其自體之義。「物」的地位被提升至此,莊、儒的價值走向應該就很接近了。事實上,晚明這些儒佛哲人正是這樣會通《大學》與《莊子》的。他們這樣的會通或許在文本的解釋之效率上較弱,但在基本的方向上,格物、轉物以成就文化事業,這確實是儒家的基本價值,莊子在這點上與儒家的抉擇是相互一致的。

　　由「物」的重視連帶地可以處理「庸」的問題,〈齊物論〉篇中有一獨特的概念「庸」,此論一言「凡物無成與毀,復通為一。唯達者知通為一,為是不用而寓諸庸。庸也者,用也。」又言:「物與我無成也。是故滑疑之耀,聖人之所圖也。為是不用而寓諸庸,此之謂以明。」莊子論「物」的質性或「物—我」的關係時,「庸」變成關鍵字。莊子一方面說「庸也者,用也」,這是聲訓。一方面卻又說「為是不用而寓諸庸」,「用」與「庸」又變成了對立句。莊子這裡運用語言的同音、語義的相反相成,反覆搖盪,極盡語言張力之能事。莊子之所以特別運用張力這麼強烈的語彙,正是想表示對於「物」的理解需要有種理解上的張力。一方面,物有現實性,但學者卻不可一曲的、帶著經驗主義之眼去看物,因為萬物相通為「一」。另一方面,須知通於本之「一」乃是超越的看,缺少具體的普遍,所以仍不夠圓融。圓融

之境是融高明於人倫日用,所謂的「寓諸庸」。

談到「物」要全面向的看,要體用本末全收,筆者不能不懷疑引文中的「滑疑之耀」的「滑疑」為「滑稽」之意。滑稽也者,圓轉之意也[47]。滑稽的「用」乃是隨天均運轉的用,是「隨」(委化)之用,是寓於平常之用[48]。〈齊物論〉篇有一個基本的隱喻:渾圓,或曰環中,或曰天均,或曰道樞,其喻旨皆是要超越對立的兩邊,而一一成全之。莊子論觀物之「庸」,也是從渾化之境的環中著眼的。「庸」字本為「平實或平庸」之意,但莊子卻將「庸」字提升到前所未見的高度,因為「庸」之平實恰好落在以天均為背景下的平實,這是本地風光下的平實,也就是「道通為一下的庸」。莊子不是反對高妙之言,而是反對隔絕的高妙之談,因為道在屎尿,體寓用中。莊子這裡的「庸」字正如「物」字一樣,也是要用轉法輪以後的眼光看,要高看。此處的「庸」恰似前人所謂的本地風光,一切現成。一言以蔽之,莊子的「庸」與「用」的關係,可視為一種圓融化境的體用關係,「庸」是未分化的且可成全各種「用」之圓用,是一種調適而上

---

47 吳汝綸已指出「滑疑即滑稽也」,並引揚雄〈酒箴〉「鴟夷滑稽」之注:「圓轉縱舍,無窮之狀」,以為說明。吳汝綸之注引自錢穆,《莊子纂箋》(台北:三民書局,1974),頁 16。

48 比照「圓教」語詞,筆者稱「庸」為「圓用」,「滑疑之耀」為「圓照」。王夫之注云:「夫滑疑之耀者,以天明照天均:恍兮惚兮,無可成之心以為己信;昏昏然其滑也,汎汎然其疑也;而遍照之明耀于六合矣。……鼓動于大均之中,乘氣機而自作自已,於真無損益焉。故兩行而庸皆可寓,則盡天下之言無容非也。無所是,無所非,隨所寓而用之,則可無成,可有成,而滑疑者無非耀矣。」「滑疑」當是聯綿字,而非複合字,王注除了這點待商量外,其餘的注解精光四射,遠邁前賢。王夫之注語參見《莊子解》(台北:里仁書局翻印標點本,1984),頁 21。

遂的大用。

　　「道通為一的庸」令我們想到《中庸》的「極高明而道中庸」，事實上，「庸」字被視為重要概念的典籍，除了《莊子》外，就是《中庸》一書了，而子思是在莊子的家鄉宋國作《中庸》的。子思是戰國早期聲名極顯赫的哲人，與宋國關係很深，莊子似乎不可能不曾閱讀其書，至少不太可能沒有與聞其道。不僅如此，《莊子》一書論「中」的哲學意義，也首見於〈齊物論〉此篇的「道樞環中」之說，所謂「樞始得環中，以應無窮。」「中」是先秦諸子的共法，來源甚早，歧義也多，但就具有心性形上意義的概念而言，《中庸》與《莊子》無疑的是最著名的兩部書。事實上，方以智早就明白的點破：「通一不用而寓諸庸，環中四破，無不應矣！析中庸為兩層而暗提之。」[49]依據方說，〈齊物論〉一文隱含了《中庸》一書的結構。「環中」即「中庸」之「中」，「以應無窮」即「中庸」之「庸」。〈齊物論〉篇表達的不是孤明自照的「中」之體驗，而是在現成的「庸」中體現通於一的「中」之境界。方以智更引譚友夏之言，指出：環中寓庸，這是莊子此老的「巧滑」，故意將「中庸」劈為兩片，以免學者「覷破三昧」[50]。方以智、譚友夏的論點可以代表晚明「莊子儒門說」一系的學者的論點，他們確信莊子真是具有《中庸》之魂的。

　　「物」相對於「心」而立，「庸」相對於「體」或「中」而立，這兩對組詞塑造了很微妙的哲學關係。晚明這些哲人指出莊子哲學具有「物」、「庸」的因素，這樣的發現頗發人深省。中

---

49 《藥地炮莊・總論下》（台北：廣文書局，1975），冊上，頁 14，B 面。
50 引自《藥地炮莊》，冊上卷 1，頁 32，B 面。

國從六朝後，心學的勢力很強，對於超越意義的本心的探究極盡精微之至。雖然中國主流的心學不能以柏克萊（Berkeley）的主觀唯心論視之，不管華嚴、天台或理學，它們對於世界的存有（物）都會有本體論的說明，而它們所強調的完美的精神境界，通常也會落在當下的世界，一切現成（庸）上來解釋。但縱使如此，傳統哲人所說的這種物與現成（庸）的肯定基本上仍是化境下的觀照所得，而不是「物」與「現成」自身的證成。相較之下，莊子的論點沒有那麼強的意識哲學的風味，他是從全體性、歷程性的觀點立論，而且在超越意義上作了詮釋觀點的轉移，焦點落在現實世界的事事物物，客觀面較強。

莊子重視客觀面，但我們不得不指出：他的客觀面是有特殊規定的。我們論莊子的「物」與「庸」的性質時，應避免掉入另一邊更大的陷阱，更不能從「自然外道」或所謂的唯物論的觀點加以解釋。莊子從來不是自然主義的哲學家，他的客觀主義永遠預設著主體的先行發展與提升。莊子的「物」、「庸」當與道家體驗哲學下的「心」、「體」平等看待，共同構成含攝主客、心物在內的場之哲學，我們永遠不能忘掉他使用的全體渾圓運轉的「天均」之隱喻。不用多說，方以智、王夫之所以能看出莊子的「物」、「庸」哲學的特色，無疑與他們對儒學的改造有關，他們都有意將儒學從心學的影響下解放出來，或者說，大幅擴大心學的解釋。他們反觀莊子，看出莊子也有類似的關懷。

筆者順著明末這批學者的詮釋路線，觀看他們從《南華真經》中挖出「物」的意義，挖出「庸」的意義，不能不同意：他們的理解有很深刻的理論內涵。但即使有理論意義，我們還是免不了會懷疑：他們的知識考古事業是否有可能弄錯了時代的斷層，誤將明末的思想界的狀況投射到戰國時代上去呢？或者他們

是否可能誤認了文物的主人翁身分，誤將道家的財產歸到儒家帳上呢？筆者認為基本上沒有。也許莊子對「物」、「庸」的肯定還達不到理學家所著重的天道下貫、物與無妄的層次，莊子可能也沒有這種強烈的本體論的興趣，但莊子確有一套很獨特的物論哲學。只是此套物論哲學用語較隱晦，有待後人解碼。明末儒者對莊子思想宗旨的判斷並不只是哲學的理由，他們有文本的依據。

六、結論──密拿瓦之鷹是否飛得太晚？

本文從傳記與道論雙重角度，探討莊子與孔子的關係。本文頻頻使用的神話與隱喻的因素，由於時代落差的原因，前賢著作中較少使用，因此，我們有機會在傳統的解《莊》模式外，增添一些新的詮釋的向度。在《莊子》與《中庸》、《易傳》的關連性上，筆者認為明末方以智、王夫之這幾位鴻儒別具慧眼，他們的詮釋已定了很正確的調，本文基本上只是將他們的洞見轉化成現代語境下可以理解的論點而已。即使在基源的喻根上，本文也受惠於方以智與王夫之匪淺，他們兩人雖然孤明先發，其義未弘，但畢竟很早就提及《莊子》書中運用了渾天與陶均這樣重要的隱喻。

方、王之學所以能夠切入莊子核心意義，並看出莊子與孔子的密切關係，無疑與他們兩人皆注重創生（變化）的哲學有關。本文順藤摸瓜，認為方、王之學的詮釋是有文本的依據的，其說不能視為他們自己的哲學問題投射到孔子身上所造成的結果。然而，除了前文對莊子文本所作的解析外，我們是否還能從《莊子》書中得到更明確的答覆？我們與其代莊子立言，是否有可能

讓莊子自己發言呢？

我們如要莊子本人說出很明確的答案，恐怕不容易，但線索是有的，線索即在《莊子》文本當中。我們不妨回想前文已提及過的〈天下〉篇。《莊子‧天下》篇不管是否真為莊子自著，但此篇文章可視同《莊子》一書的總序，這樣的資格是很難被人懷疑的。莊子在〈天下〉篇留下了兩個重要的訊息，第一個訊息是一個極大的問號，此即莊子泛論戰國諸子思想的源流及得失，但對當時聲勢最顯赫的儒家諸子卻絕口不提，此事真是啟人疑竇，難得其解。但《莊子‧天下》篇雖然沒提及儒家諸子，它卻提及六經的功能，認定六經為「古之道術」之衍化，而後世的諸子又得其餘緒以成家。莊子對六經的評價不可謂不高，更重要的，它賦予六經為「古之道術」的嫡傳思想之身分。

其次，此篇描述的最高人格是「以天為宗、以德為本、以道為門、兆於變化」的聖人，〈天下〉篇認定莊子本人正是此種「以天為宗、兆於變化」的人格之體現。相對之下，關尹、老子不能算。關尹、老子之所以只能為博大真人，而不能視為圓融之道的體現者，乃因關尹、老子「以本為精，以物為粗」，亦即他們都是固守在一種深層意識的哲學家，精神只有觀照的作用，而沒有發展的動能。他們可充作黑格爾最喜歡批評的抽象的精神的代表者。方以智批評老子這位「苦縣大耳兒」為「守財虜」[51]，也是同樣的意思。

相對之下，孔子的地位就非常微妙。當覺浪道盛讀到〈天下〉篇「以天為宗、以德為本、以道為門、兆於變化」時，即不

---

51 語見方以智杜撰的〈惠子與莊子書〉，此文收入《浮山文集後編》（上海：上海古籍出版社，續修四庫全書本，1995）卷1，頁14。

禁感慨道：「如不稱孔子，誰人當此稱呼？」現行的王夫之《莊子解》中，也引用了道盛這段話，王夫之是贊成此一觀點的。如果我們回首前文論及內七篇的「孔子」所代表的思想型態，不難發現：他正是不折不扣的「以天為宗、以德為本、以道為門、兆於變化」的型態。然則，內七篇的孔子固然可視為莊子思想的投射，但更合理的解釋，乃是將他視為莊子人格的另一個「他我」（alter ego）的顯像。

《莊子‧天下》篇論及人格等第時，有「薰然慈仁」之「君子」一格，其人在真人、至人、神人、聖人之下，一般都同意：此處所描述的「君子」當是儒家型的理想人格類型。「君子」固然也是正面的造型，但與聖人終是相去一間。關於孔子與聖人、君子之間的關係，筆者認為莊子在孔子與一般的儒者之間，畫了一條清晰的紅線。時儒是時儒，孔子是孔子，時儒之佳者為君子，時儒之偏差者為「以詩禮發塚」（《莊子‧外物》）的學術騙徒。《莊子》外、雜篇之所以有非聖侮經之言，恐怕反映了戰國時期正是有這類的「有儒之名、無儒之實」的儒者存焉。孔子與時儒，兩者不能混淆。莊子之不得不避「儒」之名，不得不託孤，也就可以理解了。

莊子和儒家緣分甚深，他和孔子一樣很可能也是殷商後裔，兩人同族且同鄉。同族同鄉的關係當然還是外部的因素，不見得思想就會相契。但莊子、孔子和殷商文化的關係恐怕不是外部的因素，而是相當內部的有機關連。只因莊子對儒家的同情不如對孔子的情感來得深，他也沒有強烈的學派意識。因此，嚴格說來，莊子也許有意孔門，但大概無意列籍儒門。所以本文標題的「儒門內」一詞並不很恰當，因為莊子並沒有安居於其內。〈天下〉篇的敘述有可能較接近莊子的立場：他同情儒家，在思想的

淵源上與老子也有很深的關連，但基本上自立一宗。王夫之對莊子的理解即是如此，筆者在相當程度內贊成王夫之的解釋。但筆者所以選擇「儒門內」一詞也有道理可說，除了王龍溪所說的：莊子的心事本來就有此傾向這個因素外，更重要的理由，乃是筆者有意透過追溯史實以重新發現儒家的本質，孔門即儒門。

本文繼承方以智、王夫之等人的觀點，重新偵測莊子學的儒家成分，其著眼點不僅是歷史考據的興趣而已。無疑地，密拿瓦的蒼鷹（Owl of Minerva）總是在黃昏才起飛，牠飛得太晚了，本文作的澄清可以說是事後諸葛的工作，因為不管莊子的「原意」如何，莊子在秦漢以後發揮的影響，大體還是以道家的面貌出現。即使「莊子儒門說」是股不容忽視的詮釋路線，但除了方、王等少數人之外，支持「莊子儒門說」的前賢主要還是從心學觀點立論，他們將一切學問的展現都搭掛在唯一真心的基礎上，而三教聖賢的學問被詮釋為從此一共同的心體或性體中表現出不同的型態。這種心性論的解釋固然深刻，但畢竟屬於意識哲學的詮釋途徑，方、王之學雖然揭穿莊子主張的應當是種崇有論的、全體論的、創化論的哲學，這樣的哲學可以提供對文化較完整的後設反省。只可惜就對後世的影響而言，這樣的莊子在儒家的道德哲學中萎縮了，反而在中國藝術哲學中還發揮較大的作用。

密拿瓦的蒼鷹真的來得太晚了，太晚重新挖掘出來的莊學「原貌」無助於莊子在歷史上原來可以發揮更大的力量。但筆者認為當我們解碼《莊子》文本半張半掩的意圖後，我們不但可以對莊子形成另外一種看法，反過來，我們也可以看到莊子所映照出來的儒家的另一種更深刻的圖像。這樣的儒家強調在自然界與道德意識後面有個共同的創造性源頭，這樣的創造性凝道於身，

也凝道於物；凝道於超越的體證，也凝道於當下的一切現成。這種透過莊子眼光重新辨識出的儒家精神，有可能可以幫助儒家爾後在歷史哲學與美學上，開闢出另一片天地。以往的儒門人物因格於宗派意識或其他不自覺的盲點，因此，不能放手暢懷的吸收莊學的觀點，豐富儒家原本該具勝場的文化理論，這是相當可惜的。本文所以不標舉〈儒門與莊子〉，而要說〈儒門內的莊子〉，更深的關懷在此，溯往是為了面向未來。

叁

遊之主體[1]

---

1 本文初稿曾於 2014 年 5 月宣讀於國立中山大學哲學所的研討會，承蒙與會
人士多所討論，謹致謝意！刊於《中國文哲研究集刊》，第 45 期（2014 年 9
月），頁 1-39。

一、釋義:「主體」與「遊」

　　中國哲學常被視為缺乏主體性的因素,所以精神性不足,不足以語「自由」的理念。眾所共知,黑格爾(Hegel, 1770-1831)的中國哲學觀是典型的代表。黑格爾批判中國文化與哲學的語言在今日的學術圈幾乎已變成禁忌,敢用者不多。但黑格爾式的中國哲學觀並沒有消逝,它仍潛存在行內人的「存而不論」的緘默態度中。「主體性缺乏」的矛頭通常指向儒家,但對道家的指責即使無此語,也常免不了此義。「中國哲學與主體性」的問題是老議題,但近年來因為畢來德(Jean François Billeter)、朱利安(François Jullien,或譯為于連)等法國漢學家先後來台討論莊子[2],莊學西遊復東渡,此問題遂再被喚醒,而且內涵已更深化,莊子的主體問題值得進一步思索。

　　當代漢語哲學中的「主體」一詞並非出自固有的學術語彙,而是近代西洋哲學術語 subject(英語)、das Subjekt(德語)、le sujet(法語)的譯文。中文學術術語與「主體」一詞的內涵較接近者,當是「本體」、「心體」、「性體」等一系列心性論的語言。西洋哲學史中的「主體」一詞有其發展的歷史,一般認為在笛卡爾(René Descartes, 1596-1650)著作上,「主體」的當代內涵才確定下來,笛卡爾因而也常被視為近代哲學的奠基者。笛卡爾「主體」論述的一大特色在於心物的徹底劃分,也可以說是主客的對分,主體的意向與客體的空間綿延性是認識活動的起點。「主體」一詞被翻譯並挪用至中國哲學的詮釋以後,已本土化

了，成為漢語哲學的常用術語，其內涵多少偏離了西洋的語境，而和傳統的心性論論述混織在一起。然而，我們如想起此譯語的西語前身所帶有的「主客二分」之預設，也有方便之處。語義在對照中產生，「主體」與「客體」相倚而立，現代哲學術語的「主體」的混血 DNA 可以激化我們對傳統心性論的認識。回到莊子的脈絡，莊子的主體概念如果繞著「心性」等主體詞彙展開，其客體則指向了「物」的存在，心物、主客關係本來也是莊子學的議題，本文論及莊子的主體問題時遂不能不連著「物」的問題一併呈現。

莊子的「主體」通常指向「心靈」的義涵，對此種主體的解釋各有不同，常見的一種解釋是採取「心學」的立場，筆者此處所說的「心學」採廣義但也是特定的用法，意指其思想建立在一種超越的本體的基礎上之知識體系，此本體被視為和主體在深層構造上如不是同一至少也是合一的，而且，學者透過工夫的實踐可以體現之。筆者的界定雖然繚繞，但如對東方哲學不太陌生的人大概都可以嗅出語句中冥契哲學的氣味，這樣的哲學可以用「體驗的形上學」或「道德的形而上學」稱呼之[3]，「體驗的形上學」主張形上學的命題只能經由身心轉化的工夫歷程才可以體證得到。體驗的形上學常被認為是三教共法，一落到唐宋以後的《莊子》詮釋史的脈絡下理解，這樣的共法之形象也很清楚。從成玄英、褚伯秀到焦竑、憨山、陸西星，我們看到一位深入世界實相的悟道者之莊子，這位悟道者對於如何轉化現實的意識狀態以進入一種更深層的真實——這種深層的真實被認為綰合了存在

---

3 參見牟宗三，《心體與性體（一）》，《牟宗三先生全集 5》（台北：聯經出版公司，2003），頁 3-13。

與意識的連結——立下了很好的修行的範式。這些《莊》學史上的著名注者的詮釋非常深刻，既有文本的依據，也有理據，「心學的莊子」是《莊子》詮釋史上一支強而有力的論述。

歷史上這些《莊》學名家活在我們現在已頗陌生的「常心」、「惟心」論述當令的時代氛圍裡，我們不容易具有他們的慧解之眼。《莊子》文本中有些重要的段落描繪的是種獨特意識經驗的理境，它的內容確實不是落在日常的生活世界裡的我們容易理解得通的[4]，透過成玄英等歷代心學名家的解釋，這些乍看難解的文句遂能文從字順，怡然可解，他們的理解對於我們進入莊子的世界，助益極大。然而，同樣在《莊子》這本書中，我們卻看到莊子明顯地不是沉耽於深層意識之樂的哲人，他的生命是在這個世界，也就是物的世界展開的。莊子的心之理念前有所承，「莊學為心學」之說可找到不少文獻的佐證。但他對以往道家巨子的所作所為不表認同，他批判老子「以本為精，以物為粗」，亦即莊子認為老子太耽溺於本心的氣氛裡了。《莊子》一書是有心學的成分，而且很典型，但筆者認為此書的核心義恰好不落在超越的主體之上。

相對於「心學」的解釋模式且具有歷史影響力者，當是一種可名為「氣學」的《莊》注之學。「氣學」模式的大宗可追溯到晉代的注家向秀與郭象，向秀與郭象兩人的論點已很難一一區隔開來，視為同一體系可也。向、郭《莊》注該如何定位，解釋的空間很大，這種定位的問題早在魏晉時期即已出現於郭象與支道林的「逍遙義」之爭辯中，到了今日，這種定位的問題仍不時地

---

4 這些語言大體指向體證的冥契論述，如「心齋」、「坐忘」、「見獨」諸論，見下文。

被提出來。如果向、郭只是認定莊子是位活在氣化流行狀態中的哲人，氣既是主體的構成因素，也是構成世界的基質，莊子透過氣的媒介作用，將主體與世界兩者無分別地聯繫起來。解釋至此，爭議不大，因為還沒牽涉到氣論與超越的問題。問題是郭象認定的莊子的變化乃是具體的同一的變化，是模態有異而實質相連的偽變化，因為變化沒有帶來突破，至少從具有深厚修行根基的高僧（如支道林）來看，氣的世界是生理的欲望法則統治的世界。

「氣」是中國經典中極曖昧的語彙，它無處不在，無時不在，普遍地被用來解釋各種現象。運用面廣，換種角度看，也就是解釋力道有可能變得薄弱，所以才可如此神通廣大。氣學模式的解釋晚近引發當代學者的批判，畢來德認為「氣」概念的介入導致莊學的閹割，在一氣流轉的世界中，思想沒有突破的可能。郭象的《莊》注不只是讓芸芸眾生成為生理欲望的奴僕，更嚴重的，它成了帝國秩序的一部分，帝國透過「氣」這種微妙精緻的調整機制，有效地統合了整體的秩序[5]。

從超越論的本心或氣化論的氣界定莊子之主體，相當常見。在中國思想史領域，只要論及「心」或論「氣」，或者進一步論及體系化的「心學」或「氣學」的起源或特色，我們很難脫離莊子的脈絡。如何評價這種連結呢？籠統來說，筆者認為心學與氣學的解釋模式對我們理解莊子都有啟發，但都不足，而且可能彌近理而大亂真。正如下文所述，筆者認為莊子哲學的核心不是落在真常唯心論意義下的心學，也不是落在向、郭意義的氣學，心

5　參見畢來德（Jean François Billeter）著，宋剛譯，〈莊子九札〉，《中國文哲研究通訊》第 22 卷，第 3 期（2012 年 9 月），頁 5-39。

學與氣學之說都只是一偏之見。莊子顯然經歷了超越的主體，但他卻拋棄了超越境界的超越主體；他支持一種全體性運動的理念，我們可稱作氣的世界觀，但他的氣論與主體性有種本質的關連。心總是連著運動與感通的功能，心的活動即有氣，氣論不是氣決定論。心學與氣學兩者的整合或許較接近真實的圖像。

筆者稱呼莊子的主體為「氣化主體」或「形氣主體」，所以稱「氣化主體」，乃因此主體是心氣的連續體，主體乃意識的作用再加上氣的感通、流動、變化的作用，心氣融會而成。所以稱作「形氣主體」，乃因「形」作為心氣作用的框架，「形」本身具足了心氣落實於個體上的作用。帶著個體特殊性內涵的形氣主體對我們了解莊子的政治、社會哲學，甚至美學，都具有非凡的意義。不管是「氣化主體」或是「形氣主體」，莊子的主體觀念顯示其主體都是在廣闊的氣化世界中呈現的，主體的概念即是非個體的，而且是與氣化世界互滲共紐的。

筆者目前仍認為「氣化主體」與「形氣主體」這兩個詞語是有效的，足以形容莊子主體觀的特質，但這兩個詞語比較接近於對「主體」概念的知識論重構，我們如從莊子強調具體性著眼，則「遊」之一字更可體現莊子作為具體哲學的特色。「遊」是《莊子》書中很重要的一個概念，此字的本義可能指的是旌旗飄動的樣子[6]。《莊子》書中出現「遊」188 次，另外出現「游」字 10 次，「遊」、「游」兩字常可通用，《莊子》書中的用法也是如此。「遊」字之意義有些較平常，它指的就是一般的旅遊、行走的意

6　「遊」字為「游」之俗字，許慎云：「游，旌旗之流也。从㫃汙聲。」段玉裁，《說文解字注（標點本）》（台北：藝文印書館，2007），七篇上，頁 19b-20a。

義，如「御六氣之辯，以遊無窮者」、「乘雲氣，御飛龍，而遊乎四海之外」，這些引文中的「遊」字是一般的用法，沒有太多的哲學內涵。「遊」字或「游」字有時可作名詞用，如「顏成子游」之類，我相信「子游」之語不會是隨意編成的，它應當有暗喻的功能，其內涵當另論[7]。大致說來，作為一般行走意義的或人名意義的「游」、「遊」字是日常語言，不論可也。

　　扣除掉日常用語中的「遊」字外，「遊」字出現的頻率仍然極高，和先秦古籍相比之下，莊子使用「遊」字的次數特別多。詩文皆有眼，「遊」字可視為《莊子》書中的字眼。莊子使用「遊」字，大致是「遊＋名詞」的格式，「遊」可作為動詞或狀詞，作為動詞用的「遊」字加名詞，其名詞可細分為下列兩種，一種的名詞泛指地點，通常是「道」的象徵處所，遊者以其身體遊行其地。如「退居而閒遊江海」（〈天道〉）、「遊於大莫之國」（〈山木〉）、「相與遊乎無何有之宮」（〈知北遊〉）之類。第二種「遊」字的主詞也是遊者，但其述詞指向一種體證的超越境界，如「遊於物之所不得遯而皆存」（〈大宗師〉）、「入無窮之門，以遊無極之野」（〈在宥〉）、「浮遊乎萬物之祖」（〈山木〉）、「遊乎天地之一氣」（〈大宗師〉）。至於作為狀詞用的「遊」字，它可加於名詞之上，如「遊魚」；或加在一種更精緻化的主體之上，筆者稱之為形氣主體。遊者之遊乃是「遊心」、「遊氣」，如「遊心於淡」、「心有天遊」等等。

　　上述所說動詞的「遊」字後加名詞的兩種形式，雖然一為遊於神祕世界，一為遊於廣漠心境，旨趣其實相同，內容多指向一

7　筆者相信「顏成子遊」即喻指「子遊」其人，莊子與儒家自有暗通的管道，祕響旁通。參見前揭拙作〈莊子與東方海濱的巫文化〉一文。

種「自由的狀態」，《莊子》一書的第一篇〈逍遙遊〉所說即為此義。〈逍遙遊〉篇名由「逍遙」與「遊」兩詞組成，「逍遙」當為連綿字，連綿字常帶有表示難以指實的狀態之意，「逍遙」正指一種無拘礙的存在之感，但兩字皆從「辵」部，正表示此不可言喻的存在之感呈現著一種流動的狀態。「遊」字也從「辵」部，此字在《莊子》書中或在古書中，也常作從「水」的「游」字，不管是從「水」或從「辵」，「遊」字都表示一種流動的歷程。「逍遙遊」三字顧名思義，顯現的是一種流動不拘的精神。

簡言之，莊子的主體即是遊之主體，他要我們體認心氣即遊化，遊化之心可稱為遊心。但具體的「遊」離不開世界的構造，亦即離不開物。莊子眼中的芸芸萬物不是對象義的「物」，物即物化，非認知義的流動之物才是真正的物。遊之心與化之物同時呈現，認識主體之真相（遊心）即認識物之真相（物化），即等於認識了世界的實相（遊乎天地之一氣）。莊子的遊、氣之學可說是心學，他的物化之學即是他的物學，也是氣學，「遊心」與「物化」的一體而分，化而不化乃是他所認知的真實世界。

二、形─氣─神＝主體

明萬曆年間，憨山注《南華真經》內七篇，並寫了〈觀老莊影響論〉此一名文。在此文章中，他提到三教聖人雖然所論不同，但都同樣本心立教。三教聖人應跡不同，但跡所出之本則同。後世學者面對三教經典，應當學老子的「忘」、釋迦的「空」以及孔子的「應世」。老、莊雖同屬道家，但兩者的使命不同，所以顯現之跡也不一樣，但兩者同樣是依本心以立教。憨山的立論是所謂的三教同源的論法，自從真常唯心系大盛以後，後世論

三教異同者往往採取此種調和模式以建立三教溝通的管道。

憨山的論述方式在近代之前的《莊》學注釋史中，非常常見，這是典型的「心學」的解釋。所謂「心學」的解釋乃是認為莊子思想的根本要旨在於彰顯人與世界共具的本體，這樣的本體只在人的心中才能體現出來，並成為心的本體，所以這種主體可說即是「心體」。「心體」才是真正的原初之心靈，所以此一心體才是「本心」。由於中國有很強的精神修煉傳統，先秦時期的修行方式通常內外並重，但無疑的，一種向深層意識滲透的修行模式已相當流行，老、莊身上即可明顯地看出來。當佛教進入中國以後，一種作為超越依據義的本性概念被帶入中國的思想世界中，形成了綿綿不絕的傳統，心學的模式愈形堅固。心學傳統強調人的意識兼具現實性與本來性[8]，現實性的心靈意指現實的心靈所具有的各種功能，「意識情欲」這些功能是「心邊物，初不是心」[9]，真正的心靈是人的本來性。本來性是本體論的概念，也是心性論的概念，它不是抽象的建構物，而是在深層意識中具體的朗現。

學者如想從超越的「本心」的角度解釋《莊子》，確實可以找到佐證的文獻，而且這些文獻都是《莊子》書中著名的篇章，

8　「現實性」與「本來性」的用法出自荒木見悟，此套對照語頗能勾勒「心學」的特色。參見荒木見悟著，廖肇亨譯注，《佛教與儒教》（台北：聯經出版公司，2008）。

9　這是黃道周《榕壇問業》書中的用語，引自黃宗羲《明儒學案·諸儒學案下四》（台北：河洛圖書公司，1974）卷 56，頁 29。此一用語其實仍不算周延，同為依據體用論的思考，這些「心邊物」也可說是心體應物的具體化，全滴是水，一葉一如來，所有的邊緣都是中心。但就認識論的劃分來說，此種對照甚有方便之處。

如〈大宗師〉篇的「坐忘論」:「墮肢體,黜聰明,離形去知,同於大通,此謂坐忘。」〈在宥〉篇的「心養論」:「心養,汝徒處無為,而物自化。墮爾形體,黜爾聰明,倫與物忘。大同乎涬溟。解心釋神,莫然無魂。」〈知北遊〉篇的「齋戒論」:「汝齋戒,疏瀹而心,澡雪而精神,掊擊而知。」〈知北遊〉篇的「無心論」:「形若槁骸,心若死灰。真其實知,不以故自持。媒媒晦晦,無心而不可與謀。」後世學者只要對工夫論不太陌生的人看了這些段落,大概都可以聞到強烈的唯一真心的訊息。唯一真心被認為蘊藏在層層疊疊的經驗性的意識後面,它的「本來面目」被遮蔽了,所以學者需要透過「逆」、「損」、「無」的過程,就像引文中所說的「墮」、「黜」、「離」、「去」、「解」、「釋」、「疏瀹」、「澡雪」、「掊擊」等詞語所顯示者,這些全是負面性的修行方式,逐層遮撥,逐層透明。轉化現實性的人性構造,才能讓本心呈現出來。

上述這些工夫論都意味著主體轉化,乃有造道之境。主體的轉化最常見到的就是對感性與智性的逆轉,在道家諸子著作中,我們不時可以看到對人的感官─身體的否定,《老子》書中的相關論點更多。同樣常見到的段落是對智性的懷疑,一般認為道家對理智、語言、邏輯都是相當不信任的。康德(Immanuel Kant, 1724-1804)論知識的構成,乃由感性提供的雜多與知性的範疇兩者合組而成,換言之,沒有感性與智性之處,即無知識可言。如果人的生命的主軸是感性與智性,那麼,道家諸子作的工作正是逆返自然生命傾向的絕大工程。老子說:「為學日益,為道日損」,此聯可視為道家工夫論的法語,也是東方思想的通義。

如果我們將上引《莊子》那些文字放在道家「逆」的哲學之背景下看待,不難看出兩者之間的相似性。因此,學者從「本

心」的角度設想此理境之內涵，就像後世真常唯心系佛教的工夫所見者，也就順理成章了。事實上，從唯心論的角度，尤其從鏡子隱喻的角度詮釋人的意識，莊子正是始作俑者之一。在〈應帝王〉最末第二節，莊子提出有名的鏡像論：「至人之用心若鏡，不將不迎，應而不藏，故能勝物而不傷。」鏡像是佛教時常運用的比喻，從憨山的觀點看來，莊子也是提倡「大圓鏡智」的。心之全體像一個無所不攝的明鏡般，萬法畢現於其中，雖說能所不二，但兩者基本上仍是呈顯與待呈顯的關係。由於在此鏡像論後面，莊子更殿之以有名的渾沌寓言，渾沌也是未分化的圓像整體。至少從意象上看，從圓鏡到渾沌，莊子傳達給我們一種典型的冥契論的訊息。

　　莊子雖有逆覺之論，也有圓鏡論的比喻，但我們不得不指出：莊子所以運用鏡像論，其意在指出學者為學，當讓物自顯，不以己意介入其中。莊子重視的不是反映的功能，也不是涵攝的功能，因為在論及物之自顯時，莊子著重的不是冥契論中常見的那種無邊無際的鏡像論，海印三昧，萬象畢顯。相反的，他強調的是一種跨出主體之外的一種超乎意識閾域的功能，莊子稱之為「天」之功能。這種「天」的概念意指非人的感官知覺所及的潛存作用，它既是感官背後那片黝暗的大地，也是主體意識背後那片黝暗的大地。意識的主體背後有更深的源頭，這個源頭帶來滾滾不息的能量，莊子非常強調這種非意識所及的創造性力量，這種力量孕育於主體，卻不是主體所能掌握。它何所從來？它何所止？作為根源的「體」之邊界問題是莊子思考問題的一個核心。

　　「體」最重要的場域是落在「主體」上講，在〈齊物論〉一文中，莊子提出了有名的質問：「真宰」在什麼地方？我們日常生活只活在一連串的情緒當中，日夜相代乎前，卻無法知道它的

源頭。主體的概念是為個體之人而立的，離開了個體，很難想像主體，但主體落於個體的哪個方所？我們看到了「百骸、九竅、六藏」，但我們不知道「真君」存於何處？戰國諸子興起的原因是多重的，但至少其中的一個原因是起於對主體的反思，莊子的提問如果放在戰國時期流行的人性論下考量，並不是特例。但我們似乎可以找出兩種提問的方式，莊子問的是主體在何處？孟子及同時代的儒墨諸子問的則是主體的依據何在？但這兩種區別的意義可能沒那麼重要，重要的是這兩種提問都關連到很深層的內在性的問題。黑格爾在《哲學史講義》中一再喃喃自語的「中國人沒有主體性」的論述可以休矣！

在〈齊物論〉中，莊子問：情緒之流的依據何在？如果這個提問是個帶點存在主義風格的質疑，那麼，在〈應帝王〉篇中，莊子直接以寓言的方式告訴了我們答案。莊子在此篇中，借著一位大薩滿（神巫）季咸與神話的原型人物壺子的鬥法，借以顯示：凡意識所及、有意為之者，其所觸及的主體深度終有限制。壺子顯示給季咸的心境一層深似一層，最終一層是「未始出吾宗」，主體在雲深不知處的黑洞。但此雲深不知處的主體卻「因以為弟靡，因以為波流」，此境可放在佛門「四門示相」下作解[10]，也可說是雲門三句中的「隨波逐流」境。觸目皆真，觸處皆主體，季咸對此束手無策，只能落荒而逃。壺子與季咸的鬥法意味著主體的界限的問題，莊子喜歡追問依據何在？像在〈天運〉篇開頭，莊子即問道：天地日月運行的動力源自何處？此時，他問的是天體的問題，莊子對「天」一向感興趣。從主體到天體，莊子都問「根源」的性質與界限究竟何在？

10 參見牟宗三，《才性與玄理》（台北：臺灣學生書局，1974），頁228。

　　季咸與壺子的鬥法具有高度的象徵意味，季咸當取法甚至取名自上古著名的大巫：巫咸[11]；壺子顧名思義，可知其名當是取自「壺」之象徵。「壺」和「葫蘆」、「陶均」等中空的圓形器物，都是用以象徵道。「陶均」可視為莊子哲學的根本隱喻，莊子哲學因此也可稱作「天均」哲學。天均的隱喻落到人身上來，人身是橢圓之軀，人身也是個「均」；天均用於宇宙的結構，宇宙是渾天，它也是圓狀的構造，也是「均」。而不管陶均、身軀或渾天，這些圓形之「物」中皆具有渾厚的力道從根生起，因而帶動陶輪、身軀、宇宙的運轉。

　　鏡子和陶均都是道家常用的隱喻，但兩者相較之下，莊子毋寧更喜歡運用陶均的隱喻。陶均有渾圓之形，有不斷湧現上來的旋轉之力，有東西上下互轉的整體性運動軌道。落到主體上來講，人身具有橢圓之形，也有股來自於無名深層的創造力，而此身的運動乃是落在世界之內而又牽動軀體內外的一種運動模式。莊子的主體不是明鏡模式的本心型，而是以形軀為運動軸，以心氣作用為動力因的身體主體，筆者稱之為形氣主體。

　　形氣主體的核心在形氣與主體的關係，更落實地說，也可說是意識主體與非意識主體的關係，莊子用心與氣表之，「心」是意識層，「氣」是更深層的作用。「心」因是可意識到的，所以用「人」稱呼之；「氣」是非意識所及的，所以又稱作「天」。非意識主體的氣是綜合整體身心動作的作用者，它不屬於任何感官，但又穿透一切感官機能；它是一切功能的總和，但又在整體的功能之外多出了作用的盈餘。非意識主體在技藝的創造上最明

---

11 參見拙作，〈卮言論：莊子論如何使用語言表達思想〉，《漢學研究》第 10卷，第 2 期（1992 年 12 月），頁 123-157。

顯可見，技藝的創造由熟生巧，由技入道，也就是由意識主體融入身體圖式，最後由不落於主體任何方所的「神」或「氣」所帶動。在《莊子》書中，我們看到任何技藝的實踐，從解牛、游泳、駕馬、繪畫、射箭，無一是純靠感官技巧完成的，真正作用者，乃是一種統合全身形神機能的作用。它很難被指謂，這是種無名的主體，無名的主體是由氣所貫穿的身體主體。

身體主體是主體經由身體圖式展現出來的作用體，當代漢語使用的「身體」一詞如放在《莊子》文本下解讀，筆者寧願使用古漢語的詞彙，稱之為「形氣」，身體主體因此可稱作「形氣主體」。筆者所以選擇以「形氣」代替「身體」，乃因現代漢語的「身體」一詞受到現代知識建構的影響太大，此詞對「心物」關係的解釋不如傳統語彙的「形氣」一詞。誠然，漢字「身體主體」一詞的提法有其長處，它很容易令人想到主體不能不落於身體上，意識與身軀交織互紐而成，因此，原為主體主要功能的意向性遂由意識轉往身體，身體因而也有意向，身體意向性乃是身體主體的主要內涵。同樣地，形氣主體的「主體」自然也不能不落在形氣之上著想，意識與形氣交織互紐難分，因此，意向性的功能遂不能不由形氣所接收。在技藝範圍內，「身體主體」一詞的語感效應或許比「形氣主體」一詞還具體些。我們比較容易理解一種落在身體主體內的氣化功能，它使得感官全體協和、精緻，並在主客的融合中不知不覺地完成了創造的功能，所謂出神入化，亦即實踐時身心難以分節化。身體主體飛出了，或許該反過來說：凝聚了意識主體的作用，使之有了施力點。「凝」是莊子技藝哲學的關鍵字，只有全身的能量凝聚於定點後，全身才可轉化成透明無阻的感應體。形氣主體和身體主體這兩種身體概念都可以提供類似「聯覺」（synesthesia）的功能，此種「聯覺」不

是與五官並立的一種綜合感覺，而是貫穿各種感覺的一種系統。聯覺不離眼、耳、鼻、舌、身，但不等於眼、耳、鼻、舌、身的總和，它有各感官總和之外的盈餘功能，身體本身就是聯覺的系統[12]。就此而言，「身體主體」的語感是不錯的。

　　然而，面臨到主體與物的交涉的問題時，現代漢語的「身體」如何承擔溝通的任務，遂不免要多費思量，基本上，哲學的解釋需要大力地介入語詞的語義內涵，才能轉化這個漢語詞彙的固定聯想。「心物問題」是哲學領域的大問題，沒有便宜的解決或解釋方案，但這個尷尬的難題恰好是「形氣主體」一詞優勝之所在。因為使用「身體主體」的概念時，身體的意向性不免由「身體」一詞所拘束，「身體」總是落在個體上講的。「形氣主體」之所以優於「身體主體」一詞，乃因筆者不認為非意識的主體之氣只能限於個體之內[13]，相反地，它會溢出身體之外，或者說：形氣主體本來就盈漫於包含主客在內的氣化層內。

　　即使在「身體主體」一詞較適用的技藝的範圍內，我們依然

---

12 「聯覺」自然是我們現代的用語，不見於《莊子》一書，但莊子確實主張過：主體具有「天機不張而五官皆備」的功能。這句話幾乎可以當作「聯覺」一詞的定義，即主體也有種「徇耳目內通而外於心知」（〈人間世〉）、「不知耳目之所宜，而遊心乎德之和」（〈德充符〉）的功能。「遊心」的「心」意指主體，主體是「遊動」的，首先，真正的主體流通於「耳目」等感官之表裡層面；其次，主體也遊動於物我之間。在《莊子》的文本中，這種貫通融合的功能可以用「氣」或「神」稱呼之。準此，「形氣主體」的語感當優於「身體主體」。

13 這是畢來德教授的立場，他也批判筆者將「氣」一詞運用到非主體領域時會造成沒有生機的內在一元論，筆者則相信在「心氣流行」、「虛氣相即」的格局下，「氣化」是帶來世界的精緻化、日新化，而非沒有突破可能性的一元化。畢來德的論點見〈莊子九札〉一文。

無法將成功的技藝事件用更高機制的整體身心協調的功能解釋之，因為技藝實踐時的主體有非意識主體與「物」的關係，庖丁解牛有庖丁的非意識主體與牛此「物」的關係；梓慶削木為鐻，有梓慶的非意識主體與鐻此「物」的關係。技藝之所以完成，乃是非意識主體與技藝所對之「物」互動所致，在非意識主體的領域內，此主體與物的關係並非是認識論的主客關係，也不是唯心論精神修煉傳統下的攝映關係，也不是一種內在型冥契論的一體難分之無之境界，它有種無名的主體與物的本質的互滲互紐。「身體主體」面臨到主體與「物」的關係時，其解釋效用顯然不如「形氣主體」一詞，因「氣」一詞提供了一種包含主體與物同屬共在的可能性。

莊子的主體是意識主體與非意識主體的連續體，此主體繫連心與氣，或說是心氣同流。但氣因逸出個體範圍外，所以莊子的主體之邊界原則上是無邊界的，而主體的中心就像他喜歡運用的陶均之隱喻，一定落於中心，但此行為事件的中心卻又永遠找不到。主體可以說是有而不在，也可說是在而不有。說是有而不在，乃因主體不能沒有，但它確實不是可以質測的特殊官能，也不隸屬於空間的範疇；說是在而不有，乃因主體是與整體身心的場域共構的，它是場所性質的，但不能為意識所把捉。莊子的形氣主體確實不能不預設作用於身心之間的身體圖式，但它的墨暈效果畢竟是軀體難以限制的。

三、天均主體與氣化世界

形氣主體呈現了「形─氣─神」的三元構造，這種三元構造中的任一元和其他二元因素都是同紐交織在一起的。相對於身心

二元的論述,「形—氣—神」的形式多出了氣的體系。莊子「形—氣—神」的身體觀不見得是出自自己的創造,而是來自當時諸子共同接受的自然知識,亦即人身除了身心之外,另有一套「經絡—氣」的體系,這些「經絡—氣」的體系無疑地也是歷經長時間才發展出來的,而且不見得其知識範式就是那麼固定[14]。然而,我們有理由認為:來自久遠的巫醫傳統的生理知識是當時諸子論生命問題時不自覺的前提[15],何況,莊子對巫醫又不是不熟,他很有可能在巫文化中出入甚久[16]。偉大的哲學家誠然有偉大的哲學洞見,但他也是生活在萬民共享的生活世界裡,生活世界裡的許多知識即是莊子思想的大地。所以如果莊子自然地接受「經絡—氣」的理論,並視之為完整的身體觀中不可或缺的成分[17],這是完全可以理解的。

形氣主體既然預設了「形—氣—神」的互嵌相紐,因此,此種主體的存在性格就是超個體的,因為「形—氣」的構造意味著人的主體總是在氣化流動當中不斷躍出,「出竅」(ecstasy,或譯為綻出、離體、出神)是主體的基本屬性,主體即流動,因此,即是不斷地脫主體。雖然「形」的框架乃是一切活動與一切論述

---

14 參見李建民,《死生之域:周秦漢脈學之源流》(台北:中央研究院歷史語言研究所,2001);山田慶兒,〈九宮八風說と少師派の立場〉,《東方學報》,第 52 報,1980。

15 參見周策縱,《古巫醫與「六詩」考:中國浪漫文學探源》(台北:聯經出版公司,1989)。

16 參見拙作,〈莊子與東方海濱的巫文化〉,《中國文化》,第 24 期,春季號(2007 年 4 月),頁 43-70。

17 晚近學者論中國哲學中的身體論述時,莊子是很常被探討的案例。莊子的氣化身體觀當然不只建立在氣—經絡的基礎上,它深入到性天層次,簡言之,其「先天」之氣的內涵,即相當於體用論的「用」,茲不細論。

的前提，風箏不斷線，「形」是一切活動所繫的那條線。但「形」不是無窗戶的單子，它毋寧是具有無數外通孔竅的通道，形氣主體不只在主體內有形氣之互紐，在主體與世界之間也因心氣之流通，因而與世界也是互紐的。

　　形氣主體與世界互紐，問題是：世界是什麼意義的世界？不管在古典漢語或在當代漢語的用法中，世界的內涵都是複雜的[18]，莊子的世界自然也是多重的，有自然世界也有人文世界。我們且將焦點調到自然世界來，首先，我們注意到莊子的理想人格帶有濃厚的「自然人」之意味。本文所說的「自然人」，不是泛泛之論，而是指其人與自然的韻律共應共鳴。更落實地說，在語言與反思的意識興起前，主體的模態與四時氣候即有種共構呼應的關係。莊子的聖人是「淒然似秋，煖然似春，喜怒通四時」，這樣的主體恍若宋玉傳統下的悲秋文學或日本文化中常見的「物之哀」主題才會出現的模態。然而，在儒家、道家、醫家、陰陽家思想中，我們一直可看到人的七情六欲與四時節氣的呼應關係，情感語彙帶有自然節氣的內涵。這種呼應帶著濃厚的前近代農業社會的訊息，不見得可適用於被各種人造自然所包圍的當代社會。然而，如果「人與自然」或「人在自然」是經過難以衡量的悠久歲月才共同演化而成的，那麼，在生命的原始構造中即存在著人與自然共呼應的機制，此一設想並非無稽。詩人之善感並非只有個人抒情之作用，哲人之引譬連類也可能不是範疇

---

18 明清文人多言及不同之世界，如史震林《西青散記》有云：「有有法之天下，有有情之天下。」史震林，《西青散記》（台北：廣文書局，1982）卷4，頁176。現象學的世界（world）一詞也有多重涵義，事涉專門，非學力所及，點到為止。

之誤用。形氣主體的氣之流動使得主體深層的情氣與四時節氣不斷交換，互滲互入，兩者之間不但無從切割，而且根本沒有界限，莊子與中國自然詩歌的緊密關係似乎可由此得到理解的線索。

主體深處蘊藏著主體與世界的關係之樞紐，主體深處的有無、虛實、幽明、玄化，乃是莊學最迷人也是最隱晦的精華所在。莊子在其書中不斷地演義其義，我們尤其不能不聯想到莊子的經典論述：「心齋論」所說的「若一志，無聽之以耳而聽之以心，無聽之以心而聽之以氣。聽止於耳，心止於符。氣也者，虛而待物者也。唯道集虛，虛者，心齋也。」耳一心一氣三者顯然是一層一層地深入，「聽之以氣」的主體自然是非意識的主體。此時的主體就像東方思想常見的模式，它帶有「虛」的屬性。道集於虛之心，此時的心物關係是「虛而待物」，但又是「聽之以氣」。莊子既然運用「虛」的容受物隱喻以比喻主體，那麼，帶著「氣」的「虛心」應當還是可歸入「主體」的範圍，但此深層主體畢竟連結到「物」的問題，亦即連結到自然世界上來了。

「氣也者，虛而待物者也。」此語對我們了解莊子的「主體」義，頗有幫助，任何對莊子主體義的解釋不能不通過這段文字的檢驗。如果我們將天均限制在主體的意義之內，那麼，天均主體指的是一種深層化的人格主義之主體。莊子思想的類型因此也許像孟子、菲希特（Johann Gottlieb Fichte , 1762-1814）那般，他們都將主體哲學往深層扎根，呈現出一種與笛卡爾完全不同風格的主體哲學。在孟子學或菲希特哲學中，物或世界的問題基本上是被置放在議題領域之外的，這種深層主體的人格主義型態哲學在東西哲學家當中不乏同調，廣義的孟子學──亦即包含陸王心

學在內──都可劃歸為此種型態的哲學[19]。然而，主體深化到不可測之深度時，一個常見的體驗哲學的難題就出現了：此時主體的邊界何在？主客觀的標準何在？體證者到底要選擇主體哲學的立場？還是選擇超越主客的道論之立場？

形氣主體推論至極，無可避免地要踏入極隱微深奧的境地。因為就像梅洛龐帝（Maurice Merleau-Ponty, 1908-1961）的身體主體推到極點，其主體的意向性功能都會變得很稀薄，它毋寧呈現的是種極隱微的感的功能。而且，也像梅洛龐帝論身體意向性時，最後不能不推到人與世界的迴逆關係，莊子的氣的活動也是迴逆的。更確切地說，莊子的心氣活動都是牽涉到整體的世界的，其活動都是非對象性的，也都是跨越主客的。一個沒有主客意識可呈現的主體之功能自然不必再設想它是主體的。由整體莊學的格局定位，莊子的心齋論只宜說：虛心至極，其氣與物自然會有根源性的交通，此時的氣可說是神，也可說是心氣。「虛」、「心齋」與「氣」的關係至此浮出檯面，莊子確實主張一種帶有虛的屬性之主體，此主體盈滿了氣之動能。但虛之本體不是明鏡意識，而是虛空即氣。心齋之心可稱「齋心」，齋心、虛之浩瀚感、氣化與世界相互糾繆，在不可名說的主體作用下，同步呈現。

「不可名說」意指心氣流行時的主客關係是難以概念化的，難以概念化並非表示此區域即為理性的禁區，而是表示此境域的性質超出了日常經驗的範圍。有關「心齋」所牽涉到的知識論問

---

19 陸王心學中也有「此是乾坤萬有基」的本體宇宙論的成分，但這種成分在陸王心學的整個體系中不那麼重要，因為沒有充分發展出來，此陸王心學之所以得以名之為心學也。

題非筆者所能著墨,但思辨不能及處,隱喻未必不能提供我們一條方便的法門,回到「心齋」的源頭,「心齋」無疑從「齋戒」的宗教意義引申而來。然而,莊子也用過「虛室」比喻「齋心」的境界,後世的用法中,「齋」會演變為建築物的概念,不能說沒受到莊子的影響。如果我們取「虛室」的「虛而待物」的表層字面意義作解,那麼,莊子的非意識主體可說使用了「容器」的隱喻,「虛室」是一個極大容器的中空狀態,此器物藉此虛空以含攝萬有。反過來講,我們也可以說氣聚於「待物」的虛室之內。然而,以容器喻主體,此一比喻其實有相當大的誤導作用,因為莊子也說:「虛室生白」,我們必須將「活動」義帶進來。

從「容器」的隱喻入手,我們必須由「房舍」的容器隱喻進入莊子使用的根本隱喻:陶均。陶均在文明的起源中扮演重要的角色,它是人類介入創造一個重要階段的指標,也可以說是人類介入造物主的工作的一個範例。陶均是土火合作的產物,土經由轉化的過程,它變為珍貴的器物。陶均也是有無相倚的器物,由器之中空可承納實體性的水、土、穀物,空圓的意象因而可以引發連類的創造意象。相較於靜態的「圓」在許多文明的象徵,陶均呈現的方式卻是以一個持續運動的中心軸帶動全體不停地返復旋轉。莊子這種玄祕的天均隱喻以各種不同類型的器物如樞軸、車輪、玉環、神祕的星辰瑤光、神祕的地點歸墟等等表現而出。他對這種神祕的意象常冠以「天」字,如天均、天府、天倪,顯示它不是來自於經驗世界,而是另有超越的源頭。筆者相信這個隱喻知識當是出自對某種深層的體證經驗的改寫,只有通過體證甚至是證體經驗的關卡,我們才比較好了解:氣學、物學與工夫論的關係。

「陶均」的隱喻不只莊子用,老子也用,許多早期文明,甚

至當代的一些原住民也都用過，但莊子的陶均隱喻的內涵特別豐富。莊子使用的陶均隱喻可稱作天均隱喻，莊子凡加上「天」字的形容詞時，通常意指一種非人為、非認知所及的事項，天均亦然。莊子使用「天均」隱喻，其喻依為陶器，其喻旨則為一種「體」的創生力。問題是：喻依為陶器，喻旨為體的「體」到底是人之主體？還是非人格型的道體？

筆者相信：作為《莊子》一書總序的〈天下〉篇的定位是對的，莊子的道具有本體宇宙論意義的客觀性，道不只落在哲學家的意識世界，它也在詩書禮樂的文化世界，也在萬物芸芸的自然世界。而道總是脫離不了氣化的整體性的，張載說：「由氣化有道之名」，張載說實即莊子說。我們不要忘了莊子使用「天均」的系列隱喻時，他既用了神祕天文學的北斗七星之瑤光；也用了神祕地理學的汪洋巨浸之歸墟。這種天文地理的大自然隱喻都不是文學性的譬喻，其層次也超出了當今流行的「概念隱喻」的層次。主體客體「其化鈞也」，「鈞」字是雙關語，「天均」不只代表主體，它也見於萬物的自生自化，萬物的自化與主體的創化之間有神祕的繫連。

道指向氣化的歷程，這類的文字在《莊子》外、雜篇中並非罕見，若〈知北遊〉的「通天下一氣」；〈庚桑楚〉的「天問」之說，所言尤為恢闊。然而，氣化之道並不是外、雜篇的特權，事實上，我們在內七篇中，依然可以看到作為自然哲學的氣論。如果說「遊心於淡，合氣於漠」這樣的詞語仍帶有主體主義的色彩的話，我們不會忘了：「生物之以息相吹也」，到底所言何義。

內七篇的主體多集中在具體的人之存在問題，然而，作為自然實質內涵的「物」之問題並不是隱沒不見，在「遊心於淡，合氣於漠」的境界中，主體與自然世界的關係並不是被吞沒了。事

實上，在氣化主體的流動中，自然雖然不是以對象的面貌呈現，
但非對象的「物」或「自然」恰好是莊子思想的題中應有之義。
因為正是在一種整體性的天均化行之中，蘊含了「主體─物」的
隱藏結構，莊子的「一」與「多」有種特別的繫連，我們由此可
進入莊子對「物」的理解。

四、物化＝物

　　從心學的角度解釋莊子，這種詮釋有極長遠的傳統，如果解
釋有誤，應當也有支持此種誤解的文化土壤。相對之下，另有一
種似乎是相對立的解釋，此種解釋認為莊子對「物」非常重視，
這種主張不知源於何人，但可以確定的，晚明時期是這種思想的
高峰，方以智、王夫之尤為此解的巨擘。我們不妨說：有種「物
學」的莊子學詮釋模式[20]。關於晚明的莊子「物學」詮釋模式，
其義當另文討論。但晚明興起的這種詮釋模式，對我們理解莊子
的物學，提供了很有意義的線索[21]。

---

20 參見拙作，〈儒門別傳──明末清初《莊》《易》同流的思想史意義〉，收入
　鍾彩鈞、楊晉龍主編，《明清文學與思想中之主體意識與社會‧學術思想篇》
　（台北：中央研究院中國文哲研究所，2004），頁 245-289。鄧克銘，〈方以智
　論《莊子》──以道與物為中心〉，《漢學研究》31 卷，3 期（2013 年 9 月），
　頁 1-30。
21 簡單地說，王夫之、方以智所以會挖掘出莊子的物學，其因緣和他們本人面
　臨的時代議題有關，方、王兩人處在心學發展的高峰，亦即儒家有史以來發
　展得最徹底的意識哲學──王學在 17 世紀中幾乎已將潛能發揮殆盡了。但
　一體兩面，王學的弱點也只有在熟透期才會明顯地表現出來。方以智除了因
　為家學的緣故必須面對王學的局勢外，他另有禪宗的繼承問題。禪宗經五家
　七宗後，在晚明有復興趨勢，方以智所繼承的曹洞宗該如何面對真正的人間

　　提到莊子的物論，我們首先想到的就是〈齊物論〉該如何解讀的問題，到底是「齊物之論」，還是「齊一物論」？「物」字上屬於「齊」字或下屬於「論」字，似乎皆有理據。如果是齊物之論，則表示莊子對於「物」有自己的理解，莊子的思想光譜中宜有「物論」一欄；如果是齊一「物論」，則顯示莊子對當時的「物論」，頗想整齊之。然而，何謂當時的「物論」？是否當時的思想家對於「物」有各種論述？還是只是籠統地表示各種論述罷了？古今注家對此「物論」似乎很少著墨，大體上認為有各種哲學論點而已。

　　「物」或「物論」的問題可能有各種的解法，但在天均之眼的朗照下，這個議題需要高看。不管〈齊物論〉的「物」字該上屬或下屬，我們沒有理由迴避《莊子》書中這麼重要的章節提供的字眼。而且由《莊子》其他篇章，特別是〈天下〉篇與〈則陽〉篇提供的線索，我們有理由重新反思「莊子的物學」或許不是個怪異的談法，它既有文本的依據，也有哲學的依據。筆者認為：如果我們不從心學的角度界定莊子，而是從泛存有論的道論之角度考察，那麼，莊子的物論之說可謂勢所必至。

　　我們還是回到了莊子所處的思想環境考量。莊子活在戰國中期，從〈天下〉篇中，我們知道其時的知識局面乃是「道術為天下裂」，亦即有機而統一的思想分裂以後，百家競鳴，處士橫議。莊子當時所面對的難題是所謂的「內聖外王」的格局該如何

性，這個議題也被提上了議事桌，不能不處理了。方以智和王夫之面對同樣的問題，同樣的困擾，他們也同樣從《莊子》書中，發現到平行的處境。莊子是帶動晚明思想家思考 17 世紀思想困局的精神導師，筆者認為晚明哲人的視座是有道理的，因為莊子不但早他們兩千年面對類似的難題，而且莊子也早於其時提出相應的判斷。

進入？從春秋以降,「聖」的地位日高,其高的內涵一落在人格等第,「聖」成了對最高人格的禮讚;一在它指向了道之意識,亦即本心、本性這類語詞所指涉的層次,道與聖共在。子思、孟子的用法如此,莊子也是。至於「外王」則指意識所對之「物」之世界。從戰國早期開始,「物」的意義大致就和「存在之物」或佛教所說的「法」相當[22]。「內聖外王」的格局因此可說是「心物」的問題,只是對莊子而言,這個問題不是知識論地談,而是實踐意義也是本體論意義地談。

　　仔細觀察〈天下〉篇,我們發現「物」字在此篇中不時地出現,尤其從慎到以後,歷經老子、莊子、惠施,在這四位哲人的思想中,「物」的問題都出現了。而且除了惠施的「歷物」之說較特別,需另當別論外,我們看到「物」在這幾位哲人的著作中,依莊子的理解,乃呈現由淺而深的發展。

　　我們看莊子如何判斷慎到、彭蒙、田駢的思想。莊子認為他們有一種以物為首出的定位,人生處一世,即當隨「物」宛轉,人的意向與意志乃隨物之「勢」、「形」而轉。更具體地講,人的存在乃「在世存有」,而「在世存有」的實質內涵即是「與物共在」,因為人活在物的世界中。相對於《易經》主張「器」與人文的本質性關聯,慎到等人所主張的卻是「人—物」的勾連。慎到等人注重「物」的地位,這種選擇有其合理性,但他們提出的「人—物」關係乃是盡量地去主體化,銷毀意志,以至無知之物而後已。慎到之學讓我們嗅出濃厚的叔本華(Arthur Schopenhauer, 1788-1860)的意志哲學(實即反意志哲學)的氣

---

22 戰國時期,「物」的另外一個意義是非理性的魔咒之物,如《左傳》「有物馮之」所說的「物」,此「物」另有宗教學上的意義,茲不細論,

味，王夫之批判為「枯木禪」，良有以也。

　　老子的「物」之哲學則落到天平的另一端，〈天下〉篇的莊子主要的關懷可以說就是如何回應老子。《老子》一書因為近年來出現不同的版本，引發各種南轅北轍的解釋，他的性格反而模糊掉了。但在〈天下〉篇，莊子所見到的老子形象是很清楚的，老子是位深居於「神明」狀態的智慧老人。「神明」意指一種幽深的意識，這種「神明」位居意識與世界存在的底層，它是實踐的起點，也是終點。就實踐的目標而言，它是包含感性、智性在內的生命力逆返至極所致。在具有冥契論因素的傳統中，修行者在經歷長期「逆」或「損」的過程之作用下，對世界淡漠，這是很常見的後果。換言之，內在本性的彰顯和世界的渾化，亦即和物的鈍化，常是同一種過程的兩面。老子確實不能說是「無世界主義」者[23]，莊子也幫老子澄清過，說他以「空虛不毀萬物為實」。如何不讓物消逝於「神明」的追求中，這是老子關心的議題，莊子也同意老子很努力避免掉入體證哲學易患的窘境。然而，莊子對老子「心—物」關係的判斷是：老子「以本為精，以物為粗」，換言之，老子雖然不想「毀萬物」，但卻無法證成「物」的價值。就像他不想無掉世界，但卻希望世界處於不會分化的「小國寡民」的樂園狀態中。

　　老子有沒有「物學」？他的「物」該如何解？此議題也許可

---

23 史賓諾莎的哲學或被定位為「無神論」，黑格爾替史賓諾莎的澄清道：與其說他的哲學是「無神論」，不如說是「無世界論」。參見前揭書《哲學史講演錄》第 4 卷，頁 99。黑格爾也以類似的詞語替老子澄清，因為他已指出老子的「無」不是虛無之意，而是「單純的、自身同一的、無規定的、抽象的統一」，參見《哲學史講演錄》第 1 卷，頁 131。

以重作[24]。但莊子是第一位認定「物」在老子思想中有獨特的位置的哲學家，只是他將老子思想定位為「以物為粗」，亦即「物」在價值位階上的地位不高，老子這位哲學家是位活在深根寧極的智慧老人，客體被消納在深層的主體之中，深層的主體事實上也就是沒有發展出精神能動性的抽象統一的主體。莊子相信只有他自己本人才能正視「物」的價值，老子絕非其人。在〈天下〉篇中，莊子說道：他的思想是「應於化而解於物」，「應於化」這種表達方式在《莊子》書中常見，莊子設想人可以活在整體性的氣化推移中，所謂「遊乎天地之一氣」。氣化即意味著整體性，這種「應於化」的規模與模態顯然是無法明確化的，其界限最後確定會滲進到不可言說、無法意及的「天」的領域。但雖不能意及，不能言說，卻可設想一種氣感的存有之連續性。

「解於物」和「應於化」應當是同一種過程或同一種層次的兩個事件。「解於物」的「解」字之義當略同「庖丁解牛」之「解」，但「解於物」仍不好解。王夫之說：「非以致物，喪我而於物無攖」[25]，亦即要尊重「物」，以之為主，主體要先行懸擱（所謂「喪我」），讓物在一種遊化的心境底下呈顯。「物」自己表達，自己決定自己，主體只待在一種回應的位置，這是另類的「因」、「隨」的哲學，也可說是種玄化的「觀物」哲學。「因」、「隨」、「觀」的哲學可上下其講，我們上文提到的慎到等人主張棄知棄己，「與物宛轉」，也可說是「因」、「隨」、「觀」的哲學。

---

24 王慶節主張老子有「物」的哲學，可備一說。參見王慶節，〈道之為物——海德格的「四方域」物論與老子的自然物論〉，《現象學與人文科學》（香港：香港中文大學，2005），第 2 期，頁 261-313。

25 王夫之，《莊子解、莊子通》（台北：里仁書局，1984），頁 284。

但王夫之的注解很道地，其解需要高看。在老子的「玄覽」思想或佛教的「現量」學說當中，我們也可看到相似的理趣。

但「解於物」似乎可進一步解作「在物中解」，就像「遊於藝」是「在藝中遊」。「在物中解」是人與物合處在一種「解」的狀態，就主體而言，當是遊化之心；就物而言，則是「物化」狀態。「物化」是莊子版的物自身，莊子對物有本真的認定，他堅持：物不可因主體之本體化，亦即心性為一，性天相通，存在與意識的隔閡打破了，因此，遂導致「無物」；也不可因主體之認知作用，不管是休姆（David Hume, 1711-1776）或康德意義的，或唯識宗意義的，遂導致「定物」的性格。莊子的「物」是非決定性的，至少不是剛性的決定性的[26]，物即化，「物」與「物化」同出而異名。「解於物」因此可解作「人參與物的氣化之流」。

上述「讓物自顯」與「與物共解而化」兩解不但不矛盾，且必須相通。因為「物自顯」即是「物化」，「物化」即是物之實相[27]，就像化是世界之實相，「物化」只是「化」此作用在「物」

---

26 莊子強調萬物處於流動的變化之途中，但他也強調物有「天理」，人處事應物，需「依其天理」，借用莊子「才與不才之間」的說法，他的「物」也是處在「決定與非決定之間」。

27 「物化」在《莊子》書中兩見，一見於「其生也天行，其死也物化」，此處的「物化」當指人逝世後「化」為「物」的存在。莊子對生命個體的界定由「氣聚」而立，氣聚成體即為個體。個體消逝，攝受統合的作用消失了，即化為氣化之物。「物化」一詞另見於有名的莊周夢蝴蝶之寓言中。在此處的物化意指莊周與蝴蝶之分的一種狀態，我們有理由認為此處的「物化」指的是一種神話意義的變形。變形神話的解讀是將重點放在「物化」的「化」字上，依神話思維，界、門、綱、目、科、屬、種的區分只是方便的，原則上是可「以不同形相襌」。但筆者認為「物化」的重點也可放在「物」的性質

上的體現而已。反過來說，「物」總是處於「化」中，「物」即為「物化」，「物化」即為「化之物」。在莊子的世界圖像中，所有的個體都參與一種全體性的變化之流[28]。

在這種全面運轉、無處可見但又無處不在的中心參與的情況下，所有的個體都是暫時性的個體，所謂「物」；所有的個體都是由氣聚的個體加上周遭不定的氤氳組合而成，所謂「化」；因此，「物」即是「物化」。物化之物的概念和其時流行的一個術語「流形」近似，《易經》曰：「品物流形」，《易經》此語頗著名，但「流形」語義一直很少受到正面的看待。晚近因為出土楚簡〈凡物流形〉，兩相對照，正可相互發明[29]。莊子接受戰國中期氣化論的論點，但他更進一步主張：凡是「個體」的概念都不是定限的，而是在流動過程中的暫時相，而其暫時相可說都是由「物」連著其「形」之旁的氣（氛圍）一齊朗現的。畸人莊子的思想也有受惠於時代風土的成分，他對個體之物的理解即可說是分享了其時的共法。不管曰：「物化」，或曰：「流形」，這些詞彙在在顯示：不只是莊子的主體虛而氣化，其所對之物也是虛而氣化。然而，就像氣化主體不能抹殺主體的通感以及整合作用，天人相濟以應事。物化之物亦不可被視為幻相（如某些流於斷滅空的小乘佛教所主張者），在主體的轉化過程之後被虛無掉了，因為「物化」正是要使新新之意在個體上有附著處。

上，凡是「物」即有「化」。

28 「整體世界處在變化之流」的觀點無疑地不是一家一人之學，在古希臘的赫拉克利特（Heraclitus）、魏晉的般若學都可找到這種論點，《易經》更是以「變易」定位其書。莊子的特殊在於他依一種天均的隱喻設想世界的運動。

29 參見黃冠雲，〈「流體」、「流形」與早期儒家思想的一個轉折〉，《簡帛》（武漢：武漢大學出版社，2011），第 6 輯，頁 387-398。

　　莊子論物，常連著主體與物的關係考量。在氣化主體的格局下，「氣」自然可歸屬為主體的語彙。但自另一面而言，「氣」的作用即是「化」，我們不要忘了，「化」乃是氣機流動的一種真實，而「物化」一詞總是連著「化」字作解，「化」要掛鉤在「物」存在的前提上，「物化」使得物有了內容。在莊子的世界圖像中，物的虛通是一義，主體不能併吞物化之物又是一義。莊子從玄祕的「大道」之境至日常之境，一直要給「物」安排位置。莊子要瓦解一種實體意義的生與被生的關係，不管是形上意義的道生一或道生物，或是唯心論精神修煉傳統中的本心生山河大地。莊子有言道：「知之所至，極物而已，睹道之人，不隨其所廢，不原其所起。」（〈則陽〉）「道」是氣化歷程的總合，也是物之總合，它不離開物，但也不生物。相反地，就現實的世界而言，物有其存在的優先性，物就是物，不增不損，現量而觀（不原其所起）。學者只能隨物而成，不可斷滅空地觀看物之滅相（不隨其所廢），也不可增益見地追求物之起源。莊子的「物」之哲學大致是對一種宇宙論模式的道之創生之否定，尤其反對由「無」生「有」之主張[30]。

　　莊子是有全體論的興趣，亦即宇宙性的興趣，但他避免一種宇宙開闢論的思考。不但如此，莊子努力避開宇宙心論述的陷阱。莊子具有冥契論的背景，他像東西各偉大的精神修煉傳統一

---

30 參見王夫之對〈庚桑楚〉「以有形象無形者而定」，以及對〈則陽〉「接子之或使」諸說的解釋，兩說皆牽連到宇宙論的思維，接子的「或使」之說更明顯。王夫之評之為「此說最陋」。參見《莊子解莊子通》（台北：里仁書局，1984）卷 25，頁 237。王夫之主張「有」的哲學，他認定莊子也是「有」的哲學，相對地，老子則近乎「無」的哲學。王夫之對郭象的《莊子注》不怎麼看重，但兩人同樣支持崇有論的立場，倒是殊途而同歸。

樣，也有對「一」的追求。但問題是什麼樣的「一」？在莊子之前，老子是首位提出「一」的偉大哲人[31]，「一」之前冠上無以復加的狀詞「太」字，即成了「太一」。莊子頗讚美老子其人，但又不以其說為究竟。筆者認為關鍵處在於「一」中的主體與物的關係，依莊子的體證哲學，體證至極的景象雖然難以形容，但他仍保留物的獨立性，物在超越狀態中，自生自化。我們且看「心齋論」、「心養論」中所呈現的景象：「處無為，而物自化，墮爾形體，黜爾聰明，倫與物忘，大同乎涬溟。解心釋神，莫然無魂。萬物云云，各復其根。」（〈在宥〉）莊子論「物」的本真，亦即「根」的狀態，雖然必須在意識的轉化狀態，亦即「解心釋神」的心境中才可呈顯。但不要說他沒有提出「心生萬物」，莊子主張：連道也不生萬物。「心養論」說得很清楚：心齋之境乃是「倫與物忘」，不是沒有物，只是「物」此際不再以對象義出現。莊子始終強調物有超越性的自體因，它自化，自有其根，不可併為「心」的質素。這種勝義的「物」只有在「忘」的主體狀態下，才可得其實義。我們馬上會看到：只有在「無知」、「忘」這樣的狀態下，「物—我」共在的實相才可真正的顯現。

五、心有天遊

在日常經驗中，人的經驗乃是與物共在，因此，「與物相處」即成了人生經驗的實相。物構成了不可繞過的「他者」，一種既與氣化主體共感卻又沒被併吞的他者。就始源的經驗而論，物化

---

31 《老子·三十九章》云：「昔之得一者，天得一以清，地得一以寧，神得一以靈，谷得一以盈，萬物得一以生，侯王得一以為天下貞。」

之物不是被理智設定之物，也不是被本體論意識設定之物，它自己決定自己，物化之物會在主體與世界的邂逅中傳來訊息。但物之自運自化，不屬於科學理性世界的命題，它仍有待於體證者的意識加以朗現。體證者能體現萬物深層價值的意識可稱為遊化意識或遊之意識，莊子假借鴻濛之口道：只有「遊」，主體才可具體地遊化於物之本相[32]，我們由此可論「遊」。

如前所述，「遊」字原來表示「旌旗」在空中飄動，所以原作「游」字，乃因旌旗飄動狀態恍若在水中游動。「遊」、「游」兩字的體現者於空中者當是飛鳥，於水中者則是游魚，鳥飛魚游同樣被認為表現一種流動的自在感。相對之下，人作為芸芸眾生中的一員，他的存在受限於他的結構，人的限制性結構之一乃在他是陸上的動物，他的軀體只能行走於土地之上，這種限制是他的存在處境。由於「大地之子」的身分使然，人對於空中飛鳥與水中游魚既羨且妒，飛翔與水游的意象也就自然而然地成為詩人追求精神自由的象徵[33]。出自《中庸》的「鳶飛魚躍」是最著名的「自由」之意象，但「魚鳥作為精神自由象徵」此一傳統的建立者，恐怕還是要追溯到莊子。

莊子討論游魚、飛鳥、自由的關連，普見於其著作的各篇

---

32 參見《莊子‧在宥》「雲將東遊」一段。

33 茲舉曹植與陶淵明為例：曹植描述奔波在外的遊子，披襟面對習習的清風，歎道：「游魚潛綠水，翔鳥薄天飛。眇眇客行士，徭役不得歸。」流離失所的意象在曹植詩中一再地出現。同樣地，當陶淵明身處仕隱間的矛盾不得其解時，他也不免感慨：「目倦川塗異，心念山澤居。望雲慚高鳥，臨水愧游魚。」（〈始作鎮軍參軍經曲阿作〉）相對於疲憊的行士，游魚與翔鳥是自由的象徵，曹植的感慨與陶淵明的慚愧是有道理的，他們兩人的回應在中國歷代詩人的詩作中屢見不鮮。逯欽立校輯，《秦漢魏晉南北朝詩》（北京：中華書局，1983），冊上，頁 460、冊中，頁 9820。

章，但最受人矚目者當是〈逍遙遊〉篇破題所說的「鯤化為鵬」的神話，以及〈秋水〉篇所說：莊子與惠施兩人在濠梁之上，見魚出游，因而爭辯魚樂不樂的議題。這兩種魚在不同的脈絡中，恰好反映了「遊」的兩種展現的場域，一個是廣漠無涯而具個體性的場域，一個是遊觀個體而與之共在的場域。兩種場域的主體所對者雖有廣狹之分，但主體以超自覺的神化流行顯出自由，亦即心有天遊，此義卻是相同的。

　　論及廣漠無涯的「天遊」，我們馬上想到〈逍遙遊〉篇中的那頭碩大無比的「鯤」。超乎尋常的大魚在《莊子》書中不時會出現，莊子對海洋的傳說顯然不陌生，他頻頻使用海洋傳說的主題顯示其思想成分中蘊含了一種神祕地理學的消息，這種神祕地理學很可能和莊子的族群之歷史追憶有關[34]。《莊子》一書中的「大魚」之象徵除了有「自由」義之外，另一種含義當是「潛能」義，「潛能」是「能」的潛存者，鯤是蘊積能量的神物。事實上，鯤即是海洋的象徵，它的人格化即為海神禺彊[35]，禺彊、鯤、海洋同樣指向一種深不可測的玄冥向度。「自由」只能建立在潛能的轉化上面，也唯有潛能轉化為現實後，「自由」才有可能。

---

34 參見前揭拙作，〈莊子與東方海濱的巫文化〉一文。

35 袁珂認為鯤鵬與禺彊的神話頗有關連。《山海經》除有禺彊之神外，另有禺䝞其神，其文曰：「東海之渚中，有神，人面鳥身，珥兩黃蛇，踐兩黃蛇，名曰禺䝞。黃帝生禺䝞，禺䝞生禺京，禺京處北海，禺䝞處東海，是為海神。」袁珂解釋道：「鯤實當為鯨。而北海海神適名禺京，又字玄冥，此與莊周寓言中北冥之鯤（鯨）豈非有一定之關聯乎？而鯨，字本作鱷，《說文》十一云：『鱷，海大魚也，从魚，畺聲。』又與禺彊（禺京）之『彊』合……然而禺彊不僅海神而已，實又兼風神職司。」參見袁珂，《山海經校注》（台北：里仁書局，1982），頁248-249。

在莊子系統中，能量之大者當然是體道者之獨與天地精神同往來，此種徹底自由的象徵即是大鵬鳥。在〈逍遙遊〉篇中，莊子假借「鯤化為鵬」的寓言，指出自由所以可能，其前提在「化」。化者，轉化之義，只有作為潛能寓意的鯤轉化成大鵬以後，一種無礙的、遼闊的世界才可以展開。莊子假借大鵬高飛，旨在透過一種宇宙意象的想像作用，來顯示一種精神的「化境」。「哲學家們在夢想什麼呢？夢想者無休止地追隨著飛鷹的天體飛行。這環繞高空繪出的如此優美的圓圈是多麼輝煌的飛行。多麼富於魅力的飛行！游泳只知直線行進。而人必須像飛鷹一樣飛行才能具體明白宇宙的幾何學。」[36]飛翔與水游的意象之旁通被勾勒得恰到好處。巴舍拉這位詩人哲學家也是位夢幻的哲學家，夢幻並不比現實夢幻，就像神話不見得比歷史少掉真實。「鯤化為鵬」的神話即告訴我們深刻的人格轉化的道理，此神化的「化」有二義，第一是「轉化」的意念，第二則是指轉化後的「化境」。

飛翔的夢想可能是人類所有夢想中最深根固柢者，因為它帶有對人類有限性的克服、超越、轉化，是人不甘屈服於物理／生理法則的一種異化之投射。在遙遠的神話年代，這種夢想不見得是意識的變裝。它是一種真實，此種真實以神話此種原始社會的「憲章」之面目出現，神話的真實也有可能可以在一種「出神之

---

36 參見巴舍拉（Gaston Bachelard）著，劉自強譯，《夢想的詩學》（北京：三聯書店，1996），頁 260。巴舍拉收集了不少材料，證實游泳的夢想與飛翔的夢想常相連而至：「夢想相互結合，相互連接。在天空中旋轉的有羽翅的存在和流向其固有的漩渦的水流結成盟友。但是飛鷹的旋轉最為美妙。」（頁259-260）水游與飛翔兩相比較，飛翔的象徵更強，莊子也時常運用水游與飛翔的意象，但運用「飛翔」的次數更多。

技」（technique of ecstasy）的宗教實踐中得到體證，筆者相信「鯤化為鵬」的寓言很可能有薩滿教的文化因素在內[37]。在薩滿教的文化中，「出神之技」是常見的，「變形」的寓言是常見的，會傳達神祕知識的「助靈」是常見的[38]。《莊子》一書對這類神話主題都不陌生，更確切地說，莊子所運用的薩滿教文化因素當指中國東方海濱的東夷之巫教文化。莊子與殷商文化之關係極密切，莊子大概是中國思想傳統當中，運用東方巫教文化最成熟的哲人[39]。

　　放在「巫教」、「飛翔」、「遊」這樣的主題軸線底下考量，我們可以確定莊子為什麼那麼喜歡運用至人昇天遠遊的意象：「予方將與造物者為人，厭則又乘夫莽眇之鳥，以出六極之外，而遊無何有之鄉。」（〈應帝王〉）最美的意象當是出自〈逍遙遊〉篇那位美麗的姑射仙子：「肌膚若冰雪，綽約若處子，不食五穀，吸風飲露，乘雲氣，御飛龍，而遊乎四海之外。」莊子的至人可在空中高飛，自由自在，他們無疑是後世遊仙的始祖，也是遠古大巫的嫡孫，更是莊子「逍遙」精神的人物顯像。但莊子思想雖與巫教有關，但他更根本的關懷則在於對巫教的克服，我們自然不會將這些敘述當作莊子真正的喻旨，我們毋寧相信莊子言在此而意在彼。這些意象表達了：「遊」是偉大而莊嚴的身心活動，它帶著一種宇宙性的性格，牽動了世界的精緻運轉。主體是遊動的整體性，「遊」是直通而沒有對象的障礙之活動。

---

37 耶律亞德對薩滿教的界定即從「出神之技」著眼，參見 M. Eliade, *Shamanism: Archaic Techniques of Ecstasy.*

38 參見拙作，〈昇天變形與不懼水火——論莊子思想中與原始宗教相關的三個主題〉，《漢學研究》，第 71 期（1989 年 6 月），頁 223-253。

39 參見拙作〈莊子與東方海濱的巫文化〉一文。

　　「遊」指向了主體的解放心態，也指向了與物無對而共遊的模態，在此種無對的情境中，共在的氛圍常由樂、自在、美、恢弘諸種感覺所滲透，「得乎至美而遊乎至樂」（〈知北遊〉），莊子面對大自然，如是禮讚道。然而，遊之主體雖然是真正的主體，現實的主體卻不是遊的主體，我們的日常生活基本上不是以「遊」的方式呈現，孟郊云：「出門即有礙，誰謂天地寬？」（〈贈別崔純亮〉）孟郊是科舉的常敗將軍，他的感慨當然不足以作為日常心態的典型。但日常生活的主體不足以論及「遊」之奧義，這也是事實。所以只要談到遊，我們即不能忽略掉「鯤化為鵬」蘊含的工夫論意義，「遊」一定連著「化」，而「化」則必然有主體轉換的意義[40]。支道林對郭象的批判雖然帶有佛教的色彩，但卻是我們論莊子的逍遙義時不能忽視的注莊故事[41]。

　　「遊」字的核心義之一可能與冥契經驗有關，如果要勉強給它定性的話，莊子的「遊」接近外向型的冥契論。但「外向型的

---

40 「遊」具超越義，需預設工夫論的前提，東方的證道敘述中，心性論的語言和形上學的語言在某種獨特的心靈境界中，被視為可以相互詮釋。我們看到莊子的「遊」字往往帶有如下的義涵：（一）「萬物一體」，如言「遊於物之所不得遯而皆存」；（二）超越時間相，如言「相忘以生，無所終窮」、「復之撓撓，以遊無端」；（三）超越空間相，如言「入無窮之門，以遊無極之野」。超越時空，萬物一體，這是冥契主義者最常見的報導。這些經驗的敘述一轉，很快的就觸及到「有無」、「一多」、「動靜」的哲學問題，而莊子的「遊」，正是浮遊在此「無有者」、「萬物之祖」、「物之初」的境界。「遊」字有理由可詮釋為證道的語言，但本文重點不在此，莊子哲學的重心也不在此，故言盡於此。

41 參見拙作〈注《莊》的另一個故事──郭象與成玄英的論述〉，收入鄭志明主編，《道教文化的精華》（嘉義：南華大學宗教文化研究中心，2000），頁297-335。

冥契論」或「冥契論」一詞無法窮盡莊子的「遊」字之義，莊子
之「遊」的真實內涵也不在此處。我們看莊子的「遊」預設了一
種精緻化的形氣主體的精神，具有更明確的主體的力動性格。莊
子論人，其主體不是落在意識主體，而是落在形氣主體上面。形
氣主體的完整稱呼當是「形—氣—神」主體，這種「形—氣—
神」主體的運作面雖有時以「氣」為主，有時以「神」（心）為
核心，但當以「神」（心）為核心時，「神」（心）總是連帶著極
廣而極隱微的「氣」一起作用的，「氣」被視為「心」的邊緣
層[42]。這樣的「形—氣—神」主體是種擴散的主體，神帶著氣擴
充到空間的每個角落，就像空氣中聲波的迴盪，就像水中波紋的
擴散一樣。

　　由於人身是流動的身體，是「流形」，所以「遊」帶有的無
盡之感落在主體上講，即是「體盡無窮，而遊無朕」（〈應帝
王〉）；落在意識上講，即是「遊心」或「心有天遊」（〈外物〉）
的敘述；如果落在形氣主體中非意識層的形體感受層面，即是
「遊乎天地之一氣」（〈大宗師〉）。「遊」字不管落在形、氣、神
的哪一端，我們可以看到「遊」的主體都是「全體」參與的，所
謂「全體」，即是全部的身體連著氣化的周遭世界。一種與物和
諧的氣化狀態才是世界之本真，與氣化狀態共振的具體動感才是
人應該有的本真性存在。「遊」是蝴蝶效應的蝴蝶，它的訊息傳
至六極八紘的每一角度[43]。莊子善言一種宇宙氣感的遊，此際之

---

42 如果心氣同流，那麼，有宇宙心即有宇宙氣，心量無限，氣機也就無限。

43 這就是列子所說的：「一體之盈虛消息皆通於天地，應於物類。」（《列子·
　周穆王》）「其有介然之有，唯然之音，雖遠在八荒之外，近在眉睫之內，來
　干我者，我必知之。」（《列子·仲尼》）《列子》這兩段話恰好可用以印證
　莊子的「遊」或「氣」之概念。不管《列子》是否所謂的「偽書」，但《列子》

遊所對者是沒有特定對象的「廣漠」、「無何有」的大自然或是
浩瀚之感的心境。

浩瀚感（immensite）一詞是筆者借自巴舍拉《空間詩學》
的重要概念，筆者相信：它可能就是此書最重要的內涵。「浩瀚
感」不需要回憶，不需要對象，它就在我們的身體內，「與一種
存有的擴張狀態」緊密關連。換言之，「浩瀚感」是「此在」的
一種規定，它是連著「形─氣─神」一體難分的神祕之整體感。
筆者認為孟子的「浩然之氣」、莊子的逍遙意識庶幾近之。但人
生處於世，很難不與「物」相遇，而所謂的大自然，其實也是各
種非定相之物所組成的世界。行文至此，我們不妨進入莊子的第
二條魚的世界。

在莊子與惠施的「濠梁之辯」的情節中，游魚出遊是被視為
可以得到自在之樂的。樂是情感語彙，從莊子開始，它還是修養
至深的一種境界語彙，此樂顯然不是經驗意義的魚之屬性，也不
僅是純粹主觀的「心法」，它是被視為體道者心境的一種物我關
係之體現。也是從莊子開始，「觀游魚以體道」成了一種哲人的
風尚，程明道喜歡蓄小魚，觀其天機，即是一個可與濠梁之辯相
互爭輝的案例。

「濠梁之辯」此篇雋永的小品因為海德格（Martin Heidegger,
1889-1976）論及共在（Mitsein）的議題時曾特別標舉之，因而
頗引起國人的注意。海德格的「共在」思想旨在破除笛卡爾主客
二分的認識論魔咒，就「此在」的內涵分析，「此在」即是在世
存有，即是「共在」。「共在」先於主客的二分，它是主體的本
真狀態。海德格討論「共在」問題時，援引濠梁之辯的魚樂問題

的許多論點和《莊子》文本顯然關係匪淺。

作引子，可謂神解。

然而，為什麼人、魚「共在」，莊子才可知「魚樂」？箇中的關節仍待釐清。眾所共知，如按一般的辯論常規來看，莊子不算贏家，惠施也沒有輸。莊子最後說：請循其「本」，他所以知道魚樂，乃是「知之濠上」（在濠上看到就知道了）。「本」是雙關語，它既可指向話頭所起的瞬間之時間，也可指向問題的根本或依據。「知之濠上」既是最原初的經驗，但莊子不無可能表示道：答案也就是在觀賞的那一剎那，時間的原初也就是事件的理據。

何以原初地看到魚游即知魚樂？答案顯然不是類比，莊子論及人對人，或人對物的了解之問題時，從來不用「類比」去解決；也不是相互主體性，雖然「主體」（subject）此一詞語據海德格所說，它曾被用於人之外的事物，物也可以有「主體」[44]。但我們還是不太容易相信「魚」和莊子的主體性可以分享；如說是「移情」，此解未嘗不可成一說，但「魚樂」變成了主觀的投影，莊子的原義明顯地不在此處。既不是比量，也不投射，又非交互，游魚為何樂？這個簡單的現象幾乎變成了循環不息的莫比爾斯帶（Möbius Band）難題。

但莊子果斷地跟我們講：知之濠上！「濠上」很難作文章，因為我們如果將「濠上」改成「碧潭橋上」或「濁水溪邊」，答案應該不會受影響，莊子還是會說：他知道「魚樂」。所以問題

---

44 本書審查意見書之一指出：此義「源自西方的主詞—述詞命題結構，爾後，命題主詞 subjectum 等同於 substratum，而與 substance 有所類同，遂有主體混同於實體（如黑格爾精神現象學序言）的理解。人作為主體的現代命運，起自笛卡爾。海德格的脈絡可參考：〈世界圖像的時代〉或《尼采》（下卷，15 節；17 節）」。謹此致謝。

出在「知」上。明顯地，莊子所說的「知」不是主客二分的知，凡立在主客二分之上的知，則不管是比喻、移情或交互主體性，魚樂之說都不能成立。「我知」與「魚樂」要同時成立，只能落在「我知的心情」和「魚」的關係沒有分化的前提下，魚和我共同處在特殊的氛圍中，我樂因而魚樂，此解才有意義。這樣的「知」是種非認知性的直覺之知，直覺之知也可以說是無知之知[45]。在無知之知的朗現下，主客共同被一種氛圍所穿透，此時既無主，亦無客；既無內，亦無外。這是種「遊」的狀態，「明確性」、「對象性」都渾沌掉了。莊子在遊心也是遊氣的作用下，魚是以「非對象」而又「與主體共在」的樣式出現的，因而莊子與游魚一同進入渾化之氣流中，莊樂魚亦樂，但兩者同時亦不自知其所樂[46]。

莊子以無知的遊心遊觀遊魚，因而知魚樂，魚與人同享法悅。由此一小品出發，我們可以理解莊子的聖人為何那麼地「無知」，「古之真人，不知說生，不知惡死。其出不訢，其入不距。翛然而往，翛然而來而矣。不忘其所始，不求其所終。受而喜之，忘而復之」（〈大宗師〉）；「德人者，居無思，行無慮，不藏是非美惡。……儻乎若行而失其道也，財用有餘而不知其所自來，飲食取足而不知其所從，此謂德人之容」（〈天地〉）；「浮游不知所求，猖狂不知所往」（〈在宥〉）。莊子的聖人總像是宇

---

45 筆者上述的解釋受到底下兩文的啟發，一為戴君仁先生〈魚樂解〉一文，此文收入《梅園論學續集》（台北：藝文印書館，1974），頁 251-254；另一為張亨先生〈從「知之濠上」到「無心外之物」〉，此文收入《思文之際論集——儒道思想的現代詮釋》（北京：新星出版社，2006），頁 381-400。

46 試對照程伊川對「顏子之樂」的反撥：「顏子簞瓢非樂也，忘也」，「忘」也是一種「無知」。兩者的「無知之樂」當是出自同一理據，茲不細論。

宙的遊民一樣，沒有目的性，沒有分別心，浪蕩於天壤間，縱一體之所如。人的存在逼近於自然的存在，知情意處於未萌發的狀態[47]。其實不是未萌發，而是充分萌發以至超自覺的狀態。

不管面對浩瀚的大自然，或是面對自然之物，遊的主體情態是種非感性之樂，遊的運動狀態是種非分別的感通狀。「天遊」既指涉一種宇宙性的氣感，也指涉「觀物」時一種非認知性的直覺之感。莊子對芸芸眾生的迷茫雖常發不由自已之悲情，治《莊子》者亦多衰世之人，但《莊子》或許不見得是衰世之書，此書也不見得特別容易激發世紀末的存在感[48]。恰好相反，莊子也許相信真正的主體是帶著「與物為春」的遊的主體，而「與物為春」的基調或許和殘秋的意緒不相衝突。

六、乘物遊心

莊子的「遊」總是會帶給讀者一種浩瀚之感，這種感覺是建立在氣化主體之感通上的。換言之，我們越是脫離了個體的局限，越由主體中深層的但也是精緻化的「氣」或「神」所帶動，越能享受「遊」所顯示的自在朗暢之感，也就是越能呼應人的本真的狀態。

然而，如果遊之主體是主體應有的模態，那麼，我們不能不面對一個現實的處境：我們總是處在社會情境中，而社會情境是

---

47 參見大橋良介，〈Self and Person in Non-anthropological View〉，此論文發表於 2013 年 11 月 29 日台北國立臺灣大學人文社會高等研究院舉辦之「東亞視域中的『自我』與『個人』國際學術研討會」上。

48 這是錢穆先生的看法，參見《莊子纂箋·序目》（台北：三民書局，1974），頁 7。錢先生此序的歷史滄桑感特濃，另有思想史的意義，茲不贅述。

由人與物共組而成的。社會中的人不同於原始自然世界中的人，就像社會中的物不同於自然世界中的物一樣。我們提出的這個疑惑，莊子也想到了。莊子不是遠古的神巫，不是後世道教的仙真，也不是退隱江湖的隱士，他處在國際關係詭譎多變的戰國中期，是宋國一位中下級的官僚。莊子有家庭、朋友、同僚，他處於複雜的人群關係當中，但他又具有很強的同情共感的人格特質。在眾聲喧譁中，莊子誠然有很濃的孤獨感，但他卻又情不能自已地想將他的言論說給芸芸眾生聽的。如何在人間世逍遙遊？莊子給予的答案是「乘物以遊心，託不得已以養中」（〈人間世〉）。

落實到具體的人間世來，我們不難發現「人間世」其實也是「物間世」，「物間世」也是「人與物之間之世」。在「乘物以遊心」的構造中，我們首先碰到的就是「物」與「心」的關係。在設想中的原始狀態，主體與物本來即有共感、共在的繫連，但人總會長出（outgrow，亦即長而出之的意思）原始的繫連。在我們一般可感受的經驗世界中，如果「遊」意指一種無待的宇宙性意識，而「物」不管是以自然的總體之面貌出現，或是有限之物以被觀賞的面貌出現時，主體與物的關係是可以共化共遊的。但這種「物」通常見於觀賞的心境，在具體的人間社會較少見。在我們與物共構的世界中，具體的人是用物之人，物在主體與目的之間。「物」既可以是主體所對的他者，一種異於主體的他者性；也可以是主體的延伸，是在世的主體不可能缺少的媒介，物我合一（如盲者的手杖、低頭族的手機）。「物」不可能繞過，因此，不能處理「物」即無「遊」可言。

晚近治莊子哲學者，常會想到「庖丁解牛」的微言大義，對此段名言多有論述。此牛經後人的不斷詮釋，新義時出，它已不

知被理智的光刀解剖了多少次。但因有莊子的加持，此牛不死，原始版本的「庖丁解牛」遂有「原型」的地位，後人的詮釋遂不能不回返到原初的旨義。莊子借此寓言，想向我們傳遞何種消息呢？無疑的，「庖丁解牛」是項技藝的行為，技藝是莊子很喜歡言說的題材，莊子借此以說明「由技進道」的過程。然而，技藝的故事從行為的角度觀察，固然是技藝。但從技藝的施力點一方來看，乃是主體的問題；從著力點一方來看，則是「物」的問題。技藝問題更精確地說，則可說是「主體應物」的問題。

應物的前提是「物」的存在，所以此一事件的根本前提，乃是此「牛」是赤裸裸的他者，它構成了主體的對立面，而且是不可繞過的對立面[49]。其次，面對著不可化約的他者，主體須通過它，但又與之融釋在一起。在過程中，主體必須認識此牛自然有其秩序，這是種非人為的秩序，可稱之為「天理」。這種天然的理路不是出於主體的設定，而是自然之存在，因此，主體之應物乃應此物之天理，這就是「依其固然」之意。再接著知其天理，即是如何依天理以應物。然而，日常經驗的主體之應物不足以言遊，因為現實的存在乃是粗糙的感官主體之存在，所面對之物亦為粗糙之對象，所以應物多斲傷相殘，所謂「族庖月更刀」是也。「刀」如果象徵主體，那麼，平常的應物可以說是兩敗俱傷，因為刀殘了，而牛也被施虐得不成樣。

「遊於物」很難脫離上述的三點前提，但卻要超越這些前提。「遊」的主體需要通氣，需要轉化「物」的障礙為具體的通路。然而，在日常的存在狀態下，有物有對，有形有知，這種主

---

49 「對立」是就經驗之表象而言，事實上，物我總處在「不知」當中的互滲互化。

客對分的格局是無法跨越的。主體因而需經實踐而昇華、轉化，亦即原本五官分立而各有職司的身體功能不能不變為循耳目內通而感官渾化。此時主客關係的主體乃凝感官作用於物相，感官越凝聚於物象之一端，反過來看，主體也會越深入於感官之根的向度，因而，遂有「官知止而神欲行」、「以神遇而不以目視」的經驗，原有的各種分殊性展現的感官機能被氣身之感所整合。莊子論工夫時，我們比較注意到意識的自我凝聚、轉化，以進入超越之境，如「心齋」、「坐忘」、「喪我」諸義所說者。然而，莊子的工夫論之特殊者，在於他強調在技藝的行為中，主體也有工夫作。籠統說來，技藝中主體的轉化類似「熟能生巧」的結果，然而，「熟能生巧」只是初階的條件，莊子要求的是巧之出神入化，因而達到主體的超越。莊子此種在行為中體道的進路在後世的禪宗或王學並不陌生，但在公元前 4 世紀，這種具體的實踐哲學毋寧是罕見的。但更重要的因素是：莊子、禪宗與王學雖然都主張當下的具體實踐，但莊子的哲學對「物」特別看重。

技藝提供我們很重要的線索，莊子雖然沒有像馬克思一樣公然地將勞動提升到人的本質，但技藝是類似手工藝的勞動，技藝使得我們在心學與氣學的詮釋爭辯中取得平衡的立場。因為技藝的行動總牽引出心物兩端，當這種直覺之感的「氣」或「神」運作於物時，物同時遂失掉原來粗糙的、靜止的質性，它處於流動的物化狀態中。物化狀態不對感官開放，但卻流盪於至虛之心中，亦即「物化」之物與主體之「神」有種超自覺的契合作用。因著這種不自覺的契入，對象失掉其所「對」的「他者」之身分，主客共處在具體的氣化運轉之中。「由技進道」的行動不是片面的，它牽引了主體與物，而且是發生於現實經驗背後或深層的世界之事件。依莊子的規定，凡非自覺所及的功能即謂之

「天」，當主客兩者皆融入非主體意識所及的層次時，即可謂「以天合天」，「以天合天」乃是超分殊之上的主體之原初功能與非認知意的萬物本身的理之相合。

為什麼具體的逍遙要「乘物以遊心」，因為只有經由與物相對，進而渾化的階段，心之天遊才可能達成。在這種「乘物」的過程中，我們看到「物」的本來面目被超越地保留住了，而主體的本來面目也因工夫的轉化，主體進入一種神化而非認知的運作模式。莊子論技藝最重要的篇章，一為〈養生主〉，一為〈達生〉。當技藝不能潤澤生命時，即無「遊」可言；反過來說，當生命無法完成「物」之天理時，主體亦無遊可言。莊子指示：恰好在我與物皆返入本真的狀態時，兩者才得同時完成自家的目的，主體遊時物才化，物化時主體才算是處於遊的自在狀態。技藝的完成同時意味著生命的淨化與完成。

莊子的「乘物」理念給我們一個很大的啟示，此即莊子的思想體系固然有心學，但莊子的心學不礙他也有物學；莊子雖然很注重主體的轉化，但這不礙他傾注物本身的客觀存在。物自本自因，自造自化。莊子的「物」與「心」保持一種精緻的平衡，「物」在實踐的意義上講，是客觀的，是不可繞過的他者，但「物」不是海德格意義下的存有者，它的性質總是與主體的運作共在。「自由是對必然的認識」，黑格爾高度讚美史賓諾莎這句名言，這句話對莊子思想中的「自由」與「必然」之關係，一樣也適用。莊子或稱「自由」為「逍遙」，或為「遊」，而「物」則是主體實踐的必然之限制。當限制是主體之遊所必備時，限制即非限制，而是內在的條件，內在的條件即非條件，而是主體的遊之辯證因素。

從莊子這些應物的篇章，我們看出人世間的任何物，如庖丁

的牛、梓慶的樹、輪扁的材、工倕的土、呂梁大夫的水，它們存在最重要的特性就是它們存在的特性，它們的特性即是它們的「理」。它們的「理」處於「化」之中，處於「化」之流行的「理」可謂「天理」。莊子的「應物」論總是要求學者先客觀地了解物之理，這種初步的了解是個磨合的過程：有主體，有物，物走入主體之中，主體也走入物之中。但這種走入有各種的層級，先是主體與物漸熟，應物漸巧，與物的關係愈形深入，深至兩者相契相入，主體與物不再是認知的主客關係，而是行動的夥伴關係。此際，感官認知的圖式由身體的圖式所接收，處於氣化流行的物與處於氣機感應的形氣主體同時呈顯，此時的行動是無客體相也無主體相的綜合行動，庖丁於「無知」的狀態中，「官知止而神欲行」，刀之運作與骨骼之結構契合無間，行動的目標於無知無相的構造中完成。工倕的手和陶器的土的關係；呂梁大夫的身體和游泳時的水之關係；輪扁的刨具和木材的關係，無不呈現這種「無知而冥合」的結構。

戰國時期是物論興盛的一個年代，強調物的客觀性並不是特殊的看法，而應物哲學在當時也相當普遍，尤其我們現在稱之為黃老道家的著作中，頗多應物的論點。大體說來，這些黃老道家都強調物的客觀性，也強調主體要客觀不偏地因循萬物之理，不要主觀地干擾之，這種非主觀的回應模式可稱之為「因」，黃老道家皆有因的思想：「天道因則大」。黃老道家甚至於可以承認物固然有其客觀性，但客觀的理也是會演變的，但演變也有種演變的模式，這種模式可謂為「勢」。若此「物理」、「因」、「勢」的概念，莊子亦有之，莊子、黃老道家共享了一些思想因素。然而，即使只是初步翻閱兩造的文獻，我們也會覺得莊子和黃老道家的應物思想頗有差距。在〈天下〉篇中，宋鈃、尹文的思想地

位並不高，彭蒙、田駢、慎到也只是「慨乎皆嘗有聞者也」，亦即略知消息的門外漢。莊子終不以他們的「物論」為然，這些先行者必須被超越。

相對於慎到、彭蒙等人癱瘓主體的動能，主體所從事者只是「因」物而行。老子的立場恰好相反，他的立論完全是從內在性的意識入手，主體自我深化，深化到深不見底的世界之根據處。老子相信：主體和世界一樣，總會帶有多元、複雜的趨勢，整全的分裂意味著價值的破裂，因此，學者當力挽，亦即強挽主體與世界不斷分化的自然趨勢，逆返原初之點。此後，學者即當居於此深根寧極的境界中，不要與物婉轉。老子的心物關係與黃老道家的慎到等人所主張的恰好落在兩極，至少從〈天下〉篇的觀點來看，老子與所謂的黃老道家所主張的物論是不同的類型。

放在後世建構出來的道家系譜中來看，莊子的物論與莊子、黃老都不同，借著海德格存有與存有者的劃分，我們有理由宣稱：莊子的「遊」之主體使得「物」可以擁有「存有」的地位，因為正是在「乘物以遊心」的構造中，心得其遊，物亦得其化。「乘」字讓我們聯想到巫教中人與動物助靈的關係，巫教的大巫師常乘作為助靈的龍、鳥以昇天，莊子的「乘物」不免有此意象之旁通，而此隱喻連類之旨當是指向：逍遙是要「乘物」的。莊子雖曾受惠於巫教傳統，但他的「乘物」之論早已超出「物」仍帶有神祕氣息時的「乘物」之論，就像他的「遊」已遠非列子御風飛行或姑射神人乘雲氣的那種格局所能比擬的。

七、結語──未濟的圓遊

從氣化主體（形氣主體）、天均主體到遊之主體，本文繞著

主體諸相打轉。我們看到莊子主體觀的一大特色，乃是其主體都是帶著整體性的性格，〈天下〉篇稱之為「大全」。所謂的「大全」，我們不妨稱之為某種的宇宙意識，在「大全」意識的朗照下，我們看到《莊子》的文字呈現了非凡的壯美之姿，此種壯美首先見於時空的格局被大幅放大[50]。先秦諸子中除鄒衍當另計外，我們再也找不到精神行旅如是遼闊的哲人了。但鄒衍雖有難以思議的時空觀，其思想卻很難和主體的轉化牽連在一起。比起莊子筆下的至人、真人「以無翼飛」的境界，後世詩人的遊仙詩，如郭璞之遊仙詩或庾信的步虛詞，相形之下，皆氣餒心虛，頓失顏色，他們詩中的主人翁之精神地位最高無法踰越地仙的位階。

時空格局的擴大和意識空間的擴大是一體的兩面，莊子的主體帶有濃烈「浩瀚感」[51]，這種感覺大概是古今讀者讀《莊》時都可以領略的具體感受。《莊子》一書之所以會成為安撫亂世士子心靈的絃曲，讀之可「重增其放」[52]，其來有自。莊子的主體是心連著氣，人連著天，一齊運作的。在「氣」（天）的擴張迴盪之作用下，莊子的主體必然帶有非思慮，甚至非感覺所能觸及的面向。至人的人格構造總是以意識「養」非意識成分，也以非意識「養」意識成分，天人交相養，神氣入玄冥。莊子的非意識不是佛洛伊德的潛意識，也不是榮格的集體意識，而是心性形上

---

50 莊子論時間，則「以八千歲為春，八千歲為秋」（〈逍遙遊〉）；論空間，則「計中國之在海內，不似稊米之在大倉乎？」（〈秋水〉）。事例繁多，茲不贅引。

51 參見巴舍拉（Gaston Bachelard）著，龔卓軍、王靜慧譯，《空間詩學》（台北：張老師月刊出版社，2003），頁 279-311。

52 語出嵇康，〈與山巨源絕交書〉，《嵇中散集》（台北：臺灣商務印書館，四部叢刊初編縮本，1979）卷 2，頁 6。

學意義下的無意識。意識之於非意識，就像莊子運用的譬喻，如行路即足之所履的土地與撐起一切行走可能性的大地之區別[53]。有了大地作支撐，每一步才可走得穩。同樣地，有了非意識的天作支撐，實踐每一樁意識事件才可恰到好處。

帶動意識與非意識的連結有一個神祕的點，它可隱喻性地稱作「環中」，「環中」是主體中的主體，卻不落於身體的任一方所。「環中」是行動的中心，它就像陶均運轉中的陶盤，扇門開闔時的底座，也像車輪輾轉時的軸心，筆者用的這些比喻都出自《莊子》[54]。環中的旋轉模式據說是「外化而內不化」，「內不化」的中心其實是神祕的「化與不化」之統一。此「不化」之所以找不到現實的定點，之所以能與「化」統一，乃因它是動態的平衡點，但又有動態的均衡之外的本體論之盈餘[55]。所以它雖然需要在每一個動態的點上呈顯出來，卻不可化約為動態的力量之述詞。至人之要務，首先在如何朗現這個「不化」的中心點？其次，如何使「不化」的中心與化的氣之流行合一？這是逍遙遊的關鍵。

從「不化」的角度著眼，莊子的遊不能不預設著工夫論的朗現，「遊」不是現實世界的狀詞，它是工夫論下的境界語言。莊子說：有真人而後有真知，我們可以接著他的話說：有真人而後

---

53 參見《莊子·徐無鬼》：「故足之於地也踐，雖踐，恃其所不蹍而後善博也。」

54 參見拙作，〈無盡之源的咒言〉，《台灣哲學研究》，第 6 期（2009 年 3 月），頁 1-38。

55 亦即「不化」不離「化」，但「不化」之所以有獨立的意義，乃在它具本體論意義。莊子雖不言「本體」，但他的思想給超越的實在性保留極大的空間，只是此超越的實在不離氣化的流行，莊子的思考與後世「體用一如」的思考近似。

有真遊。遊的底蘊是先天之氣的流宕，屬於不可臆想的「天」之成素，但此超越之遊卻需具體化於世界中的身體，它湧現於四肢、百骸、萬物。莊子的「遊」因此總是「中心」地體現於渾圓運轉中，遊即為天均之遊，這是種體現的「圓遊」。「圓遊」扎根於人格及世界存在的深淵，它由不可測的源泉升起，神氣同流，進而帶動整體人格及周遭情境的氛圍。

　　真正的遊是圓遊，而圓遊因是整體的，所以總是世界性的。然而，莊子的「世界」不會是空無的世界，也不會只是自然的世界，世界是物的世界，也是「器」的世界[56]。嚴格說來，只有人有世界，而世界是人與器物共在的結構。「遊」不可能脫離這種「共在」的結構，所以「遊心於物」是無可逃脫的命運。莊子的遊因而就連著「物化」及物之「天理」的面向一齊朗現，亦即只有形氣主體先感應物之化，再凝聚於物之理，因而與物宛轉，無厚入有間，如此方有逍遙可言。「無厚入有間」不僅限於庖丁之技為然，莊子述說了那麼多技藝的故事，所有「技近於道」的技藝都是「無厚入有間」的。

　　莊子的「遊」帶有的精神自由之密度真是奇大無比，殷海光晚年重新反省中國文化的問題時，即曾慨然嘆道：「許多人拿近代西方的自由思想去衡量古代的中國而後施以抨擊（胡適和我以前就犯了這種錯誤），不想想看：在思想上，老子和莊子的世界是多麼的自由自在？特別是莊子，心靈何等的開放。」[57]殷先生是位偉大的反抗者，一個人樹立了一道抗衡黨國與封建文化的萬

---

56 「器」是文明的概念，也是價值開顯的載體，人文化成之物乃可謂器。

57 陳鼓應編，《春蠶吐絲——殷海光最後的話》（台北：世界文物供應社，1969），頁34。

里長城，他早年對中國文化的批判不遺餘力，臨終前的感嘆彌足
珍貴，給後人帶來極大的啟示。

但在肯定殷海光對莊子的肯定之餘，我們還是不能不再面對
「自由與必然」的複雜關係。因為依據「人」的定義，人不可能
只是自然人，人的存在本來就是社會人的存在，「社會人」是論
述不言自明的前提。而莊子對於人在社會與人在自然的感受有極
大的差異，莊子的大自然總是可親近的，大自然「有大美而不
言」，可觀可遊。相對之下，莊子的社會觀卻是個充滿矛盾、衝
突、虛偽的鬥爭場。觀莊子在〈人間世〉此篇所述，政治世界的
人總是日以心鬥，走向封閉、陰冷、老死：「其厭也如緘，以言
其老洫也。近死之心，莫使復陽也」，可見「人間」一詞帶有多
負面的義涵。「人間」一詞所以多負面之意，乃因「真人」少，
嗜欲深者天機淺，無奈人倫世界中的長者、尊者偏多嗜欲深者。
莊子的圓遊論極佳，只是在人間世裡，如何圓遊？這恐怕是莊子
圓遊論中最困擾人的關節。

顯然，莊子對政治層面的問題非常困惑，他也知道不能不面
對。面對大自然，可以天遊；面對器物，可以神與物遊；但在異
化的「人間世」中如何遊？這個疑問正是他的圓遊論中最難解決
的一個難題。事實上，任何理論至此都要面對「命」的限制，莊
子說的「無知」、「無我」、「忘己」、「喪我」諸種說法自此皆束
手無策。莊子只能嘆道：「知其不可奈何而安之若命」，或說：
「託不得已以養中」。「不得已」、「不可奈何」之語正顯示世間
沒有真正的完滿的圓遊。苦難碰到了，只能承擔。莊子的感慨當
然也可以解釋成說：真正完滿的圓遊要包含一種必然性的缺憾，
其遊才完整。

莊子到底是人間世中之人，事實與理念上皆是如此，所以他

的遊不能不帶有存在的悲情。圓遊之所以為圓遊，一方面乃當其主體在其自體。主體參與自然氣化或主體乘物以遊心時，形氣主體皆帶著宇宙性之感。但這種自在感在面對「人間世」時，即不復可得。然而，如果真正的整全不能不包含反面的因素在內，那麼，我們有理由說：圓滿的本質即帶有缺憾，圓遊總是不圓的。前儒常《莊》、《易》同參，《易》止於〈未濟〉一卦，莊子的圓遊止於「不可奈何」，由此看來，同參之說自有條理路。

莊子的卮言論[1]

---

1 感謝評審者的建議，雖然著重點不一樣，但筆者仍調整了部分的文字，並對全文作了修飾的工作。

環中者，天也。六合，一環也；終古，一環也。一環圜
合，而兩環交運，容成氏之言渾天，得之矣！……莊子之道
所從出，盡見矣！蓋於渾天而得悟者也。莊生以此見道之大
圜，流通以化成，而不可以形氣名義滯之於小成。故其曰：
以視下亦如此而已；曰：天均；曰：以有形象無形；曰：未
始出吾宗；與〈天運〉篇屢詰問而不答其故。又曰：實而無
乎處者，宇也；皆渾天無內無外之環也。其曰：寓於無竟；
曰：參萬歲而一成純；曰：薪盡而火傳；曰：長而無本剽
者，宙也；皆渾天除日無歲之環也。故以若喪其一、以隨成
為師天之大用，而寓庸以逍遙，得矣！其言較老氏彙篇之
說，特為當理。周子太極圖、張子清虛一大之說亦未嘗非環
中之旨。（王夫之《莊子解》）[2]

一、前言

先秦諸子中，莊子是少數徹底地反省過語言問題的思想家，
而他的反省通常是從負面入手，這一點很多人業已談過。與語言
反省連帶而來的問題，乃是如何透過語言表達思想，這點雖也有
人談過，但力道不夠。上述這兩個問題當然關連非常密切，但前
者可以視為對語言的後設反省，它呈現的是一種語言哲學的立
場。後者則是一種敘述論的觀點，語言是一種途徑，是一種體
現。由於這兩種視野切割得不夠清晰，敘述論的論點討論得尤其

---

2 王夫之注〈則陽〉篇：「冉相氏得其環中以隨成」，《莊子解》（台北：里仁書
局，1984），頁229-230。

不足，因此，連帶地也就影響了我們對莊子語言理論的了解，筆者覺得莊子思想中關於言語表達的問題仍大有可說。

本文首先試圖描述「莊子主張無言（ineffable）」這個命題是如何形成的，莊子的「無言」論確有各種的涵義，莊子在語言與實在間所劃下來的區隔線也是很清楚的。但莊子看語言不只是從「語言與客觀實在」著眼，他也考量到「語言與精神表現的關係」之問題。莊子相信使用理想的「語言」可以領悟言說及非言說兩層，並且在每一言說情境中都可呈現具體的普遍。本文認為「卮言」是此問題的關鍵，它是莊子「渾圓」的原型（archetype）在語言表現上的展示。這樣的「渾圓」顯現在神話領域裡的「渾沌」創造；顯現在天文學裡的「渾天」說；顯現在生活世界則為「陶均」的隱喻。第三節筆者將著重解釋卮言的具體風格及它與「滑稽」的關係；最後兩節則將從形氣主體的觀點入手，探討「卮言」作為「道言」在什麼意義下可以成立。

筆者在先前曾撰文探討相關的主題[3]，近年來因對莊子的身體觀與隱喻論有較多的了解，才發現一種漩渦的「渾圓」意象可以視為莊子思想的根源喻根（root metaphor），這種渾圓的喻根也見於莊子描述的身心表現──包含「語言」在內。本文希望從此入手，可以澄清前文許多模糊的論點。

二、無言的理由

莊子對語言相當不信任，這是有大量的文獻可以為證的，最

3　〈卮言論──莊子論如何使用語言表達思想〉，《漢學研究》第 10 卷，2 期，1992，頁 123-157。

典型的敘述見於〈齊物論〉一文。莊子在這篇重要的文章中，提到語義之不確定、客觀檢證標準之不可能、學術辯論之戕害大道、實相之剎那變化難以把捉等等的重要命題。莊子這一篇文章應當有現實的指謂，他的論敵主要指向戰國時期以言辯馳赴諸侯的儒、墨、名、法諸家。但莊子的目的不僅於此，他的反省是徹底的，他的主張背後有一嚴肅的解構立場。舉凡語言、概念、認知、學問體系，無一不被他列入批判掃除之列。簡單地說，莊子的主要論點是認為「語言」與它所指涉者了不相涉，〈知北遊〉所謂「至則不論，論則不至」。既然「論」「至」兩相妨害，則語言尚有何功能可言？在佛教東傳之前，論及語言的本質性缺陷者，再也沒有人超過莊子。如果我們說莊子是中國古代最重要的語言懷疑論者，或者最接近現代的解構論者[4]，這樣的論斷不是不能說的。

　　既然對語言不信任，必須掃除排蕩，掃除至極，莊子會追求一種無言的境界，這樣的觀點不難想像而知。《莊子》一書中，也有大量的文獻支持此說，所謂「大道不稱」、「不言之辯」、「不道之道」（〈齊物論〉）、「得意而忘言」（〈外物〉）、「道不可言」、「至言去言」（〈知北遊〉），所說無非斯理。〈知北遊〉篇記載

---

4 莊子思想與解構主義同風，晚近學者論之已多，比如奚密，〈解結構之道：德希達與莊子比較研究〉，此文收入鄭樹森編，《現象學與文學批評》（台北：東大圖書公司，1984），頁 201-238；廖炳惠，〈洞見與不見——晚近文評對莊子的新讀法〉，此文收入《解構批評論集》（台北：東大圖書公司，1985），頁 53-140；沈清松，〈莊子的語言哲學初考〉，此文收入《國立臺灣大學創校四十週年國際中國哲學研討會論文集》（台北：臺灣大學，1985），頁 97-112；錢新祖，〈佛道的語言觀與矛盾語〉，《出入異文化》（新竹：張天然出版社，1997），頁 149-185。

「知」遊於玄水之上，廣向天下尋求「道」的寓言，更是將莊子的「無言」之說推向了前所未見的高峰。依據這則寓言，最能說出無言之道的黃帝之地位反而落在「中欲言而忘其所欲言」的「狂屈」之後，「狂屈」的地位又落在三問而三不答的「無為謂」之後。「無為謂」的故事隱隱然有《維摩詰經》所揭述的維摩居士之風：一話不說，頓入不二法門。「沉默」思想最高的層次就是當下沉默，連「沉默」之語都沉默下來。任何的「無言」哲學推進至《莊子》或《維摩詰經》的層次，恐怕再也無以復加了。

　　莊子由懷疑語言到肯定超乎語言的無言之價值，這一條線索在《莊子》一書中是可以找到明確的線索的，但這樣的線索是否是唯一的，這就有待斟酌了。我們知道莊子語言哲學的核心議題是「語言與道」的關係，但莊子的「道」的層次可以有各種的談法。連帶地，所謂的「無言」也有各種的類型。我們如果把「無言」論置放在「語言所指涉的實在」這樣的背景下考量，那麼，莊子說的「道」與「語言」的緊張關係應當至少有底下三種的意義。

1. 首先，「道」如果是指體道者所體驗的一種冥契的狀態，那麼，道與語言必然不相及，因為在冥契的狀態，無時無空，無一無多，說是一物即不中，「不可言說」（ineffable）構成了此一特殊體驗的本質。

2. 其次，「道」如果指一種未被言說所切割的本初狀態，一種設想的生活世界中最原始的經驗的話。那麼，語言與道也是不相及的，因為言說的抽象作用必然無法完整地呈現最原始的完整經驗。

3. 「道」如果更落實到生活中的分殊之道，尤其是作為「工具人」的技藝之道上面，語言也是無法傳達此種道的核心——

know-how，它傳達的只是形式的語義層。

就第一種情況而言，「道」是個超越的概念。它是一種「沒有經驗內容差異之純一之體」。此時所謂的世界，事實上是既無世（時間），亦無界（空間），幾乎所有的冥契主義者都承認有這樣的一種境界。在此境界中，個體溶進了無限，主體與客體泯然無分，因此，對世界之領悟，嚴格上說來，並沒有主體意義之領悟，亦無被領悟的客體意義之世界。莊子學說的重點並不在此，但他承認有這樣的一種領域，我們看《莊子》內七篇中，凡圍繞著工夫論展開的敘述，最後總會有類似「天地與我並生，萬物與我為一」的語句出現[5]。「心齋」、「坐忘」，皆具斯義。〈大宗師〉篇言及「不死不生，不將不迎」的「朝徹」「見獨」境界，其言尤為深邃。

朝徹、見獨之時既然無經驗內容可言，因此，自然也是無一句話可說。而且，此時既然主客為一，能所泯滅，因此，不但無話可說，而且也無法說，「既已為一矣，且得有言乎？既已謂之一矣，且得無言乎？」（〈齊物論〉）「無法說」是冥契者最常見的一種報導，詹姆士（Willam James）將它列為冥契主義最核心的四項特徵之一[6]。在無法言說的狀況底下，我們不能期望莊子

5　此兩句出自〈齊物論〉，古今注家通常認為此兩語是莊子的正面命題，但也有學者提出反駁，認為這兩句是莊子引名家——尤其是惠施——的說法，然後再加以抨擊，參見 A.C. Graham, *Chuang-tzu: The Seven Inner Chapters and Other Writings from the Book Chuang-tzu*（London: George Allen & Unwin, 1981），p.51。後面這種說法在文義上有種理路，也可解釋得通。但即使我們相信後者的解釋，我們仍宜注意：莊子與惠施在主張「天地一體」的觀點上，並沒有出入，只是一出自名理，一出自玄理而已。

6　蔡怡佳、劉宏信譯，《宗教經驗之種種》（台北：立緒出版社，2001），頁458、459。

「如何呈現他的語言」。

如果第一種「無言」觀是普世的冥契主義中最常見的論述的話，第二種的類型對它們則比較特殊，只是這種特殊的類型在莊子思想及莊學傳統中卻蔚為大宗。莊子認為學者要了解「古人之大體」，他當安於分裂以前的整體狀態，亦即安於理智尚未從世界中攝取對象，「形」（figure）和「景域」（field, background）兩相融釋的層次。他說：「天地有大美而不言，四時有明法而不議，萬物有成理而不說。聖人者原天地之美，而達萬物之理。」（〈知北遊〉）這就是「通天下一氣」或「遊乎天地一氣」之意。然而，「遊乎整全，通乎一氣」此事如何可能？我們不當忘記：當我們說我們想「領悟世界之全體性」時，我們不是從無何有之鄉的非時空性觀點立論的，我們是站在具體意識的「領悟者」之立場而言的。既是領悟者，他的領悟即不能不預設著有領悟之意識及被領悟之物之區別。在人被拋置到這個世上，成了個體之後，我們如何還能設想一種前個體性的原始混沌狀態？

「在個體之中尋覓一種前個體的原始和諧」是種艱難的事業，但在莊子看來，「前個體性的原始和諧」乃是人的本來狀態，所謂本來的狀態，意指人根源的存在原本即是與世界同在。當我們與世界接觸前，其實我們已在世界之中。莊子哲學有一根本性的命題：此即「氣」是「世界」根本的構成因素，它遍於一切，既是所謂的物質之終極本源，也是構成感官認識作用的根本要素。換言之，莊子的「人」的性格乃是「氣化之人」，乃是「與世同處氣化一體之人」[7]。如果海德格的「此在」（Dasein）必然

7　參見拙作〈從「以體合心」到「遊乎一氣」──論莊子真人境界的形體基礎〉，收入本書第三章。

預設著「與世同在」，莊子的「人」也是一種「與世同在」的「此在」，只是此種「此在」建立在中國的氣化身體觀之基礎上。依據此種人觀，當感官尚未突顯其功能時，亦即處於「虛」的狀態時，人已是一種未自覺的氣之流行之存在；而世界尚未被攝取成為貌相聲色前，也就是尚未成為「對象」前，它也是一種未經減損的氣之流行狀態。此氣之流行與彼氣之流行，就其時之模態而言，其實無彼此之分，也無心物之分，而純是一氣之流行[8]。

在現實經驗上如何才能和本真狀態一樣的一氣流行？亦即如何與化同體？這種命題牽涉到工夫論，不是本文的關懷。我們所以要突出這個問題，僅是要指出下面這點現象：莊子認為人可以活在一種化而無分、與世同在的具體和諧，這是種尚未分節化（articulate）的境界。在這種具體的和諧中，人／世界泯然無分。嚴格說來，不是無分，而是粗糙的感官知覺無法分，因為一切精微的變化都溶進此情境中。人在此情境時，只能體之，而不能言之。因為沒有兩種經驗是同一的，沒有兩樣個體是相同的，也沒有存在於不同時空而又能自我等同的經驗或個體。實在是永遠的變化之流，它像量子論的量子，總是無法定位的。語言報導實在，只會帶來孤立化、抽象化的減縮。

如何回到「對象」之前的物之面貌，就像莊子在濠梁之上如何理解魚之樂？面對非對象、非語言之「物」，莊子說：只能以「無知之知」知之，或說：以神遇之，「無言」的世界範圍內自有「無聲」的感通模式。

---

8 有關莊子的氣論較詳細的解釋，參見大濱浩，《莊子の哲學》（東京：勁草書房，1966），頁 213-231。小野澤精一等合著，《氣の思想》，第三章，第一節（東京：東京大學出版會，1978）。

　　第三種「無言」論見於莊子對具體的生活之道，尤其是對「技藝」的描述上面，這類的言論密集地見於〈養生主〉與〈達生〉篇中。依據莊子對於技藝的理解，真正的技藝之核心是種藝術的創造，它無法明文化，無法程式化。庖丁解牛的祕密在「官知止而神欲行」，輪扁製輪的祕訣不存在於言論教導，而是「有數存焉」。筆者曾從身體哲學的立場解釋此一現象，筆者認為莊子的主張意味著創作的主體不是意識的心靈，而是包含身體展現在內的身心連續體，亦即為身體主體。身體主體的運作既然不以意識為中心，而是得手應心、全身參與，因此，其運作的機制遂非語言所能盡其蘊。有關「技藝與道」所蘊含的「無言」之問題，筆者既然已有此專文論述[9]，此處不再贅言。

　　我們上文所指述的前兩種「無言」觀恰好相對應兩種實在觀，這兩種實在觀的區別很隱微，但在《莊子》詮釋史上分別代表兩種不同的解釋模式，前者可以說是冥契主義的類型，這種類型我們可以在成玄英或陸西星這類具有強烈宗教實踐興趣的道士之著作上看到。後面這一種類型我們可以稱作氣化論的觀點，這樣的觀點比較像奧圖（Otto）所提到的一種「自然的冥契主義」[10]，這樣的冥契思想往往見之於詩人、畫家身上，他們面對自然時，可以體受到某種神聖而優美的氛圍，他們覺得自己與自然合為一體。但如實說來，這樣的合為一體並沒有超出時空的形式之外，因此，也不具有冥契主義常見的「超越的」、「永恆的」基調。如果我們要從後世的《莊子》詮釋者當中找到比較接近氣

9　參見拙作，〈技藝與道〉，收入本書第七章。

10 R. Otto, *Mysticism East and West*（New York: Macmillan Company, 1932），pp. 73-76.

化的整體論的例子，筆者認為非郭象莫屬了。

不管是在「朝徹見獨」或是「遊乎一氣」的狀態下，語言都是多餘的，這時候的人應萬物的方式是非主體性的、非邏格斯（Logos）的，我們在《莊子》書中確實都可以找到這類的論述。但是這兩種立場真的是莊子的根本主張嗎？前一種「無言」觀格調固然高，但它極可能流於虛空而毀萬物的無世界主義者，這也是黑格爾常批判的那種抽象的、直觀的東方式本質主義。後一種則是將莊子視為道家美學的體現者，「聖人遊於萬化之途，而放於自得之場」，他的感官知覺處在不斷的流動當中，主體是氣化的，而對象總是變形的。主客牽引離合，新新不已。在這種流動而不確定的氛圍中，萬物無言獨化，世界瀰漫了一股美感的氣息[11]。

「無言」為莊子所雅言，但「無言」真的是莊子唯一的立場嗎？就像「見獨」與「遊乎天地之一氣」為莊子所雅言，但一種超越的「見獨」境界，與一種深層意識所顯現的「美感之連續體」的境界，恐怕未必是莊子唯一衷心嚮往的實在。我們知道莊子在〈天下〉篇中特別提到他與老子的不同，在於老子這位博大真人「以本為精，以物為粗，以有積為不足，澹然獨與神明居」，或者說：他「以深為根，以約為紀」，這樣的老子比較像我們前文提到的那種活在自本自根、也是與物同根的深層意識中的哲人，他對道的體證是種觀照的直觀。但莊子恰好要從這樣的深層意識中走出來。莊子一說自己是「充實不可以已」；又說自己「弘大而辟，深閎而肆」；再說自己「其理不竭，其來不蛻，

---

11 葉維廉先生大部分的美學著作幾乎可以說都在為「無言獨化」這個概念作注腳。

芒乎昧乎，未之盡者。」這樣的莊子具有一種動態的表現的性格，在他生命深處，一種旋轉的動力永不竭息地將深層的內容帶出，隨出隨化，隨化隨出，這樣的生命動能也表現在語言觀上。我們前文已說過：莊子無疑地很能體受無言之美，遊縱獨化之境，但這樣的敘述不會是完整的故事，完整的故事要包含動態的語言觀在內。

　　一種不斷生起的動態語言是什麼呢？一種深入到生命底層的創造性之語言是什麼呢？莊子在中國語言哲學最重要的篇章〈齊物論〉中竟保持了他一貫的沉默。

三、渾圓的卮言

　　莊子在〈齊物論〉中的沉默並沒有維持多久，在〈天下〉篇與〈寓言〉篇中，他自己揭開了謎底：能夠有語言長處、無其短處、且可適合體道之士使用者，乃是一種叫做「卮言」的語言。為行文方便起見，我們不妨將此兩篇相關的文字羅列如下：

> 以天下為沈濁不可與莊語，以卮言為曼衍，以重言為真，以寓言為廣。獨與天地精神往來，而不敖倪於萬物，不譴是非，以與世俗處。其書雖瓌瑋，而連犿无傷也；其辭雖參差，而諔詭可觀。（〈天下〉）
>
> 寓言十九，重言十七，卮言日出，和以天倪。「卮言日出，和以天倪」，因以曼衍，所以窮年。（〈寓言〉）

　　從這兩段文字，我們可以看出莊子對於如何使用語言的自覺程度。〈天下〉篇乃綜論莊子思想旨趣的篇章，其中描述語言的部分竟占有相當大的比例。而〈寓言〉篇乃《莊子》一書之序

例[12]，隱藏了打開宗廟之美之「鑰匙」[13]，其列舉寓言等語言表現方式，乃是深思熟慮之舉，此更不待言。

然而，我們列舉的這兩段文字焦點並不完全集中在「卮言」，在〈天下〉篇中，謬悠之說—荒唐之言—無端崖之辭—不與莊語—卮言—寓言—重言—連犿—詭譎，這些詞彙無一不是描述莊子的語言或其風格。即使在〈寓言〉篇中，也是寓言—重言—卮言三者並列，我們有什麼理由特地標舉卮言，將它視為一種最高層次的語言？

要找出證據不難，我們如要求莊子條文列舉式地明說，大概不容易。但莊子向來不隱藏什麼，一切問題答案如同天籟，它如其自如的存在。卮言是什麼？〈寓言〉篇中莊子並沒有輕下定義，他只是說此種語言可以「日出，和以天倪，因以曼衍」，可以窮其一生，受用不盡。但什麼事物才可以「日出，和以天倪，因以曼衍」呢？這些話不是表示一種無窮無盡、生生不息的源頭嗎？而能生生不息、無窮無盡者不是只有「道」才可能做到嗎？事實確是如此。我們如果比較引文中對於卮言的描述，以及前面引〈齊物論〉「夫言非吹也」一段，可以發現兩者旨趣上之同歸處。為了證實此點，我們底下轉從「卮言」探討起。

「卮言」一詞先秦典籍罕見，事實上僅見於《莊子》一書。此言大概是莊子自創的哲學語彙，因此，要解開卮言的語義，我們很難從其他的哲學文獻獲得可靠的佐證。從語義分析「卮」之含義，乃成為後代注疏者常循的途徑。至目前為止，有關「卮

12 參見王夫之，《莊子解》（台北：廣文書局，1964）卷 27，頁 1。

13 張默生，《莊子新釋》（台北：臺灣時代書局，1974），頁 817。

言」的解釋不少，但比較早也比較流行的解釋有以下三種[14]：

1. 卮作圓酒器解。王先謙引申郭象注解道：「夫卮器，滿則傾，空則仰，隨物而變，非執一守故者也。施之於言，而隨人從變，己無常主者也。」

2. 卮，假借為支。司馬彪認為卮言乃「支離無首尾言也。」

3. 卮乃卮之俗字，王叔岷先生云：「卮，俗作卮……《說文》：『卮，圓器也。圜，天體也。』朱駿聲云：『渾圓為圜，平圓為圓。』然則『卮言』即渾圓之言，不可端倪之言……卮言渾圓無際，故『為曼衍』。」

　　以上三種解釋雖然層面不同，但都與莊子的哲學相容，但比較之下，筆者認為第一、三種解釋更為貼切。這兩種解釋雖然有實物與抽象觀念之別，但無疑地有共同的母胎，此即皆以「圓」之語意為基盤。其中，尤以第三種「渾圓」之解更是符合《莊子》一書的表達方式。然作「圓酒器」解的卮言未嘗不可視為一種渾圓之言的運用，甚至於，如果我們認為莊子喜歡用具體的意象取代概念的語言，則「圓酒器」之解未嘗沒有可能是莊子的第一選擇。

　　本文所以說第一選擇，當然意味著：也許還可以有其他的選擇。順著漢語孳乳不息的常態，以及莊子喜歡用「多方引發式」，而不喜「認知性的咬文嚼字」看來[15]，莊子選擇卮言，本來就不排除多種相容的義涵在內。

---

14 參見王叔岷先生，《莊子校註》（台北：中研院歷史語言研究所，1988），下冊，頁 1090-1091。木村英一，〈莊子の卮言〉，此文收入《中國哲學の研究》（東京：創文社，1981），頁 329-331。

15 Kuang-Ming Wu, *Chuang Tzu: World Philosopher at Play*（New York: Crossroad/chico, 1982），p. 30.

　　卮言作為一種渾圓之言，其實不難發現，晚近的一篇文章追溯此種語言的源頭時，直將目標對準老子，此文說道：

　　《老子・十一章》云：「埏埴以為器，當其無，有器之用。」……其深層含義是：這裡的中空的空，是作為一種形而上者的道來規定作為形而下者的器存在的，器物作為形而下的存在，只有與這種道體保持須臾不可離的統一，才成其為存在物。這種「中空」之物在《老子》一書中經常就是道本身或道的象徵……《寓言篇》裡的「卮言」是從這裡直接起源的，它不過是《老子・十一章》中「器」的形象化而已。卮在這裡絕不是一種形而下的「圓酒器」，也不是「支」（「支離之言」），而是象徵著道本身，而卮言就是描述「道」的「大言」、「大辯」和「不辯之言」。也正因此，它才能「和以天倪」，才能「不言則齊」「得其久」，達到齊物的境界。[16]

　　此文的解釋頗有理趣，《老子》的「埏埴以為器」，確實是以中空之物象徵道。然而，中空之物與圓酒器之解並不衝突，在老莊語言的隱喻中，渾圓與中空往往同時生起，而渾圓作為一種象徵之基型，似乎尤為根本。底下，我們列舉下列出自《莊子》書中的渾圓之象徵，作為卮言語義之佐證。

1. 陶甕：老子說「埏埴以為器」，指的實為陶器。我們前面引〈天地〉篇「漢陰丈人」的故事，陶甕也是作為一種純白之道之象徵。〈達生〉篇云：「工倕旋而蓋規矩，指與物化而不以心稽。」同樣是以製陶象徵道之運行。
2. 天均：天均固可作「自然均平之理」解，然早在崔譔的注解

---

16 劉士林，〈莊子「卮言」探源〉，《中州學刊》，第 5 期，1990。

裡，已明言：「鈞，陶均也。」

3. 天倪：郭象解為「自然均之分也」。然據《釋文》引班固說法，所謂天倪乃「天研」也[17]。研者，磢也，石磑也。故天倪乃比喻天地之生成變化，一如旋轉之大石臼或轆轤台[18]。

4. 道樞：道樞固然可解作道之「樞要」[19]，但就喻根解釋可以看出另一面相。「『樞』本來是作門扉開閉之軸，環穴之中嵌入此樞，則扉可自由開閉。『道樞』意指立腳絕對之太一，超越一切對立與矛盾，因此，可在千變萬化之現象世界中，自由自在，如如相應。」[20]以門戶喻道，我們也可在《易傳》中見到[21]。但莊子這裡用的門戶不單指其變化無窮，而且兼指其開闔旋轉時，包含相對，而又與物無對。「彼是莫得其偶，謂之道樞」，此語言實蘊含著圓形運轉之隱喻。

5. 環中：〈寓言〉篇言「始卒若環，莫得其倫」；〈齊物論〉言「樞始得環中，以應無窮」；〈田子方〉篇言「始終相反乎無端，而莫知乎其所窮」；〈則陽〉篇言「冉相氏得其環中以隨成，與物无終无始，无幾无時，日與物化者，一不化者也」。皆以圓環喻道，而〈則陽〉篇所言尤為切中事理。在道家傳統中，

---

17 盧文弨亦云：「倪，音近研，故計倪亦作計研。」班、盧兩說俱見《莊子集釋》，頁109。

18 參見木村英一，《中國哲學の研究》，頁324。

19 成玄英疏語，前引書，頁68。

20 福永光司，《莊子‧內篇》（東京：朝日新聞社，1966），頁51。

21 如〈繫辭上〉言「成性存存，道義之門」（台北：臺灣商務印書館，四部叢刊初編縮本，1983）卷7，頁44。「闢戶之謂坤，闔戶之謂乾，一闔一闢謂之變」（同上，頁46）。〈繫辭下〉言：「乾坤其易之門邪！」（卷8，頁50）。

以圓環喻道是種相當常見的手法[22]。

6. 漩渦：以水喻心，這是中國思想常見的隱喻，莊子亦然。在有名的壺子四門示相的境界中，最高的境界是「未始出吾宗」。「未始出吾宗」卻又是「因以為弟靡，因以為波流」，此一層次類似雲門宗所說「隨波逐浪」的位階[23]，這是東方式圓融的化境。化境預設辯證的統一，但如就名相的分析而言，「太沖莫勝」乃是心體的指謂，是稱理而談的自我指涉。「太沖莫勝」之境綜合「鯢桓之審」、「止水之審」、「流水之審」三水，最後兩水一靜一動，而第一種「鯢桓之審」則是巨大之漩渦[24]。三淵並列，漩渦首出，它與止流二態之水共生，這種意象與陶均運作兼含中心、動、靜三態相似。

7. 車輪：〈老子〉有「三十幅共一轂，當其無，有車之用」之言。莊子在〈天道〉篇裡「桓公、輪扁問答」一節談的雖是由技進道，可言者糟粕之事。然而以車輪為喻，仍殘留著圓空之意象。另〈天下〉篇有「輪不蹍地」之辯，此辯雖為名家名理之談，但莊子述之，不無視為圓之象徵之意。

8. 瓢：〈逍遙遊〉篇記載惠施曾向莊子抱怨大瓢無用之論，莊子

---

22 參見王叔岷先生，《莊子校註》，頁 782，注 14，引《鶡冠子》〈世兵〉篇及《淮南子》〈精神〉篇文字。

23 雲門宗德山緣密禪師有「函蓋乾坤」、「截斷眾流」、「隨波逐浪」三句之說，而以「隨波逐浪」意境最高。參見普濟，《五燈會元》（北京：中華書局，1992），下冊卷 15，頁 935。

24 「鯢桓」，《列子·黃帝》作「鯢旋」，桓、旋皆是盤旋之義。鯢者，大魚也。「鯢旋」意指巨大漩渦狀。「審」字如依《釋文》說法：「崔本作潘，云：回流所鍾之域也。」則不管三淵或是九淵，皆是回流的種種變形，「渦旋」作為喻根的意思更是突顯。詳說參見楊伯峻，《列子集釋》（北京：中華書局，1979），頁 22。

提出一種反命題，認為無用方是真正的大用。莊子和惠施此處的寓言引用大瓠為例，以闡釋何謂有用無用，此事絕非偶然。因為在道家文獻以及中國南方文化中，瓠是極重要的神話象徵之一，它用以象徵富饒、創造及救贖，許多神話皆與此相關[25]。此神話象徵一經道家人士轉手，即成為形上之道之隱喻，莊子也利用它來瓦解世俗的實用心態，並指向一種超越定限、與化同遊的精神。

9. 鏡：〈應帝王〉篇言：「至人之心若鏡」，以鏡喻心，古今常見。拉岡（Lacan）等心理學家以鏡比喻兒童人格成長之階段，佛道兩家則喜以鏡比喻人心之圓融無滯，道士更言古鏡具有無窮之法力。莊子此處對鏡的解釋雖然用以形容至人的虛靈心，但其喻根仍扎基於圓鏡所代表的神祕能量。圓鏡渾圓無端，映象一切，用以喻道，再自然不過。明鏡、止水在儒道修煉傳統中，一直相提並論，它們的源頭和流程都極為悠遠[26]。

10. 搏而飛：〈逍遙遊〉篇開宗明義即道北溟之鯤化為大鵬的故事。「鯤」字語義多歧，但其語根不無隱含圓形之意[27]。事猶不僅如此，一般專家都同意「鯤化為鵬」乃用來比喻至人精神之暢通無礙。但莊子描述大鵬高飛時，說道：「搏扶搖而

---

25 詳細的論述參見劉堯漢，〈中華民族的原始葫蘆神話〉，此文收入《彝族社會歷史調查》（北京：民族出版社，1980）。聞一多，《神話與詩》，頁 56-68，此書收入《聞一多全集》（北京：生活・讀書・新知三聯書局，1982），冊 1。

26 關於鏡與巫教或道教的關係，參見福永光司，〈道教における鏡と劍──その思想の源流〉，《東方學報》，45 期（1973）。田中勝藏，〈劍、鏡、玉の呪的性格〉，《史林》37 卷，4 期（1954）。劉藝，《鏡與中國傳統文化》（成都：巴蜀書社，2004），頁 108-200。

27 韋昭、薛綜、段玉裁皆訓鯤為「魚子」、「魚卵」，參見郭慶藩，《莊子集釋》（台北：河洛圖書公司，1974），頁 3。

上者九萬里。」《釋文》云：「『摶，徒端反』。司馬云：『摶飛而上也。』……崔云：『拊翼徘徊而上也。』茆泮林云：『司馬云：摶，圜也。扶搖，上行風也。圜飛而上行者若扶搖也。』」「圜飛而上行」固然可解「摶」之語意；「徘徊而上」也未嘗不可視作圜飛的一種意象。《老子》言「專氣致柔」（〈第十章〉），《管子》〈內業〉篇云「摶氣如神」，兩者也是以圓形描寫氣之模態。〈逍遙遊〉此處所說，意象極美，且符合神話象徵理路，似可不用另立他解[28]。

11. 萬物運行軌道：《老子》言「反者，道之動。」莊子論道，與老子間有參差，但重視其運行軌跡如環渾合，在這點的理解上面卻沒有什麼出入。所以說「始終相反乎無端，而莫知其所萌。」（〈田子方〉）又云：「消息盈虛，終則有始。」（〈秋水〉）這些詞語都預設著圓形循環的觀念。

12. 古聖王之相：《莊子》一書中的聖人或聖王往往具有「圓」的義涵，我們且舉「壺子」與「冉相」為例。壺子是〈應帝王〉篇的聖人，他以「未始出吾宗」、「虛與委蛇」、「因以為弟靡」、「因以為波隨」，嚇走神巫季咸。壺子乃葫蘆之神格化，委蛇、弟靡皆指圓轉無定之狀。〈則陽〉篇中的「冉相氏」不知其相為何，但此帝「得其環中以隨成」，則此帝固為渾圓之象徵也。

13. 渾沌：〈應帝王〉篇有南海帝儵、北海帝忽欲報中央之帝渾沌之德，幫他日鑿一竅，結果七日，七竅開而渾沌死之故事。此處的渾沌當然是象徵道之整全，莊子這裡渾沌的用法

---

28 參見王叔岷前書引諸家之說。另參見劉武，《莊子集解內篇補正》（台北：木鐸出版社，1988），頁 4 的補充，及對改字說的批評。

是對《山海經》渾沌神話的改造。神話中渾沌毫無面相，渾圓如丹火，然自識歌舞[29]。立於中央又渾圓無面相，此描述自然與「環中」、「天均」等同一歸趣。

依據以上佐證，巵言作為一種渾圓之說與莊子的其他描述是互相一致的。事實上，以圓象徵終極實在，不僅見於《莊子》；在《易傳》中，我們也可見到圓形象徵道體之記載[30]；佛教的「陀羅尼」，原義亦為中貫以軸心的圓形物，旋轉不已，如陀螺狀[31]。在許多不同的文化傳統中，我們也可見到圓的象徵[32]；圓，可以說是一種最古老、最普遍的原型。就大分類而言，莊子也屬於此傳統，但他更重視的是一種湧現不已的渾圓隱喻，也就是其圓更像是種漩渦（或稱作旋渦）。

我們如進一步分析上面十三種隱喻，可以發現它們具有如下的共同特色：

1. 具有一不變的核心，而核心落於中央：陶甄的中空、天均的中央轉軸、天倪（天研）的轉軸、道樞的立足旋軸、環中之中心

---

29 參見〈西山經〉，《山海經》（台北：臺灣商務印書館，四部叢刊初編縮本，1983）卷 2，頁 16。郭樸注已指出莊子中央帝的寓言出自此處。「渾沌」的神話極複雜，然影響又極為深遠，詳細而又有趣的討論參見羅夢冊，〈說渾沌與諸子經傳之言大象〉（上、下），《東方研究》卷 9，1、2 期，1971。另見 Norman J. Girardot, *Myth and Meaning in Early Taoism*（Berkeley, Calif: University of California Press, 1983），尤其是其中的三、四章。

30 如〈繫辭上〉言「蓍之德圓而神」（前書，頁 46）。

31 參見印順，〈陀螺與陀羅尼〉一文，收入《華雨香雲》（新竹：正聞出版社，2000），頁 176-177。

32 參見錢鍾書，《談藝錄》（香港：龍門書局，1965），頁 130-134、369-370。更詳細的資料參見 M. Lurker 著，竹內章譯，《象徵としての圓》（東京：法政大學出版局，1991）。

點、漩渦之渦心、車輛之車轂、渾沌之為中央帝，所說皆是。這個中心定點用以定住其自體，但同時又帶動變化。無可否認地，此中心定點即為道之即己狀態，用《老子》的話講，也就是超越而孤離的「天地之始」之「無」。

2. 超越相對，而又成全相對：圓形之物沒有起點，沒有終點；但隨時隨地都可以有起點，也可以有終點。由於無起始終止可言，所以也就沒有絕對的對立。一切的對立都只是旋轉中剎那的模態，等時移勢轉，一切的對立可能從此解消，但也可能再重新建構。從正面的觀點來看，核心的樞軸雖使得一切的對立無自性，一方面卻又使得一切的對立可在新新不已的旋轉中適時呈現。所以絕對之於相對，乃同時兼具生成與破壞兩面。道樞之「是亦彼也，彼亦是也。彼亦一是非，此亦一是非。果且有彼是乎哉？果且無彼是乎哉？彼是莫得其偶」，冉相氏之「得其環中以隨成，與物無終無始，無幾無時，日與物化者，一不化者也」，皆可從此第二點著眼。

3. 能隨時與物變化：如果說「超越相對而又成全相對」可以視為空間性的功能的話，「與物變化」則不妨視為時間性的功能。冉相氏得其環中後，「日與物化」，然所以能日與物化，乃因有「一不化者」。莊子的思想中沒有片刻暫停的實在，世界瞬息萬變，但一般人因為無法掌握住中心之圓，情緒隨日轉移，因此也就無法了解世界本身只是一連串的變化。反過來，至人因為體悟中心圓，心中篤定，所以反而可以領略外在世界之變化無常，這也就是「古之人外化而內不化，今之人內化而外不化，與物化者，一不化者也」（〈知北遊〉）文句的內涵。

簡而言之，渾圓的象徵所以頻頻使用，乃因它可以聯繫絕對／相對、永恆／變化。話說回頭，如果卮言基本上和天均、環

中、道樞、渾沌等同屬一種表達性的範疇的話，那麼，卮言是否也具備了與這些神聖語彙相類似的性質？

　　事實確實如此，在〈寓言〉篇裡我們看到莊子將「卮言」與「天倪」、「天均」、「環」相提並論，即可略窺此中訊息。莊子將這些語彙並列，似乎是將它們當成綜合命題，尤其在「卮言日出，和以天倪，所以窮年」這樣的語式底下，我們更容易聯想「卮言」與其他敘述性的語言之間必有差異。但事實不是如此，「卮言」如果當作一種狹義的語言技巧看待的話，它確實需要「和以天倪」。但「卮言」我們如果取根本義理解的話，它不需要「和」以天倪，因為天倪就是「卮言」本身存在的一種模態；它也不需要「因以曼衍」，因為無窮無盡的曼衍乃是「卮言」本身的一種展現；至於「窮年」之說也不需要再論，因為卮言既為道體之象徵，自然有窮年的能力，而百姓也需要窮年以赴，不可須臾離也。簡而言之，天倪、曼衍、窮年不是卮言以外、與卮言相對、進而相和的事物，而是內在於卮言，可由卮言依時依地依人適如其分地展現出來。如果不嫌推論太遠的話，我們可以借用康德的語彙說：「天倪」、「曼衍」、「窮年」等述詞都是「卮言」的分析命題，不管何時何地，其語義都可由「卮言」導衍而出。現在我們既已說明天倪具有聯繫永恆／變化或絕對／相對於一爐的質性，則與天倪同一層次，且可視為其母體的卮言自然也具有這樣功能。

　　事實很清楚，莊子說的卮言是種非常特殊的語言。形式上來說，它與聖人及渾圓之道的象徵同層。我們如果不健忘的話，當還記得本文一開始引用的王夫之的話。王夫之認為「環中」是莊子最基本的象徵，而這種象徵是從渾天之說來的。王夫之的觀察相當深刻。「環中」（即本文所說的渾圓）的象徵確實貫穿《莊子》

全書，從形上學、生死觀念以至自然觀念莫不如是。而「環中」之喻與古代天文學的渾天之說有關，這種假說也是有可能的[33]，但筆者認為渾天之說可能還不是最根源的母體，它應當還是一種導出的說法。渾圓象徵最根源的出處，當如晚近論者指出的，它是出自渾沌的創造神話。莊子雖然沒有使用情節式的、時序性質的創造神話論述，但他無疑地利用空間性的、結構性的「渾沌」隱喻，用以描述道之諸種模態[34]。從神話到莊子哲學，無疑地已經經過長期的轉化演變，但這種轉化演變並不是一種斷層，恰好相反，筆者毋寧相信莊子是先秦思想家中最能體現神話智慧的哲人。準上所說，如果「道」是渾沌的哲學語言轉譯，而卮言又是由此一神話母題導出的話，則卮言會具有特殊的傳達功能，不難想像而知，因為基本上它已分享了渾沌之道之功能。

四、三言與滑稽

我們既然把卮言提升到與渾圓之道或與至人境界同等的層次，那麼，凡至人有意與世界溝通，即有卮言，卮言的首出地位似乎已經解決了。可是，前文我們引用過〈寓言〉篇、〈天下〉篇的文字，不是看到與「卮言」並列的還有「寓言」、「重言」

---

33 先秦到底有沒有渾天說，這是爭論很久的老問題。晚近由於考古學的新發現，先秦已有之說大受重視，有的學者甚至可具體主張「上限為公元前 700 年，下限為公元前 360 年」。見徐振韜，〈從帛書《五星占》看先秦渾儀的創制〉，收入《中國天文學史文集》（北京：科學出版社，1978）。另參見同書收入鄭文光〈試論渾天說〉一文。

34 參見 Girardot, *Myth and Meaning in Early Taoism*（Berkeley: University of California Press, 1983），pp. 11-15。

嗎？此外，莊子不是還提到要用什麼樣風格的文字才能使至理恰當顯現出來嗎？這些文字怎麼解釋？猶有甚者，兩千年前大史家司馬遷為莊子作傳時，曾提出了如下的解釋：「其學無所不闚，然其要本歸於老子之言。故其著書十餘萬言，大抵率寓言也。」[35]《史記》一書對人物的判斷，一般而言是可靠的，那麼，《莊子》一書「大抵率寓言也」可不可從呢？

　　司馬遷的判斷是可以理解的，其說有因，在〈寓言〉篇裡，莊子已經和我們說過：「寓言十九」亦即「寄寓之言十居其九」[36]，因此，說《莊子》書大抵率寓言，不是講不通的。當然，這種說法會碰上統計的小問題，因為〈寓言〉篇也跟我們說過「重言十七」，如果寓言和重言兩個互斥，顯然莊子的話就不能成立了，否則，十之九加上十之七會是什麼結果呢？不過，前人早已指出「莊生書凡託為人言者，十有其九，就寓言中，其託為神農、黃帝、堯、舜、孔、顏之類，言足為世重者，又十有其七」[37]。所以莊生書「大抵率寓言」的命題還是可以談的。

　　不管寓言、重言兩者的數字如何調和，〈寓言〉篇很清楚地告訴我們：這兩種語言占據《莊子》一書絕大的比重，如果把這兩種語言排除在外，《莊子》書所剩下的即沒有多少，其分量也不可能可以和寓言、重言相比。顯然，要接受〈寓言〉篇的數目，又要主張卮言是莊子最重要的語言，唯一可靠的辦法是在兩者間的聯繫上著眼。

---

35 《史記》卷 63，〈老莊申韓列傳〉（台北：鼎文書局，1979），頁 4。

36 王先謙引宣穎說，參見《莊子集解》（台北：臺灣商務印書館，國學基本叢書）卷 7，頁 66。

37 同上，頁 66，引姚鼐註解。

　　我們首先考慮寓言、重言、卮言有什麼不同。據〈寓言〉篇的解釋，「藉外論之」的語言乃是寓言，亦即假託事物以申明道理之語言。「重言」則是引用古今聖哲權威使人看重的語言。這兩種語言當然時常重疊，寓中有重，重中有寓，有時不易清楚劃分。但和卮言相對照之下，這兩種語言又有共同的特徵，此即它們都是語言技巧之事。莊子鑒於世人難與莊語，因此，蓄意製造一種語言以表達情意。卮言的情況不一樣，它是至人表達時最基源的模式，一切語言都是由此基源的模式展現出來，甚至連非言說而又可溝通的知覺姿勢也都由此導出。「卮言」和其他的兩言根本不在同一個層次，結論很清楚：

> 　　「卮言」意義之內容乃是為了表現莊子所謂的「超言說之道」，所顯現出來的「無言論之言論」，此大體可明也。至於「卮言日出」，說的乃是「每日言吐卮言」。卮言「所以窮年也」，則意指此乃一生生涯之事。前述所謂「寓言十九」、「重言十七」，同時說的也是卮言，此斷無可疑。依據〈寓言〉篇的講法，莊子的語言全部都是卮言，只是其中的十分之九以寓言的形式表示，十分之七以重言的形式顯示而已。[38]

　　《莊子》一書確實都是卮言，寓言、重言只是卮言的兩種變形表現而已。張默生說它們「三位一體」[39]，比喻很活潑。但王夫之說得更好：「寓言重言與非寓非重者，一也，皆卮言也，皆

---

38 木村英一，《中國哲學の研究》，頁 331。

39 張默生，《莊子新釋》（台北：洪氏出版社，1977），頁 14。

天倪也。」[40]

　　如果「卮言」是至人與物溝通的模式，寓言、重言都只是卮言的變形，〈天下〉篇所說的「謬悠之說，荒唐之言，無端崖之辭」，「其書雖瓌瑋，而連犿无傷也；其辭雖參差，而諔詭可觀」。這幾個語彙都是描述風格的語詞，它們的理論的層次也不會比卮言高。瓌瑋，宏壯之貌也。連犿，據成玄英疏，是「和混」之意。參差者，虛實不一。諔詭，猶滑稽也。理論上講，這些語言也都當由卮言導出，或者是描述卮言的狀詞。

　　底下，我們再解釋另一段的「說」、「言」、「辭」：

1. 謬悠之說：成玄英疏：「謬，虛也。悠，遠也。」《釋文》云：「謬悠，謂若忘於情實者也。」王叔岷先生云：「案：『謬悠之說』即虛遠不實之說也。《說文》釋謬為『狂者之妄言』，〈齊物論〉長梧子謂瞿鵲子曰：『予嘗為女妄言之』，莊子故嘗託諸妄言矣！」[41]

2. 荒唐之言：成玄英疏：「荒唐，廣大也。」《釋文》云：「荒唐，謂廣大無域畔者也。」

3. 無端崖之辭：成玄英疏：「無端崖，無崖無緒之談。」

　　這裡的「說」、「言」、「辭」與前面講的其書其詞之風格，顯然可以互相注釋，彼此支撐。

　　莊子的寓言、重言、卮言所要彰顯的文字風格正是上述的謬悠、荒唐、無端崖。《莊子》書廣大宏壯（「荒唐」、「瓌瑋」），不拘小道，這是任何讀者都可以感覺出來的。而其書內容如環中日出，宛轉相生（「連犿」），對而無對，略無崖際（「無端

---

40 王夫之，《莊子解》（台北：里仁書局，1984）卷 27，頁 248。

41 參見《莊子校註》，頁 1345。

崖」）[42]，這種特色也正是「卮言」一詞必然會含有的風格。最後，我們還發現莊子的文字會帶給讀者一種虛實參差、詼詭難定、謬悠不測的強烈效果。

莊子描述自己文章風格的文字，由於是狀態詞，而不是對象詞，因此不易掌握其具體內涵。但我們如知道他這些文字指向一種境界語言，則不難感受到它們所襯托出來的氛圍。最簡單的參照系統，莫過於將這些語言與莊子眼中的世俗語言相對照：世俗語言最大的特色乃是其強烈的片面性、抽象性；而莊子的語言正是要瓦解掉片面性、抽象性，讓語言復活，重新溶入具體的、氣化的、新新不已的情境之中。

謬悠（參差、詼詭）、荒唐（瓌瑋）、無端崖（連犿）之言都是不想與世人「莊語」，而且都想瓦解世人（尤其知識分子）拘囿於語言牢房的思維習慣，其中謬悠之說這種意圖尤為明顯。而時人看待莊子，也不免認為莊子以言殺言，語默相生，其用心乃如同古希臘辯士或戰國時期的某些駢辯一樣，為的只是驚世駭俗，笑絕天下。《史記》〈孟子荀卿列傳〉描述荀子著書的動機時說道：

> 荀卿嫉濁世之政，亡國亂君相屬，不遂大道，而營於巫
> 祝，信機祥。鄙儒小拘，如莊周等，又滑稽亂俗，於是推儒

---

42 真正無崖際，永遠相對而生者，莫如圓球型態，〈天下〉篇記惠施理論，其中有「今日適越而昔來。連環可解也。我知天下之中央，燕之北，越之南是也」，「連環」上下兩語，一指時間，一指空間，兩者大抵皆指圓形觀念。參見牟宗三先生，《名家與荀子》（台北：臺灣學生書局，1979），頁 19-24。此三條命題當合為一條命題看待，莊子對這種命題當然不陌生。

墨道德之行事興壞，序列著數萬言而卒。[43]

在荀子的眼中，莊子乃是「滑稽亂俗」的代表人物。以荀子之注重統類、注重析辯的認知性格而言，當然無法接受莊子的立場，所以不得不慨然著書，校正其風。

荀子能否校莊子之枉，以趨其正，可能需要仔細檢證。但荀子認為莊子「滑稽亂俗」，卻說得毫釐不差，莊子所以著書，為的即是要以其「滑稽」大亂世俗，否則，卮言日出，出出也就算了，沒有必要將文字存留下來。滑稽也是一種「不可與莊語」下的語言，《史記》有〈滑稽列傳〉，文中記載淳于髠、優孟、優旃諸人，以滑稽態度或語言，談言微中，終成事功。為何淳于髠等人不正言懇談，而偏要滑稽微中？其原因乃是他們想溝通的人君對於莊語已無興趣，聽不進去，所以談者不得不逆反正規的語言格局，造成一種語義的轉移、對照、決裂，使人君在開懷之餘，忽然有所了悟。據司馬遷的敘述，淳于髠等人滑稽，但其結果卻比正言規諫還好，這也可說是另外一種的無用之大用。

什麼是滑稽？它為何有這麼大的用途？政治上的效用我們且不管，但很值得玩味的，滑稽與卮言竟然有極為密切的關係。司馬貞《史記索引》解滑稽之語義云：「滑，亂也；稽，同也。謂辯捷之人，言非若是，言是若非，能亂同異也。」[44]他把「滑稽」一詞視為複合詞，所以拆開來解釋。洪興祖注《楚辭》〈卜居〉「將突梯滑稽，如脂如韋」，則云：

　　滑音骨，稽音雞。五臣云：「委屈順俗也。」（《文選》

---

43 《史記》（台北：鼎文書局，1979）卷 74，頁 627。
44 《史記》卷 71，頁 1。

〈卜居〉五臣注）揚雄以東方朔為「滑稽之雄」（《漢書》〈東方朔傳〉）。又曰：「鴟夷滑稽」（《漢書》〈陳遵傳〉）。顏師古曰：「滑稽，圜轉縱舍無窮之狀。」（同上）一云：「酒器也，轉注吐酒，終日不已，出口成章，不窮竭，若滑稽之吐酒。」（崔浩《漢記音義》）[45]

洪興祖提出的三種解釋與司馬貞的理解不同，但語義的範圍頗有重合之處。「滑稽」的語義相當紛歧，除了上述的四種解釋外，在我們現在的用法中，「滑稽」一詞類同俳諧。而以「俳諧」注「滑稽」，其實也是早已有之[46]。

看過卮言後，再看到滑稽，總覺得兩者的面貌極為相似。「卮」可解作圓酒器，亦可解作渾圓；滑稽可解作轉注吐酒之酒器，亦可解作「圜轉縱舍無窮之狀」，兩者竟雷同一至於斯！卮言超越彼是兩邊，而又可成全兩邊；滑稽一方面「委屈順俗」，一方面又可「言非若是，言是若非，能亂同異」，兩者的功能極為相近，此又不待多言。最後我們回頭看「卮言」的另一種解釋：「支離」之言，此功能當是語義的引申，但又與滑稽的「亂俗」之功能接近。比較滑稽與卮言後，筆者認為我們有理由相信：滑稽事實上是卮言的表現，兩者具有共同的「家族類似點」[47]。依據姜亮夫的解釋，這種類似點為什麼見於兩者之間，我們可以理解得更清楚。因為「滑稽」原本是古中原江漢地區的

---

45 洪興祖，《楚辭補註》（台北：臺灣商務印書館，四部叢刊初編縮本，1983）卷6，頁94。

46 參見木村英一，《中國哲學の研究》，頁335。

47 「家族類似點」的觀念參見 Ludwig Wittgenstein, *Philosophical Investigation* (New York: Macmillan, 1953), Part I, pp. 65-75.

方言，它用以泛指一切「圓轉」之物[48]。核心觀念相近，難怪連引申義都頗為相似，如說有出入，最多不過滑稽更多了一層俳諧罷了。

我們假司馬遷言「滑稽」之語證成卮言與它的關係，語雖旁涉，但絕非無關。我們前文引成玄英注「諔詭」一語，他使用的注語正是「滑稽」兩字；而「謬悠之說」既然是虛遠不實之言，也是狂者之妄言，因此，當可視為另一種類型的滑稽。莊子除多次使用滑稽的寓意人物，用以形象化其理想人格外[49]，他也不忌諱滑稽妄言，與世猖狂，我們且舉例如下：

> 齊諧者，志怪者也。諧之言曰：「鵬之徙於南冥也，水擊三千里，摶扶搖而上者九萬里。」（〈逍遙遊〉）
> 吾聞諸夫子：「聖人不從事於務，不就利，不違害，不喜求，不緣道，無謂有謂，有謂無謂，而遊乎塵垢之外。」夫子以為孟浪之言。（〈齊物論〉）
> 予嘗為女妄言之，女以妄聽之……丘也與女皆夢也，予謂女夢亦夢也。是其言也，其名為弔詭。（〈齊物論〉）

諧、孟浪、妄言、弔詭這些語詞指的都是狂者之妄言，亦即為滑稽之言。這是莊子自己公開講的，事實上，滑稽之言如同卮言日出，也是無所不在的。

---

48 姜亮夫觀點參見《楚辭通故》（濟南：齊魯書社，1985），四輯，頁 551-557。

49 〈徐無鬼〉篇言「黃帝將見大隗乎具茨之山……滑稽後車」。〈至樂〉篇亦言：「支離叔與滑介叔觀于冥伯之丘，崑崙之墟，黃帝之所休。」成疏：「滑介猶滑稽也。」兩者皆將滑稽人格化，且兩者皆與黃帝有關，黃帝也有圓中的形象。黃帝與滑稽相合，這樣的結合不是偶然的。

　　莊子的語言就像帝網上的明珠一般，一一不同，而又一一相
攝，莊子眼中真正的世界是變動不已的世界，最好的語言也是變
動不已的語言。既然變動不已，就不宜用定義定死，莊子寧願讓
語言像〈齊物論〉中的天籟之風一樣，隨物宛轉，妙趣自生。這
對我們想用概念掌握卮言的人而言，當然平添許多不便。但經由
莊子之多方觸發，我們對卮言的實質內涵體驗得更深。我們除了
知道就技巧而言，寓言、重言也是卮言外；還知道就風格而言，
卮言還顯現了荒唐、無端崖、瓌瑋、連犿的面貌。而為了反對世
俗執著性的莊語，卮言更可自我轉化為滑稽（謬悠、諔詭、弔
詭）之言，這不妨視為卮言的功能面。

五、形氣主體與卮言的生成

　　如果卮言是渾沌神話在語言世界的表現，而作為宇宙開闢神
話的渾沌神話又是一切始源神話的原型的話，那麼，我們幾乎可
以確定：卮言也將是一切語言的理想原型，而且也是語言的「始
源」。只是這樣的「始源」不是時間意義的，而是一種本體論的
創造，這就牽涉到卮言、主體與神話的關係。卮言作為語言的原
型與其他始源神話作為事物的原型有一點大不相同之處，在於語
言是人的本質性因素，而且，此功能嚴格上說來，只有在人身上
才會顯現，因為只有人的主體才會有此創造的功能。語言與主體
的建構關係極為密切，從洪堡特（Wilhelm von Humboldt）以
下，這樣的想法已經成了極有力的論述，我們當然不方便硬將莊
子拉到這樣的陣營裡來。但話又說回來，莊子的思想是否和這種
潮流搭不上線呢？恐怕不是如此，我們應該想想《山海經》中的
「渾沌」的形象：這是一個有機體內部自有韻律、自具能量的圜

狀太初巨物。圜中有能量湧現，而且其湧現有種韻律，這樣的形象放在語言的創造上，其創造的主體狀況為何呢？「渾沌」此主題所以會特別引起我們的興趣，乃因以往研究中國神話的學者大抵都認為「沒有創世神話」是中國神話的一大特色，但最近的研究趨勢顯示事實並非如此，恰好相反，中國不但有創世神話，而且種類齊全[50]。其中渾沌可能是中國最重要的創世神話，這樣的論點似乎得到越來越多人的支持。渾沌神話有幾則重要的出處，其中出自《莊子》的即有兩處，一般研究渾沌神話者多會注意這兩份材料，其中最重要也是最著名的材料見於〈應帝王〉篇末章：「南海帝為儵、北海帝為忽，中央之帝為渾沌」這則寓言。另外一則寓言則見於〈天地〉篇所述漢陰丈人的故事，漢陰丈人修渾沌氏之術，其人「明白入素，無為復樸，體性抱神，以遊世俗之間」。為了活在遺世獨立的心境中，他拋棄了省事省力的桔槔，寧願抱甕上下坡地灌溉。陶甕圓空，這是另一種渾沌。

　　這兩則「渾沌」寓言的含義都很深遠，第一則寓言的渾沌帝的下場大家都知道，當儵、忽兩帝想報其德，幫助他日鑿一竅。結果，七日後，渾沌死，這則故事「反感官分化」的意圖非常清楚。第二則寓言的抱甕老人修「渾沌氏」之術，境界當然很高，但莊子假孔子之口，認為這樣的「體性抱神」仍非究竟，就像〈天下〉篇評老子，認為他是博大真人，但仍未臻乎究竟一樣。〈應帝王〉篇的寓言與〈天地〉篇所說有連續性，兩者的意義相互補充。因為感官之未分化，這同時也意味著意識之未分化，渾沌之圓是道家追求的目標。但意識如果只停留在渾沌之圓，它即

---

50 參見葉舒憲，《中國神話哲學》（北京：中國社會科學出版社，1992），頁329-336。

無法落實到具體生活，這終究是種抽象的道。所以它仍需辯證的超昇，達到分化與未分化的統一。連接這兩則寓言最重要而且也最有趣的線索是渾沌氏內在化了，它由開闢神話的主題蛻變為意識轉換的詞彙。宇宙開闢的原始階段名之為渾沌，意識最深層的發源處亦名為渾沌[51]。神話的渾沌如果是種有動力的圓中之道，我們預期深層意識的構造恐怕亦不出此。

事實正是如此，我們看到莊子描述意識的深層結構時，不像老子特別喜歡強調其寂靜幽玄面，相反的，莊子毋寧喜歡突顯寂靜之中，仍有動力緩緩的從圓心升起。〈天地〉篇記載夫子之言曰：

> 蕩蕩乎忽然出，勃然動，而萬物從之乎！此謂王德之人。視乎冥冥，聽乎無聲；冥冥之中，獨見曉焉；無聲之中，獨聞和焉。

此處的無形無聲不是寂然不動的在其自體的深層意識，而是意識之中隱然有股綿綿的動力從中生起，這是種來自原始根源的創造。這樣的寂靜無言卻充滿了生機，巨大的能量完全蘊含在黝黑的深淵中。

〈田子方〉篇記載孔子見老子的故事，亦同此旨義。孔子見老子時，老子恰好新沐完畢，神情恍若遺物離人而立於獨。接著老子就向孔子解釋「立於獨」乃「遊心於物之初」之意，其情況如下：

---

51 〈在宥〉篇說：「墮爾形體，吐爾聰明，倫與物忘，大同乎涬溟；解心釋神，莫然無魂……渾渾沌沌，終身不離。」這是莊子的「心養」論，心之深處即渾沌。

心困焉而不能知，口辟焉而不能言，嘗為汝議乎其將：
至陰肅肅，至陽赫赫。肅肅出乎天，赫赫發乎地，兩者交通
成和而物生焉。或為之紀，而莫見其形；消息滿虛，一晦一
明。

老子說起此段話語時，恰好新沐完畢，「方將披髮而乾」。
這樣的造型非常奇特，筆者懷疑這樣的姿態可能有特殊的修行的
義涵。體姿的問題姑且不論，我們看出這段生動的話語顯示莊子
認定的寂靜無言中，卻是充滿了活潑的生機。如果沉默有破壞的
沉默性，有沉潛的沉默性，也有創造的沉默性的話[52]，那麼，莊
子這段話著重的樣式應該是創造的沉默性。

莊子很注重沉潛的沉默，但他更注重的是創造的沉默。這種
創作的沉默可以解成「默」與「言」的關係，也可以解成「靜」
（不動）與「動」的關係。莊子思想側重「動」、「化」，這是一
般研究莊子思想者多注意到的面向，但如實說來，他側重的實乃
動、靜的統一，在不斷的流變中仍有一維繫之點，這也是他常說
的「古之人外化而內不化：與物化者，一不化者也。」（〈知北
遊〉）「物物者，與物無際；不際之際，際之不際者也……彼為
盈虛非盈虛，彼為衰殺非衰殺。」（〈知北遊〉）在變化之中有一
非變化之點，就像在旋轉的陶器或車輪中，有一帶動旋轉的阿基
米德點。

陶器是道家極喜歡用的隱喻，老子說：「埏埴以為器，當其
無，有器之用。」莊子〈天地〉篇的漢陰丈人的灌水陶甕，〈達

---

52 參見古東哲明，〈沉默〉，收入久野昭編，《神祕主義を學ぶ人のために》（東
京：世界思想社，1989），頁77-99。

生〉篇的工倕「旋而蓋規矩,指與物化,而不以心稽」,所說皆是不動而永恆旋轉的中心與變化之世界的結合,皆是「外化而內不化」。但這樣的內不化不是死寂,而是壺子四門示相中「機發於踵」的「天壤」之象[53];是「大塊噫氣」根源處的「天籟」。落在人身講,即是「聖人之呼吸以踵」的先天之氣,人身固是一容器也;落在天地講,即是「橐籥」中之玄機[54],天地亦是一大容器也;用尼古拉·庫薩(Nicolaus Cusanus)的話講,即是「spiritus spirans」,此語既指呼吸之靈氣,亦指漩渦之大氣[55]。就神話或祕儀的思維而言,我們可說陶均＝橐籥＝渾沌＝人體＝天體,這是不斷生起、離合的動力之渾圓,更恰當地說,乃是統一動靜兩端的漩渦。

「卮言」就意象而言,可謂漩渦的語言,或是陶均的語言。我們此一描述並非自我作古,莊子在〈寓言〉篇論語言問題時,已提到語言性質的不確定性,或者「他者性」;但自另一方面而言,這種語言他者化的性質又在「卮言」的生成流轉中,得到恰當的位置。所謂「非卮言日出,和以天倪,孰得其久。萬物皆種

---

53 王敔說:「天壤」意指「天氣入於壤中。」「天壤」之境是「善者機」的生命之源。宣穎解釋道:「諸無所有,而一陽之復,根於黃泉。」引自錢穆,《莊子纂箋》(台北:三民書局,1974),頁65。

54 《抱朴子·暢言》說宇宙最高原理的「玄」,「範鑄兩儀,吐納大始,鼓冶億類,佪旋四七。」葛弘解釋玄與萬物的關係,即運用了鼓風爐(橐籥)與鐵器的類比。參見王明,《抱朴子內篇校釋》(北京:中華書局,1980),頁1。賈誼充滿悲情的〈鵩鳥賦〉中之名言:「天地為爐兮,造化為工;陰陽為炭兮,萬物為銅。」使用的也是一種隱喻,只是賈誼反其意而用之。賈誼之言見司馬遷《史記》,〈屈原賈生列傳〉(台北:臺灣商務印書館,景印文淵閣四庫全書,1983),頁536。

55 參見松山康國,《風についての省察》(東京:春風社,2003),頁94-96。

也，以不同形相禪，始卒若環，莫得其倫，是謂天均。天均者，天倪也。」天均之言、天倪之言都是「卮言」，任何語言只要參與到渾圓中心的創造性，即屬卮言。〈寓言〉篇論語言表現的這段話與〈齊物論〉論及道（或道與語言）的名文，文字高度雷同[56]。這兩段話語的主詞不同，而述詞相同，這種現象很可能是兩不同主詞共有相同的泉源，同根而發。換言之，人的深層意識依渾沌圓轉的模式，不斷自環中之處湧現道與言。

　　道與言同根而發，放在人身來講，也就是語言與精神的生成同步發展。這種觀點下的「卮言」絕非乍看之下那般特別，它背後的理論預設是有個傳統的。筆者追溯孟子的「知言養氣」說時，提出孟子「不得其言，勿求於心；不得於心，勿求於氣」的命題，與《左傳》所說：「味以行氣，氣以實志，志以定言，言以出令」（昭公九年），及《大戴禮記》所說：「味為氣，氣為志，發志為言，發言定名」的思維模式相近，三者都是氣—志—言的構造，這種構造顯示「在人真正的言說或聽覺經驗中，『語言的內涵與運動模式』或『語言的客觀指涉與精神向度』是分不開的。」[57]換言之，語言一方面有指涉世界的功能，但另一方面也

---

56 〈齊物論〉說：「道行之而成，物謂之而然。惡乎然？然於然。惡乎不然？不然於不然。惡乎可？可於可。惡乎不可？不可於不可。（據〈寓言〉篇及各家校補）物固有所然，物固有所可。無物不然，無物不可。故為是舉莛與楹，厲與西施，恢詭譎怪，道通為一。其分也，成也；其成也，毀也。凡物無成與毀，復通為一，唯達者知通為一。」〈寓言〉篇說：「惡乎然？然於然。惡乎不然？不然於不然。惡乎可？可於可。惡乎不可？不可於不可。物固有所然，物固有所可。無物不然，無物不可。」兩段文字如出一手，可見「道」與「言」關係之密切。

57 拙作，《儒家的身體觀》（台北：中央研究院中國文哲研究所籌備處，1996），頁185。

有將心理世界混沌的內容明朗化、分節化的作用。依照儒道兩家共享的中國形─氣─神的身體觀，人身是不斷自深處湧現、也不斷同時與自然交通的有機體。精神內容的呈現與語言內容的呈現同根而起，亦即氣─神與氣─言在始源處是無從分別的。

我們一旦確定了莊子的身體觀的表現性格，以及氣─神和氣─言（或說氣與精神、氣與語言）的同根性，即可了解莊子描述理想的語言──卮言時，為什麼充滿了與「道」述詞類似的語彙：化、無竟、無待、環中；也運用了相同的喻根：陶均的運轉；而真正的道與卮言的發生處都是在一種可以類比宇宙開闢的人身深處產生的。人身就是陶均，呼吸以踵之氣即為宇宙開闢之玄機，即為外化而內不化的天樞。

六、兩行的「道言」

莊子的語言觀是《莊子》著作中最令人困惑的一個焦點，我們很少看到有那位思想家像莊子那般不信任語言：語言不能認識真實，也不能溝通，它負載了許多的意識型態，而且是虛偽意識最好的化妝師。因為對語言不信任，連帶地，我們看到莊子強調一種超越語言的直接體認。這種直接體認所及的或許是種超越的悟道經驗，或許是種氣化的實在，或許是種建立在形氣主體上的技藝之道。不管是哪一種，莊子認為它們都不是語言所能指涉的，所以人當「無言」。

莊子對語言的不信任確有大量的《莊子》文字可作佐證，而這種負面的語言觀與後世的玄學及佛學的語言觀頗有近似之處，幾股思潮合流，我們在魏晉、隋唐，甚至衍生到宋明，以至當代，都可看到「語言」與「道」相對反的論述。尤其在心學當令

的時期，一種超越語言與思議之上的「本心」或「本體」被視為學問的終極目的，因此，語言價值之成為「乾屎橛」，幾乎成了不可避免的歷史結局。而「不著一字，盡得風流」，也變成了最重要的美學命題。

　　然而，莊子的語言觀也可以另外的解釋。當代學者論及中國的美學或藝術哲學，往往強調莊子的語言觀之正面質性。宗白華、徐復觀、葉維廉諸先生莫不如此。他們的論證角度不見得相同，但在莊子的語言觀與藝術創作間拉上一條關連的線索，這點卻是一致的。當代學者這種詮釋傾向，我們在晚明的方以智、王夫之與傅山等學者身上，也可看到相類似的詮釋策略。晚明這些學者通常強調莊子與儒學精神的相通[58]，相通的因素當中即包括語言觀的因素。傅山甚至有「道言」一詞，此言極為生動。依據這種看法，「道」與「言」的關係不是「道可道，非常道」（《老子‧第一章》），不是「言之所不能論，意之所不能察致者，不期精粗焉。」（《莊子‧秋水》）而是可解釋成語言承載道，道也需語言才能顯現。

　　後面這種解釋事實上也可以從《莊子》文本中找到相當數量的文字支持其說，我們前文引用到〈寓言〉篇與〈天下〉篇的文字已足以說明莊子不是不懂語言策略，也不是不能肯定語言文字的價值。而就對後世的影響而言，我們也可從蘇軾到聞一多一連串的重要文人身上，聽到他們對莊子的語言藝術以及語言觀的禮

---

58 參見拙作，〈儒門別傳──明末清初《莊》《易》同流的思想史意義〉，鍾彩鈞、楊晉龍主編，《明清文學與思想中之主體意識與社會‧學術思想篇》（台北：中央研究院中國文哲研究所，2004），頁 245-289。徐聖心，〈「莊子尊孔論」系譜綜述──莊學史上的另類理解與閱讀〉，《臺大中文學報》，17 期（2002 年 12 月），頁 21-65。

讚。

上述兩種語言觀的歷史影響當然是不對等的,「語言與道對反」的聲浪顯然超過「道言」之說。然而,兩條相反的解釋途徑確實是存在的,沒有一條消失過。

筆者認為莊子對這兩條路線的差異是相當了解的,而且也是他刻意表達出來的。就語言的負面功能而論,莊子無疑地強烈質疑語言的客觀指義的作用,這樣的語言是一種社會傳統下繼承過來的語言,是先於人的意識成長的既存結構(fore-structure)之「他者」,是與人的理智結構相呼應的聲音表現。在這點上,莊子對語言的批判是不遺餘力的。

如果說莊子對「語言的社會意義面向及認知意識面向」採取完全負面的看法的話,他對語言的「主體」面向,也就是精神表現面向卻是高度的肯定,事實上,也就是莊子認為精神的表現不可能超過「語言」這一關。針對這一點,莊子使用了「卮言」這個奇妙的語詞。製陶時,陶器的旋轉是不能自已的,永恆的核心使得變化不已的成分逐漸聚合成形。莊子認為人的本質也帶著「表現」的性格,人的人格內涵需要一些通道才可以明朗化,其中最重要的通道即是語言。我們看到莊子論「卮言」與論「道」所用的隱喻與描繪,兩者大體雷同,即可了解語言與意識的表現乃同根而發。

上述的說法隱然帶有洪堡特—卡西勒之風,筆者前文極簡略地帶過他們的名字,此處則公開承認:莊子理解「卮言」與「道」的關係,其論證與洪堡特理解語言與人的精神之關係,是相互呼應的。且看洪堡特下面的說法:「語言產生自人類本性的深底,所以在任何情況下我們都不應把語言看做一種嚴格意義的產品,或把它看作各民族人民所造就的作品。語言具有一種能為

我們察覺到，但本質上難以索解的獨立性。就此看來，語言不是活動的產物，而是精神不由自主的流射。」[59]我們且再看下面一說：「語言與精神力量一道成長起來，受到同一些原因的限制，同時，語言構成了激勵精神力量的生動原則。語言和精神力量並非先後發生，相互割絕，相反，二者完全是智能的同一不可分割的活動。」[60]

我們如果把洪堡特的語言觀和莊子的卮言擺在一起看，應該可以看出兩者的思維是近似的，不同處在於兩者所依托的身心基礎不同。莊子的卮言建立在中國氣化的身體觀上，亦即在形氣的身體主體上面，所以「卮言」之能動性、創新性，似乎更加明顯。再進一步論，筆者相信莊子的形氣主體就像儒道傳統身心觀的預設一樣，都要建立在與渾沌萬有的同一本源上。因此，總會帶有形上的性格。總而言之，卮言既然與精神同源而生，同步發展，所以一旦論其根源及流程，卮言遂不得不貫通言默、動靜的整體流域。

有沒有道言？顯然是有的。只要精神需要展現於體表及世界，它即要與語言一體生起。語言的層次甚深，如實說來，人的修養有多深，他所體認的語言之層次即有多深。「道」貫有無、語默、動靜，卮言亦然。

〈寓言〉篇曾演義「卮言」之義：「不言則齊，齊與言不齊，言與齊不齊也，故曰：言無言。言無言，終身言，未嘗言；終身

---

59 洪堡特著，姚小平譯，《論人類語言結構的差異及其對人類精神發展的影響》
　（北京：商務印書館，1997），頁 20。
60 同上，頁 50。

不言,未嘗不言。」[61]成玄英在「言無言」下有注:

> 故能無言則言,言則無言也。豈有言與不言之別,齊與
> 不齊之異乎!故曰言無言。

王叔岷先生在「未嘗不言」下亦引申發揮道:

> 〈齊物論〉篇:「無謂,有謂;有謂,無謂。」亦即「終
> 身言,未嘗言;終身不言,未嘗不言。」之意。破執著、空
> 泛而歸於圓融,所謂如輪轉地,著而不著者也。[62]

兩注都是當理之談,銖兩相稱。最好的語言確實是包括言默
兩面,說與不說,皆落環中。莊子語言觀的兩條路線之爭,在厄
言的運作下,竟可意外地和諧。

---

61 此段文字原有脫落、衍文。第一句的「言無言」另本作「無言」;「未嘗言」
　 另本作「未嘗不言」,據王叔岷先生,前揭書,頁 1093-1094 校改。
62 同上,頁 1094。

伍

厄——道的隱喻

一、前言

莊子思想的一大特色乃是一種動態的生命觀，但現代語言的「生命」一詞還不足以揭露莊子的特色，考慮到「氣」的因素，筆者寧願使用「動態的能量觀」一詞。然而，不管用的是動態的生命，或是動態的能量諸語彙，莊子特別著重一種無窮無盡的變化歷程，這是相當清楚的。在〈天下〉此類似全書提要的篇章中，莊子提及自己思想的特色是「天地並與！神明往與！芒乎何之？忽乎何適？……其理不竭，其來不蛻，芒乎昧乎，未之盡者。」比起此篇論及其他諸子的語言，我們可以說其他諸子的思想皆有一特定的內容，而莊子思想的特色卻不在他有什麼具體的主張，而是在表現精神活動本身。精神活動是種自由的創造，它的出現是種向前的湧現，也是對過去剎那接著剎那的否定，隨立隨掃，隨掃隨立。如果我們比較和莊子並稱的道家巨子老子的思想特色：「澹然獨與神明居」，更可對照出深層的心體觀與動態的精神表現觀的差異。

〈天下〉篇所描述的莊子的思想之特色很像是其人風格的描繪，而不像條列的學說宗旨。其實不盡然，因為精神活動的特性正在於它的當下之永恆創造，說是一物即不中。莊子對人的精神活動好像也沒有說明，事實上不是如此，因為莊子是最早使用「精神」此一複合名詞的中國哲人。〈刻意〉篇言：「精神四達並流，無所不極，上際於天，下盤於地。」莊子這裡所說的可以四達並流的精神好像不只是一種意識的功能或屬性之謂，它像是位作用者（agent）；但此作用者不像是一種可以脫離軀體、獨立存在的靈魂，不宜將它實體化。我們即使暫且很難正面的去建構莊子的「精神」圖像，但至少可以將實體化的「靈魂」概念或屬性

化的「思維或想像」概念排除在外。

　　莊子的「精神」概念誠然不易譯成當代的漢語，但也不至於神祕到不可說。誠如許多研究已一再指出的，莊子用以表達精神的概念是「氣」此一語詞，在莊子的體系中，氣既是個生命的語彙，也是個自然的語彙。是意識的構成因素，也是身體的基質。精神一旦帶有「氣」的質性，就不可能沒有實在論的、感通的、變化的因素在內。莊子對於「氣」的解釋或許不是獨特到獨一無二，他的觀點毋寧是種共法，但莊子卻是先秦時期表現「氣」概念最透徹的一位哲人。本文不是想討論莊子的「氣」、「氣化」或「精神」的問題，上述所說，只是作個引子。本文是想看莊子如何表述此說是一物即不中的精神之能動性。

　　筆者認為莊子運用了早期文化的一些神聖因素作為表達的基本隱喻，這些基本隱喻基本到成為莊子思想活動的劇場，莊子在此劇場上演出，讀者看到的往往是莊子的演出，而沒注意到撐起此演出活動的舞台。換言之，這些基本隱喻可視為視野中的 field，莊子的思想命題則可視為 figure。莊子用獨特的隱喻作為表達旨意（tenor）的載體（vehicle），讀者見月忘指，忘掉了載體。就閱讀事件而言，見月忘指可能是正確的閱讀方式，但我們如果顛倒能指與所指的關係，未嘗不可探照出另外的趣味，本文想要處理的正是照明出作為支撐思想活動的隱喻背景。

　　上述的「隱喻」是現代的語彙，莊子並沒有使用，他用的是「寓言」和「巵言」。「寓言」是寄意之言，「巵言」是渾圓之言，兩者與「隱喻」的語義皆有出入。但莊子使用「寓言」與「巵言」，旨在破除抽象的認知語言，同樣想完成極艱鉅的任務：用語言表達「道」。這樣的功能又與「隱喻」有相通之處。「寓言」與「巵言」兩者當中，「巵言」因具備外化而內不化、且可成全

雙邊的特性,與道尤近,更可視為道言[1]。因此,本文採用「卮言」一詞,藉以陳述《莊子》書中根源性的隱喻。

二、歸墟

顧頡剛在〈《莊子》和《楚辭》中崑崙和蓬萊兩個神話系統的融合〉一文中提到:莊子的著作運用了兩個大的神話體系的題材,一個是東方的姑射神話,一個是西方的崑崙神話[2]。姑射神話是個仙島神話,這個神話的題材有與世隔離的仙島、不食人間煙火的仙女、長生不老的食物,是標準的樂園神話。小川琢治更認為姑射神話其實就是後世流傳更廣、名氣更大的蓬萊神話,兩者同出而異名[3]。姑射(蓬萊)是仙島,崑崙則是仙山,崑崙神話的本質也是樂園,姑射與崑崙坐落在神話地理的東西兩極,同樣是理想世界的原型。

莊子雖然同時運用了東西兩極的神話,但筆者認為對莊子而言,姑射神話的地位重要多了。筆者先前撰文探討莊子與巫文化的關係時,發現莊子明白借自《山海經》或與《山海經》共享的姑射類型的神話題材不少,筆者曾舉出下列七條資料,以證此

---

1 關於莊子的卮言,參見拙作,〈莊子的「卮言」論——有沒有「道的語言」〉,劉笑敢編,《中國哲學與文化·第二輯》(桂林:廣西師範大學出版社,2007),頁 12-40。此文大幅改寫自舊作〈卮言論——莊子論如何使用語言表達思想〉,《漢學研究》10 卷,2 期,頁 123-157。

2 文見《中華文史論叢》(上海:上海古籍出版社,1979),第 2 輯,頁 31-57。

3 小川琢治認為姑射山與《列子·湯問篇》所述之方壺、蓬萊、瀛州三山之神話相同,其地在朝鮮之南。參見《支那歷史地理研究》(京都:弘文堂書店,1928),頁 262。

義。

是〈逍遙遊〉篇的「北冥有魚，其名為鯤」。據袁珂的考證，此內容與禺彊神話有關。因鯤即為鯨，而北海神禺彊即為禺京，禺京又名北冥。《莊子》與《山海經》的資料兩相吻合。

是同篇的姑射山與神人。此段名文描述神人「肌膚若冰雪，綽約若處子」，其美妙造型顯然曾經文豪之手而成，但其原始面貌可在《海內北經》與《東山經》等處見到。

是〈齊物論〉篇的湯谷與十日。「湯谷」與「十日」牽涉到后羿射日此有名的神話事件，《海外東經》、《大荒東經》等處皆有相關的載錄。

是〈在宥〉篇的雲將與鴻蒙。此篇記載：「雲將東遊，過扶搖之枝而適遭鴻蒙」之事。扶搖之枝實為扶桑，扶桑即東方神祕地點的空桑。

是〈天地〉篇的苑風與歸墟。此寓言描述「諄芒」想到東方的「大壑」，結果在東海之濱碰到「苑風」之事。

是〈達生〉篇的夔與流波山。據《山海經》所述，夔住於東海的流波山。

是〈外物〉篇的任公子與波谷山。此段內容描述任公子蹲在會稽，釣到大魚時，白波若山，後來得以餵食大眾之事。此段內容與《山海經》所述波谷山相合。

筆者分析這七條資料，發現它們大部分出自《大荒東經》，而且都與燕齊海濱文化有關[4]。以這七條資料為線索，筆者似乎

4　參見拙作，〈莊子與東方海濱的巫文化〉，《中國文化》，第 24 期，2007，頁

逐漸了解莊子為什麼對海洋知識那般的熟稔，對神祕而神聖的神話地標歸墟那般的嚮往。再想及他常以擬人化的神鳥（燕子與鳳凰）比喻至人的德行，還有他與神木扶桑極黏密的意結，這些因素加起來，在在都可以看出他和東海之濱實有非常的關連。筆者在〈莊子與東方海濱的巫文化〉一文中指出：莊子的東方海濱情結和他的殷商文化背景有關。因為殷商源自燕齊海域，其後代又封於商邱，為宋國。莊子乃宋之蒙人，蒙恰為殷商之舊墟，又為新宋之轄域，莊子的東方海濱情結是有歷史風土的原因的。

殷商—海洋—巫文化是構成莊子思想背後的重要情節，但莊子之所以頻頻使用這些題材，還有更重要的理由，筆者認為與歸墟神話所代表的能量之轉換有關。

「歸墟」在〈秋水〉篇中稱作「尾閭」，北海若向洋洋自得的河伯提到尾閭的偉大：「萬川歸之，不知何時止而不盈；尾閭洩之，不知何時已而不虛。」「歸墟」、「尾閭」之語顯示此地點為天下之水所歸，而水在戰國諸子的思想中，普遍具有生命的創造之義。這個東海之中神祕的地標在〈天地〉篇中稱作「大壑」，大壑之為物「注焉而不滿，酌焉而不竭」。大壑最大的特色在於它無盡的容量，與轉換生命基質的能量，它廣納天下水，又吐出天下水，而自身始終如如不動。

「歸墟」是戰國時期最著名的神話地理之一，這個地點是因一神祕的宇宙性事件而起。據說在遙遠的洪荒時期，十日並出，熱酷天下。東夷的傳奇英雄后羿向上帝借得彤弓之後，乃引矢直射，射下九個太陽。九個太陽落到東海中央，造成了一個無底的大洞，一說是造成了一塊龐大無比的石塊，名之曰沃焦。沃焦雖

是被射落的太陽之遺骸，但其熱能依舊充沛，水流灌注即化為雲煙，此所以名之為沃焦。天下名川無數，東流入海，然海水不增不減，因為沃焦之熱能與東注河流的水量恰好取得了平衡，宇宙因此取得了均勻的狀態，得以繼續存在下去。

　　歸墟與射日神話有關，這是此神話的敘事基調，然而，它的深層意義尚未窮盡。依據《莊子》、《山海經》以及一些相關資料的記載，我們看到歸墟神話和扶桑神話是緊密聯在一起的。扶桑又名若木，它生於東海之中，更切實的說法是生於湯谷，湯谷又叫溫源谷。由「湯」、「溫源」之名，我們可以想像此深海海谷的熱能有多充沛。由此進一步推想，筆者認為湯谷應該就是歸墟，歸墟的另一名稱「沃焦」也是表達此地具足熱能之意。扶桑所以要生於此熱能盈漫之區，乃因它負有特殊的使命，因為每日太陽會從海底爬上扶桑，隨後西行，沒於昧谷，再沿水底東行至歸墟，完成它一日的行程[5]。歸墟看來不只是九個太陽的埋身之地，它也是每日的新太陽的誕生地。如果依據〈大荒東經〉的說法，也許九個太陽並非被射落，它們只是因為還沒值班，所以暫時居於扶桑樹的「下枝」，要值班的太陽則居於「上枝」。十個太陽只有上下班的問題，沒有存亡的問題。

　　歸墟如果不只和射日神話相聯，而且更和廣義的太陽神話聯結，它的重要意義就不難看出來了。依照神話思維，太陽的升起、白晝的誕生往往具有特別神聖的意義。因為只有光線乍射，劃開了最原始的渾沌黝暗，新的秩序才能形成。1920 年代，一

5　屈原《九歌‧東君》結尾說：「杳冥冥兮以東行」，王逸注解道：「言日過太陰，不見其光，出杳杳，入冥冥，直東行而復出。」洪興祖，《楚辭補注》（台北：長安出版社，1995），頁 109-110。

身疲憊的精神分析學家榮格（C. G. Jung, 1875-1961）決定暫時從
歐洲退出，遁入美洲、亞洲與非洲的「初民」社會，以求尋得被
理性思維層層壓抑住的深層自我。他發現到上述各地皆有不同類
型的太陽崇拜：「從天地初創時，靈魂便一直懷有對光明的欲
求，和走出原始黑暗的不可遏抑的渴望。當夜晚來臨，一切顯出
深深的沮喪情調，每個靈魂都被對光明不可言喻的渴望所攫獲。
這種緊張的感覺可以在原始人的眼睛裡看到，也可以在動物的眼
睛裡看到。動物的眼睛裡有一種悲哀，我們無法得知這種悲哀是
與牠的靈魂有關，還是潛意識向我們說話的深刻信息。這種悲哀
也反映了非洲的情緒，對種種孤寂的感受。這種原始的黑暗是一
種母性的神祕。清晨，太陽的誕生對當地人之所以具有深遠意
義，原因也就在此。光明到來的那一瞬間就是上帝，那一瞬間帶
來了補償和慰藉。」[6]也不只非洲的初民有此渴望，事實上，許
多民族的創造神話皆顯示出：光明乍顯，突破黑暗，都被視為是
創造的第一步。由此義一轉，我們也可以說：每日太陽的東升都
可視為是新生的開始[7]。

　　從扶桑—太陽的神話著眼，筆者相信〈逍遙遊〉篇有名的鯤
化為鵬的神話雖是變形神話的類型，但此變形是建立在太陽—扶
桑的主題上的。鳥作為太陽的象徵，可以說是普見於各地區的主
題。漢代以後，太陽通常和烏鴉聯結，所以有金烏之稱。在大汶
口文化以及良渚文化中，太陽與鳥的密切關係更是突顯，而且此

6　榮格（C. G. Jung）著，劉國彬、楊德友譯，《榮格自傳：回憶、夢、省思》
　　（台北：張老師文化出版社，1997），頁342。

7　詳細的論證參見卡西爾著，黃龍保等譯，《神話思維》（北京：中國社會科學
　　出版社，1992），頁109-119。

鳥頗有可能是鳳凰。準此，則大鵬可視為太陽之象徵，而鯤化為鵬，「摶扶搖而上者九萬里」，此「扶搖」當如〈天地〉篇所說的「扶搖之枝」的「扶搖」，亦即為扶桑也。「大鵬摶扶搖而上者九萬里」，這個敘述和〈大荒東經〉所說的：「湯谷上有扶木，一日方出，皆載于烏」，兩者所說為同一回事，其底層的結構皆為「太陽沿扶桑樹而上九萬里」。

　　太陽的新生是一切能量的源頭，沒有太陽，就沒有生命，這種生生不息的能量出自深不可測的宇宙大黑洞。黑洞中的沃焦是否真為巨石，恐不可知。然最合理的推測：此一深不可見之黑洞具有無窮的熱能，所以它才又名為「湯谷」，又名「溫源谷」，「溫源谷」與「湯谷」應是指涉同一神祕地點[8]。這樣的宇宙性大黑洞是「無」，但此「無」實為一切「有」之源頭，「大壑」是創造性的「無」。而立於大壑中的扶桑樹則是通天之宇宙軸，它雖位在東海之中，但在「天為圓道」的神話思維模式籠罩下[9]，此大陸東方的海域之中被視為永恆創造的宇宙之中，一切的能量隨著太陽升起由此而出，一切的能量也隨著太陽西沉而斂光匿影。夜晚太陽潛海東行，再神祕的轉至扶桑樹下，等待隔日從湯谷再起。歸墟—扶桑是轉換明、暗，其實也是轉換有、無的總開關。

　　大壑至無，但本身不僅是創造的源頭，而且也是秩序之母體。就秩序的母體此點而言，大壑被視為己身自備最原初的韻

8　郭樸云：「溫源即湯谷也」引自《山海經校注》（台北：里仁書局，1982），頁 354。

9　《呂氏春秋》對此常有發揮，如〈大樂〉云：「天地車輪，終則復始，極則復反，莫不咸當。」最明顯的論點當然見於〈圓道〉篇。

律——這一點很容易令我們聯想到《山海經》中的渾沌怪獸亦具備此質性[10]。韻律的由來和少昊神話有關，少昊在五行配置已成制式的年代是被置放在西方金的位置上的，但我們有充分的理由認定少昊原為東夷族神，曲阜固為少昊之墟也[11]。少昊傳說曾悠遊海上，掉琴瑟於大壑，此一事件乍看平淡，但古書卻頗張揚此事。古書之所以張揚，乃因琴瑟掉入深海，海天因而充滿和諧韻律，這被視為一種宇宙性的和諧，最原初的秩序母體。《玉海》引《通曆》說：少昊「用度量作樂器」[12]，度量即是所謂的規矩，宇宙開闢最根本的依據。《孝經鉤命訣》記載：「少昊樂曰大淵」，筆者認為此「大淵」當即為大壑，「大淵樂」乃是用以紀念少昊棄琴瑟於東海之神祕事件。在初民社會相當長的一段時間內，音樂、秩序、數字很容易神祕化，它們常被提升到一種宇宙性的展現，宇宙整體被視為有種神祕性的「預定的和諧」。因此，都有樂的成分。我們在後世的《史記·曆書》、《禮記·樂記》，甚至《莊子·天運》論「帝張咸池之樂於洞庭之野」處，都可看到這樣的載錄。如上所說，則大壑之無不但是一種動力因的創造性之無，它也具備了一種形式因的成形成物之無。

完整的大壑神話意義應當比我們今日所知的豐富許多，有些環節顯然散落了，但當日莊子對「大壑」不斷湧現新能量、蹦出新形式的作用不但不陌生，而且還心嚮往之。所以除了在〈逍遙

---

10 《山海經》的渾沌住於「天山」，亦即宇宙軸之山，而且「識歌舞」，亦即自具和諧之韻律。

11 參見《左傳·定公四年》，杜預注。李學勤編校，《春秋左傳注釋》（台北：台灣古籍出版社，十三經注釋整理本，2001），冊 84 卷 54，頁 1781。另參見《左傳·昭公十七年》，「秋，郯子來朝」一節所述。

12 王應麟，《玉海》（台北：華聯出版社，1964）卷 8，頁 1。

遊〉篇破題處即揭舉此義外，我們在〈秋水〉篇中又看到了北海
若一發不可收拾的禮讚。在〈天地〉篇中，莊子又假「諄芒」東
遊碰到「苑風」的故事，攤展出大壑無窮創新的意義。類似的主
題也見於〈在宥〉篇所提「雲將東遊，過扶搖之枝而適遭鴻蒙」
這段文字。在後面這兩則莊子有託而然的「寓言」中，代表生意
的「苑風」、神鳥、元氣、宇宙樹、大壑交相升起。雲將與諄芒
東遊大壑，絕非觀國之光而已，如何汲取此無底深谷之生生不息
的能量，如何再將此潛存的力量轉化為昇華的動能，這才是雲將
與諄芒東遊的目的。

三、渾天

　　神話的地理學提供了莊子無盡能量的隱喻，我們終於知道雲
將東遊、諄芒東遊，都是為一大事因緣而遊，不只是藝術心靈的
體現。除了神話的地理學外，莊子對可以代表當日知識水平的天
文學也極感興趣，神話的天文學提供了他相同的功能。

　　存在本身就是祕密[13]，任何個體的存在都不可思議，世界的
存在更是神祕中的神祕。存在的神祕最容易引發深刻的哲思，戰
國時期就是宇宙論問題最熾熱的一個時期。儒家的荀子有〈天
論〉，不世出的大詩人屈原有〈天問〉，道家哲人鶡冠子有〈天
則〉，雜糅百家的《呂氏春秋》有〈圜道〉，《管子》有〈宙合〉。
《莊子・天下》記載當時南方有黃繚此一畸人，曾「問天地所以
不墜不陷，風雨雷霆之故。」名家巨子惠施針對黃繚的問題，
「不辭而應，不慮而對，遍為萬物說。說而不休，多而無已！」

---

13 我這裡借了馬塞爾名著 *Mystery of Being* 的書名，當然也分享了書中的旨意。

看起來是場激烈的辯論。鄒衍是當時最受人君歡迎的思想家，他當然不會缺席，他甚至贏得了「談天衍」的雅號。戰國時期，黃老道家很流行，我們如果忘了此一流派，名單就不會完整。而黃老道家最顯著的特色，正在於「推天道以明人事」。郭沫若說：戰國時期，「關於天體構成的疑問，在當時的知識界是有普遍的關心的。」[14]我們看現存的戰國時期的文獻，不能不同意郭沫若的觀察是符合史實的。

莊子對宇宙的運行也是充滿了好奇，天文現象在《莊子》一書中占有相當重要的位置。在〈天運〉篇的開頭中，「莊子」即對宇宙運行的現象提出了按捺不住的質詢：天如何運行呢？地如何自處呢？日月是否爭執於黃道赤道呢？是雲為雨，還是雨為雲呢？「孰主張是？孰綱維是？孰居無事推而行是？意者，其有機緘而不得已邪？意者，其運轉而不能自止邪？」本文的基調非常像屈原的〈天問〉，〈天運〉與〈天問〉如果沒有影響的關係，至少可視為是同一種問題意識下的產物，兩者很可能分享了共同的天文知識[15]。天體知識固然是歷代天文學常討論的主要議題，但這個議題的意義從來不能綑綁在自然科學領域內理解，它總會侵入了思想的領域。宋代的朱子、象山即曾對天之現象好奇不已，並由此引發一生的思想冒險。《莊子‧天運》亦然，它的提問既是自然知識的議題，也是形上學的議題，我們如論及古代中

---

14 參見郭沫若，〈屈原簡述〉，《郭沫若古典文學論文集》（上海：上海古籍出版社，1985），頁260。

15 「設問文學」之說參見藤原岩友，《巫系文學論》（東京：大學書房，1969），頁68-81、281-297。藤原岩友認為對天的思考是戰國時期一股重要的思潮，〈天問〉、〈天運〉諸篇顯現的設問文學可視為戰國諸子的共同論述，它代表理性自覺的精神。

國的宇宙論，莊子這篇文章是有相當的代表性的。

　　荀子將「天」的知識視為官人之學，君子所不道。莊子不是「官人」，但他卻汲取了當時流行的天文知識，津津樂道之。莊子所運用到的天文知識很可能是渾天說，渾天說是中國古代三種主要的天文學說之一，與蓋天、宣夜並稱。根據漢人的說法，這個學說的宗旨可以簡述如下：「天如雞子，天大地小，表裡有水。地各承氣而立，載水以浮。天如車轂之過。」[16]渾天說最顯著的特色在於其渾圓的外貌；其次，天地上下皆為水；另外一個特徵乃是渾圓之中有一設想中的核心，此核心就像車軸帶動車輪與座車的運行，它也帶著渾天永恆的迴轉。和蓋天、宣夜另外兩種天文學說相比之下，渾天說不見得在知識的解釋效率上更強，但它似乎較具美感。更重要的，它和「渾圓」此重要的宗教象徵相容，可以滿足時人的宗教情感之需求。根據王夫之的解釋，莊子很快的被這種學說迷住了，他的所有重要理論可以說都是從渾天說衍生出來的[17]。

　　王夫之將《莊子》書中的渾天說因素評價如此之高，是否有依據呢？筆者認為有的。首先，比起蓋天說、宣夜說來，渾天說

---

16 《春秋元命苞》，安居香山、中村璋八編，《重修緯書集成》（東京：明德出版社，1988）卷 4・上，頁 34。依據文義，「地各承氣而立」此句前當有「天」字。

17 王夫之在〈天下〉篇論莊子學說宗旨處有解云：「嘗探得其所自悟，蓋得之於渾天；蓋容成氏所言：『除日無歲，無內無外』者，乃其所師之天；是以不離於宗之天人自命，而謂內聖外王之道，皆自此出；而先聖之道百家之說（言其）散見之用，而我言其全體，其實一也。則關尹之『形物自著』，老子之『以深為根，以物為紀』，皆其所不事；故曼衍連犿，無擇于溟海枋榆，而皆無待以遊。」《莊子解》（北京：中華書局，1964），頁 284-285。類似的話語散見全書，茲不細引。

特別強調天地皆浮於水而行，這個命題如果切成一半，單論大地，就是大地四周皆為海所包圍。「四海」的概念在先秦時期，大概有特殊的涵義，不見得是那麼平常。古籍中，作為巫書的《山海經》的空間結構即以四海立論，「四海」可視為巫文化的一個概念。莊子也重「四海」，在〈秋水〉篇中，北海若教訓識見褊狹的河伯說：「計四海之在天地之間也，不似礨空之在大澤乎？」〈逍遙遊〉篇破題即言「北冥」、「南冥」，後代的天文學家即以此證明「四海」之說[18]。

其次，漢代有一奇特的「地動」之說：「地有四遊，冬至地上北而西，三萬里。夏至地下行南而東，復三萬里。春秋分其中矣！地恆動而不止，人不知，譬如人在大舟中，閉牖而坐，舟行不覺也。」[19]此一說法頗容易令人聯想到地球自轉之理論。事實大概不是如此，學者或認為這是因為冬夏之間太陽與大地視線距離不同所產生的一種理論，因此，其動只是一種平面的移動。但從緯書所說，我們可推測出「地浮水」、「地如船移」這兩項因素，這是渾天說的特色。談到地動，我們不妨注意底下這段《莊子》佚文：「海水三歲一周，流波相薄故地動。」[20]「四海圍繞」與「地動」這兩個因素應當有渾天說的影子。

渾天說預設了有一旋轉天地的軸心，如同車輪之迴轉，這條軸心和大地透過設想中的繩索繫聯住。〈天運〉篇質疑的「孰綱

---

18 何承天即以莊說作為渾天「四方皆水證也」，參見《宋書・天文志》（台北：藝文印書館，出版年月不詳）卷 23，頁 5。

19 參見《尚書考靈曜》，《重修緯書集成》卷 2，頁 32。

20 《藝文類聚》、《初學記》、《太平御覽》等類書皆引用過此語，詳見王叔岷先生，《莊子佚文》第 104 條。此書此文收入《莊子校詮》（台北：中央研究院歷史語言研究所，1988），下冊，頁 1401。

維是」的「綱維」，指的大概即是這條繩索。這條軸心貫穿天壤間，使得天地在運轉中不致飛散。莊子雖沒明言此一軸心，但大意固在。《昭明文選》李善注引用一則《莊子》佚文，多少透露了此訊息，其文如下：「闕奕之隸，與殷翼之孫、遏氏之子，三士相與謀致人於造物，共之元天之上。元天者，其高四見列星。」[21]戰國時期流行「九天」之說，「九天」有分野說的九天與立體的九重天兩義，渾天說所牽涉者當以九重天為主。能高出四表、平視列星的位置，當是位在九天的最高處[22]，也可以說是位在九天的起源處，「元天」之「元」已透露了此一訊息。依據宇宙軸貫穿三界的法則，元天當處在此軸線的頂點，而它的另一頭之對照點或為黃泉，或為大壑。屈原〈遠遊〉篇結尾處有云：「上至列缺兮，降望大壑」，筆者懷疑列缺正是元天所處位置，大壑則是深不可測之凹底，列缺──大壑此縱貫線正好位於宇宙軸的兩頭。

　　莊子對天文學──當然是神話的天文學──嗜好很深，如果上述所說的四海、地動、元天三點不免要作推論的話，我們不妨直接面對《莊子》文本，舉王夫之特別重視的一則文字以見其大要：

　　冉相氏得其環中以隨成，與物無終無始，無幾無時。日

---

21 顏延年，〈車駕幸京口侍遊蒜山作詩〉，李善注引《莊子》佚文。《昭明文選》（台北：五南出版社，1991），頁 572。《莊子佚文》，第 61 條。

22 王夫之解《莊子》書中的渾天說隱喻，以「七曜天以上、宗動天之無窮」為最高處，如《莊子解》，頁 229-230 所說即是。然宗動天乃耶穌會教士傳來之新概念，參見《明史·天文志》（台北：鼎文出版社，1982）卷 25，頁 340。先秦的第九重天之名已不可考，「元天」之說也只是一種合理的推測而已。

與物化者，一不化者也，闔嘗舍之！……容成氏曰：「除日無歲，無內無外。」（〈則陽〉篇）

古人名為容成氏者有三人[23]，但莊子所言之容成氏當指傳說中創作曆法之黃帝之臣。王夫之高度讚美此段話語，他說：「渾天之體：天，半出地上，半入地下，地與萬物在於其中，隨天化之至而成。天無上無下，無晨中、昏中之定；東出非出，西沒非沒，人之測量有高下出沒之異耳。天之體，渾然一環而已。春非始，冬非終，相禪相承者至密而無畛域。其渾然一氣流動充滿，則自黍米之小，放乎七曜天以上、宗動天之無窮，上不測之高，下不測之深，皆一而已。」[24]王夫之的結論是：「莊子之道所從出，盡見矣，蓋於渾天而得悟者也。」

〈則陽〉篇此段所述，確實很容易令人聯想到渾天說的隱喻。渾天說一來描寫的是天體運行的軌道為渾圓，渾圓沒有視角，沒有終始。受此影響，所以《莊子》書中特多「未始」之言：未始有天，未始有人，未始有始，未始有物；其次，由天體的運行而有時空的概念——尤其是時間的概念，幾乎皆依日月星辰的運轉而設立，有天體然後有時間。然而，在渾圓亦即環中之道的運轉之下，所有時空以及時空之內的事物都循環化了，相對化了，都失去了獨立性，但也都可相待而起。不化的「一」者，

---

23 「容成氏」之名道家典籍常見，《漢書·藝文志》陰陽家有《容成子》十四篇，房中家又有《容成陰道》二十六卷，容成氏其人大概是祕教傳統中的傳說人物。俞樾進一步考證容成氏有三，一為黃帝之君，一為黃帝之臣，一為老子之師。俞說是根據古籍所記歸納而得，實情恐無稽可考了。俞樾之說引自郭慶藩，《莊子集釋》（台北：河洛圖書出版社，1974），頁888。

24 《莊子解》卷25，頁229-230。

日與物化，也就是永不斷裂地成就相對而生的事物，此之謂「隨成」。

天體的運轉定位了東西南北與春夏秋冬，亦即定位了時空的秩序。我們對於時間的思考往往受限於空間的模式，動態的流動因此很容易流於空間的幾何圖式。然而，莊子的時間觀是個圓形的模式，圓形的時間每個週期會重來一次，一個很關鍵性的週期是「歲」或「年」。一年之春夏秋冬後，尚有另一次的春夏秋冬。〈齊物論〉有「今日適越而昔至」之說，就線形時間而論，不可解，就圓形時間而論，則沒什麼不能解釋的。莊子的圓形時間不一定是重複之循環，但確是種獨特的重複運動。在歲歲相接之際，如除夕夜子時，或周人建子所重視的冬至的亥子之際，乃是新舊旋轉之樞紐，具有極關鍵性的地位。

上古的天文學說不僅定位了空間，也定位了時間，王夫之從冉相氏一節解出莊子運用的渾天說隱喻，筆者認為具有相當的說服力。筆者願意再對「冉相氏」一語略進一解。「冉相氏」一語注家多以為其人乃古之聖君，但此一聖君古書罕見，其相何相，終不可解。筆者懷疑「冉相氏」可能是「渾沌氏」的另一分化，冉相氏具渾圓之相。《山海經》中的渾沌「狀如黃囊，赤如丹火」，其形狀可說是「冉相」。「隨成」固是「隨物而成」，但筆者懷疑「隨」有「橢」的意義，隨成不無可能隱含渾圓而成之義。

〈則陽〉篇「冉相氏」一段話是神話形貌的敘述，在〈齊物論則作：「彼是莫得其偶，謂之道樞。樞始得其環中，以應無窮。」兩則的文字高度雷同，只是一則以古聖人名之，一則以玄學概念名之。我們不妨說：「冉相」是神話版的「道樞」，「道樞」是哲學版的「冉相」。如果我們放到渾天說的模子考量，則「冉

相」所重者在「渾圓」一義，而「道樞」所重者在「環中」，亦即在牽動變化中的不化處。

「道樞」一語首見於《莊子》一書，這個術語很可能是莊子綜合了哲學語彙的「道」與名物語彙的「樞」兩者而成。「樞」之語義有歧義，它不無可能意指車軸，「道樞」因此可能運用了車輪的隱喻。但先秦道家諸子所用的「道」字往往意味著天道，黃老道家依天道以明人事，即是顯著的事例。天道的用法可指向形而上學之道，但也可指謂天體的運行，「道樞」因此也可解作「天道運行的樞紐」。《淮南子‧原道訓》所謂：「經營四隅，還反於樞」，雖然也可以說是以車輪為喻，但更具體的內涵，則是用渾天說的太一──四維的概念解釋天地的存在。

〈則陽〉篇對「冉相氏」的描述與〈齊物論〉的「道樞」如出一轍，恐非偶然。另外一則恐非偶然的相似文句見於我們前文引用過的〈天地〉篇文字「夫大壑之為物也，注焉而不滿，酌焉而不竭。」與〈齊物論〉「注焉而不滿，酌焉而不竭，而不知其所由來，此之謂葆光。」兩者的文字高度雷同。「葆光」一詞，前人有解，其解非不可通，但其義頗怪[25]。《淮南子‧本經訓》引同樣文字，但「葆光」作「瑤光」；《文子‧下德》文字亦同，但「瑤光」改作「搖光」。「瑤」「搖」音通，「搖光」一詞於義尤長。考「搖光」為北斗七星中的第七星，位於杓端，頗有些神祕的功能。「注焉」、「酌焉」這類的動詞預設了容器的概念，大壑是容納天下之水的大容器，斗是容納酒漿稻麥的小容器[26]。

---

25 向郭注云：「任其自明，故其光不蔽也。」成玄英〈疏〉的文義略同。

26 《文子‧下德》對「搖光」的解釋即為：「搖光者，資糧萬物者也。」可見北斗七星兼具飲食兩種量衡的隱喻。

「葆光」如果不是北斗七星中的搖光,「注焉而不滿,酌焉而不竭」之語即不可解。

莊子在〈齊物論〉中居然用到了北斗七星中搖光的意象,而且搖光象徵的意義竟然和管領天地能量消長的總樞紐之歸墟一模一樣,這是個值得深思的線索。莊子沒有告訴我們:為什麼他要運用搖光的意象?但北斗七星是群星當中最具神祕功能者,於古已然,至今在道教及民間習俗中仍然如此。考《淮南子·天文訓》有云:「帝張四維,運之於斗。」又說:「紫宮執斗而左旋。」《史記·天官書》也說:「斗為帝車,運於中央,臨制四嚮。」《淮南子》與《史記》所說的帝當指太一,亦即北極星。太一不動,張開四維,繫住天地,使之不墜[27]。又運轉北斗,北斗七星如同車輪般左旋,斗杓則是轉動的支軸。斗杓三星中,尾端的搖光此星位置最突顯,它「居中而應,歷指十二辰,摘起陰陽,以生殺萬物。」三代曆法有建子、建寅、建丑之別,其依據皆依搖光所指方位而定,所謂「斗建」是也。「斗建」其實是「搖光建」,北斗七星居陰布陽、生殺萬物的功能都聚集在它身上了。

莊子運用搖光的意象,我們現在知道大概是取北斗主陰陽消長、生死變化之意,北斗之斗也是能量轉換的中心,就像地理中的歸墟一樣。然而,北斗還需要一位運轉的帝——太一、北極、紫宮之謂也。《莊子·齊物論》在論「搖光」之上,另有「天府」之說,「天府」乃是能知「不言之辯,不道之道」者,也就是能了解言行尚未啟動的潛能之全體者,宣穎在此有注:「渾然之

---

27 依據《淮南子·天文訓》的說法,此四維為:東北的報德之維,西南的背陽之維,東南的常羊之維,西北的蹏通之維。

中，無所不藏。」[28]北極固然位在北方，但又被視為在天地之中；它是能量之總發源地，但又被視為其能量可轉移到與它義屬同一作用體的北斗七星。在「部分即全體」的神話思維原則下，渾然之中的「天府」是可以暗喻北極太一的。

搖光可解，天府可解，《莊子》書中另一獨特的概念「天門」應該也就不難了解。《庚桑楚篇》：「有乎生，有乎死，有乎出，有乎入。入出而無見其形，是謂天門。天門者，無有也，萬物出乎無有。……而無有一無有。聖人藏乎是！」天門是生死有無的樞紐，所以說「天門者無有也」。誰能領會此天門，即能理解存有之奧祕，所以說「聖人藏乎是」。「門」在《易經》與《莊子》書中皆可象徵由無至有的關卡，也可以說道由「無形」到「有形」的轉換口，〈庚桑〉篇所言，文字尤為顯赫。

天門是生死存亡的門戶，單單看此觀念，也可以想像此詞語當有「宗教」的前身。天門又名閶闔，屈原神遊崑崙山，進而上天庭時，必須經由天門：「吾令帝閽開關兮，倚閶闔而望予。」王逸注：「閶闔，天門也。」洪興祖補注曰：「閶闔，始升天之門也。天門，上帝所居，紫微宮門。」[29]「天門」是原始天文學中的重要概念，升天的必經管道，也可說是生死的轉換點。依洪注，閶闔與天門大概是大門與內門的關係，但都是天門。漢代流傳下來的諸多器物，其中多有「天門」之意象[30]。莊子以「有無」

---

28 宣穎，《南華經解》（台北：藝文印書館，無求備齋莊子集成本，1974）卷2，頁4，b面。

29 《楚辭補注》，頁41。

30 參見孫作雲，《天問研究》（台北：中華書局，1989），頁119、325。謝明良，〈記一件漢代青釉壺上的「升天圖」〉，《國立歷史博物館館刊：歷史文物》第6卷，第1期（1996年2月），頁37-44。

取代「生死」，但天門的意象卻始終如一。

　　當我們將搖光、天府、道樞、天門隱藏的喻根解出之後，發現搖光、天府、道樞、天門皆意味著渾天之圓轉無窮而又不離其宗。我們如將這些意象配合「樞始得環中，以應無窮」的「環中」，配合「聖人和之以是非，而休乎天均，是之謂兩行」的「天均」，再配合「和以天倪，因以曼衍」的「天倪」，不難看出莊子是用渾天與陶均這兩個最根源的隱喻當作貫穿〈齊物論〉一文的主軸。天均、天倪兩個語詞皆意指陶均，或陶均的變形，莊子所運用的陶均隱喻，我們下一節還會討論。

　　比較渾天與陶均的隱喻，首先，我們發現兩者皆表不斷圓轉之義，這樣的圓轉喻根比起曼荼羅，或圓之隱喻，多出了動態的、變化的、創新的成分；其次，我們看到對立的兩端在圓轉之運中，相待而生，相對而滅，相互對轉。任何對立的語詞因此失掉它的自性，東西、晝夜、善惡、長短，無一不是如此。第三，渾天與陶均所以能圓轉不止而又不散，乃因有不可見的核心或樞紐貫穿其間，這個神祕的核心點帶動了無窮的變化。

　　從渾天的隱喻著眼，則凡《莊子》書中從超脫的觀點觀看物物相對而起、相生而化；或看到無窮的時空之流轉；或看到獨守一不變之點（中、宗、樞等等）以引發氣化流行者，這些文字都有可能運用了渾天說的隱喻。王夫之說：「莊生以此見道之大圓，流通以成化，而不可以形氣名義滯之於小成。故其曰『以視下亦如此而已』，曰『天均』，曰『以有形象無形』，曰『未始出吾宗』，與〈天運〉篇屢詰問而不能答其故，又曰『實而無乎處者宇也』，皆渾天無內無外之環也。其曰『寓於無竟』，曰『參萬歲而一成純』，曰『薪盡而火傳』，曰『長而無本剽者宙也』，

皆渾天除日無歲之環也。」[31]王夫之自是解人，他的文本的依據主要是從容成氏所說的「除日無歲，無內無外」兩語而來。筆者認為王夫之的觀察非常深刻，莊子之所以常有類似「太空人」的觀點[32]，乃因渾天已構成了他的著作的根本隱喻。依「渾天」的視角觀看天下，這樣的視座不僅見於〈齊物論〉、〈則陽〉等篇章，也不僅止於王夫之所舉的例證，我們在〈逍遙遊〉篇的「天之蒼蒼，其正色耶！其遠而無所至極耶！其視下也，亦若是而已矣！」在〈大宗師〉篇的「孰能相與於無相與，相為於無相為。孰能登天遊霧，撓挑無極。」[33]在〈應帝王〉篇的因以為波流、因以為弟靡的「未始出吾宗」[34]，在在都可以看到一種圓融而化的天之視角。例證族繁，不及遍舉。

四、陶均

在〈齊物論〉篇中能和天道圓運的意象配合者，厥為「天

---

31 《莊子解》，頁 230。

32 方東美先生特別喜歡強調莊子此一意象，如《原始儒家道家哲學》（台北：黎明文化事業公司，1983），頁 43。他的說法在前賢的議論中未嘗不可找到同調。荀子說：「莊子蔽於天而不知人」，語氣固然不友善，但其實看到類似的面相。

33 撓挑，猶宛轉循環也，《鶡冠子・道端》云：「復而如環，日夜相撓。」詳細考證參見劉武，《莊子集解內篇補正》，頁 168。

34 劉武言：此「宗」字，上承「天壤」之「天」，暗伏下文所說：「盡其所受於天」之「天」字。〈達生〉篇言：「其天守全」，又云：「聖人藏於天」，〈在宥〉篇言：「神動而天隨」，皆不出「宗」義。參見《莊子集解內篇補正》，頁 193。劉武說此「天」意指無為─自然，此解固可，然就喻根而言，「天」亦可視為扎根於渾天說的基礎上的不變之「宗」。

均」。考「天均」一詞因有另本作「天均」，所以郭象、成玄英皆以為此語表達「均平之理」。王先謙贊成其說，並引申發揮道：「案〈寓言〉篇亦云：『始卒若環，莫得其倫，是謂天均。天均者，天倪也。』此作『鈞』，用通借字。」[35]〈齊物論〉不管是解作整齊萬物之論文，或是整齊討論萬物之論文，它都有講究「均平」之義，由此，前賢之說自然符合莊子的意旨。

然而，莊子固然重視均平之理，但在〈齊物論〉中，所有的均平之理乃是在圓道運轉中，兩端同時升起、對轉而致，所謂「彼是方生」之說也。《經典釋文》注《莊》引崔譔之言曰：「鈞，陶均也。」劉武同意此解，並引申道：「《漢書・鄒陽傳》：『獨化於陶均之上。』張晏云：『陶家名模下圓轉者為鈞。』故〈寓言〉篇云：『始卒若環。』凡陶均有樞。上文『道樞』，天均之樞也。休乎天均，即承上文『樞始得其環中』句。」[36]兩說洵是無誤。根據劉武的注解，不但〈齊物論〉的「天均」該作陶均解，連〈寓言〉篇所說的「天均」也是陶均的意思。「天均」的「鈞」是「陶均」，而不是「均平」，這是相當清楚的，王先謙的注解恰好顛倒了。

「天均」如果意指天以陶均為隱喻，「天倪」亦宜仔細分辨。「倪」有「端」義，或「分限」之義，「和之以天倪」因而可表示「和以自然之分」。然早在班固已提出「天倪」即「天研」，「倪」為旋轉之大石臼，「天倪」乃是天以旋轉的石臼為隱喻所造出的一個語詞[37]。石臼不是陶均，但如果就比喻而言，這兩者

35 《莊子集解》（台北：木鐸出版社，1988）卷1，頁17。
36 《莊子集解》卷1，頁51。
37 參見《莊子集釋》頁109引《經典釋文》之說。另參見同頁引盧文弨之言：

同樣具有渾圓、旋轉、軸心等要素,「天倪」可視為「天均」的變形,這也是〈寓言〉篇何以說:「天均者,天倪也」的道理所在。

鈞、倪皆為圓轉者,陶均是陶製圓轉之器物,尤有勝義可說。陶器在道家一道教傳統中一直占有相當特殊的地位。老子說:「埏埴以為器,當其無,有其器之用。」陶器中空,可承萬物,恰好可以表徵道之無的作用。《莊子·天地篇》有名的「漢陰丈人抱甕灌圃」的寓言,也是假借陶甕之渾白無瑕為喻。陶甕的作用可以和人的生命機制相合,而不會引起異化,不像機械製的橰,雖省事,但其機事會帶來機心。根據莊子的說法,漢陰丈人修的是「渾沌氏之術」。渾沌氏之術,「明白入素,無為復樸」,素為顏色之始,樸為樹木之始,渾沌氏之術所修的乃是一種極始源的原初心態,過的是素樸未分化的生活。

陶器與渾沌術聯結在一起,這是條極值得玩味的線索。「渾沌」的寓言在《莊子》書中共兩見,莊子的寓言顯有所本。考《山海經》的渾沌怪獸,位於天山,狀如黃囊,赤如丹火,六足四翼,實識歌舞。此處的渾沌應該是種宇宙卵,它可能出自東夷的鳥圖騰[38],是東夷創世神話的一環。它的形狀是橢圓形的,而橢圓有可能是時人對大地的另一種聯想。這樣的宇宙卵內部具足動能,所以赤如丹火;內在自有理則韻律,所以實識歌舞。「渾沌」有可能是中國最重要的創造母題,它的源頭之一當是宇宙卵

古書「計倪亦作計研」,更足以證成此義。

38《山海經》說天山「有神焉」,其名為「渾沌」。另外的版本「焉」作「鳥」,此版本的文字有可能是對的。因為「渾沌」既然有「四翼」,因此,它不無可能是以怪異面目出現的神鳥。

神話。

　　「渾沌」主題的另外一個源頭，或者說另一個次型則是來自器物造型的陶器。陶器具備神祕的功能，在許多初民文化中，它都用來象徵創造。尼采（F.W. Nietzsche）在《查拉圖斯特拉如是說》一書中描述主人翁向猶太─耶穌宗教的創造主呼喊著索取創造自己的自由，「寧可自己作上帝」，因為原來的上帝老了，死了，「這從來沒有完成其手藝的陶匠，他失手得太多了。而祂還以自己的失手推諉於他的陶器並創造物」[39]。尼采理解的上帝形象即是一個陶匠的意象，只是這位陶匠的技術不太高明而已。不只一個「老祖父」形象的上帝以陶匠的面貌出現，豐饒女神的創造模式也是如此。埃利希・諾伊曼（Erich Neumann）在《大母神》此煌煌巨著中，援引許多例子，有力的證明了在許多所謂的初民社會，製陶是女人壟斷的知識，男人不得參與。因為陶器中空，就像女性的腹部；陶器由土所製，就像女性是大地的化身；陶器可容納象徵生命的水，女性的腹部也具備了類似的功能。依據神話的邏輯，女人＝容器＝身體＝世界的創造[40]。

　　陶器用以象徵原始的母體，亦即渾沌，而渾沌則為創造之源，此一事件的中國版即是女媧創世的神話。女媧如何創世，書缺有間，比較難確實指認。但透過她造人之傳說，我們可以猜想她創造的模式於一二。根據《風俗通》的解說，在未有人民的洪荒時代，女媧「搏黃土作人，劇務，力不暇供，乃引繩于絚泥

---

39 尼采（F.W. Nietzsche）著，林建國譯，《查拉圖斯特拉如是說》（台北：遠流出版社，1989），頁 294。筆者更動了一個字，以求通順。

40 參見埃利希・諾伊曼（Erich Neumann）著，李以洪譯，《大母神》（北京：東方出版社，1998），頁 42。原來的公式「世界」一詞只有兩個字，筆者加上「創造」一詞作為補語，為的是突顯重點。

中，舉以為人。」[41]女媧的造人用到土，用到繩，這明顯的是運用了陶均的創造隱喻。我們如果了解漢字字根有「媧」字的「咼」字旁者，其義多有圓窪之意[42]，更確切的說，也就是多有渾圓漩渦之意。我們如果也了解「土」除了象徵女人外，也象徵了「釜」或「陶均」，且有創造力之蘊含[43]。我們即不難理解：女媧的創造運用了陶均的隱喻，是有悠遠的歷史的。

《風俗通》的成書雖晚，但它保存的女媧傳說，應該起源甚早。了解女媧曾依陶均模式造人，我們即不難了解前引老子說：「埏埴以為器，當其無，有其器之用。」田駢說：「天地之間，六合之內，可陶冶而變化也。」[44]文子說：「陰陽陶冶萬物，皆乘一氣而生。」（《文子・下德篇》）或鶡冠子說：「（天）醇化四時，陶埏無形，刻鏤未萌」（《鶡冠子・泰鴻》）。四者皆以陶均造器比喻道之創造萬物。這種玄學性的創造觀不但有源有頭，而且後繼者極多，賈誼〈鵩鳥賦〉云：「大鈞播物兮，塊圠無垠」，只是較為人知的一個例子而已。莊子的「天均」之說亦當放在此脈絡下考量。

陶均既然成為道體創造的喻根，而道體的創造是一切的創造之源，因此，陶均自然而然的也就成為一切創造的喻根：「工倕

---

41 應劭，《風俗通》引自《太平御覽》（京都：中文出版社，1980）卷 78，頁 5。

42 如「旋渦」之「渦」、「行窩」之「窩」、「蝸牛」之「蝸」、「鍋鼎」之「鍋」皆是，此說似有人先行提過，其文待考。

43 《易經》特重〈乾〉〈坤〉兩卦，有乾元、坤元之說，乾坤皆健，表示「坤」也有創造力。至於坤為釜為陶均，〈說卦傳〉有說。〈說卦傳〉原文「鈞」字作「均」字，前賢多作平均之義解之，此解甚諦，但筆者認為此「均」字不無可能兼指「陶均」之「鈞」。

44 馬國翰輯，《田子》，《道家佚書輯本十七種》（台北：世界書局，1979），頁12。

旋而蓋規矩，指與物化，而不以心稽，故其靈台一而不桎。」工倕是莊子喜用的匠人意象中的典範，陶均之術則是莊子喜用的技藝主題中的極致。工倕又名巧倕，又名倕，他是傳說中各種工藝的發明者[45]。莊子強調技藝達到圓滿之境時，都可達到身心渾然，主客交融的層次。但所有技藝中，陶藝可在渾轉中，以指頭思考，以手掌為主體，其出神入化，尤堪稱羨。更重要的，所有技藝中，似乎只有陶藝的形態最接近天道的創造（渾天說），也最接近宇宙原初的創造（渾沌說）。古籍記載的工倕的創造目錄中，雖然沒有陶器，但工倕即義均，義均或作叔均，此「均」字可能有陶均之義，所以莊子所述，恐亦有本。不但如此，他更進一步將工倕提升到體道之士的境界。

　　如果工倕可視為莊子理想的藝匠的話，壺子則可視為另一種理想人格的典範。壺子之名當有雙重的象徵意義，首先，它的形狀與葫蘆相關，葫蘆也稱壺蘆，即匏瓜也，它的象徵可以追溯遠古的伏羲神話[46]。其次，「壺」直接就字義言，它意指的是作為容器的壺，它是一種陶器。就第一層意義而言，葫蘆在後世的道教傳統中，被視為極重要的法器，此道教法器的源頭在先秦時期早已存在，《莊子‧逍遙遊篇》記載惠施曾告訴莊子：魏王贈他「大瓠之種，我樹之成，而實五石」，結果反而不知該如何處理之事。莊子答道：「何不慮以為大尊而浮乎江湖！」後世道教畫

---

45 〈海內經〉說：「帝俊生三身，三身生義均，義均是始作巧倕，是始作下民百巧。」《呂氏春秋‧古樂篇》、《墨子‧非儒》、《世本》等古籍皆記載工倕始創各種工具器物之事。有關工倕的種種考證，參見袁珂，《山海經校注》，頁 461-462、469-470。

46 參見聞一多〈伏羲考〉第五節「伏羲與葫蘆」，此文收入《神話與詩》（北京：三聯書店，年月不詳），頁 55-68。

常有浮遊江湖的葫蘆，其源頭當可追溯到《莊子》此處的記載。
不但如此，看到「大尊」與「大瓠」兩詞，筆者懷疑《莊子・胠
篋》書中出現的遠古洪荒之聖王尊盧氏，恐怕就是匏瓜的神格
化。其次，就第二層意義而言。瓠可加工為尊，亦可用土仿製之
為陶匏，《禮記・郊特牲》說：「郊之祭也……器用陶匏，以象
天地之性也。」又說：「昏禮……器用陶匏，尚禮然也。」郊祭
和婚禮都是禮之大者也，其禮皆與生命之創造有關。器用陶匏，
正是因為它具創生之義。

壺此一人造器物即可視為一種陶匏，壺子是陶匏的擬人化。
在〈應帝王〉篇那段有名的與巫者季咸之鬥法中，壺子先示之以
地文、天壤，繼之示以太沖莫勝，最後以「未始出吾宗」，定出
兩者境界之相去霄壤。壺子在第三階段的「太沖莫勝」時，心氣
回到自體，毫無朕兆可尋。他的心境如同「鯢桓之審、止水之
審、流行之審」。「審」，《列子》引相似文字作「潘」。潘者，
洄流之意也。鯢桓、止水、流行其相不同，但同具洄流之狀，同
處平靜狀態，所以稱作衡氣機。心境既平靜無波，而又具洄流
狀，此種敘述看似怪異，但我們如將它視為「動而無動」的始源
創造模態，或許不難理解。壺子的境界還不僅止於第三階段的衡
氣機，最上一層乃是動態的和諧，也就是在弟靡、波流中，未始
出吾宗。弟靡、波流是動、是化，「未始出吾宗」則是靜、是
一。莊子認為「古之人」（亦即真人）的行為模式是「外化而內
不化」，渾天、陶均恰恰好都有「外化而內不化」的構造，而且
這樣的「外化而內不化」當處在具體的情境當中，如雲門禪所謂
的「隨波逐流」句。壺子四門示相的第四門即揭舉了此一境界。

陶均的隱喻和渾天說的隱喻相合，更有一語詞「鈞天」可
說，鈞天的內涵相似，不必再論。倒是論及陶均，我們不免想到

老子除討論「埏埴為器」外，也提過「天地之間，其猶橐籥乎？」的「鼓風爐」隱喻。橐籥中空，內含生氣，一吸一吐，火勢不斷。此一隱喻除缺乏渾圓意象外，中空及生氣的能量相同，方便起見，我們可以將它視為器物隱喻中的一個次型，最基本的模型當然是陶均。莊子〈大宗師〉篇所說：「今一以天地為大鑪，以造化為大冶，惡乎往而不可哉！」用的也是鼓風爐造物的意象，這個創造的隱喻在《莊子》書中，意義比較不是那麼明顯，所以本文不繼續挖掘下去了。

五、風

橐籥是鼓風爐，鼓風爐中最重要的動能當是風，「天地為爐兮，造化為工，陰陽為炭兮，萬物為銅。」賈誼〈鵩鳥賦〉此段名言明顯的借自《莊子‧大宗師篇》的語言，但在橐籥整組功能中，賈誼對器物（爐）、使用者（工）、燃料（炭）、材質（銅）都交代了，但對促成燃料發揮作用的空氣（風），卻沒有著墨。賈誼不言，或許是偶然，或許是他有些迷惘。因為莊子在前引〈天運〉篇論天地的存在狀態時，也對「風」的始末感到好奇：「風起北方，一西一東，有上徬徨。孰噓吸是？孰居無事而披拂是？敢問何故？」

莊子對風的好奇，不是沒有原因的。風作為自然世界中常見之物，可以說屬於日常世界中最日常經驗的一環。然而，風無形無象，可感而不可狀，「風隨著（自己的）意思吹，你聽見風的響聲，卻不曉得從哪裡來，往哪裡去。」[47]它常處在定義、類別、

---

47 〈約翰福音‧三‧八〉。「（自己的）」三字為筆者所加，文義可以更清楚。

規範之外。風隨季節不同而暑寒有別，它因人的呼吸及體表之感受而變換質性，因此，風又往往被賦予神祕的功能，它是帶來生死消長的作用者。在人類歷史的初階，對於風的規範或解釋是個極大的精神工程，中國古代即多「寧風」、「占風」之術。「風產業」在推動文明發展的歷程中，曾扮演相當重要的角色。

莊子時期，四方風的觀念已流傳了很久，並且在儒家的經書《尚書・堯典》與巫書的經典《山海經》中載錄了下來，經典化為正統的論述。根據《尚書》、《山海經》以及上一個世紀從甲骨文獲得的佐證，我們知道四方風的敘述有極久遠的歷史，而且也有自然知識的涵義[48]。《山海經》所記的東方及北方之風兩則故事可為例證：「東方曰折，來風曰俊，處東極以出入風。」（〈大荒東經〉）「北方曰鵷，來之風曰　，是處東極隅以止日月，使無相間出沒，司其短長。」（〈大荒東經〉）有關四方風的考證文章頗多，細部的爭議仍在，但至少我們知道四方風的概念是和四方的方位、四季的循環、時空的神格化連在一起的。時空是一切經驗的基礎，神格化則可說是種「聖顯」（hierophany）的作用，「聖

---

48 最近的故事主要源自胡厚宣因劉善齋所藏甲骨有四方風名，人或疑偽，胡厚宣乃從古籍及中研院所藏甲骨資料，交互稽核，證實其文。參見〈甲骨文四方風名考證〉，《甲骨學商史論叢・初集・上》（台北：台灣大通書局，1972），頁369-381。胡文之後，古史名家多有續論，參見楊樹達，〈甲骨文中之四方風名與神名〉，《積微居甲文說》（台北：大通書局，1974）卷下，頁52-57；陳夢家，〈土地諸祇〉，《殷虛卜辭綜述》（北京：中華書局，1988），頁582-594；嚴一萍，〈卜辭四方風新義〉，《大陸雜誌》，第15卷第1期（1957），頁1-7；李學勤，〈商代的四風與四時〉，《中州學刊》，第5期（1985），頁99-101；饒宗頤，〈四方風新義〉，《中山大學學報》，第4期（1988），頁67-72。

顯」乃是初民對任何時空定點意義化的先決條件[49]。風既然可與時、空、神並列，共同成為世界秩序的四象（quaternity），可見風已神話式的被視為構成萬物存在的核心要素。

筆者所以特別舉四方風中的東、北兩風為例，乃因筆者認為東北兩風的結構可在《莊子》書中找出。〈天地〉篇記載：「諄芒將東之大壑，適遇苑風於東海之濱。苑風曰：『子將奚之？』曰：『將之大壑。』曰：『奚為焉？』曰：『夫大壑之為物也，注焉而不滿，酌焉而不竭。吾將遊焉！』」諄芒很可能是東方大神句芒，而苑風很可能是北方大神顓頊的「風」格化[50]。此篇寓言的背景當是冬春季節的轉換，莊子假借春天—東風大神諄芒來到神祕的時空轉換樞紐（歸墟）附近的海濱，遇到仍滯留於其地的冬風—冬神顓頊，因此展開一場玄理的對話。諄芒由聖治而德人而神人，層層論進，而終之以「萬物復情，此之謂混冥。」在這場對話中，莊子借著歸墟與東風的神祕作用，表達無盡（不知其所自來，不知其所從）[51]、朗悟（照曠）[52]、復性（萬物復情、混冥）的理念。

〈天地〉篇假借東風北風的對話，寄託莊子的厄言的大義。〈天地〉篇的假借似非獨斷，可能有當時所理解的氣候學的理

---

49 參見耶律亞德（M. Eliade），楊素娥譯，《聖與俗》（台北：桂冠圖書公司，2000），頁 61-69。

50 丁山先生已先說出此義，參見《中國古代宗教與神話考》（上海：上海文藝出版社，1988），頁 92。

51 這兩句話是用以描述「德人」的政績，這個形容詞和大壑的「注焉而不滿，酌焉而不竭」同一架構，理趣亦同。

52 悟覺經驗常以光明意象表之，莊子亦然，如「朝徹見獨」、「虛室生白」等著名之語皆是，此處的「照曠」承「上神乘光」而來，作用亦同。

由。〈天運〉篇一開頭連問好幾個自然知識的問題，其中明白說：「風起北方」。古籍記載風所出之地名曰：「風穴」，「風穴」正是位在北方。然而，既有四方風，又何以說風起北方？「四方風」意味著四象性的空間概念，這樣的四方風各不相屬。而「風起北方」似乎隱藏著循環的概念，類似貞下起元的構造，這樣的四方風與四季的循環不無配套或類比的關係。我們前引〈大荒東經〉論北方風的句子，中有「處東極隅，以正日月，使無相間出沒，司其長短。」這樣的結構極像〈堯典〉的「叔仲」所作的「寅賓出日」的工作。「司其短長」有特別的涵義，殷人特重冬夏兩至日，饒宗頤先生徵引卜辭多例，證明「司其長短」之「長短」意味夏至、冬至之日長、日短。北方神主要的工作之一是管理冬至、夏至，使太陽能正常運作，不出差錯。

周曆以建子之月為歲首月，冬至在十二月，其時正處冬春之交。此際被視為黃鍾之始，黃鍾則為十二律之始，一個小宇宙循環的開端；此際也可能被視為諸風之始，風氣始末相聯，所以有風起北方之說。冬至後，草木復甦，土功開始，宇宙重新恢復生機。《國語・周語》記載虢文公談藉禮的儀節：瞽師聽協風、太史視土脈、農正陳藉禮等等，正是以藉田的儀式體現此一宇宙性的情感。弗雷澤（J. G. Frazer）在名著《金枝》中，也指出從北非、西亞到歐洲，都有重要的季節儀式。這些儀式都顯示嚴冬酷寒，代表世界死亡。大地回春，則被視為宇宙性的全面復活[53]。諄芒與苑風的對話，有一深層的結構，也可以說有極深遠廣闊的背景，它與藉禮都是歷史極悠久的農業季節儀式的哲學體現。

---

53 弗雷澤著，汪培基譯，《金枝》（台北：桂冠圖書公司，1991），冊上，28 -45章。

　　當曼荼羅──四象式的四方風空間布置被循環的四季風的表述取代時，冬春的交際、也可以說北方與東方的交際，即成了極重要也可以說極神祕的交會點。《山海經》四方風的東、西、南風皆分別見於《大荒東經》、《大荒西經》、《大荒南經》，只有北風仍見於《大荒東經》，此可怪之一。狁為北方神，卻「處東極隅以止日月」，此可怪之二。然而依據循環的圖像，「東極之隅」豈非正好處在和「北極之隅」的接連處，此種表述只有和時空的錯綜化聯想在一起，才比較好理解。「東極隅」的空間轉折點就像冬至的時間轉折點，都是為循環的聯繫點而設，筆者不認為現行《山海經》文本有筆誤[54]。無論如何，《山海經》的北風與東風藕斷絲連，沆瀣一氣，這是可以肯定的。

　　解開《山海經》的冬春、北東的糾結，我們反過來不但可以更明確的理解〈天地〉篇的諄芒──苑風的對話，我們還可以對《莊子》一書破題所提的「鯤化為鵬」的故事更深入的看。鯤，即為鯨。考《山海經》記載海神有禺彊、禺䝞二名，兩者皆「人面鳥神」。北方海神為禺彊，又名禺強、伯強、禺京，禺京是鯨（鯤）的神格化。禺京之父為禺䝞，為東方海神。《淮南子‧墜形篇》又說「隅強，不周風之所生也。」禺強既為海神，又能生四風之始的「不周風」，可見祂有可能是海神兼風神[55]。禺強與不周風的關係，當是祂生不周風，而不是反過來說。但神話的邏輯常混淆主客及因果的順序，隅強與不周風的關係可為見證。禺

<hr>

54 袁珂認為「東極隅」當為「東北隅」之誤，此可備一說。但筆者認為不需要改字解經即可解得通時，最好不要改。即使原文真作「東北隅」，筆者認為其義仍和本文要表達的意思相容。袁珂之說參見《山海經校注》，頁358-359。

55 關於禺彊、禺䝞的關係，參見袁珂的考證，《山海經校注》，頁248。

虢與東風及東方的關係也是如此，禺虢也是海神兼風神。

禺京、禺虢、諄芒、苑風等等，還有些細詳的考證問題需要處理，為免瓜蔓，此處從略。筆者所以提出這個問題，乃因「鯤化為鵬」是《莊子》一書極重要的寓言，但我們觀看它的結構，可以解開它的密碼。筆者認為此寓言固然在強調人格的轉化、昇華，其目的在「逍遙」一義。但莊子所以表述此人格轉化的語言構造，卻是來自北風轉化為東風的隱喻。北冥之鯤，當即為北海之海神兼風神禺京（禺彊）。鯤化為鵬，海運徙於南冥。此處空間的北冥到南冥，實際上是時序的冬天到春天。南冥因為與北冥對照，所以只能在方位上定位為「南」。事實上，鯤鵬的神話與歸墟神話有關，歸墟固坐落在遙遠的東海中的神祕地標，所以「南冥」之「南」當意味著「東」的意思。如果上述解釋可以成立的話，鯤化為鵬的神話內涵，其實是莊子假借四季風的轉移，以及假借風特有的出入生死存亡的神祕力量，用來表達人格的轉換可以帶來旋乾轉坤的效果。

冬風（死寂）轉化為春風（生機），意味著人格的徹底轉換，其形象則為大鯨魚轉化為大鵬鳥。風起於北方的不周風，就像陽氣起於祈寒的冬至之日，兩者雖然都處在它們生命週期中最黯淡的時期，但剝極復來，谷底即意味著回升。《易經》的〈復卦〉顯示的正是冬至日短，陽氣始升，萬物逐漸茁壯之象。陽氣是生命的躍動，風、日有此躍動，一切生命也都有此躍動。莊子理解的生殖模式有多種，但最理想的生殖是「風化」，亦即生物不須透過身體的交往，他只要經由兩目對映，或因念頭一轉，即可在風中交感成孕，這是種最精微的生命之躍動。莊子認為鳥中的「白鶂」以及走獸中的「類」就是最好的例子。除此之外，《山海經》中還提到「思士、思女」這類的奇人以及鵠鶐這類的奇

鳥，他們也都是借「風化」而生殖[56]。「風化」所以能生殖，無疑的是「風」提供了神祕的生命能量。

　　風在春天生命的能量特大。〈天地〉篇的「諄芒」可能即是「句芒」，「句芒」是春神，祂的本尊不無可能是燕子。「一隻燕子不能造成春天」，但燕子卻可視為春的使者。《莊子》書中，由燕子之屬的鳥所化身而成的聖人特多（意而子、諄芒、子桑戶），由此切入，可以想見《莊子》書中頗受忽略的生命哲學之向度。另一種與燕子—春風的地位可以相比的鳥類，即是神話中的鳳凰（大鵬鳥）。鳳凰出于東方[57]，此鳥「羽翼弱水，暮宿風穴」（《淮南子·覽冥篇》），鳳凰是典型的太陽鳥，也可以說是風之鳥。當大鵬從海底升起，搏扶搖而上九萬里時，我們不難想像其風量之大。

　　風在《莊子》書中最重要的功能，還不僅在於四季循環的風之轉換。我們從先秦典籍的記載，可以看到風的歷史行程，它由神祕的風混合著神祕的瑪那（mana）之作用，逐漸轉向作為存在的流行的「氣」。〈齊物論〉說：「大塊噫氣，其名為風。」「大塊噫氣」，此詞語用了身體＝大塊的隱喻，大塊吞吐氣息，就像身體吐納呼吸一樣。風的根源來自地母的深層，就像人身的呼吸之根源來自生命的底層。「真人之息以踵，眾人之息以喉」。這種深之又深的「呼吸」實即是生命本質的震動，所以最深入實相

---

56 「思士」、「思女」出自《大荒東經》云：「思士，不妻；思女，不夫。」郭璞云：「言其人直思感而氣通，無配合而生子。」細節參見袁珂，《山海經校注》，頁 346。鶼鶒「自為牝牡」，見《北山經》，《山海經校注》，頁 68。

57 據《藝文類聚》卷 90 引《莊子》佚文，鳳凰乃南方之鳥。然《山海經·南次三經》云：「丹水出焉，而南流注于渤海，有鳥焉，其狀如雞，五采而文，名曰鳳凰。」鳳凰固東方之神鳥也。

的聽是「心齋」之聽,學者要聽到意識到達不了的沉默之聲:
「毋聽之以耳,而聽之以心;毋聽之以心,而聽之以氣。」(〈人
間世〉)「氣」是比「心」更源頭的作用,可視為一種原初之思。
在許多宗教或文化傳統中,空氣、呼吸、靈魂的概念往往相通,
莊子亦然。但莊子在此原始智慧的基盤上,發展的更加徹底。

世界有了莊子之後,風不再只隸屬在某一定點,也不再只是
某一神祇的專屬品。風是大地的生氣,它因宇宙的噫吁而生。宇
宙不是簡單定位下的,或者機械法則作用下的物塊,它是個完整
的大塊之生命體。它的生命之震動即是風,泠風則小和,飄風則
大和。不管是厲風帶來的眾竅為虛,或是餘風的調調刁刁,凡有
存在處,即有風氣的醞釀轉化,也就是都有生機在萌芽。

當原始巫教的風之神祕由一種深層的氣之概念所取代時,我
們看到原本可御風飛行的神人也就由可轉化身心、一氣而遊的至
人所取代。前者是普見於薩滿文化中可升天遠遊的巫,列子可能
是此一傳統中除了屈原外最後的一位「大巫」,也是巫文化轉化
到道文化最關鍵性的人物。列子「御風而行,泠然善也,旬有五
日而後返」,而且據說其御風之術已達化境,「不知風乘我耶?
我乘風乎?」[58]然而,就莊子的觀點看,這樣的神技終究仍有局
限,它仍是「有待」。列子仍處「有待」,換個方向看,則是
「風」不再處於絕對的位階。「風」就在精神的變遷中,不知不
覺的被超越了。

真正的無待,是能夠「乘天地之正,而御六氣之辯,以遊無
窮者」。這樣的「乘」與「御」,已不是原始巫師所駕御的神祕

---

58 列子乘風飛行的境界很高,門檻不低:「眼如耳,耳如鼻,鼻如口,心凝形
　釋,骨肉都融。」參見《列子‧黃帝篇》。但莊子還是不滿意。

動物——所謂的「助靈」，以邀遊天壤；也不是如列子或後世呂洞賓那般的遊仙之乘風飛行。莊子是假借神巫或遊仙的敘事架構，然後抽梁換柱，以神氣之遊取代凌虛飛行。就在一種物我同根的層次上，世界處於波狀的連續性中，遊者也進入一種化而無分的氛圍，他回到「物之初」的原始樂園狀態。

六、無盡的身體[59]

歸墟是神話地理中的定點，但歸墟帶動了天河與人間之河的量能的轉換，也規定了日出—日落—日出的固定途徑，這樣的途徑意味著一種循環的圖像。渾天說的天以北極為中心，圍繞大地無窮的向左運行，這個隱喻很明顯的運用了循環的意象。陶均的隱喻模式更是一目了然，製陶器的軸心帶動土鈎，急速的迴轉。風無形象，但四方風可以空間化的和四方比配，也可以轉化為時間性的四季風之循環。前者的風穴以及後者的冬至，可能是諸風盛衰起伏的轉折點。上述這四個用以表達能量生生不息的意象皆意味著一種動態的循環，如果說的更精確些，當是它們都使用了漩渦的隱喻。

漩渦有一核心，此核心在意象上是動而無動的，就像陶均的中心軸一樣。但這動而無動的核心卻帶動了整體的運轉：相對而起，相互轉化，彼是相因。此一核心即是歸墟說中的沃焦，渾天說中的北辰，陶均說中的軸心，風說中的風穴（或冬至）。莊子固然可視為「化」的哲人，但「化」如果沒有帶動「化」的化者，事事物物很容易在急旋中粉碎於虛空。「在向外擴張的旋體

---

59 這句話從「體盡無窮」（〈應帝王〉篇）轉化過來。

上旋轉呀旋轉／獵鷹再也聽不見主人的呼喚／一切都失散了／再也保不住中心／世界上到處瀰漫著一片混亂」[60]，葉慈（W.B. Yeats, 1865-1939）的歌詠反映了初民最深邃的智慧，也反映了當代人所面臨的精神危機。如何在變動的世界中尋找一個神祕的即動即靜的宇宙軸，它帶動世界，又成全一切的相對，遂成了問題所在。「古之人，外化而內不化。」古之人其實即是莊子所說的至人、神人，「外化而內不化」則是莊子對理想人格的定性。

　　無窮的能量雖然遍布於皇天、后土（陶）、清風、海濤（歸墟）之中，莊周時常聞其風而悅之，但有限的人如何可以擁有源源不絕的能量，這個問題依然存在。上述這些大自然的能量終究不是人可以擁有或創造的，莊子只能仰觀俯瞰，即物遊玄。見之於文字時，多半是採取「卮言」或者所謂的隱喻之意。莊子終究不像屈原般的去實踐陵陽子明的修煉法：「餐六氣而飲沆瀣兮，漱正陽而含朝霞。」[61]飲沆瀣，漱正陽，可得長生。陵陽子明的修行法大概意味著太陽或某種氣具有類似 mana 的神祕能量，因此，透過外在的服食，可以吸汲其魔力，用以轉化人的身體機能。戰國時期流行治氣養生之說[62]，莊子對此道應不陌生，但大概沒什麼太大的興趣。

---

60 〈基督重臨〉，袁可嘉譯，收入飛白主編，《世界詩庫》（廣州：花城出版社，1994），冊 2，頁 588。

61 語出《楚辭・遠遊》，王逸有注云：「《陵陽子明經》言：春食朝霞，朝霞者，日始欲出，赤黃氣也；秋食淪陰，淪陰者，日沒以後赤黃氣也；冬飲沆瀣，沆瀣者，北方夜半氣也。夏食正陽。正陽者，南方日中氣也。」參見洪興祖，《楚辭補注》，頁 166。

62 孟子、公孫尼子、荀子皆提及治氣、養氣之說，道家諸子亦多有相關的敘述，《行氣玉珮銘》及《楚辭・遠遊》更是此道最明顯的見證。

　　然而，當莊子對自我的認定逐漸由風的哲人轉移到氣化哲人的身分時，他發現到：無窮的能量源頭就在人的身上，不必外求。而在人身上的能量之存在模式還不只一種，我們最容易聯想到的是一種祕教式的身體觀，且看底下這段名言所述：

> 慎女內，閉女外，多知為敗。我為女遂於大明之上矣，
> 至彼至陽之原也；為女入於窈冥之門矣，至彼至陰之原也。
> 天地有官，陰陽有藏。慎守女身，物將自壯。

　　上述這段話出自黃帝與廣成子的對話，這一段對話是《莊子》書中最著名的「仙話」。仙話有仙話的邏輯，但就本文的立場看，廣成子這段話意味著人身是個容器，這個容器可以自成一完整而封閉的小宇宙。這個小宇宙的外形雖若微不足道，但就容器自身來看，它卻自成一個交相循環的天地。循環的兩端是「至陽之原」與「至陰之原」，體道之士可在兩端之間縱橫自在。從《老子》開始，我們已知道：任何的個體皆由陰陽組合，沖氣而成[63]。但一般人受制於形軀之機括，不得復性返初，只有體道之士可以重演宇宙的造化。

　　身體在東方的宗教中，通常都具有可以與大周天類比的小周天之涵義。中國的身體觀因具備氣一經脈的體系，更可以說具備了不斷交流的能量循環系統。在此一可類比渾天的身體中瀰漫了不斷湧向全身、溢出內外、四周流動的能量。這樣的氣化身體觀仍可再分成幾種次類型，引文所見的身體比較像濃縮而密閉的體系，它的內部的能量之流動有個方向，由陽而陰，由左而右，由上而下。或者走反向的循環途徑，全軀環繞，晝夜不息。黃帝或

---

63 《老子·四十二章》：「萬物負陰而抱陽，沖氣以為和。」

廣成子的對話常被後世丹道人士引為無上祕法，它所揭露的身體觀被視為遠比醫學的氣—經脈體系深邃多了。後世丹道人士的詮釋是否說過了頭，或許有仁智之見。由於《莊子》不是醫書，我們很難期待它會對生理知識或醫學知識作太充分的說明。但由「緣督以為經」以及各種可疑的跡象看來，筆者認為莊子對一種神祕的身體觀，亦即以更內在的奇經八脈—丹田—先天之氣所組成的修煉體系並不陌生。只是誠如王夫之所說的，莊子思想的精義絕不在此。

〈在宥〉篇描述的廣成子的仙論對我們了解莊子的身體隱喻正負互見，它一方面顯現了一種陰陽交合的器物圖像，人身就像煉丹師的葫蘆或丹爐一樣，蘆（爐）中醞釀著乾坤交泰的訊息。但一方面，廣成子要求學者封閉一切感官，人的存在因而內在化、也可以說退縮化到密不透風的狀態，這就不見得是莊子的原義了。在另一篇也很有修煉說影子的文章，莊子提及身體與能量的關係則較合理。此文說：「至陰肅肅，至陽赫赫，肅肅出乎天，赫赫發乎地，兩者交通成和而物生焉。或為之紀，而莫見其形，消息滿虛，一晦一明，日改月化，日有所為，而莫見其功，生有所乎萌，死有所乎歸，始終相反乎無端，而莫知其所窮。」（〈田子方〉篇）文字很縹緲，典型的莊子論「無窮」時會呈顯出來的敘述。引文的意象流轉疾速，不易定位，但入手處並不難找。此一敘述的原始發聲地點很值得注意，因為這是老子對自身處在一種極獨特的身心狀態——亦即「形體掘若槁木，似遺物離人而立于獨」的身體姿勢，以及「遊心於物之初」的心靈狀態——的描述。老子這種體姿如果沒有反映某種特別的宗教經驗，這是不可理解的。然而，莊子假借老子之口描繪的此段敘述卻沒有將身心的經驗私祕化，我們看到的是內外之間一種氣機的

循環交運、始卒若一。大周天的圓周氣運與小周天的圓周氣運彼此交融，神祕的中心點雖然無法方位化，但可以隱喻的看出它正從中心不斷的外湧、上湧、四周湧。

在許多祕教教義中，身體都被視為宇宙的縮影，宇宙是個大身軀，而身體則是個小宇宙，莊子看待身體與宇宙的關係，大體也是如此。但比起其他的祕教傳統，莊子的身體觀更重視一種脫體（ecstasy）的性格。身體的脫體性意味著身體的本質在於不斷走出自己，它與一種靜態的、認識論性質的物性大不相同。莊子的身體觀之所以是脫體的，乃因它建立在氣化論的基礎上，身體本身一方面是氣化的暫時結構，一方面又同時處於不可見的氣化的歷程。透過了氣化不斷向前展伸與向四周旁通的作用，人格的基質與時俱化的產生了新的形式。身體之為「體」，與身體之為「脫體」，兩者同時成立。莊子的身體觀，筆者曾稱之為支離的身體[64]，這是對照於孟子的踐形觀而說的。如就身體理論而言，筆者毋寧將之視為形氣論的一環，而且是此種身體觀最典型的代表[65]。形氣論的身體觀預設了人的身體具有「氣化為形」的結構與「形化為氣」的解構，「體」的雙面性在《莊子》一書中表現得特別顯著。

如上所述，氣化的身體無可避免的就是脫體的身體，但脫體

---

64 〈支離與踐形──論先秦思想裏的兩種身體觀〉，此文收入拙編，《中國古代思想中的氣論與身體觀》（台北：巨流出版社，1993），頁 415-449。

65 筆者所以主張可以以形氣論代替身體論，以形氣主體代替身體主體，乃因此一術語有傳統的氣－經脈的身體觀作基礎。而且此一術語可以很自然的聯繫身與心、意識與自然的關係，此一術語比起源自梅洛龐帝的「身體主體」、「身體圖式」或「肉身化」之說，有更好的立足點。此間理論細節，有待他日發覆。

的身體只是故事的一面，它無法窮盡莊子的氣化身體論的內涵。
莊子可能是中國哲人中，運用身體論述最成功的一位哲人。身體
可以被他運用成「得至美而遊至樂」的美感主體，也可以被他運
用成批判人世價值的解構主體（如支離疏所現者）。然而，莊子
的身體論不只是屬於自然氣化的放散系列，我們有強烈的證據顯
示：莊子很注重身體主體的創造功能，而這樣的創造能量存在於
形氣主體的極度凝聚以及其形氣神的一體化。筆者認為至少在語
言與技藝這兩個層面上，莊子提出先秦哲人無人可以比擬的創造
主體之豐饒意義。

　　在語言的創造性上，莊子提出一種理想的語言是「卮言」，
這是一種渾圓酒器式的語言。卮言去除陳腐，遠離兩邊，它是自
旋轉中的核心湧現出的「道言」。我們可以說：呈顯卮言的主體
為卮言主體，卮言主體是連著身體氣化呈顯的主體。理想的語言
即來自此無窮的深淵，它的特色在於它永不停歇的去故出新。這
樣的主體反映到技藝的創造上也呈顯了類似的模式，技藝的主體
是超越主客、不以物象為對象的一種創造行為，它的動能來自身
體主體的深處。不管是語言的創造或是技藝的創造，莊子強調其
時的身心狀態都當有「凝神」的前提，亦即身心的能量束縮到極
微之點。一旦身心濃縮到極微，氣反而反作用力的擴張到極強，
感官極度精緻化或活化，人的創造行為因而產生主客交融、時空
變形的準悟道狀態。這就是莊子所說：「樞始得其環中，以應無
窮」的內涵[66]。

---

66 上述所說，參見拙作〈技藝與道——道家的思考〉，此文收入《王叔岷先生
　　學術成就與薪傳論文集》（台北：臺灣大學中文系，2001），頁165-191。以
　　及〈卮言論——莊子論如何使用語言表達思想〉一文。

　　「凝神」與「脫體」（美學的意義則為「遊化」）是莊子身體觀相反相成的兩股作用力，這是「外化而內不化」此一原則的再度體現。這個「內不化」的點看來不像是種理論的預設點，它當有實證的依據。但「內不化」不是定死的一點，它的位置不像是後世丹道人士設想的落於某種修煉身體觀的神祕部位。莊子大概不會將「外化而內不化」當成一般的自然事件，它顯然也是有待體證而成的。《莊子》書中頗有論及精神修煉的工夫論名句，如「墮肢體，黜聰明，離形去知，返於大通」的「坐忘論」；如「氣也者，虛而待物」的「心齋論」；如外物、外生、不死不生的「朝徹見獨論」；如「審乎無假而不與物遷，命物之化而守其宗」的「登霞論」。這些語言都顯示「外化而內不化」是有待證成的境界語言，這個境界語言一方面顯示其時的境界廣漠無涯，一種盈滿極大感的身體感覺經驗；一方面也顯示人的身心內部有一極度束縮性的動能發源地，莊子稱之為「獨」、「宗」，只是它很難以物理空間定位之。

　　身體的祕密在於它是意識與自然的交會地，它是物─我、己─他、內─外的轉介站。莊子在身體的深處發現到創造的源頭，在此源頭上，一切黝暗沉寂。但從這種絕對無的深淵中，湧現了動能與形式，「視乎冥冥，聽乎無聲。冥冥之中，獨見曉焉；無聲之中，獨聞和焉。」「曉」是寂天漠地中創造的剎那叱吒，「和」則是諸聲未分化、萬理仍交融的始源階段。莊子的寂寞虛無之中，有動能與理則的始源形式存焉。至人所行者，只是將此一深淵的動能提升上來，布於全身，產生形氣神的交織化，以及人與自然的一體化。

　　「天從一中分造化，人於心上起經綸。」這是邵雍論天人關係的名句，莊子看待造化的源頭大概也不出此詩所述。

七、結論

《莊子》是先秦典籍中最注重「變化」概念的一部經典，莊子已如此自我論定，從郭象以至當代通儒，言及此義者尤多。本文作的工作，其實也是對這個主題的重新詮釋。只是筆者的聚焦點是從氣論或者當代所說的能量論著眼，嘗試解開《莊子》一書連綿不絕的意象之流的密碼，這些意象之流以巵言、寓言、重言的形式躍上戰國學術的舞台，巵中有寓，寓中有重，重中有巵。淺見所及，筆者認為莊子運用了四種來自於自然界的自然意象，這些意象因為同樣具足了無窮創生的能量，除了陶均的隱喻外，也可以說都具有壯美的因素，因此，不免有些神祕化，或者說神聖化了。但自然界雖然氣化時出，其源頭終究離人較遠。莊子最後在作為小周天的身體上面，確立了體現大化生生不息的真正源頭。

討論莊子氣化論的文字不少，古今注《莊》典籍多有採取此種詮釋觀點者。筆者認為可以和本文形成對照系統的，一是向郭的莊子注，另一是陸西星的注解。向郭的「獨化說」在《莊子》注釋史上占有極重要的位置，「獨化說」意指萬物自生自化，是自己的存在因。萬物自身之外、之上、之後，再也沒有超越的源頭。萬物自化，但物與物之間因為氣化的感通，它們共同構成一個永不停歇的流動變化之場域。向郭此種現象論的詮釋觀點可以說將莊子的氣化論往莊子本人都沒料想到的方向上，所作的最淋漓盡致的發揮。向郭的「物自生─獨化說」在美學上有極大的影響，此一影響即便到了當代，仍可看到它頑強的生命力。

相對於向郭的化的現象論的解釋模式，宋元後的內丹道士對莊子的解釋，則側重一種更精微的身體觀的解釋模式。內丹道教

的基本預設在於透過能量逆返的方式，在人身上重新經驗宇宙創化的歷程，而這樣的設想之所以得以成立，乃因內丹道教相信創化之源在自然亦在人身之上，這股創化之源是形成「個體物」的源頭，所以也稱作性命之源。性命之源極隱微，而只有人有能力喚醒這股深沉的動能。內丹道教詮釋莊子，出發點即在於認定莊子思想的核心要因在於煉精化氣，煉氣化神，煉神還虛。亦即莊子思想的核心落在精─氣─神的身體觀上面，這種身體觀是先秦時期普遍流行的形─氣─神的構造的更內在化。陸西星《南華真經副墨》解釋莊子，即依此一模式進行。碰到莊子的工夫論語言時，他這種精微化身體的解釋模式更是突顯。

以向郭為代表的魏晉玄學之解釋模式和以陸西星為代表的丹道的解釋，恰好呈現一組有理論意義的對比。兩者都強調氣的流量，向郭所重者，乃是現象論意義、無體、無本式的全體氣機之鼓動；陸西星所重者，則是一種密度極濃的金剛鑽似的先天之氣之維繫，他解所謂的「純氣之守」即依循此理路。如果我們以莊子的「外化而內不化」作為判教的法語，向郭與陸西星恰好各得一邊。向郭的世界是目眩神馳的氣化之流，主體溶進自然的流變之中，這樣的世界中幾乎無「內」可談。陸西星的世界則是進入精微身體的精微之點，此點雖被視為無小大精粗可言，事實上是從世界撤出，進入極內的身心底層。這樣的詮釋方向可以說由莊子再走回了老子，陸西星的世界可以說無「外」可言。

筆者相信莊子說的氣化流行既不是向郭的現象論模式，也不是陸西星的丹道模式。莊子講的氣化流行雖遍布一切，但卻有「不得其朕」的源頭；反過來說，莊子雖也肯定對造化之源的體證是必要的，但這樣的造化之源又不能孤守虛明，它流布於造化流行之中。筆者的詮釋比較接近明末方以智及王夫之的注莊觀

點，不但如此，筆者相信他們本人所喜歡的思想類型也是種有根源意義的渾圓之流行。

如果莊子的虛無中有綿綿不絕的造化之源，造化之源的生氣遍布三界，湧現為萬物，那麼，這種強調創生的莊子為什麼會被歸類到道家？他與《易經》在理論上又有什麼異同？我們只要想到莊子對無窮的氣化之偏好，上述這些重大的議題根本不需要多作思考，自然而然的就會湧現上來。而且，筆者相信這些議題早晚會密集的湧進學術的論壇。本文從喻根的角度切進《莊子》文本，這樣的著眼點較少見於前賢的著作。但喻根所傳達的主要論點倒不是自我作古，《莊》《易》同流的說法古已有之，明末覺浪道盛、方以智、王夫之、錢澄之這些傑出的學人當時即面臨過這個問題，他們已作了極好的回應。儘管如此，筆者認為這個問題仍留有相當寬廣的理論發展的空間。

技藝與道[1]

---

1 此文原作〈技藝與道——道家的思考〉，刊於《王叔岷先生學術成就與薪傳研討會論文集》（台北：臺灣大學中文系，2001），頁 165-191。2007 年又刊陳明、朱漢民編，《原道》（北京：首都師範大學出版社），第 14 輯，頁 245-270。近日重寫，此文和原作大不相同，形同新作，此文可視為定本。

一、兩種知與兩種技藝

道家思想，尤其《莊子》一書對中國的技藝影響甚大，本文說的「技藝」意指運動領域的技術與美學領域的藝術，這是眾所共知的事實。「解衣磅礴」、「得心應手」、「躊躇滿志」這些流行的成語可謂家喻戶曉，它們都出自莊子的技藝論的章節。但同樣的，道家思想，尤其《莊子》一書對語言、知識、技術有相當嚴苛的批判，這也是眾所共知的事實。從司馬遷、竹林七賢以下，我們只要想到反文明的人與事，莊子大概都可以提供很典型的事例。這兩個眾所共知的事實到底是矛盾的？或是《莊子》一書有眾多的作者，所以立論不同？

筆者認為答案在兩者之外，莊子既贊成技藝、知識，也反對技藝、知識，問題在於他所贊成者或所反對者，究竟是何種類型的技藝？在底下的文章中，筆者將指出莊子追求的是一種與身心修養相關的知，我們不妨方便稱之為「體知」[2]。「體知」既指感知的身體，也指此種知具有身體的亦即個人性的成分。他反對的是一種理智片面發展的知識，或者說：以認知心為核心所發展出來的知識。技藝論以「知」與行動為核心，因此，技藝論不能不帶出知識性質的問題，也不能不指向一種主體的批判。

如果莊子的技藝論指向一種主體的批判，體知才是真正的知，筆者將宣稱：那麼莊子整體思想的定位可能需要挪移。莊子思想的主軸可能是一種行動哲學，行動哲學意味著只有身體全身

---

2 「體知」一詞借自杜維明先生的用法，依筆者的理解，「體知」意同「身體主體」，「身體主體」意指身體即主體，原來作為意識語彙的「主體」由「身體」所接收，身體即帶有感知、詮釋的作用。它既非軀體，也不是意識主體，而是身心互融，與個人具體情境相關，且帶有氣性詮釋向度的主體。

朗現的知才是生命的實相，體知所處理的物之向度也才是物之實相。這樣的實相在靜態的認知活動中，以「對象」的面貌呈現出來，「對象」是「物」失掉本來面目以後為主體所置定之物，它是物之異化。所以技藝之知不僅成就生命的目的，也成就了物的原狀。技藝之知會帶來更深層的莊子整體思想定位的問題。

在底下的行文中，筆者將以《莊子》這本書的材料為主，以《列子》所說的相關資料為輔[3]，希望證成「技藝之知是體知」這樣的一個觀點。筆者會用到的《列子》文獻，主要是其內容和《莊子》技藝論文本頗有重疊之章節，或者是和「體知」有關的文字。《列子》一書的真偽問題咻呶難定，「偽書」之說由來已久，民國學界持此說者尤多。引用《列子》一書，確實需要謹慎。但晚近學界的趨勢，似較偏向認定此書成書過程較複雜，真偽不可一概而論。本文重點在思想內部的析論，所用的《列子》材料大多可與莊子技藝論的觀點或文獻相呼應，考證問題不必觸及。筆者相信這些重疊的文字是有本的，至少其內容可以相互發揮。就理論的詮釋而言，即使這兩本文本的作者不同，其學術論點仍可相互照映，筆者沒有理由不使用這麼重要的文獻。

二、純白不備

論及莊子對技藝的批判，本文要從《莊子‧天地》篇一則有

---

3 有關《列子》一書的爭論史最方便者莫過於參考鄭良樹，《續偽書通考》（台北：臺灣學生書局，1984），中冊，頁 1326-1371。及他最近的另一篇著作，〈《列子》真偽考述評〉，《中國文哲研究通訊》第 10 卷，第 4 期（2000 年 12 月），頁 209-236。

名的故事談起：孔子的學生子貢南遊至楚，他返回晉國，途經漢陰時，看到有一位老農在經營田地。但見此位老農抱著陶甕，上下園畦灌溉，極為辛勞。子貢向他介紹有一種機器「後重前輕，挈水若抽」，供水極為快速，其名為「槔」。沒想到這位老農拒絕了，而且忿然作色，笑道：

> 吾聞之吾師，有機械者必有機事，有機事者必有機心。機心存於胸中，則純白不備；純白不備，則神生不定；神生不定者，道之所不載也。吾非不知，羞而不為也。[4]

子貢聽了，俯而不對，慚愧得不得了。他後來將此事告訴孔子，孔子解釋道：漢陰丈人所說的「吾師」乃是渾沌氏，渾沌氏一派追求的是種統一渾融的心境與生活方式，所以同時擯棄機械、機事、機心，漢字傳統的「機心」一詞就是這樣來的。

這則故事相當戲劇性，文章顯然是莊子的寓言，絕非史實。海森堡（Werner Heisenberg）提到現代科學帶來的問題時，曾特別舉這個例子為證，說明現代科學帶來的問題有多大[5]。古今中外反文明之哲人多矣，海森堡所以特別選擇此故事為例，應該是特別經過選擇的。海森堡身為現代量子物理學的奠基人，又是親眼目睹殘酷二戰的見證人，他對物理與哲學的關係，以及科技帶來的倫理學效應，感受特別深刻。《莊子·天地》篇這則寓言所以特別受到青睞，在於此文不僅指出漢陰丈人抱持的態度是徹底

4　引自郭慶藩編，《莊子集解》（台北：河洛圖書公司，1974），頁 433-434。以下《莊子》引文，同此版本，不再注明。

5　海森堡（Werner Heisenberg）著，劉君燦譯，《物理學家的自然觀》（台北：雲天圖書有限公司，1970），頁 9-10。

的素樸主義，而且還指出丈人及丈人之師對此素樸主義有一根源性的理解。陶甕與機械、純心與機心在此被視為對反的兩極，而且，這種對反還不是技術性的，而是本質上兩者即無法並存。我們能夠想像：一種機械會沒有操作的法則（機事）嗎？使用者運用此機器時，他能不用心將此法則運用到工作上去嗎？也就是能夠不用機心嗎？如果不能的話，依據漢陰丈人的理解，那麼，文明與道、機器與心性在本質上就是對反的。

漢陰丈人不是道家文獻中出現的唯一的反機械文明的例子，我們甚至可把「機械」兩字拿掉，明白地說：漢陰丈人只是道家文本中一位反文明的典型人物而已。如果「文明」的指標是工藝的興起、都市的集中、知識的累積，許多了解道家文獻的人大概都相信：道家對所有的文明相當不信任，批判嚴苛。「道家反文明」這種印象式的標幟由來已久，而且我們不能不同意：它不是沒有依據的。因為即使僅就《莊子》文本而論，裡面有些篇章的作者對技藝的批判即是相當清楚的，我們信手拈來，就可以舉出一大堆的例子。尤其外篇中的〈馬蹄〉、〈駢拇〉、〈胠篋〉或雜篇中的〈漁父〉、〈盜蹠〉這些篇章，它們的內容簡直可視為反文明宣言，盧梭（J.J. Rousseau）《愛彌兒》的東方前驅。

在這些篇章中，莊子嚴屬批判文明的墮落，違反人性後，他更以布道者的口吻宣稱道：

> 故純樸不殘，孰為犧尊！白玉不毀，孰為珪璋！道德不廢，安取仁義！性情不離，安用禮樂！五色不亂，孰為文采！五聲不亂，孰應六律！夫殘樸以為器，工匠之罪也；毀道德以為仁義，聖人之過也。（〈馬蹄〉）

　　禮器、音樂、制度全是人性的異化，它們出自人的創造，但這些創造卻不是人性的完成，而是導致人性的喪失。莊子說：這是失掉「常然」所致。「常然」意指正常之狀，正常是非人為的本來狀態[6]。回到「常然」也就是恢復到自然的狀態，「自然」的語義很複雜，但至少有一個主要的意思是和「文明」或「名教」對反的概念。「常然」即「自然」，都意指一種不受文明或人為干擾的本來模樣，這種意義的「本來」之神祕難知其實不下於後來三教唯心論傳統中的「本來性」，但《莊子》某些篇章對和技藝相關的器物、制度、規範一併打殺，希望回到不被規定的原初人性，這樣的思想傾向是很清楚的。

　　由上引〈馬蹄〉之文可知莊子對文明的批判永遠不會只限定在器物的層次，道家對器物的批判總是指向對社會制度的批判，「椁」的批判是「禮樂」批判的先行事件，也可以說是一個象徵。在儒家傳統中，古代的聖王總是作之君、作之師，他是道德的楷模，也是文化的英雄，儒家道統中的堯、舜就是典型的人倫與文明的建設者。人間秩序的建構很難沒有器物的象徵意義以作絡結，社會固然是人與人的結合，但此結合總是透過「物」的仲介作用，以完成情誼的交流、宗教情感的融會等等的目的。傳說時代中的聖王常是人倫典範兼文化英雄，儒家建構上古黃金時代時，固然依此法則，墨家何獨不然！即使某些被後世歸類為道家的黃老學派在建構上古「至德之世」時，他們依託的聖王，如黃帝，也是典型的人倫典範兼器物的創作者，此之謂「作者之謂

6　莊子說：天下的「常然」是「曲者不以鉤，直者不以繩，圓者不以規，方者不以矩，附離不以膠漆，約束不以繩索。」一言以蔽之，也就是未分化的原始狀態。

聖」。

　　聖人的定義是「作者」，他既創作人倫秩序，也創作絪縕人間秩序的各種媒介：器物、組織、規範，這樣的聖人和真常惟心系的聖人，不管是佛教的高僧大德、六朝重玄道教的高道或是宋明時期性天相通之大儒，都大異其趣。先秦時期這種「聖人」不只見於儒家，大概當時凡提出積極哲學者，如墨家、法家甚至黃老道家，都有此種主張。但莊、列的文明批判不僅如此，它最後會指向主體的批判。道家人物對文明創造的主體依據，亦即理智，批判甚深，這是眾所共知的事。老子「為學日益，為道日損」兩語是道家工夫論的總綱領，也可以說是總源頭。老子所要「損」的心靈作用除了熾熱的感性，另外就是發達的理智[7]。

　　懷疑「知」的功能，這是道家諸子共同的意見，莊子在這方面更不遑多讓，《莊子》一書的兩篇名文〈齊物論〉與〈天下〉篇可以說是對「知」的總批判。我們都知道：在〈天下〉篇中，莊子將中國思想史上的黃金時代，視為大道一再墮落的黑暗時代，學術越發達，它離整全之道越遠，這種「百家往而不返」的悲慘後果，乃緣於諸子理智的片面發展。他們在哲學上的成功，很弔詭的，卻是他們不幸不見天地之純、古人之大體所致。〈天下〉篇的關鍵字是「一」、「純」、「大全」、「大體」，總體性的義涵是很清楚的，諸子百家爭鳴被視為干擾了天和氣清的萬古寧靜。但〈天下〉篇的整全思想為何，仍須作進一步的澄清，底下隨文再論。

7　我們且聽老子的呼籲：「大道廢，有仁義；智慧出，有大偽。」（《老子・十八章》）「不出戶，知天下；不闚牖，見天道。其出彌遠，其知彌少。」（《老子・四十七章》）引不勝引，不再贅述。

　　〈齊物論〉的反知，至少某種意義的反知也是很清楚的，此篇是莊子書中極重要的篇章，頗有專家甚至認為是最重要的一篇名文。在此篇中，莊子有論述，有感慨，卮言日出，莊諧並行，但總歸之於對「知」的不信任。他相信最好的時代是「有以為未始有物者」；接著是「以為有物矣，而未始有封也」；再接著是「以為有封焉，而未始有是非也」。有了是非以後，世界就走樣了。底下接著的文字就因之以蔓衍了，先是昭文，接著是師曠，再來是惠子，莊子一一點名，一一質疑。這三子雖有成就，但所成就者為何，就說不準了：「若是而可謂成乎？雖我亦成也。若是而不可謂成乎？物與我無成也。」文氣似斷還黏，正反抵消，隨立隨掃，一法不立，這是典型的莊子語言風格。莊子對知性主體的批判深入到極玄祕的層次，似乎有肯定即有否定，有見即有不見，我們在此文中可以嗅到後世三論宗的氣息。

　　從語言到學術，從器物到制度，籠統來說，也就是所有文明的展現都是負面的。歷史既然是種墮落的時間歷程，所以救濟之道，乃是逆返到文明未判前的渾沌：「人性婉而從物，不競不爭。柔心而弱骨，不驕不忌。長幼儕居，不君不臣。男女雜遊，不媒不聘。緣水而居，不耕不稼。土氣溫適，不織不衣。百年而死，不夭不病。」（《列子‧湯問》）[8]先秦道家道子的著作中時常可見到這類的言論[9]。這是「終北國」的世界，終北國是道家

8　楊伯峻，《列子集釋》（北京：中華書局，1979），頁 102-103。以下引《列子》文字，依此版本。

9　我們且再各舉一則文獻，觀看他們理想的國度究竟為何：「小國寡民。使有什伯之器而不用。使民重死而不遠徙。雖有舟輿，無所乘之，雖有甲兵，無所陳之。使民復結繩而用之。甘其食，美其服，安其居，樂其俗。鄰國相望，雞犬之聲相聞，民至老死，不相往來。」（《老子‧八十章》）「至德之

烏托邦的縮影，它也是典型的原始樂園之論述，原始樂園是反歷
史的論述，歷史的開展也就是苦難的開始。只有從歷史跳躍到超
時間的向度，由世界跳躍到虛擬（或者也是更真實）的樂園，苦
難才可以解消。此時此境，一切都是現實，也都是實現，既無潛
能，也無發展，唯是「不 X 不 Y」的當下。「不 X 不 Y」的當下
也就是永恆的當下，技藝與理智都退回到渾沌的原點[10]。

　　以漢陰丈人為代表的莊子反技藝論如放在道家的文明論的框
架下考量，是一個相當有代表性的例子，它成立的依據是渾沌的
思維模式。渾沌是時間凍結的原始整全，漢陰丈人主張透過個人
意識的退回渾沌，因而將社會的發展也拉回到未分化的原始狀
態，歷史則是當下永恆的延伸，渾沌中實無社會歷史可言，器物
與技藝自然也只是多餘的存在。

三、官知止而神欲行

　　道家對技藝的批判當然很明顯，不管就理論的深度或就材料
的廣度而言，皆是如此。但古代典籍中，《莊子》與《列子》兩
書卻又擁有最多讚美技藝（包含運動與藝術創作在內）的材料，
這兩組材料似乎是矛盾的。筆者認為這兩組定位分歧的文獻雖然
有了義、不了義之別，但只要各安其位，不見得會相互衝突。因

世，其行填填，其視顛顛。當是時也，山無蹊隧，澤無舟梁；萬物群生，連
屬其鄉；禽獸成群，草木遂長。是故禽獸可係羈而遊，鳥鵲之巢可攀援而
闚。」（《莊子·馬蹄》）這些都是另類的「終北國」。
10 參見拙作〈論道家的原始樂園思想〉，《中國神話與傳說學術研討會論文集》
　　（台北：漢學研究中心，1995），頁 125-169。另參見同一本論文集所收胡萬
　　川，〈失樂園——樂園神話探討之一〉一文所說，頁 103-124。

為既然道家有兩種知的抉擇，技藝即不能沒有兩種類型的區別，而且這兩種知與兩種技藝間還有本質上的關係。上節我們已探討莊子的反技藝論，本節我們將正面地看待莊子的技藝論。我們先看膾炙人口的庖丁解牛的故事：

> 庖丁為文惠君解牛，手之所觸，肩之所倚，足之所履，膝之所踦，砉然嚮然，奏刀騞然，莫不中音，合於《桑林》之舞，乃中《經首》之會。文惠君曰：「譆！善哉！技蓋至此乎？」庖丁釋刀對曰：「臣之所好者，道也，進乎技矣。始臣之解牛之時，所見非牛者，三年之後，未嘗見全牛也。方今之時，臣以神遇，而不以目視，官知止而神欲行，依乎天理，批大郤，道大窾，因其固然，技經肯綮之未嘗，而況大軱乎？良庖歲更刀，割也；族庖月更刀，折也。今臣之刀十九年矣，所解數千牛矣，而刀刃若新發於硎。彼節者有間，而刀刃者無厚；以無厚入有間，恢恢乎其於遊刃必有餘地矣。是以十九年，而刀刃若新發於硎。雖然，每至於族，吾見其難為，怵然為戒，視為止，行為遲。動刀甚微，謋然已解，如土委地。提刀而立，為之四顧，為之躊躇滿志，善刀而藏之。」文惠君曰：「善哉！吾聞庖丁之言，得養生焉。」（〈養生主〉）

這個故事太有名了，它的關鍵概念是「道也，進乎技矣！」意思如下：我所喜愛的是「道」，它超過「技」的層次了。我們如果從工夫論的角度觀察，不妨將這句話的語言顛倒一下，改成「由技進於道矣！」似乎更能突顯此故事的主旨。「由技進於道」意味著操作者經過反覆練習，熟能生巧，技術可以進步到出神入

化的層次，踏入「道」的領域。這種技術昇華的事件是日常經驗中常見到的事實，似乎沒有什麼文章可作，但大塊文章的神韻正藏在文字的細節裡。

我們不妨注意這則敘述中幾個突出的論點：

首先：庖丁解牛不是依賴感官，而是靠著「神」。在出神入化的狀態中，感官當凝止於某定點上，運作者是「神」[11]。

其次：他解牛時，沒有見到「全牛」，換言之，解牛的「對象」與一般認知的對象不同。

第三：他解牛時，全身都參與，而且全身的動作像樂舞般的和諧，它是連綿一片的有機體。

第四：他一開始解牛時，還沒神乎其技，固然需要專心一志。等他由技進道，解牛碰到困難時，仍需視止行遲，怵然為戒，亦即要攝收全體感官。

庖丁解牛，解牛這個事件之所以能夠完成，當然要預設屠夫對牛有某種的知，進而能夠依此知以解牛，但這樣的知是實踐的，它是種技藝。技藝之知最大的特色是這種知不只存在於大腦，它更具體化於全身，尤其具體化於手上。引導解牛行為的主體，絕不是理智，而是全身。當主體由身體引導時，意識的功能即散布於四肢百骸，通常作為意識中心的感官知覺反而會渾沌化，它失掉原先的宰制性功能。所以庖丁解牛時，兩個明顯的身

---

[11]「官知止」三字的解讀通常將「官知」連續，作複合名詞用，其義如感官知覺，「止」則作「停止」義解，此解於義理上說得通。但對照下文「神欲行」，「神欲」必須也作複合詞用，但先秦文書無此例，如「知」、「欲」皆作動詞，「止」字作《大學》的「宅寓」義解，如「止於至善」、「止於丘隅」之「止」字，則文理、義理兩通。此解承馮耀明先生告知，謹致謝忱。

體特徵是同時來的，此即「官知止而神欲行」及「身體運動的一體化」。「官知止而神欲行」這句話是對身體的意識層之描述，它的意義與《淮南子》解釋「太沖」的話：「聰明雖用，必反為神」同義[12]，「神」超越了耳聰目明，但又統合了耳聰目明。神不只統合了耳聰目明，它還統合了全身的動作。全身在神氣的流行中，它們的展現彼此配合，互滲互入，它們事實上成了最完美的有機體，莊子用音樂及舞蹈來比喻這種最完美的身體展現。

一件完美的技藝必然要全身參與，而不只是理智之事，甚至也不只是意識層面之事，這完全符合經驗的事實。博蘭尼（M. Polanyi）有力地證明：知識不是抽象的，它與人的存在有關，這就是所謂的「個人性的知識」[13]。個人性的知識牽涉到「個人的」部分，我們姑且不論。但博蘭尼接著指出：任何知識固然都有核心，但這核心需要有許多不可言說、無法明文化的意識支持，兩者緊密配合，這種知識才可以實現。知覺經驗核心的部分，我們

---

12 見《淮南子·詮言訓》，《文子·符言》篇也有類似的話語，但《文子》以「大通」代替「太沖」。「太沖」語出《莊子·應帝王》篇，「太沖莫勝」一語意指太沖心境、陰陽調和，無法勝之。「勝」字在《列子》書中作「朕」字，其義亦通，意指無徵兆可尋的「太沖」心境。《淮南子》與《文子》的解釋顯示了一種生命能量的逆轉，這種生命經濟學的敘述在道家或道教文獻中不時可見。

13 博蘭尼（M. Polanyi，大陸學界譯為波蘭尼，本文從彭淮棟譯）很強調知識的私人性質，傳統的觀點則重視知識的抽象普遍性。博蘭尼的提醒很重要，但兩種知識如果當成對反的，問題也很大。因為知識一旦可表述，即使包括「知識是個人性的」或「悟是不可言說、超越理智的」，這樣的敘述仍然不能沒有抽象的性質。在知識的傳承上，即使一些典型的運動性技藝如游泳、單車、射箭等，抽象的規則型知識對爾後的「得手應心」之個人性知識仍是有幫助的。

稱作焦點意識；輔助的部分，我們叫做支援意識。一件技藝行為可以說是焦點意識與支援意識的配合，配合得好，即技藝成功；配合不好，即是失敗。游泳時的焦點意識固然在手腳的動作，但呼吸吐納，轉頸側頭，五官凝攝，氣機渾融，全體身心都要互相配合，游泳者才能順利前進。不能配合時，全身的動作一定彼此衝突，身心互相矛盾，體力消耗殆盡，目標卻依然遙不可及。游泳如此，騎馬如此，騎自行車如此，跳舞如此，任何運動無不如此[14]。

　　焦點意識與支援意識配合，包含藝術創作與運動在內的技藝才可以做得好。但支援意識是無法明文化，無法枝節化的，我們的腹腔要吸進多少容積的空氣？我們的血氣要流動多少的能量？我們的肢體要伸縮多大的擺幅？我們才可以游得好？此事永遠無法確定，意識追不上身體的展現。支援意識的展現模態，因人、因時、因地而不同，運用之妙，存乎一身。然而，可以確定的，一件完美的技藝行為絕不可能只是出自大腦的指令，它是由全身發出的。既是全身發出，所以這種行為出現時，行為者雖然可以體會到全身參與的美感，但他往往不能意及，他甚至懷疑：這件行為是不是他做的[15]？到底行為者是誰？如果不是意識主體發動的，難道另有主體？

　　正是另有主體！《莊子・天道》篇提到輪扁諷刺桓公讀書，事實上只是讀古人之糟粕時，以自己經驗為例。輪扁說道他自己

---

14 參見 M. Polanyi, *Personal Knowledge*（Chicago: The University of Chicago Press, 1962），pp. 49-65。另參見同氏著，彭淮棟譯，《意義》（台北：聯經出版公司，1984），頁 23-51。

15 杜甫〈獨酌成詩〉云：「詩成覺有神」，詩人的創作經驗證實了莊子的觀察。

斵輪時，「徐則甘而不固，疾則苦而不入。不徐不疾，得之於手
而應於心，口不能言，有數存焉於其間。」這樣的「數」不但無
法傳授給他人──甚至包括他自己的兒子，事實上，連他自己都
說不出來。全世界知道箇中訣竅的只有他的「手」，因為心手一
如。既然心手一如，所以「得之於手而應於心」固然講得通，
「得之於心而應於手」也未嘗不言之成理，「得手應心」或「得
心應手」遂成了中國藝術思想中最常見但也最玄祕的觀念。其
實，此玄祕亦無玄祕可言，它乃是任何出神入化的技藝必具備的
先決條件：主體是全身，它的焦點意識在心手合一處，身體的其
他部分成了支援意識。

　　身體的任一肢節或任一器官皆可成為身體主體的焦點意識，
但由於「手」在人類的勞動，同時也可說在人類的演化史上居有
舉足輕重的地位，所以人在世界的創造離不開手。手是所有器官
的器官，工具中的工具，手與技藝的關係尤深，主體透過「手」
的延伸於物，創造了文化世界。我們不會忘了：「技藝」的「技」
字即是由「手」「支」組成，意即由手牽物；「作為」的「為」
亦即「為學」、「為道」、「為人」的「為」乃是「人手牽象」的
象形字[16]。作為倫理核心的「父」字乃手持某物組成，另一種重
要的倫理關係的「友」字則是雙手交涉的圖式。作為空間根本定
位座標的「左」、「右」兩字，其字的造型也是分別由「手」與
「工」及「手」與「口」組合而成。「手」的祕密藏在漢字的構
造中，早期的中國文明史可以說是「手」的創造史。

16　《說文解字・爪部》：「為，母猴也，其為禽好爪。爪，母猴象也。下腹為母
　　猴形。王育曰：爪，象形也。古文為，象兩母猴相對形。」許慎據漢代字形
　　如是說。然而，依據甲骨文，「為」乃手爪牽大象之形。

　　但「手」與「藝」的關係不能揭開更深層的祕密嗎？海德格說：「手所能具有的本質是一會言說、會思的本質，並能在活動中把它體現在手的勞作上……手的每一動作都植根於思。」[17]海德格是對「手」情有獨鍾的哲人，手被他視為進入真理的門戶，只有 Zuhandenheit 才真，Vorhandenheit 不真[18]。海德格的哲學論點新穎動人，出人意表，但其門徑卻不見得容易進入。但就他將「手」與「思」結合而論，卻非自我作古，而是遠有所承，也不難了解。竊以為：他的論點和 18 世紀馮特以下「語言手勢」的論點，頗可相互發揮。「語言手勢」之說在 19 世紀的民族學或語言學著作中，仍然馨香不斷，泰勒與布魯爾論原始思維時，皆曾大力宣揚其事。海德格很強調主體的「出竅」（ecstasy）性格，主體的躍出性格使得主體在口說之前即已參與世界，對世界有基源的詮釋作用，而主體也不再是主客分立的主體，而是在世主體。在世主體可以說就是身體主體，「手」是身體主體主要的展現者，它有種非智性主體所發出的「思」。

　　凡對道家思想不陌生的人，對海德格此一說法應該也不會陌生，因為莊、列也喜歡突顯手在「由技進道」歷程上的特殊作用。比如「手」在傳奇性的工匠——倕身上，即發揮了神奇的功能：「工倕旋而蓋規矩，指與物化，而不以心稽。」製造陶器，這是種技術，它當然需要法則。但製造完美的陶器，工匠所必須具備的條件是超過法則——不是不要法則，而是超越法則，所謂

---

17 海德格著，李小兵、劉小楓譯，〈什麼召喚思〉，收入孫周興選編，《海德格爾選集》（上海：生活・讀書・新知 三聯書店，1996），下冊，頁 1218。

18 此兩語有幾個不同的漢字譯語，筆者接受「即手性」與「前手性」的譯語，這兩個概念是《存有與時間》的重要概念。

「蓋規矩」。孟子說：「沒有規矩，不能成方圓。」此義無誤。但只停留在規矩，終究是與道無緣，這也是事實。在道家傳統中，陶器象徵道，這種神聖的象徵大概是普世的[19]。陶器在中國文明的黎明時期扮演重要的角色，所以道家諸子運用起這個意象來，當然更是得心應手[20]。

工倕製陶，作主者是與物化的「指」，而不是心。「與物化而不以心稽」的不只是工倕之指，這種化境也見於許多的藝術家與匠人之身體展現，我們且再看底下這則故事所述。造父向泰豆學駕車之道，泰豆跟他說「其術」如下：

> 得之於足，應之於心，推於禦也，齊輯乎轡銜之際，而急緩乎脣吻之和，正度乎胸臆之中，而執節乎掌握之間。內得於中心，而外合於馬志……然後輿輪之外可使無餘轍，馬蹄之外可使無餘地。未嘗覺山谷之險，原隰之夷，視之一也。（《列子‧湯問》）

輪扁「得之於手而應之於心」，而泰豆卻是「得之於足而應之於心」，但駕車的「得之於足」是不可能離開駕車的手與控制馬匹的馬銜與轡口的，看來：關鍵處還是「銜—轡—手—足」，心是最後的，或者說心就在「銜—轡—手—足」的運作歷程裡，不可在腔子裡。故事沒完沒了，但總歸是收拾手足，自作主宰[21]。學問之道無他，求其手足心氣合一而已矣！

---

19 陶器、神聖與女性三位一體的關係，這是普見的神話主題，參見諾伊曼著，李以洪譯，《大母神》（北京：東方出版社，1998），頁 131-137。

20 參見拙作〈道與玄牝〉，《台灣哲學研究》，第 2 期（1999 年 3 月），頁 163-195。

21 程子說：「心要在腔子裡」。見《河南程氏遺書》，《二程集》（北京：中華書

　　既然作主的是手（輪扁），是指（工倕），是足（泰豆），手、指、足的意識大概沒辦法像大腦那麼集中，所以巧匠完成一件神妙的技藝行為時，當時往往不自覺，事後則不禁大歎神奇。莊子、列子時常舉射箭為例，說明此義，大概「射」在當時士子的教育上占有舉足輕重的地位的緣故。最有名的是列禦寇與伯昏無人的競技，這則寓言同時見於《莊子》的〈田子方〉篇及《列子》的〈黃帝〉篇。列禦寇「引之盈貫，措杯水其肘上，發之，適矢復遝，方矢復寓」，一箭連著一箭，連環發射，真是神乎其技了。但伯昏無人說：真正的至人是「上闚青天，下潛黃泉，揮斥八極，神氣不變」，他射箭是「不射之射」。「不射之射」甚有理趣，莊、列沒有進一步解釋什麼樣的射才叫「不射之射」，我們不妨看當代一位德國哲學家如何向日本禪師習得一種不用意識、由箭自射的「它射」技藝。

　　這位向日本禪師學習射藝的德國哲學家對射箭並不外行，但他習射的目的不在射箭本身，而是日本禪宗的訓練傳統注重學者經由一項「藝」的管道，如劍道、花道、茶道，以進入身心一如的體驗。「射箭」也是時常被運用的一種「道」，這位日本禪師要求哲學家的不是射中紅心，而是在射箭中獲得「禪」之體驗。換成莊子的語言，也就是這位德國哲學家被要求「由技進道」，由意識主體進到形氣主體。哲學家與禪師的互動頗為曲折，故事說來話長，但關鍵就在如何證得身心一如，由箭自射。這位德國

<hr>

局，1981），冊 1 卷 7，頁 96。陸九淵說：收拾精神，自作主宰。見陸九淵，《象山先生集》（台北：臺灣商務印書館，四部叢刊初編縮本，1965）卷 35，頁 30。筆者改造先賢用語，不是蓄意詼諧謬悠，而是筆者相信：有意義的行動之主體當是身而不是心，更恰當地說，當是身心一如的形氣主體。

哲學家吃盡苦頭，終於獲得這種神奇的經驗後，他不禁讚嘆道：

> 我怕現在什麼也不明白了，即使是最簡單的事情也成為一團糟。是「我」張弓呢？還是弓把我拉入最緊張的情況？是「我」射中了靶子呢？還是靶子打中了我？這個「它」，用肉眼看時是心，還是心眼看時是肉？還是兩者都是？兩者都不是？弓、箭、靶子和我，都互相融入，我已無法再分離它們，也沒有分離的必要了。[22]

完成「無射之射」的技藝時，主客模糊了，身心模糊了，是「它射」，而不是「我射」。但「它射」的「它」亦不可解，所以終究還是「無射之射」。

主客模糊，身心模糊，我射耶？它射耶？此事看似神祕，回到道家文本來，卻又有些熟悉之感。我們不妨看下面這段話所說何事？「內外進矣！而後眼如耳，耳如鼻，鼻如口，無不同也，心凝形釋，骨肉都融。不覺形之所倚，足之所履，隨風東西，猶木葉幹殼，竟不知風乘我耶？我乘風乎？」（《列子‧黃帝》）這段話出自列子之口。列子「師老商氏，友伯高子」，學道有成，「乘風而歸」後，頗有學生有意跟他學習，但這些學生個性急躁，急功近利，所以列子就向他們道及他當年如何刻苦求道，終於有成，其境界如以上引文所述云云。我們如果把列子和Herrigel 這位德國哲學家的話語作一對照，不難發現：除了「射箭」和「乘風」的技藝不一樣以外，兩者的結構如出一口。這種超主客的經驗，在後世的詩話、詞話、文論、畫論裡，是屢見不

---

22 E. Herrigel 著，顧法嚴譯，《射藝中的禪》（台北：慧炬出版社，1979），頁144。

鮮的[23]。

　　解牛不是庖丁在解，而是帶動全身運動的無名主體在解；射箭不是伯昏無人在射，而是一位在他身體中的無名主體在射；製陶不是工倕在製，而是某位無名主體在製；駕車不是泰豆在駕，而是帶動他的手、足、銜、轡合而為一的無名主體在駕。一言以蔽之，完美技藝的創造者不是意識，而是身體。只有意識退位，它的作用散布到全身，全身精神化以後，技藝才可以有質的飛躍，由匠藝昇華至道的展現。精神化的身體即是身心合一的身體主體，在技藝的創造中，它的重心可以在指、在手、在腳、在腹、在呼吸，但不管在哪一部位，身體其他的部位也要共襄盛舉。「手之所觸，肩之所倚，足之所履，膝之所踦，砉然嚮然，奏刀騞然。」每件優雅的技藝都合桑林之舞，都中經首之會，都是舞神濕婆（Shiva）的神祕之姿。一技一世界，世界就在他一舉足、一揚眉的身體之韻律流轉中，完美的誕生了。

---

23 茲舉二說為證。清代旗人畫家布顏圖說他畫山水的經驗道：「吾之作畫也，窗也，几也，香也，茗也，筆也，墨也，手也，指也，種種於前，皆物象也。迨至凝神構思，則心存六合之表，即忘象焉，眾物不復見矣。迨至舒腕揮毫，神遊太始之初，即忘形焉，手指不復見矣。形既忘矣，則山川與我交相忘矣。山即我也，我即山也。惝乎怳乎，則入窅冥之門矣！窅冥之中，無物，無我，不障，不礙。」語見曼殊震鈞，《天咫偶聞》（台北：廣文書局，1970）卷 5，頁 11-12。我們且再看羅大經如何描述曾無疑畫草蟲：「方其落筆之際，不知我之為草蟲耶？草蟲之為我也！此與造化生物之機緘，蓋無以異。」參見《鶴林玉露》，收入《稗海》（台北：藝文印書館，百部叢書集成初編，1966）卷 6，頁 11。這樣的語言雖然有可能已成為套語，畫家輾轉引用，源頭難找，但它的母胎應該就是列禦寇之「不知風乘我耶？我乘風乎？」

四、所見無全牛

當技藝的主體由意識變為身體時，主體的性質變了，技藝的對象也失掉了被認知的身分，它不是意識所對，而是身體主體所參與之物。「身體主體參與到技藝對象」此句話不好理解，因為在日常的用語中，我們通常認為「主體」很難和「個體」脫離開來，「個體」此「形」乃是「主體」運作的條件，是博蘭尼所說的那種「框架」[24]。但我們如果將「身體主體」一詞還原到道家「形—氣—神」的身體觀，則「身體主體之參與」並無難解之處，因為「形—氣—神」的身體觀既保留了「形」此一「個體」意義的框架，同時，「氣—神」的因素則縮結了身心的功能，也縮結了身體感知與生活世界的意義氛圍。筆者稱呼建立在「形—氣—神」構造上的主體為「形氣主體」，「形氣主體」的概念假如能夠成立，則人與世界的互滲乃是人之所以為人的本真狀態，是一切經驗成立的基礎。聖人（或偉大的匠人如庖丁、梓慶）之所以成聖，乃是他可以體現這種原始勾連的一體感，並深化其意義。

回到「庖丁解牛」的故事，我們所以說「身體主體參與到技藝對象」，當然不是說：「形」到了對象內部，而是在「解牛」的過程中，形氣主體始終是參與到「牛」的意義構造裡的。不，當說：在解牛之前，主體與牛早已祕響旁通，彼此參與。這種參與乃是神氣之流通，神氣既在此（庖丁），亦在彼（牛）。既然

---

24 「框架」類似形式因的「形式」，它是人文活動不能或缺的內在因素，沒有框架即沒有作品，它不是泛泛而論的形式。參見博蘭尼著，彭淮棟譯，《意義》，頁 101-116。

在彼，但神氣又不是個體性的意識，所以神氣所遇之物遂不可能是認知意義的完整圖像，亦即不是〈達生〉篇所謂的「有貌相聲色者」，所以它會由「對象」義回歸到其自體。但對形氣主體而言，此回歸自體之物另有一種非認知意義的面貌。用現代的話語講，這是種變形的意識狀態（state of altered consciousness），所以庖丁所見無全牛。牛非全牛，物非其物，列子所述紀昌學射之故事尤為神奇。

> 昌以氂懸虱於牖，南面而望之，旬日之間，浸大也。三
> 年之後，如車輪焉，以覩餘物，皆丘山也。乃以燕角之弧、
> 朔蓬之簳射之，貫虱之心，而懸不絕。（《列子・湯問》）

蝨子可以由小變大，大到像車輪一般，因此，射者自可輕易射中。列子此段話頗似戰、漢時期一些文人的設論，也不無後世筆記小說中的傳奇民譚之風味。但究實而論，紀昌的經驗就像庖丁的經驗，完全解釋得通。因為我們在生活世界真正經驗到的空間絕不是物理性的空間，而是主體性的空間，這種空間的意義與主體相涉相入。一旦主體的條件改變了，空間的形式也會改變，在空間中的物體的性質也就跟著改變。主體出神入化了，空間的形式與主體所對的物象，其變形的幅度應該會更深更廣。事實上，空間知覺的改變是運動神祕經驗中常見的一種類型，一位足球選手運動時曾體驗到某種的高峰經驗，他說道其經驗如下：

> 我成了這項行動的部分，球是所有事物的存在，就是這
> 麼一回事。那兒沒有環境或肉體自我，也沒有我的身體或環

境的知覺。足球取代了所有的事，是一思想的主體。[25]

環境消失了，足球變成全部，它甚至成了思想的主體。這個情況就像泰豆與造父駕車，世界縮小成了車輪與馬蹄，車輪與馬蹄則擴大成了唯一的世界。也像紀昌射箭時，周邊撤退成急速濃縮變小的背景，蝨子變得如車輪大。又像 Herrigel 射箭，引發箭中紅心的好像是弓本身，而不是射箭的哲學家。

空間結構改變，對象與主體意義改變，接著而來的後續效應，乃是物我的關係也會在一種變形的結構中改變其原有的質性。通常，一件完美的技藝行為乃是主客的合一，主體的神氣參與到技藝對象的內在質性裡去，再也難以分別。當足球隊員說他經歷到這種神妙的高峰經驗時，沒有環境沒有我，「足球取代了所有的事」，亦即足球統攝了主客。這種敘述我們絕不陌生，且再看下列來自《莊子》與《列子》的報導：

> 大馬之捶鉤者……於物無視也，非鉤無察也。（《莊子‧知北遊》）
>
> （呂梁男子游水）始乎故，長乎性，成乎命。與齊俱入，與汨皆出，從水之道而不為私。（《莊子‧達生》、《列子‧黃帝》）
>
> （承蜩老丈）吾處身也，若厥株拘；吾執臂也，若槁木之枝。雖天地之大，萬物之多，而惟蜩翼之知。吾不反不側，不以萬物易蜩之翼，何為而不得。（《莊子‧達生》、《列子‧黃帝》）

---

25 引自曾俊華，《運動的神祕經驗研究》（台灣師範大學體育研究所碩士論文，1990），頁 27-28。

（詹何）臨河持竿，心無雜慮，唯魚是念。投綸沉鉤，手無輕重，物莫能亂。魚見臣之鉤餌，猶沉埃聚沫，吞之不疑。（《列子‧湯問》）

這幾則有名的故事都意味著：完美的技藝乃是物我之合一，但此種合一的狀態預設著「身體主體已滲進客體，安之居之，與之合一」，所以捶鉤者與鉤合一，游水者與水合一，承蜩者與蟬翼合一，釣魚者與魚鉤合一。這種「合一」意味著它是超理智、無法明文化的，這時的「物我關係」是種由技進道所形成的變形之物我關係，它不能用物理空間的質性去類比。

完美的技藝事件是原始物我關係的一種完成，也是對世俗的物我關係的轉化。筆者所說的「世俗的物我關係」意指在日常的經驗中，我們的知覺經驗是有構造的，我們的視野所及總有焦點所在的主要意象（figure），主要意象則坎在廣大的視野（field）上，作為背景的視野與從視野背景中突顯而出的意象乃是人類視覺經驗的常態構造。figure 與 field 的分野應該也可以運用到聽覺、嗅覺諸種知覺上去，五官的意象總是連著淡暈暗黃的不定氛圍連結到廣大的知覺背景上去的。技藝經驗改變了這種日常的物我關係，我們觀察一件完美的技藝事件，發現其時的主體的精神力道高度集中，庖丁要「視為惕，觸為止」，詹何要「心無雜慮，唯魚是念」。這種主體力量的集中會造成知覺的變形，知覺的變形會產生意象的極大化，以及視野背景的虛無化，意象與視野背景徹底地脫鉤，它成了唯一的世界。

「意象的極大化與視野背景的虛無化」意味著變形的知覺經驗不能再以「認知心」的模式理解之，認知心模式中的主客都是確定性的，物依「範疇」的性質呈現之。但技藝經驗中的物我關

係雖然不再受認知圖式的統轄，卻也不是否定掉日常經驗中的認知因素，而是轉化之，昇華之。莊子宣稱發展到了頂點的物我關係為「以天合天」。「天」者，本真之謂也，前一個「天」字意指形氣主體的本真狀態，後一個「天」字意指技藝意象的本真狀態。庖丁解牛，他在變形的知覺狀態中，將解牛的技術（包含對牛的知識）溶進刀子的運作中，刀子的運作又和牛的生理結構緊密配合一起。當解牛者的意識與刀子融成一片時，刀子遂失掉平常所說的工具之性質，它成了「擴大的主體」之有機成分。用博蘭尼的觀點說，庖丁的手與刀聯結處即成了焦點意識，全身的其他動作則淪為支援意識。工具主體化，或者說：工具與意識一如，這是技藝主體的最佳狀態，主體在無知的狀態中完成身心內外的統合，以無知知，以無為為，這種非個體性意識的狀態就叫作「天」。

技藝事件中的「物」之一方也需另解，物自身有其非對象化的結構，這種結構內在於物本身，它的細微處不見得可以被解剖學式地指認出來。莊子的世界圖象中，所有的物和世界總體總處在流動的氛圍，物即「物化」，「物化」這種細微隱密的構造出之於天，所以叫做「天理」。「天理」不同於一般的「理」者在於前者是技藝主體所對，而不是認知主體所對。後者則是認知主體所對，而不是技藝主體所對。完美的解牛事件乃是以此天入彼天，或者說：彼是互入，這就叫作「以天合天」。「以天合天」意味著技藝的身體主體不當將對象對象化，亦即它不是以理智平觀萬物，分類萬物，宰製萬物。但不以認知主體作主，並不是說拋棄掉理智的功能，而是吸收之，轉化之，以深入事物實相，與之合一。

莊子的技藝事件都意味著「以天合天」的因素，但談及此義

談得最好的當是「梓慶削木為鐻」的故事,「以天合天」一語其實即出自此則故事,內容如下:

> 梓慶削木為鐻,鐻成,見者驚猶鬼神,魯侯見而問焉,曰:「子何術以為焉?」對曰:「臣工人,何術之有!雖然,有一焉,臣將為鐻,未嘗敢以耗氣也,必齊以靜心,齊三日,而不敢懷慶賞爵祿;齊五日,不敢懷非譽巧拙;齊七日,輒然忘吾有四肢形體也。當是時也,無公朝,其巧專而外骨消,然後入山林,觀天性,形軀至矣,然後成見鐻,然後加手焉;不然則已,則以天合天,器之所以疑神者,其是與?(《莊子‧達生》)

一件完美的技藝事件無異於一樁脫胎換骨的修行之旅,技藝即修行事件,技藝論述即工夫論。梓慶之言如果移之於道家聖人之口,內容一樣適用,偉大的工匠也是要有偉大的修行的。在各種藝術當中,好像雕刻藝術最容易體現「以天合天」的精神。「以天合天」的精神推衍至極,我們可以說:鐻早就在樹木裡了。據說米開朗基羅雕刻大衛像完畢後,曾慨然歎道:大衛已經在大理石裡面了,我只是把多餘的部分去掉。這則逸事流傳甚廣,其理相同。

如果說鐻早就在樹木裡,人像早在石頭裡,那麼,為什麼我們看不到呢?顯然,此時不能用肉眼看,而當全身去看。但是,為什麼有道者不少,類似梓慶不敢懷慶賞爵祿、非譽巧拙,甚至可達忘我境界者亦非無人,為什麼他們無法「以天合天」呢?我們不妨設想:老子、莊子、列子的心性體驗應該都是很深的,梓慶要求的主體境界對他們來說一定不難達到,但他們大概沒辦法

創造出鬼斧神工的樂器座架。老、莊、列不行，傳說中的伏羲、神農、黃帝也不見得行，巨匠與聖人必有分矣！

顯然，問題是在這些道家聖人沒有「鐻」或「石雕」的知識。真正的「以天合天」，還是要預設技藝的主體連著知識一齊轉化，也可以說一齊透明化，它們全化為神氣的流行。技藝主體的「天」不是道家喜歡運用的嬰兒隱喻那般的天真，它必然隱含了知識的內容，它是「人」與「天」具體的統一。換言之，「為鐻」的完美知識為「天理」，但「天理」的獲得是建立在對經驗性的「理」的理解上面，「天理」與「理」不是對反的關係，而是進階的關係，形氣主體使得「理」昇華為「天理」成為可能。一般論道家的知識概念時，大抵認為道家很難賦予知識（理）本體論上的正面性意義，這固然是事實。但就具體的體道行為而言，道家（至少莊子）卻必須肯定知識具有不容跳越過去的仲介性質，只是它的位置有待超越，被吸收，並且加以轉化。我們論道家思想的美學影響時，對於知識的詭譎性格，恐怕不能不嚴肅地考慮[26]。

---

26 完美的技藝是由技進道，由知識（規矩）而神化，此義甚明，但論者往往忽略技藝、知識、規矩是不可或缺的一環。後世文人中，蘇東坡大概是對道家美學體認特別深的佼佼者，我們且看他在〈文與可畫篔簹穀偃竹記〉一文中的警告：「畫竹必先得成竹於胸中，執筆熟視，乃見其所欲畫者，急起從之，振筆直遂，以追其所見，如兔起鶻落，少縱則逝矣。與可之教予如此，予不能然也，而心識其所以然。夫既心識其所以然而不能然者，內外不一，心手不相應，不學之過也。故凡有見於中而操之不熟者，平居自視了然，而臨事忽焉喪之，豈獨竹乎。」〈文與可畫篔簹穀偃竹記〉，《蘇軾文集》（北京：中華書局，1992），冊 2 卷 11，頁 365。文與可畫竹，「其身與竹化」，其人其技是「庖丁解牛」、「梓慶為鐻」的北宋版。但這三人的神技是有先決條件的，他們都需要先具備認知性的知識，進而體之，神化之，這種打底的曲折

　　庖丁解牛，一開始所見皆全牛，庖丁的意識既浮躁，刀子也容易折損，這是「以人戕天」，也可以說是「役物戕天」的階段。而完美的技藝乃是知識溶進意識再溶進牛的全體生命，三者密不可分，它們的性質齊登法界，其本體論的原初地位同步到達，卻又可以達成技藝的目的，這才叫以天合天。因為就對象而言，不管它是被解剖，或被製成鐻，或被製成陶，成品的樣式都被預設在「物」的本質裡面，所以技藝對象在一件圓滿的技藝事件中，被視為是其本性之完成，而不是異化的受害者。自另一方面言，技藝的主體如要能充分體現此技藝，他本人的人格必須徹底轉化，後天的經驗知識必須溶入深層的神氣流行當中，這樣的結果也被視為其人人格之完成。此完成與彼完成合，所以稱作「以天合天」。

五、技藝與養生

　　莊子談技藝的文字多集中在〈養生主〉與〈達生〉兩篇，這是個相當獨特的現象，但也是常被疏忽的現象。莊子將「養生」與「技藝」擺在一起，相提並論，看來不會是偶然的。代莊子想，我們可設想莊子會認為：世俗的技藝就像世俗的語言，它們是道的異化，因此，如果真有一種性質與之對反的語言或技藝，它們自可代表生命之完成，這樣的解釋似乎可通。然而，畢竟籠統。

　　不過，我們如果仔細分析莊子、列子談技藝的章節，或許會

性知識是不可少的。「成竹在胸」是中國美學史上的一則美談，但此成語預設的經驗知識與實際操作的因素常被忽略了。

發現事情不是那麼難了解。我們第一節引用到漢陰丈人寧用陶
甕、不用桔槔的反文明故事，我們當時只將故事說了一半，還有
下文。此則故事下文提到子貢慚愧地將此事告訴孔子，孔子跟子
貢解釋道：漢陰丈人修的是渾沌氏之術，所以他要從機械、機心
的環境裡抽離出來，退回到未分化的原始整全上去。「渾沌」原
本是神話的概念，它的本尊是神話中的原初巨獸，渾圓、識歌
舞、知韻律，代表原始未分化的整全。道家諸子常借助神話以建
構哲思，莊子尤為巨擘，「渾沌」即是一個明顯的例子。

在亂世中，人能退回深根寧極之心境，以深層的無意識作為
隔絕俗世的桃花源，澹然自處，安享天年，這樣的選擇當然顯示
了一種很高的精神境界，一般人不容易達到。但是，孔子批判
道：漢陰丈人畢竟只是「識其一，不知其二；治其內，而不治其
外。」孔子的評論意味著：人的存在總是在社會中存在，在一種
分裂的「二」之結構中存在，現實的社會是個文明業已發軔的社
會，它不可能倒退回去。漢陰丈人的選擇可以同情地理解，但畢
竟不自然，因為只要是社會即不可能是存在與本質同一的凝結
物，即不可能只有渾圓而無內外、上下之分的結構。在孔子當
年，在莊子當年，甚至在我們這個年代，我們都可找到漢陰丈人
的同調，這些漢陰丈人們對文明相當不滿，他們希求一種同質
的、離俗的心境與環境，所以他們拋棄了一切，甚至包含家庭與
社會，進入荒野以及深層的心境，追求一種所謂的精神自由。他
們越追求，自由跑得越遠，「渾沌氏的渾沌」從來不是人可以有
的選項，它只是個幻象。

漢陰丈人的逃避與孔子的評騭是歷史上一再重演的故事，細
節無庸再論。但莊子假借孔子之口所表達的意思還可更深層地瞭
解，我們不妨考慮技藝論中「物」的角色。在〈則陽〉篇中，莊

子曾提出「知之所至，極物而已」的命題，亦即我們不可繞過「物」而思求一種形上的理境。莊子的「極物」哲學在晚明曾大發光輝，莊子的物論確實需要嚴肅地看待，因為不管我們作形上學的思考，或就人生向度的實踐哲學考量，我們都當正視：真正的世界乃是與物共在的世界，「物」不是我們主體之外或主體之間的外在項目，而是與我們的主體共在共遊。「物」是任何人生處境都無法避免的，面對「物」的「共在」性質，我們如何在器物、規則、組織環繞的環境中，仍能自在，不傷生，這才是具體的智慧。

有「物」即有面對此物之道，亦即有物即有「技」。回到技藝的例子上來，學者該努力的不是跳開射箭、舞蹈、製陶、游泳、解牛、抓蟬等種種的世間活動而不顧，然後幻想退回原始的社會，以期獲得自在。因為形氣主體的本質是氣化的湧現，而且是與物共遊地呈現，主體與世界早已藤纏葛繞地糾結在一起。只要有「箭」此物，即有射箭之技；只要有表現功能的足，即有足之舞蹈；只要有陶之物，即有製陶之藝，「物」與「物之技」或「物之道」同時呈現。「技」和「物」同是主體本質的成分，而不是外加的。學者該努力的乃是如何身處在這些技藝活動中，參與之，神化之，但又不會造成自己的異化。不但不會異化，而且，他還要設想如何使性命獲得更具體的美滿，這就是莊子所說的「乘物以遊心」的道理。

我們的設問不是事後諸葛，兩千年後的憑空發問，而是莊、列當年即如此設想。文惠君聽到了庖丁解牛的經過後，他說：他得到養生之道了。技藝論中的養生之道是有條件限制的，我們不會忘掉：〈養生主〉篇開宗明義即批判一般的「知」，它說：「吾生也有涯，而知也無涯，以有涯隨無涯，殆矣！」學者追求知

識，如形追影，永無了期。相反的，學者如果能善加處理「知」的問題，他即可「盡年」。〈達生〉篇的主旨亦如是：「達命之情者，不務知之所無奈何……形精不虧，是謂能移，精而又精，反以相天。」想要暢達真實的生命的人，總需要正面地處理「形精」的問題，而又能確切體認「知」的限度。〈達生〉篇所說的「形」當指「形體」，「精」則指「精氣神」之「精」，「精」是一種類似生命本質的概念。一個人如能在技藝活動中維繫「形精」的能量，不稍虧損，他即有機會「移」，「移」當指變化體質之意。他如能下工夫使「精」更成為「精」，很可能進一步可以贊助上天，完成女媧般地「補天」之功能。顯然，莊列的技藝論是別有懷抱，「養生」是他們思想重要的一環，技藝連著生命問題一併而來[27]。

莊子〈養生主〉的「養生」不是養身軀之生，而是「養性」，這是一般治莊者大體都接受的解釋；就像他的「達生」，不是達生理生命之生，而是希望達到「形精不虧」，這也是一般治莊者都同意的論點。但莊子所以用「養生」、「達生」之語，而不用「養性」、「達性」，除了「生」「性」兩字原本同源，而且意義大幅重疊以外，莊子選擇了「生」字，更足以見出生命問題之糾結複雜，難以調理，而又必須調理。就這點而論，莊子確實近於

---

27 王叔岷先生立《莊子》三十三篇新系統，「養生」一義列在第三。〈養生主〉、〈達生〉、〈至樂〉、〈刻意〉、〈繕性〉、〈讓王〉、〈盜跖〉諸篇屬之，然〈至樂〉、〈讓王〉、〈盜跖〉所說實非莊子勝義，莊子論養生的文字集中在〈養生主〉與〈達生〉兩篇，兩篇都與技藝息息相關。王叔岷先生之說參見《莊學管窺》，《莊子校詮》（台北：中央研究院歷史語言研究所，1994），下冊，頁1444。

存在主義者的關懷[28]，但因為莊子的生命觀扎根於深層的性命之學的基磐上，所以莊子的「以技養生」遂不能不涉及根源性的生命機能與現實生命的關係，筆者將以「神的體現」及「聯覺的展現」二義展示之。

莊子的「神」義與「氣」義時常混用，如要區分，「神」代表的是本體層次的妙用，「氣」則是經驗義（如現實狀態的身心）之功用，但因為莊子重圓融義，所以莊子使用這兩個概念時，不免會交叉運用，不加區別。但就以「技藝養生」而論，筆者認為莊子主張的乃是如何將這種帶有特殊直覺功能而又難以言說的生命動能之神加以體現出來。筆者曾經為文指出：道家的「神」、「氣」概念是建立在特殊的身體觀基礎上的，作為構成生命要素的「神」或「氣」之呈現模式乃是神連著氣，氣連著神。一言以蔽之，這是種形氣神的身體觀，而五官乃是同一種氣神的分殊性展現，其不可測的玄祕底層是相通的。莊子說至人的境界為「循耳目內通，而外於心知」（〈人間世〉），這樣的境界是由感官向深層內在翻轉後所得。莊子的名言：「無聽之以耳，而聽之以心；無聽之以心，而聽之以氣」，這段話意指學者循著耳（感官）心（意識）不斷向內翻轉深化，最後可達到氣通為一的層次，這段話所說的也是這個道理。簡言之，聖人、至人不只達到泛泛而稱的至高境界，他需要身心和諧，神氣流通於身體整體，以及身體內外之間，渾融無礙[29]。

---

28 從存在主義的角度詮釋《莊子》，在1960、70 年代，此風曾一度相當流行。典型的立場參見福永光司，陳冠學譯，《莊子》（台北：三民書局，1969），尤其是〈序說〉部分。陳鼓應先生早年著作《莊子哲學》（台北：臺灣商務印書館，1966），旨趣亦近似。

29 參見拙作，〈從「以體合心」到「遊乎一氣」——論莊子真人境界的形體基

　　「聽之以氣」是至人特質之一面，生命的動能瀰漫於以身體為中心的場域之間；但莊子又說：「聖也者，達於情而遂於命也。天機不張，而五官皆備，此之謂天樂。」（〈天運〉）在神氣瀰漫於意義的場域之時，生命的能量反而凝聚於某個神祕的點。從這種機體圓融的聖人觀入手，我們可以了解莊列為什麼特別強調技藝、生命與道的特殊血緣關係。我們看到庖丁解牛「官知止而神欲行」，這種神的運作超出了官知——不是不用知覺，而是超出知覺之神乎其神。「知止」的「止」字當指感官凝結在某一個定點，其用法如《大學》所謂「知止而後有定」的「止」字。老丈承蜩，據說也是「用志不分，乃凝於神」，他不是不用手眼等感官知覺，也不是不用心，他是將所有感官、意識的能量凝聚到未分化的原點。我們不妨回想列子乘風飛行時「眼如耳，耳如鼻，鼻如口，無不同也，心凝形釋，骨肉都融」，所說究竟為何，這不是意味著五官都是「聯覺」（synesthesia）的展現，它們都是由同一種作用（神氣）所匯通嗎？甚至身心的作用不是也統一了嗎？

　　在聯覺的狀態中，身體、意識、氣機、神感全化為同質性的存在。體合於心，所以生理的機能與意識的機能合而為一；心合於氣，所以意識的機能與自然的感應作用合而為一；氣合於神云云，其境界更是進入非思量分別之層次[30]。當身心的能量、性質

礎〉，《第一屆中國思想史研討會論文集：先秦儒法道思想之交融及其影響》（台中：東海大學文學院，1989），頁 185-214。

30 筆者上述的話語借自《列子》的一段著名的故事，據說老子的弟子亢倉子能夠「耳視而目聽」，魯侯聽了大驚，亢倉子向他解釋：傳聞是錯的，他「能視聽不用耳目，不能易耳目之用」，怎麼說呢？亢倉子解釋道：「我體合於心，心合於氣，氣合於神，神合於無。其有介然之有，唯然之音，雖遠在八

全轉化為神氣的展現時，它即擁有最精微的訊息，身體可以作非意識所及的精緻調整，所以原則上它可以表現出最完美的技藝。因為技藝這時已溶為身體展現的有機成分，無法分別，每一剎那的行動都有全身所有的生理的與知識的能量參與在內，這種技藝活動可以說建立在「體知」的基礎上。

為什麼「技藝」的問題和「養生」、「達生」的問題有關？「養」、「達」這樣的語彙預設了目的論的內涵。莊子看待生命，顯然預設了一種發展史觀，也可以說是目的史觀，生命的發展是由現實的身心狀態向神氣渾融的深層生命的回歸。但莊子處理這種向深層生命的回歸問題時，不是採取宗教冥契論者常見的那種「復性」的模式，雖然「復性」的工夫論模式追根溯源，莊子正是奠基人之一，他對宗教的修煉傳統顯然很熟，也有所吸收，但最後畢竟脫離了永恆回歸的冥契路線。莊子相信生命發展的模式，即使是深層的無之意識的展現，也不一定要走遮撥的路線。相反地，透過動態的躍出，主體也可以達成五官渾圓的結果。

莊子的生命發展史觀既有逆覺遮撥的路線，也有氣化日出的路線。就工夫的模式而言，莊子和宋明理學家或孟子，頗有可以比較之處，因為他們的工夫論都同時擁有靜態的逆覺模式以及動態的本心連著氣化擴張模式，但重點都將體道的要求和行動結合在一起。當理學發展到主體動態的機能被充分地展現的明代，也就是心學的心氣功能被提升到理論的及實踐的高度之後陽明年

荒之外，近在眉睫之內，來干我者，我必知之，乃不知是我七孔四支之所覺，心腹六藏之所知，其自知而已矣！至於「神合於無」云云，乃是將「無」的形上學意義帶進來了，其義更玄，茲不論述。楊伯峻，《列子集釋・仲尼》卷 4，頁 73-74。

代[31]，莊子也越來越被辨識出其人文化成的性格，這樣的平行發展看來不是偶然的。在人生的所有活動中，技藝大概最容易表現一種「超乎感官、理智之上的直覺力量」，這種直覺力量是要建立在全體身心轉化成同質性貫通的機體之基礎上的。莊列理想的人正是這樣的人格範例，莊列所以常利用運動型人物、匠人、藝術家作為他們的人格典範，其來有自。

如果超乎分殊感官之上的聯覺狀態是莊子理想的生命模態的話，反過來說，理智的片面發展即是戕生最重要的力量。在冥契論傳統中，對感性與智性的否定是很常見的主張，無可否認地，莊子也有這種否定哲學的成分。但放在技藝哲學的角度下考量，莊子將養生問題和理智的批判結合而觀，更顯得意義的重大。莊子技藝論的理論特色在於他強調一種整合理智而又超越分殊性的理智之上的全體之知的角色，這種全體之知是形氣主體的運作模態。

莊子身處在智性文化高度發展的戰國時期，「如何處理知」一直是扭絞莊子思想發展的一道難題。無疑地，莊子持一種「建立在形氣主體上的體知論」的立場，所以論者如說莊子反文明，或說：莊子認為知識是戕害生命的，這種論題如果不是錯誤的，

---

31 王陽明時以「氣」釋「良知」，此解可視為理學通義，但將良知與氣上提為心體的功能，則與朱子異。陽明之後，作為心體之氣的哲學日益顯著，從唐鶴徵到劉宗周，代有其人。至於晚明的王夫之、方以智更將氣由心體連到道體，一種體用一如的宇宙論（用牟宗三先生的語言講，也可以說是本體宇宙論）展現得特別開闊。筆者將建立在本體概念上的氣論視為先天型氣論，自然主義型的氣論則視為後天型氣論，兩種氣論的分別參見拙作，〈兩種氣論，兩種儒學〉，《異議的意義——近世東亞的反理學思潮》（台北：國立臺灣大學出版中心，2012），頁 127-172。

至少也是片面的。我們有充分的理由說：莊子雖然對知識的積極功能殊少肯定，更多的情況是極為懷疑，在《莊子》一書中，我們可以找到相當多的佐證支援「知識反生命」之說，但莊子不反智。他視「與人存在無關的知識」是戕生的，但如果「知識與人的存在相關」，那麼，它是潤生的，因為這樣的知識要與全身的構造溶為一體，成為體知。「體知」是種「全體之知」，「全體之知」實即「體知」的內涵，我們不妨在一個意義上將「體知」視為「全體之知」的簡稱。我們看到莊子對這樣的知是熱情擁抱的。

莊子的知識論的核心問題可以說是「體知」與理智的關係之問題，「體知」或「全體之知」是對應於理智建構功能的分殊之知而成立的，它成立的條件在知的全身化。如果我們從「分殊之知」是主客對立的，而「全體之知」是主客互參的觀點著眼，我們也可以說：「全體之知」是以「無知之知」的模式呈現出來。「無知之知」的說法很容易浪漫化，因而失掉其知識論上的意義，其生命哲學的作用也容易被淡化，更大的損失是一種進入體道之門的工夫被遺忘了。事實上，「理智造成道的遺忘」與「無知之知乃道之門戶」，這兩個命題是同時成立的。莊子將工夫論的問題帶進技藝論的論域，絕非錯置問題。有關「無知之知」的問題，細節仍可再論，姑攝其大義，細論留諸他日。

建立在全身氣機融合上的「體知」不但不戕生，還可養生，它是至人人格屬性的成分。莊子對任何類型的知識的要求，總是要求一種可以和全身運轉韻律相容的類型，如果有這樣的語言，那就叫做「卮言」，「卮言」是種體現的語言[32]。語言如此，知如

---

32 參見拙作，〈卮言論——莊子論如何使用語言表達思想〉，《漢學研究》第 10

此，政治亦如此，他們要求的是 how 的問題，而不是 what 的問題，如王弼所謂：「絕聖而後聖功全，棄仁而後仁德厚。」[33]任何有知識可說的領域，重點都是學者如何體知，而不是如何認知。體知使得客體面的「知」（亦即物之理）非表象化，物以自家面目呈現出來；它同時也使得主體面的「體」充實化，亦即世界化。生命與世界（或說：生命在世界）遂得充實飽滿，兩無欠缺。

六、技術的年代

莊子的「技藝」是雙面夏娃，就像他的語言論也是雙面夏娃，我們要找到否定的論述和肯定的論述都可以找得到，也都可成說。關於這種兩歧的現象，最方便的解釋是將篇章的作者歸屬到不同的名下，既然作者不同（比如說：莊子與其門生），所以論點不一，這樣的現象就很好解釋。

然而，誠如前文所說，在《莊子》內七篇中，我們也看到了莊子對技藝頗有批判，因此，「以作者問題解決思想問題」此策略的合法性不一定站得住腳。事實上，技藝論評價兩歧的現象應該內在於莊子思想本身，其糾結不難解開。如果技藝是出之於認知性的主體（機心），而且此機心所運用之機械是為人為的秩序服務——通常的情況也就是如此，那麼，莊子沒理由喜歡這類的技藝。然而，如果技藝是種存在型的，它與人格的完成緊密相

卷，第 2 期（1992 年 2 月），頁 123-157。

33 參見王弼《老子指略》，引自樓宇烈校釋，《王弼集》（北京：中華書局，1980），冊上，頁 199。

扣，而人格完成的一種表徵乃是其人身心功能的一體化。換言之，技藝的主體是身體，而不是意識，那麼。莊子沒有理由不支持這種技藝。不同的技藝依賴不同的知而建立，有對象之知即有對象之技，有超對象之知即有超對象之藝。兩種技藝論劃清後，我們有必要更深層地反思道家技藝論引發出來的一些解釋。

　　技藝論首先帶來的是「知」的問題，筆者認為以莊、列為代表的道家的技藝理論既不反智，也不代表支持科學。它強調的是種包含主客在內的整體論的（或者說「場的」）具體哲學，在「進乎道」的技藝活動中，主體不是宰制的操作者，客體也不是被凝視的抽象之對應物，而是兩者以原初的身分一齊呈現。筆者這裡所說的「原初的」意義採取的是中國哲學傳統的用法，它不是時間的意義，而是本體論的意義，一件「由技進道」的技藝事件意味著主客雙方都能回復到自家本真的狀態。換個角度說，亦即我們日常經驗中的技藝事件，不管主體或是客觀，都處在非本真之境。我們讀過莊子、列子各訴我們的許多故事，了解一般的技藝事件之主客雙方總是處在對峙的狀態，如莊子所說的：「知者，接也；知者，謨也。」（《莊子・庚桑楚》）技藝之知與技藝之物總是相刃相靡，格格不入。結果物傷器殘，主體也處在戕殘斲損的狀況。

　　技藝行動的中心乃是包含主客兩者在內的形氣主體，形氣主體總是與世同在的，它是種「場」。技藝主體的場之性格可從兩方面考慮。如果從「人是意義的彰顯者」（其他有情與無情皆無彰顯意義的能力）考慮，那麼，我們說真正的技藝主體是形氣本身。形氣主體透過技藝，自家的本來面目遂得徹底地展現，形氣主體因而既有體道也有養生的作用。如果我們從客體面講，形氣主體透過技藝，它可以轉化世俗的主客對立構造，讓物之本相以

自如的狀態呈現出來，物處於遊化狀態中，所以技藝使得「物」也可以不異化而自行顯現。

莊子技藝論的表達方式是前近代的，其中的內涵多隱而未發。但它的原始洞見是相當深刻的，它對「知」的批判與對「神」的重視，絕不過時。不但不過時，由於近代科技與資本主義量產方式以及全球化行銷方式結合，帶來極大的問題，莊子技藝論當年所揭發的問題反而益顯深刻，它應當多少可以給現代世界帶來一些解決，至少是重新反省技術問題的曙光。晚近哲人批判「科學理性」或「工具理性」者多矣，莊子所以常被引為先行者，絕非無故。我們不妨再參考其中一位對道家思想特表同情的哲人的觀點。

海德格對當代的技術意志批判甚厲，他認為現代技術之本質與現代形上學之本質是相同的。現代形上學的形成是個複雜的思想史課題，不可能有絕對的斷代可以一刀切，也不可能有絕對唯一的奠基者。但海德格認為其中最關鍵的人物當是笛卡爾。海德格說：在笛卡爾之前，「主體」一詞不只限定在人身上，萬物皆可用。等到笛卡爾以「我思故我在」，突顯所謂「主體」的精神後，與所謂的「主體」相對的事物即化為表象，它失去了原先的性質。為了省事，我們且看海德格如何說：

> 直到笛卡爾時代，任何一個自為地現存的物都被看作「主體」；但現在，「我」成了別具一格的主體，其他的物都根據「我」這個主體才作為其本身而得到規定。因為它們——在數學上——只有通過與最高原理及其「主體」（我）的因果說明關係才獲得它們的物性，所以，它們本質上是作為一個他者處於與「主體」的關係中，作為「客體」

（objectum）與主體相對待。物本身成了「客體」。[34]

主客分列，主體的性質變了，它成了用理智規定事物的設定者；連帶地，客體的性質也改變了，它只有被設定在主體的觀照中所呈顯的因果關係網裡，它的本質才確定下來。這樣的思想帶來相當深遠的影響。

> 隨著對「我」的特別強調，也即對「我思」的特別強
> 調，對理性因素和理性的規定就取得了一種別具一格的優先
> 地位。因為思想是理性的基本行為。隨著「我思故我在」，
> 理性現在就明確地並且按其本己的要求被設定為一切知識的
> 第一根據和對一般物的所有規定的引線。[35]

現代技術與現代形上學的本質是相同的，一旦表象的思維形成了，人的核心因素被逼到理性的「我思」這點上，他與存有的原始繫聯就斷掉了。而所謂的客體被逼迫成為理性—技術意志的被規定者之後，它與存有的繫聯也斷掉了。海氏對現代技術意志無孔不入，全面滲透到文明的建構裡去，憂心忡忡[36]。筆者認為，他為什麼會欣賞濠梁之辯與梓慶削木為鐻的故事，這應當與他抱著「技術意志全面性的宰制當代社會，現代人無所逃於天地之間」的焦慮有關。

---

34 海德格，孫周興選編，〈現代科學、形而上學和數學〉，《海德格爾選集》，下冊，頁 882。

35 同上注，頁 883。

36 詳情參見海德格，〈現代科學、形而上學和數學〉、〈世界圖像的時代〉、〈技術的追問〉、〈科學與沉思〉諸文，收入《海德格爾選集》，下冊，頁 847-978。岡特・紹伊博爾著，宋祖良譯，《海德格爾分析新時代的技術》（北京：中國社會科學出版社，1998）一書的析論頗扼要，亦可參考。

　　海德格對道家思想興致甚高，這是許多學者早已指出的事實，此事的內涵自有待專家作更進一步的解釋，筆者無能讚一辭。但放在「道／技藝」的關係下考量，海氏所以會被道家吸引住，此事似乎不難了解。因為對莊子而言，一種以理性為中心、切斷意識與身體及周遭世界關連而形成的「認知主體」，他是相當陌生的。或許該說：他並不陌生，莊子對理智片面發展之禍害，了解甚深，前賢少有人能與之相比者。正因為不陌生，所以他才會那麼反對理智的片面發展。我們前文已一再說明：莊子的技藝主體是形氣主體，形氣主體在展開技藝的行動前，它和世界及世界中的物已非自覺地穿透在一起，所以技藝主體意味著它是消納「物」與「世界」之理於全身行動中的主體。技藝主體誠然是意義的賦予者，但它的賦予意義是在與潛存的與世共在的結構上進行的，意義具有公共的性質，技藝主體不是獨斷的決定者。

　　就「客體」而言，一種被理智規定的「對象」，莊子對此亦覺得不可理解。即使在技藝的活動中，技藝的客體也從來不是以「對象」的身分出現，它與技藝主體永遠處在「化」或「遊」的一體呈現當中。「遊」是物我關係中不可或缺的一環，我們不是認知物，而是「遊物」。反過來說，「物」的本真狀態不對認知心開放，「物」總有認知之外的意義氛圍，它在化中，「物」即「物化」。主非主兮客非客，彼是莫得其偶，謂之道樞。莊子說：打破對待、操控，進入一體而化，這才是合於道之技藝之初步展現。這種技藝不是表象性的，它是本來面目的彰顯，技藝主體不可對象物，而要遊物，這是莊子技藝論第一步的要求。

　　最佳的情況下，技藝活動對「物」還是種「完成」。就像梓慶為鐻，梓慶不可以隨便找任何竹子下手，他要尊重每根竹子的天性，莊子稱呼之為「天理」，並從當中尋找最切合「鐻」的竹

子。竹子不只是材料，每根竹子都有天性的，匠人必須尊重它。但匠人如何能尊重它？亦即它如何能體認每根竹子的特殊天性？匠人必須先有修養，他自得本性之後，還要對「鐻」的圖式與個別竹子的關係有先行的了解，納智性所得於形氣主體。此後，主體以無知之知為主導，依循物之天理，全身共同響應，在超自覺的主客冥合狀態中，完成技藝的行為。超主客冥合也就是主客雙方的同步完成──用莊子的話說，這樣的方式就是「以天合天」。

　　莊子對技藝為什麼特別關心？對匠人為什麼特別同情？是否因為他自己當過「漆園吏」這樣的官職，所以對勞動階層特別關注？以莊子之富於人情味，共感能力甚強，「階級出身論」或「職業出身論」的設想是合理的，但問題的關鍵不在此。如果我們接受亞里斯多德「人是使用工具的動物」，如果我們再接受海德格將「物」從工具論的、認知論的意義轉化為與「此在」共在的意義，那麼，我們對技藝的地位應該會另有認識，我們將會發現：莊子論技藝，不只是論人生中某一面向的活動，而是論具體的、而且是整體的人之生命。因為人的生命總是與物共在的生命，抽離了「物」的關連，人的本質就需要重新定義了。

　　當技藝的問題變成主客的與心物的問題，「何謂技藝」就變成人的本質的問題。當科技理性成了時代的主軸，物變成了對象，進而變為材料因的材料時，莊子的技藝論就不能不是這個時代的批判哲學。21 世紀比起莊子之後的任何世紀，可能更符合莊子期待的「千歲之後，知其解者，猶旦暮遇之者也」的那個想像的年代，莊子是我們這個時代的哲人。

無知之知與體知

一、前言

對「無知」的禮讚，似乎是東方文化（尤其是中國文化）很顯著的公共形象，在林語堂、鈴木大拙這些東方文化代言人的著作中，我們不時可以看到這類的觀點[1]。甚至鈴木大拙本人的形象即像位大智若愚的禪師。林語堂、鈴木大拙等人所塑造的「愚人禮讚」之中國文化現象不是沒根據的，我們上文說的「大智若愚」即出自老子的語言，老子本人就坦白說過自己「愚人之心」也哉！我們也不會忘了孔子曾很自在地說及自己的無知，「無知」似乎成了智者的標記，雖然「無知」的內涵可能大不相同[2]。

然而，無知者未必真無知，孔、老的無知毋寧顯示了面對真理時的謙沖心態。真正禮讚無知並將此概念提升到體系內的核心位置者，莫過於莊子。《莊子》文本中有不少關於「無知」的禮讚，凡對《莊子》文本不太陌生的讀者大概都讀過下列的故事：一位名為「知」的人「北遊」於玄水之上，他遇到「無為謂」向他請教「道」的道理，他三問，無為謂三不答。「知」後來又遇到「狂屈」，問了他同樣的問題，狂屈本來想回答卻「忘其所欲言」。「知」最後碰到了黃帝，問了同樣的問題，此次得到了明確的答案。「無為謂」、「狂屈」、「黃帝」三人的境界高低立判，就像《維摩詰經・入不二法門品》所示的，一字不說的維摩詰居

---

1 林語堂甚至將「由知識的智慧進步到愚憨的智慧」當作人類文化該發展的目標，參見林語堂成名作《生活的智慧》（上海：上海書店），頁 16。此書所說的智慧可以說即是「無知」的智慧。

2 《論語・子罕》：「吾有知乎哉？無知也。」承蒙倪梁康教授指出《論語》此處所說的「無知」與蘇格拉底用語的「無知」接近，莊子的用意與之不同。倪教授所言甚是，筆者的援引雖是行文策略，但仍宜略加說明，以清理路。

士的境界最高；說「一字不說」的文殊師利次之；能說出各種「不二」大道理的菩薩又次之。莊子說的故事出自〈知北遊〉篇，觀「知」、「無為謂」、「狂屈」之名以及「北遊」之語，我們知道這則寓言是莊子編造出來的。類似的故事在《莊子》書中不斷出現，根據字面的票面價值論，越是聰明者實質上越笨，代表文明之祖的黃帝給了正確的答案，所以位階最低，反而無知者才是真正的知道者。《莊子》一書直可視為《愚人禮讚》。

然而，如果我們真的將莊子眼中的聖人解釋成智能的低能兒，莊子被詮釋成生命退化論的支持者，這樣的詮釋太違背日常生活的常識，似乎也違反了《莊子》學史上的常識，很難被接受的。莊子喜歡講荒唐之言，無端崖之詞，日常語意的「無知」應當不是完整的敘述，很明顯地，在《莊子》書中，「無知」不代表混亂，也不代表沒有目的性。它帶有的那些縹緲的言外之意，似乎指向了語義表層以上的領域，或指向一種更高的精神機能。莊子的敘述常會前後映襯，不會一次講完，「無知」的故事還有續集，我們不妨再細讀《莊子》下面這則故事：傳說中的古聖王黃帝遺失了一顆神祕的「玄珠」，黃帝派「知」去找，找不著；派「離朱」去找，也找不著；再派「喫詬」去找，還是找不著；後來派了「象罔」去執行這項艱難的任務，沒想到象罔很從容地找到了這顆玄珠。黃帝因而感歎道：「異哉，象罔乃可以得之乎？」依據歷代注家的解釋，我們知道：「玄珠」代表智慧，「珠」是神話動物龍的祕寶；「離朱」也是神話的動物，它當是太陽神鳥。太陽是光明之源，眼睛是展開光明之境的器官，「離朱」代表目明[3]，離朱索求遺失的玄珠以形影；「喫詬」意指言

3　孟子說的「離婁之明」的「離婁」當也是離朱，有關「離朱」的神話源流，

聲，代表索求玄珠以聲聞；「象罔」即「罔象」[4]，似有實無，老子所謂「大象無形」，庶幾近之，「玄珠」最後竟然被「象罔」以無所求而自然得之。

莊子喜歡寓言，「黃帝遺其玄珠」即是一則典型的寓言，此則寓言中的「離朱」、「罔象」都是神話中的怪物，「喫詬」一詞甚怪，有可能是連綿字，也不無可能是神話中的詞語。本寓言的核心在於「知」與「罔象」的對照，「罔象」此詞語的名稱也怪，它有許多化身，但同樣意指怪物，「魍魎」、「方良」、「彷徨」、「蟦羊」、「罔養」等同為「罔象」[5]。原為怪物之名的「罔象」難以定義，無法則可依，所以「罔象」此連綿字遂有「無象」或「無相」之意。「無象」、「無相」雖可謂「無」，然而，似乎又不是「無」字所能界定。「罔象」一詞值得留意，它可以打敗「知」，以「無知」取得玄珠，顯然此「無知」有另類的「知」之功能，所以才可以無知知，以無知得，「罔象」是開啟我們進入莊子「無知之知」概念內涵的鑰匙。

兩種「無知」的故事所以需要被提出，乃因它牽涉到中國哲學史中一組著名的詞語：「知」與「無知之知」。這組詞語的對舉在中國思想史脈絡中一直有很強的論述力道，僧肇論「般若」與「惑取之知」，王畿論「知」與「乾知」之別，即是顯例。但最早提出兩種知的分別者，不管以義計或以名計，都是莊子。莊

參見袁珂，《山海經校注》（台北：里仁書局，1982），頁 192-193、203-204、302-303。

4　「象罔」即「罔象」參見王叔岷先生，《莊子校詮》（台北：中央研究院歷史語言研究所，1994），冊上，頁 425-426。

5　參見江紹原，《中國古代旅行之研究》（上海：上海文藝出版社，1989），頁 92-100。

子在〈人間世〉篇中說到：「聞以有翼飛者矣，未聞以無翼飛者
也；聞以有知知者矣，未聞以無知知者也。」知與無知之知的分
流從此開始。在源頭處，莊子即將兩種知的分化放在「心齋論」
的敘述下定位，我們在後文還會闡釋「心齋論」蘊含的「無知之
知」的特色[6]。顯然，莊子的「無知」是個幌子，為的是導向一
種符合更高目的的「無知之知」。「無知之知」無疑地也是一種
「知」，莊子無意將「知」一筆抹殺。

　　筆者雖然早已注意莊子「無知」與「無知之知」的特殊性，
但由於「無知」這個概念還會牽涉到孔子所說的「我有知哉，無
知也」那種謙虛的人生態度，以及類似「滑稽」、「支離」那種
fool 或 trickster 人格原型的議題，這兩個相關的議題都當另文探
討，而筆者尚未觸及。所以對於一種牽涉到心靈「知」的階層之
理論，當時並沒有恰當地加以處理。最近幾年，因為諸緣會
合[7]，對「無知之知」的議題有些較成熟的想法。因而另撰本文，

6　我們如將「黃帝遺其玄珠」的結構和莊子論「心齋」、「坐忘」、「見獨」這
　　些重要的工夫論語言相互比較，不難看出前者基本上只是工夫論語言的戲劇
　　敘述，茲不贅述。

7　主要的因緣有三。首先，筆者注意到幾位專研分析哲學的學界朋友撰文討論
　　行動理論與莊子的技藝論之關係，參見方萬全，〈莊子論技與道〉，《中國哲
　　學與文化》，第六輯（2009 年 12 月），頁 259-286。馮耀明先生對方先生此
　　文提出不同的意見，參見馮耀明，2014 年 4 月 16 日於清大哲學所演講稿
　　"Skill and *Dao* in the *Zhuangzi* with Special Reference to the Third Chapter on
　　Nourishing Life"。其次，拜讀大橋良介教授討論莊子「魚樂」的文章，大橋
　　良介，"Self and Person in a Non-anthropological View"，2013 年 11 月 29 日於
　　國立臺灣大學人文社會高等研究院舉辦之「東亞視域中的『自我』與『個人』
　　國際學術研討會」上宣讀。大橋教授有京都學派與現象學的背景，他的論文
　　提供了另類的視野。加上筆者近年探討理學工夫論的問題時，不能不面對承
　　體起用的「德性之知」（牟宗三先生所說的「智的直覺」）扮演的角色之問題。

以整合「無知之知」與「體知」的觀念[8]，借以顯示莊子對於
「知」的另一種體會。

二、神巫之知

　　「無知之知」是《莊子》一書中重要的主題，「無知之知」
是心靈獲得某種知識訊息的功能概念，這樣的心之功能與所獲取
的知識訊息和認知心之功能與所獲取者的類型不同，它指向了一
個獨特的意識事件，至少是準意識事件。這樣的事件是非認知性
的，可深入物之本相的直覺。至於「體知」一詞意指體現之知，
杜維明先生譯為"embodied knowing"，這一個概念還有較複雜的
內涵[9]，但顧名思義，這個概念意指在身體上具體體現的知。由
於隨著文化傳統的差異，或者哲學家個人思想體系的不同，「身
體」一詞的概念也有很大的歧義，我們只要想到佛教的「法
身」，道教的「分身」，《易經》的「流形」，即可了解「身體」
一詞不見得那麼有共識。然而，作為一種不是解剖生理學而是現
象學意義的「身體」，自馬塞爾、梅洛龐蒂以來，已非冷僻之
談。杜先生的用法雖然和王陽明的「良知」同調，但和當代的體
現哲學顯然也有近似之處。

　　筆者撰有專文討論其義，由於內容尚需修改，此處僅能引而不發。

8　「體知」此概念發自杜維明先生，杜先生在〈論儒家的「體知」〉、〈儒家「體
　　知」的現代詮釋〉、〈身體與體知〉諸文對此概念皆有所闡釋，這些文章收入
　　《杜維明文集》（武漢：武漢出版社，2002）第 5 卷中。

9　李明輝先生有較扼要的整理，參見〈康德論「通常的人類知性」——兼與杜
　　維明先生的「體知」說相比較〉，此文收入陳少明編，《體知與人文學》（北
　　京：華夏出版社，2008），頁 214-227。

　　我們且從「無知之知」論起！如果我們稍加分類莊子所說的「無知之知」，發現它適用的範圍從深層的心氣之間的會通，以至於生活世界的人我之間、人與生物之間、人與器物之間的感通，最後還可指向人的生命風格。「無知之知」這個概念橫跨的幅域頗廣，筆者稍加分類，分為四種。這四種「無知之知」並不是種類之差異，它們是同一種主體概念的不同領域之運作。底下我們將觀察莊子所舉的故事之內涵。

　　首先，「無知之知」的語義總難免帶些玄妙詭異的韻味，它往往意味著一種不經由言語溝通、理智推論而能洞見他人心意的知，類似「他心通」。這個概念很容易引發我們「超心理學」（parapsychology）或幻怪之學（occultism）的聯想，《莊子》書中確實也有這類的例子。這種類似他心通的「無知之知」的概念源於巫文化，莊子與巫文化的關連很密切，此事卻常被忽略，這個學術議題需要再受檢視[10]。在《莊子》一書中，筆者認為最足以突顯此類「無知之知」的章節，莫過於《莊子》、《列子》皆言及的壺子四門示相的故事：鄭有神巫曰季咸，知人之死生存亡、禍福壽夭，非常靈驗，列子見之心醉，歸以告壺子。壺子要列子帶季咸來給他看相，第一次見面，季咸判壺子必死，壺子卻說：這是因為他示之以地文，地文的意思大概是「塊然若土地」，表示沒生機，莊子說：這是悶無生氣的「杜德機」[11]。第

10 筆者曾撰過兩文探討莊子與巫教的關係，〈莊子與東方海濱的巫文化〉，《中國文化》，第 24 期（2007 年春季號），頁 43-70；〈昇天變形與不懼水火──論莊子思想中與原始宗教相關的三個主題〉，《漢學研究》第 7 卷，第 1 期（1989 年 6 月），頁 223-253。

11 土者，吐也，吐出萬物，它常用以象徵生命，但土地亦具密藏之意，這也很弔詭的具備了死亡的象徵功能。參見 M. Eliade, *Patterns in Comparative*

二次，壺子示之以天壤。「天壤」大概是天氣入土地，生機已萌，莊子說：這是「機發於踵」的「善者機」。第三次，示之以「太沖莫勝」。「勝」者，朕也，朕兆也。莊子說：「太沖莫勝」是動態平衡的「衡氣機」。第四次，示之以「未始出吾宗」。顧名思義，我們大概知道：此心境顯示一種無從揣測、無跡可循的絕妙風光。

上述四相中，前面兩相意味著心境與體表有種「表裡相映」的關係，「裡」會體現於「表」，由「表」可偵知「裡」之內涵，「表裡論」常見於中醫或人倫品鑑的政治學。康德批判的相面術[12]，其理論也接近此義。依據「表」與「裡」的對應結構，季咸可由壺子的臉色神情，知道其人之生命跡象。關鍵在後面兩層，「太沖莫勝」的層次與前兩層不同，因為已沒有「表」可偵測，所以才稱作「莫勝（朕）」。無朕兆可尋的前提在於「太沖」，「太沖」一詞甚為奇特，依據《淮南子・詮言訓》的解釋，「太沖」意指一種特殊的身心修養境界：「神制則形從，形勝則神窮。聰明雖用，必反為神，謂之太沖。」[13]《淮南子》的解釋非常重要，它指出了《莊子》此概念的形體論基礎。「沖」意指一種像水般的流動的狀態，「太」此詞語則意味著一種極高的層次。落實到身心狀態上講，「太沖」意指耳聰目明這種形體的功能被轉化了，形體返回至「神」。神者，伸也，形體成為融通一片的流動狀[14]。至於「未始出吾宗」，壺子表現出來的心靈模式

Religions（New York: The New American Library, 1974），pp. 250-253.

12 康德著，鄧曉芒譯，《實用人類學》（重慶：重慶出版社，1987），頁 200-209。

13 劉文典注，《淮南鴻烈集解》（北京：中華書局，1989），下冊，頁 488。

14 文子的話語與之類似，它說「神制形則從，形勝神則窮，聰明雖用，必反諸

是「虛而委蛇，不知其誰何。因以為弟靡，因以為波流。」這是在活動中保持深根寧極的境界，是種化境，動靜一如，無端無相。後世的禪宗與王學文獻中，常見到此類敘述，莊子是這類化境敘述的始祖。這種又要深入全體又要主體與全體的氣化之流共韻同律的敘述，只能是種理想類型的化境，它被認為是超越一切規定的不可思議，難怪季咸要驚之而走。

　　壺子與季咸的溝通是超言語的，它是在深層的意識中完成的。季咸是巫者，巫有種神祕的直覺之能力，這種直覺不須透過理智，不須經由言語，即可獲得他想要的消息，這種能力類似後世所謂「他心通」。莊子思想和巫教頗有淵源，他不是巫教思想家，但大概不會否認巫具有神祕的能力。在遂古之初的傳說時代，巫曾是壟斷智慧的智者，時序進入戰國後，他們當然已不再享有智者的光圈，諸子百家取代他們的地位。但從莊子的觀點看，戰國的諸子百家理智用事，以辯論為樂，其心智離未分化的整全遠甚。莊子橫空出世，應運而生，身處巫風傳統濃烈的宋國，他一方面展開對神話（巫教）的批判，一方面也展開對理智思潮的批判。巫者與諸子都有限制，但兩相對照之下，莊子或許寧願選擇站在神巫這一邊。然而，巫到底層次還低，他不能深入性命本質，所以當巫者以巫術力量窺伺他人心靈的祕密時，反而被境界更高的壺子反制了。壺子的取名很值得體玩，此語當來自道家的象徵葫蘆，壺中自有天地，此壺豈是區區神巫所能窺測者

神，謂之大通。」（《文子・符言》）「大通」是莊子講述坐忘境界用的語彙，「離形去知，返於大通」（《莊子・大宗師》），文子以「大通」釋「太沖」，兩者正可互訓。

耶[15]！

　　季咸與壺子的「四門示相」的故事內涵很豐富，但其「無知之知」的情節因深入意識深層，屬頂尖的秀異階層（可以說是巫教的精英階層）的事件，在日常經驗中未必常可見到[16]。然而日常的生活經驗中，人與人之間不見得沒有此類經驗。〈大宗師〉篇記載子桑戶、孟子反、子琴張三人「相與友」，他們的「相與友」是「相與於無相與，相為於無相為」，他們能夠「登天遊霧，撓挑無極，相忘以生，無所終窮」。莊子說：他們三人曾共唱一曲後，遂「相視而笑，莫逆於心」。類似的情節見於同篇的「子祀、子輿、子犁、子來」四個人，他們的友道的標準也是一樣的，結果也是「相視而笑，莫逆於心，遂相與友」。莊子對世俗的倫常觀很有意見，但在後世所謂的五倫中，卻非常重視友誼一倫，這點很值得留意[17]。

　　莊子在〈大宗師〉篇中，將友道建立在體道的基礎上。然

---

15 葫蘆的象徵參見 Victor H. Mair（梅維恆），"Southern Bottler-Gourd Myths in China and Their Appropriation by Taoism,"《中國神話與傳說學術研討會論文集》，冊上，頁 185-228；小南一郎，〈壺型の宇宙〉，《東方學報》，61 期（1989 年 3 月），頁 165-221。

16 壺子與季咸的故事自然也可以有另外的解讀。依現代的認知科學，我們都知道許多非焦點意識所及的支援意識是可以提供許多訊息的，如媒體所報導的神牛、神馬之類的聰明動物並沒有那麼「神」，這些牛、馬的神跡其實不是來自牠們的計算能力，而是來自牠們有更精緻的察言觀色之本能，牠們應當都是「Clever Hans」。季咸與壺子的他心通未嘗不可解作季咸、壺子對人的身體語言有更精緻的理解。我們的身體時常會提供訊息，但自己卻不自知，如有洞明世事人情者，可直覺地領略箇中意涵。

17 王陽明之後的儒者極重視朋友之道，朋友一倫在明中葉之後成為儒林活動的地標，「莊子儒門說」也恰好在這個時期發展到了顛峰，這兩個現象之間或許有關連。

而,「相視而笑,莫逆於心」的經驗可以更普遍,它隸屬生活世界的事件,從文學作品到日常經驗中都可見到此事。「滿堂兮美人,忽獨與余兮目成。」(《楚辭·少司命》)屈原善以言情,而情之透露常是經由非言語的眼睛流波所致。「楚王台上一神仙,眼色相看意已傳。見了又休還似夢,坐來雖近遠如天」(〈瑞鷓鴣〉),歐陽修並非以描繪風花雪月見長的詞人,其觀察卻情切若是。眼色相傳的能力應當是普世的,最近偶然讀到 20 世紀愛爾蘭抒情詩人理查德·韋伯的詩,也看到類似的題材:「我深思的目光掠過你的臉龐,而你茫然的雙眼注視著虛空。我知道我難以啟口的一切,均已吐露,卻未留下任何痕跡。」[18]若此眼波,亦即「無知之知」所傳達的非語言之訊息,常是撲朔迷離,卻又刻骨銘心,它是小說、戲曲中永不缺席的主題[19]。列維那斯(Emmanuel Lévinas)的臉龐哲學也可以說建立在這種非言語溝通的基礎上,茲不贅述。

三、「知之濠上」之知

「無知之知」除了見於生活世界中的人與人之關係外,莊子思想之特殊者,在於他主張:在人與動物之間,也可以有「無知

---

18 近因閱讀抒情論述,偶見此詩,恰可作為「無知之知」之證詞,引見羅傑福勒編,《現代西方文學批評術語辭典》(瀋陽:春風文藝出版社,1988),頁224。

19 有意者不妨觀看金庸小說,尤其是《笑傲江湖》書中男主角令狐沖與女主角任盈盈因故深陷恆山懸空寺靈龜閣,兩人全身被綁,動彈不得,只能眉目傳情。此則敘述可視為眉眼溝通之經典作,可謂:雖小說之道,亦有可觀者焉。

之知」。人與動物間的「無知之知」其實也可視為一種「他心通」，但這種用法的「心」之內涵與日常語義所用者不同，我們一般認為「心」的功能有多種，理智總是其中主要的一種，但生物很難說具有類似人的認知或自身反思之能力。雖然在東方思想中，常有泛心論或宇宙心之論，莊子未必不能接受泛心論的解釋。但為突顯「無知之知」的重層向度，我們將人與動物的感通而知的因素獨立出來，視為較人間世界的感通論更進一層的「無知之知」論。所以說更進一層，乃因人與人的非言語感通在理論上雖然玄祕，但卻是人文世界的事實，它仍是人倫境界的事件。但人與萬物或包含動、植物在內的生物之感通而知，這樣的事件不屬人倫領域，而是進入與自然交會的領域，這種事件的性質進入美學或形上學的領域。

論及人與動物的感通能力，我們有理由相信最可無言相通者當是基因組合與人類的基因排序相近的猩猩、猿猴，或與人類長期共同生活演化的貓、狗等動物。然而，莊子的「無知之知」所以能夠成為重要的美學或形上學議題，其源頭卻是源於一條魚的啟示[20]！莊子之前，孔子、老子雖都已說過不言之教的論點，他們兩人的不言之教的論點確實都帶有濃厚的形上學或美學的內涵，孔子的「天何言哉！四時行焉，百物生焉」之說尤具悠遠、閒適的韻味。但孔、老之語都是個人的造道之語，於理論之主張則是點到為止，不像莊子借著莊子、惠施兩人的觀魚之舉，將此義宣之於天下。

---

20 濠梁上的「游魚」和北溟的「鯤」，可能是先秦思想史上最著名的兩條魚，濠梁之魚觀自在，東海之鯤論轉化，兩者一小一大，分別帶領學者進入莊子的玄奧世界。

　　莊子在濠梁上看到的這一條魚傳達了如下的訊息：在以理智為中心的認知、辯論、意識型態之外，還有另一種類型的知。既然莊子喜歡運用寓言拓展論域，我們依樣畫葫蘆，不妨再度反思底下這則有名的濠梁之辯的故事所說為何：莊子和惠子在濠梁之上，共同觀賞橋下的鯈魚。莊子嘆道：「鯈魚出游，真是快樂。」惠施反問道：「你不是魚，怎知魚快樂？」莊子再反擊道：「你不是我，你怎麼知道我不知道魚樂。」惠施跟進道：「我不是你，所以不知道你；你不是魚，所以你也不知道魚，故事不就是這樣嗎？」莊子最後說出底下這則名言以反擊之：

　　　請循其本！子曰：「汝安知魚樂」云者，既已知吾知之
　　而問我，我知之濠上也。

　　這則對話非常雋永，它是《莊子》書中極吸引人注意的一段美文，各種討論都有[21]。筆者認為：「請循其本」、「知之濠上」這兩語是問題的關鍵。

　　此則寓言終結於莊子的評論，我們不知道惠施最後如何回應。由於文章是莊子寫的，文章的結構頗容易引發人「後息者勝」的想法，莊子似乎被視為辯論的贏家。但很明顯的，惠施對莊子的每一句質疑都是合理的，都符合日常經驗。「樂」是情感的語彙，觀者觀魚，有「樂」之感，一般人也可以有這種經驗，所以乍看之下，讀者很容易接受莊子的敘述。但惠施的反駁如何

---

21 參看張亨先生，〈從「知之濠上」到「無心外之物」——戴靜山先生〈魚樂解〉述義〉，收入《思文論集——儒道思想的現代詮釋》（台北：國立臺灣大學出版中心，2014），頁433-452。顏崑陽，〈從莊子「魚樂」論道家「物我合一」的藝術境界及其所關涉諸問題〉，《中外文學》第16卷，第7期（1987年12月），頁14-39。

能被駁倒呢？我們如何確定與人異類的魚也有「樂」呢？作為人類感性的屬性之「樂」為什麼可以運用到非人類的物種上去呢？即使魚真的樂，莊子又如何跨過物種的差異，知道魚樂呢？如果「他人之心能不能理解」是個麻煩的哲學難題，難道「魚之樂能不能理解」就會比較輕鬆嗎？莊子還是很公正的，他給他的老友充分質疑的機會。文章雖然終止於莊子下的按語，不免予人球員兼裁判的聯想，但整體的敘述並沒有一面倒地倒向莊子這邊。

莊子與惠子的辯論很難說對錯輸贏，因為兩個人所看到的魚不一樣，所用的「知」不一樣。惠施的論辯很有理路，莊子卻沒有順著惠施的理路回答，他走上了一條獨特的道路。當莊子說「鯈魚出游從容，是魚之樂也」時，他這種報導是建立在未經反思的經驗之基礎上，是前於詮釋的。用佛教的話語講，也就是其報導乃是「現量」的語言。但莊子的「前於詮釋」事實上有種「前詮釋」的向度，有另類的理解的功能，因為早在觀者意識地領會魚樂之前，他早已不自覺地體會到魚樂了。知道總在領會之後，事實早已存在理論之前，當觀者還沒下明確的判斷前，他其實已非反思地體會了魚的性質，魚與觀者之間早已訊息相通了。所以經過一連串的爭辯之後，莊子說他所以知道魚樂，其知的來源乃「知之濠上」，亦即他站在濠梁之上時，就知道了。莊子雖然和惠施不斷對話，但他似乎一直依循自己的理路思考。

儒、道諸子常透露出一種前表達的知，這種前表達的知不只見於人與人之間，它也見於人與生物之間。莊子的「知魚樂」之觀點是儒、道通義，並不是他個人的創見，在日常生活中，這種經驗也不難找到。《世說新語》記載簡文帝曾慨然嘆道：「會心處不必在遠，翳然林水，便自有濠濮閒想也。覺鳥獸禽魚，自來

親人」[22]，簡文帝是位通玄之士，他的話語很明顯地是給莊子與惠施之辯下一轉語，但我們也有理由說：他的讚嘆只是報導了常人常有的經驗而已。問題是：這種經驗如何解釋？

　　解釋的方向或許可以將理解魚樂不樂的問題視為他人心靈（other minds）的老議題下的一個變項，在如何理解他人心靈此議題上，我們可以設想幾種解釋。一種常見的解釋是類推。我們因為自己有過某種經驗，所以類推他人也有這種經驗。孟子說過：「他人有心，予忖度之。」顧敻〈訴衷情〉：「換我心，為你心，始知相憶深。」不管是公誼或是私情，不管就道德的養成或就知識的擴充來說，類比常被視為是一種認知的方法。然而，在「莫逆於心」的例子上，我們很難確認兩人擁有共同類型的經驗，所以他們彼此可以類推而得。就通常的例子來看，我們相視而笑時，並沒有經過一種推理的過程。在「知魚樂」的例子上，我們更沒有任何理由說：這種感覺是經由推論所得。

　　另一種可能的解釋是「移情」作用，「移情」之說原出自德國美學哲學家李普斯（Theodor Lipps, 1851-1914），朱光潛先生將此概念引進中國之後，也曾被廣泛地運用。「移情」之說用以解釋人對生物或自然的情感頗能自圓其說。因為我們一方面很難相信山水有情，草木有意；但一方面我們確實又常覺得「好鳥枝頭亦朋友」（翁森，〈四時讀書樂〉）、「我見青山多嫵媚」（辛棄疾，〈賀新郎〉）云云。在日常生活中，自然物的有情與無情這兩組情感現象都是常見的，但擺在一起並觀，不免矛盾。然而，我們如採取「移情」的解釋，亦即原本是觀者的情感，因為其美

---

22 王義慶撰，劉孝標注，《世說新語·言語》（台北：臺灣商務印書館，四部叢刊初編縮本，1979）卷上之上，頁38。

感的作用，自然移之於無情的山水花鳥等自然物上去，所以一切有情、無情都擬人化了。所以上述這組乍看矛盾的情感現象就不再衝突了，「移情」說不失為一種說得通的解釋[23]。

「移情」之說較之「類比」之說，比較符合經驗。然而，「移情」之說其實並沒有比似乎什麼都沒有解釋的「當下」之說更合理，因為「移情」之說仍預設了「情」只有在主客分立下的「主體內部」才擁有的性質。「情」是人才有的屬性，但人有「同情」的心靈功能，所以人與物交涉時，很容易將自己的情感投射到外物上去。當學者處理語義擴張的問題，或處理所謂的原始思維的問題時，「移情」的現象很容易被提出來。然而，「移情」之說預設了主客對立的前提，也預設了「情」的純粹內在性，這種提法其實不是那麼符合原初的經驗，它不見得可以當成反思的起點。事實上，「移情」說對於「情」如何移，並沒有太多的解釋，一個「純粹內部的情移到對象上去」的問法本身更是個會被質疑的前提。

繞了一圈，我們不妨考慮大橋良介教授提出的「無知」之說，大橋教授解釋莊子「魚樂」之知的問題時，他針對「類比」、「移情」諸說，一一反駁，然後下結語道：莊子只能以「無知」知！如果莊子知道，就永遠不會知道；正因不知道，所以知道。大橋教授的「無知」說理趣十足，帶有很濃的東方味。我們如果接受莊子的魚樂之說具有「知」的涵義，但又不接受「類比」、「移情」之說的有效性，那麼，另類之知——包含以「無知」知之——的提法很容易就浮現上來。但或因會議論文的緣

---

23 朱光潛解釋莊子與惠施的濠梁之辯，即用「移情說」解釋，參見《文藝心理學》（台北：臺灣開明書局，1959），頁35。

故，為何只要「知」，即不可能知道魚樂；只有「無知」，才可知魚樂，大橋教授並沒有作更充分的解釋。

　　無法以「知」知，這句話可能意味著：不可知論的立場。通常我們會說有些宗教領域的事不可知，或有些形上學的疑惑屬非理智思辨所及的領域，如佛陀的「十四難」：如來死後有沒有靈魂？生命是身體還是不是身體？時間有限抑無限？世界有邊或是無邊？這類的問題皆是[24]。康德劃下人類理性的範圍，不准越界探詢不可知的形上學謎題，與佛教所說雖然不屬於同一種思路，但倒殊途同歸。「不可知」也可能意味著：一切非「知」所及的生活世界的領域，它或許指向不是理智處理的範圍，如情感、美感、信仰的領域，人處此際，鑑賞能力或共感能力可能更重要。當然，莊子所說的「無知」也有可能指向一種另類的知，亦即「無知之知」，它被認為是人類具有的一種更高一層的知，因此，不屬於上述所說的範圍。

　　如果我們對《莊子》文本不陌生的話，應該可以猜測他在濠梁上的知是「以無知知」，此種「無知之知」應當指向了另類的但也是更高階的「知」。如果「無知之知」既不推論，也不移情，亦即它不經由時間的歷程而得，那麼，我們很快地就會回到探討的原點，莊子所說的「無知之知」只能是「當下的知」。「當下」一詞在後世禪宗與理學文獻中常見，其義此處姑且不論，但

---

24 上述的四個問題鋪陳成十四個質疑，即「十四難」。因為據龍樹所說：「諸法有常無此理，諸法斷亦無此說」，說「常」說「斷」，皆落一邊。「十四難」語出龍樹，《大智度論》，《大正新脩大藏經》（台北：新文豐出版公司，1985），第 25 冊，第 1059 號卷 2，頁 74。《大智度論》對「十四難」的解釋又本之於《雜阿含經》、《中阿含經》等原始佛典所說的「十四無記」。佛說對思辨形上學的排斥讓我們聯想到康德的立場。

如只取日常語義用法，一樣夠用了。如果此語取空間隱喻的話，它意味著一個沒有展延性的點，就在此點上，一個貫穿主客（也就是包含觀者與魚在內）的「全體」的關係呈現了，這樣的現象該如何解釋？是否意指當下即是終極的，不可再往前推論？就像禪僧喜歡說的：「擬議即乖」。

然而，就實踐而言，或許擬議即乖，後世禪師的警告是有道理的；但就知識的探討而言，卻不能不擬議。我們如要探討莊子「無知之知」的特殊性，即不能不介入擬議的行列，亦即不能不涉及莊子思想的構造。關於莊子的無知之知，前代的注家幾乎都認為：這種現象不是現實邊事，而是原初之事，所謂的「原初」狀態，自然不是時間意義的「原初」，而是本體論意義的原初，簡言之，「當下」意指直覺之知，而這種直覺之知是奠定在莊子設想的性命之學上的[25]。前賢注解《莊子》的性命之學帶有濃厚的超越論的返本開新之格局，這種由俗返真→依真化俗→真俗圓融的構造自有深意，也足以成說。

然而，筆者認為莊子的答案「知之濠上」不一定要採超越論的解釋，莊子要惠施回到言說之「本」，他說的「本」乃是「知之濠上」的當下。我們可以設想一種符合原初經驗的「本」，「本」乃是站立在橋上觀魚的、未經反思的人之存在，這樣的主體是形氣虛靈的主體，「形氣主體」表示主體在「形氣」的作用下展現，「虛靈」意指主體容物且與物交流的狀態，所有個體都

---

25 如成玄英云：「能虛其心室，乃照真源，而智惠明白，隨用而生。」這些句子雖是注「此無知知者也」此句後的「瞻彼闋者，虛室生白」，但意思是一貫的。成注引自郭慶藩輯，《莊子集釋》（台北：河洛圖書出版社，1974），頁151。

是通透流動的。所以一種沒有受到干擾的精神經驗，不可能是純粹私人性的，它雖然以個人意識為中心，但其底層卻通向於周遭的具體情境。非意識的氣化的整體論是莊子哲學的基本立場，也是他提及的人的主體之本來面目。和程朱「天理森然」的世界圖像以及原始佛教「涅槃寂靜」的世界圖像相比之下，莊子更重視的而且也是最具特色的，乃是它呈顯了一種波動的世界圖像，這種圖像突顯了一種氣化的連續性之整全。

莊子的「個體」乃是在這種氣化的連續體上面暫時集結的模態，個體當然都有差異性，但個體也是相通的，其不可測的底層更是通透的，個體即是「流形」。流形者，流動性的個體之謂也[26]。人以外的萬物，原則上都可以與世界相通，而事實上卻不能通，因為它們的存在受限於它們的生理──物理機制，它們的存在就是它們的本質，它們只能封閉於「自存」的構造，而不能有「自為」的性格。人原則上即與物相通，因為人心固然不似萬物之心，人身也與萬物的軀體不同，人的身心是互紐交織的有機體，它是彰顯意義的光源，形氣主體即是虛靈感通、與物共在的主體。就理想的「原初的」狀態而言，任何人都具備了這種知，「知魚之樂」其實是最接近原始經驗的報導[27]，莊子反駁惠施的

---

26 「流形」一詞出自《易經》：「品物流形」，晚近因上海博物館楚簡〈凡物流形〉的公布，此概念再度受到重視，此概念的內涵參見黃冠雲，〈「流體」、「流形」與早期儒家思想的一個轉折〉，《簡帛》，第 6 輯（2011），頁 387-398。

27 據說海德格 1930 年 10 月在德國不來梅市作〈真理的本性〉的演講，第二天又在克爾勒家中舉行座談，觀眾對海氏「真理即開顯」之說，多感不解。對「人能把自己置身於別人的地位上」之說，尤感困惑。海德格乃向主人借了馬丁‧布伯選譯的《莊子》德譯簡本，朗誦了其中的一段。海德格朗誦的即是莊惠濠梁之辯的故事，海氏借此故事解釋人的主體性與間主體性

質疑道：你既然問我「汝安知魚樂」云云，這不表示你已知道我知道了嗎？

莊子的反駁不是出自辯論的技巧，故意顯示智者的機智。我們都知道：常與人鬥智為樂、能服人口而不能服人心者，惠施這些名家人士反而比較有這種行為傾向。莊子只是再度確認原初感覺的真實性，當語言、辯論還沒有介入之前，兩人其實已分享了「與魚同樂」的氛圍。這種氛圍體現了一種極深的洞見，圍繞著「魚游」的存在場域的一切事物完全被這種氛圍所滲化，這是未經減殺的完整且原初的經驗。只因這種原初的經驗無法概念化，而且人格的成長通常會抹殺或減殺這種原始的洞見，大家有了「成心」。所以體道之士才需要透過「聰明雖用，必反為神」的逆返工夫，將「成心」化為「初心」，才可以於魚見其樂；於物皆與之為春；於友則彼此相視而笑，莫逆於心。如果沒有層層累積的「成心」，世界的真相就是遊目流注儵魚出游的當下，這種呈現真相的當下乃是不可反思的當下。

四、「無知之遊」之知

在「濠梁觀魚」這個未分化的原點處，無知之知起了極大的作用。無知之知的「知道」不是反省語彙，而是「即身」的語

（intersubjectivity）在 Dasein 中所產生的作用。據說：在場聽眾相悅以解。參見張祥龍，《海德格思想與中國天道》（北京：生活・讀書・新知 三聯書店，1996），頁 451-452。周春塘，〈海德格與莊子──一個超越文化的哲學問題〉，《王叔岷先生學術成就與薪傳研討會論文集》（台北：國立臺灣大學，2001）。海德格此篇演講的內容並不難理解，他引濠梁之辯以喻之，恰可溝通兩方，可謂善解。

彙。在觀魚的物我關係中，去己，去意，去情，諸緣不攀，氣通內外，身體成了帶動旋轉的道樞之樞，天均之均。它以忘我的身姿召喚了四周的氛圍，有形、無形的意義的匯聚者。然而，莊子的「無知之知」之概念不僅用於靜態的遊觀，我們看到莊子也將此機能用到至人的行動上，且看下列這些語言所述：

1. 泰氏，其臥徐徐，其覺于于；一以己為馬，一以己為牛；其知情信，其德甚真，而未始入於非人。（〈應帝王〉）

2. 鴻蒙曰：「浮游，不知所求，猖狂，不知所往，遊者鞅掌，以觀無妄。」（〈在宥〉）

3. （兒子）動不知所為，行不知所之，身若槁木之枝，而心若死灰。（〈庚桑楚〉）

第一段話的前言是「齧缺」與「王倪」對話的故事，齧缺問了王倪四個問題，王倪皆不回答。四個問題的故事在《莊子》其他篇章中出現過[28]，《莊子》一書的文脈雖說不易追蹤，但前後呼應的篇章還是不時可見的。箇中細節姑且不論，但結果是很典型的莊子文本之結尾：不回答或不知回答者，才是真正的答案，不知即知。在〈應帝王〉篇的文本中，齧缺將王倪四不答的事告訴了其師蒲衣子，蒲衣子引上古兩位帝王舜與「泰氏」對比，證明帝舜之聰明不如泰氏之噩噩，不知才是對的。蒲衣子所說的「泰氏」值得注意，「泰」同「太」，莊子喜用「太」字描述一種原初的狀態，如「太一」、「太初」、「泰始」、「泰清」等等皆是。「泰氏」此傳說中的古帝王當是一種神祕的時間原點的人格化。

---

28 見〈齊物論〉「齧缺問乎王倪」一節。

這種時間原點的原初之人活在渾然未分的世界,他的知覺與生理的韻律一致,睡時安穩,醒時無知[29]。

〈應帝王〉篇這則記載的內容在〈在宥〉篇也有好幾則類似的載錄,事實上,我們可以說在《莊子》許多篇章中都可找到相應的和聲,引文第二條只是一則較為人熟悉的案例。「無知之知」的概念在〈應帝王〉篇是以「泰氏」的型態顯現出來,在第二則引文的〈在宥〉篇則以「鴻蒙」的面貌出現。鴻蒙者,自然元氣也[30],「自然元氣」指的是太初的狀態,鴻蒙明顯地是另一位泰氏。莊子歌詠的聖人的人格型態常是非時間性的人間漫遊者,甚至是宇宙漫遊者,泰氏如此,鴻蒙也如此。鴻蒙的行動不知所求,不知所往,他是位「以觀無妄」的「遊者」。「無妄」不免令人聯想到《易經》的〈無妄〉卦,縱使這兩個詞語沒有關連,但莊子相信「不知」的價值。當遊者以「不知」的行為模式行於世時,他所知所為反而更接近真實,所謂「無妄」是也。相反地,當他「知」時,反而距離真實更遠。在引文後面,鴻蒙還更進一步宣揚「若彼知之,乃是離之」的「反反思論」,因為「反思」造成了主體與身體的分裂。「無妄」一語令我們聯想到《中庸》以及《莊子》書中一再出現的「誠」字,「誠」、「真」、「無妄」這些帶有濃厚儒家色澤的概念在《莊子》著作中也不陌生,這樣的現象似乎不是巧合。

第三條引文出自〈庚桑楚〉篇,此篇提到老子的徒孫南榮趎向老子請教「衛生」的道理,老子跟他提到能達到最高段的衛生

---

29 司馬彪曰:「徐徐,安穩貌。于于,無所知貌。」見郭慶藩輯,《莊子集釋》,頁289。

30 司馬彪的注解,引見《莊子集釋》,頁386。

之經的人就如引言所示，乃是虛化自己、沒有目的性的「至人」，「至人」就是能像「兒子」般的人。老子告訴南榮趎的衛生之道有三個階段，但不管哪一個階段，衛生之道都是要去除行動的目的性，「行不知所之」是共同的要求。這樣的至人好像退回學習之前的階段，篇中的老子事實上即以「兒子」比喻修養至高者。嬰兒是道儒兩家常用以比喻完美的人格狀態，這種「復初」的人格型態學反映了「復初」的工夫論格局。

類似「泰氏」、「鴻蒙」這樣的聖人在《莊子》書中不時出現，他們是非時間性的原初狀態性質之擬人化，所以莊子也用「兒子」的比喻喻之。這些原初狀態之人位居氣化渾然的時間原點，他們雖已入變化之流，但與原初的和諧並未斷裂。除了這種「原始時間」的聖人造型外，莊子也喜歡運用神話中的人物作為無知之遊的主角，從東海仙島的姑射仙子到西方崑崙仙山的堪坏、西王母，從春季使者的諄芒到各個不知仙鄉何處的至人、神人[31]，他們活動的模式似乎就是「遊」，為遊而遊。這樣的聖人的行為就表象來看，簡直是失智者，他們以沒有目的的行動作為行為的目的。就像淳芒歌詠的「德人」，他們「居無思，行無慮」，他們的意識結構中沒有「為什麼」的因素，我們如稱莊子具有「反智論」這樣的態度亦無不可。

上述這些語言所述的至人形象或來自哲學概念的擬人化，或來自原始的宗教象徵，或來自神話人物，但形象非常一致。他們縱浪於天壤之間，彷彿是宇宙的遊民。他們沒有特殊的日用，而且竭力宣揚「無用」的價值；他們不知道自己行為的目的，一種

---

31 姑射仙子、至人、神人見〈逍遙遊〉，堪坏、西王母見〈大宗師〉，諄芒見〈天地〉。

無名鼓動的氣機接管了知覺活動的辨識功能,他們因遊而遊。但莊子顯然不會將這種宇宙遊民當作社會的「街友」,這種宇宙遊民被視為道的體現者。

上述引文中,「遊」字及其意象不斷出現,「遊」字值得注意。此字造字原為旗幟在風中飄蕩,「遊」字不管從辵部或從水部,不管是「遊」或是「游」,它們都帶有無特殊目的性的狀態之內涵。先秦重要的學術術語大概多為名詞所壟斷,「遊」此狀態詞卻在先秦儒、道兩家思想中占有一特殊地位。「遊」不是倫理語彙,但孔子很重視此字,他曾說過「遊於藝」此名言,《禮記·學記》也曾以「藏焉,修焉,息焉,遊焉」作為君子之學的標準。在強調倫理的絕對價值的儒家體系中,「遊」這種指向主體自在遊動狀態的語彙居然可以脫穎而出,成為聖人禮讚的詞語,這個現象是相當特殊的,「遊」字蘊含了道德與美感銜接的祕密。

莊子是繼孔子之後,另一位賦予「遊」字重要意義,也可以說大幅擴大「遊」字意義的哲人。「遊」狀態的人被他稱為「天民」[32],天民可以說即是天之遊民,這種人可以視為對「知」、對「有限的目的性」、對「有用」的人生觀的批判者,「天民」者乃「畸於人而侔於天」者也。在莊子使用的語彙中,天常和光、無知、大知、無用等性質連結在一起;人則和耀、理智、小知、有用等概念連結一起。大體說來,後者是方內之人的範疇,

---

32 「天民」一詞出自〈庚桑楚〉篇,「天民」是能達到「宇泰定者,發乎天光」的人。莊子此處的「天光」意指形氣主體的朗現功能,其意與人的理智作一對照,向、郭注云:「德宇泰然而定,則其所發者天光耳,非人耀」,光—耀對照猶無知之知與知之對照,向、郭注無誤。

前者則可謂方外之人的範疇。方內之人遵守的是此世內的規則，他的主體如不是受限於理智，要不然，就是受限於特殊觀點下的意識型態。相反地，方外之人是不受限於特別立場的世界公民，也是不受限於理智作用的自由人。

「方內」、「方外」是莊子提出的有名劃分，這種借助空間隱喻以劃分兩種價值的設計，在思想史上有相當重要的意義，莊子可能是中國哲人中首先提出此一區分的思想家[33]。兩種不同價值的區分在《莊子》一書中常可見到，小知—大知、小年—大年、人—天民等等皆是，它們都是「方內—方外」此組語的衍生物。這群組語的關係可從矛盾論或包含論解釋之。矛盾論的解法是認為每組的對應概念是矛盾的，「大知」為真，「小知」為偽；「人」為偽，「天民」為真云云。包含論則認為兩者不是斷裂的關係，而是後者包含了前者，兩者的差距是價值等第的高低，而不是對反。筆者相信《莊子》書中矛盾論與包含論的用法皆有，但包含論應為主軸。因為依據莊子整體思想定位，他主張的是圓融的整體觀，「方外」、「無知」、「天民」、「大知」云云，都是代表一種更真實圓滿的存在狀態，但他們的圓融如果沒有對現實層次的事物、行為、價值項之轉化，其圓融即是空洞抽象的圓融，事實上既不圓也不融。

包含論的假說是依莊子整體的思維模式導引出來的，莊子設想中的宇宙實像是以「天均」的隱喻出現的。道在世界的行動是

---

33 參見余英時，《論天人之際：中國古代思想起源試探》（台北：聯經出版公司，2014），頁 118-119。除了「方內—方外」，另一組具有同等影響力的詞組是《易經》的「形而上者謂之道，形而下者謂之器」的「形而上—形而下」，但《易經·繫辭傳》的年代目前仍難取得較大的共識。

有軌跡的，它在世界的運動像是只不斷湧現、不斷輪轉的陶均。在這種以動而不動的中心所帶出的運動中，因為運動是圓周的運動，所以所有的物（事、法）在某一個觀點下都是可以成立的，也都是可以互換的，此東西之所以相反而相成。換言之，一物之成都是要建立在整體輪轉的全體性上下判斷的。在以道之全體為背景下，無物不可，亦無一物可；無物不然，亦無一物然。莊子常被批評為「相對主義」者，如果我們從方內（所謂的世間法）的角度來看，確實許多價值（即使不是全部）都是相對的，同時因地因人而不同，而且從更高的觀點看，這些判斷都不見得能自圓其說，莊子所謂「天之小人，人之君子；人之君子，天之小人。」（〈大宗師〉）

　　然而，莊子之所以提出世間論斷多為相對之事，乃因他已超越於相對之上，他的意向返身進入一種非定點的視野。當意向不落於特定的目的時，即對任何目的皆無判斷；當無觀點（視角）的意向成為行為的意向時，所有的對象即平鋪為同質性的渾沌。天民的行動的中心不落在意識裡，而是落在非意識的一種氣機之鼓動，氣機鼓動是動態，氣機不在整體之外，而是穿透了整體。「無知」因此不能不預設非認識型的「全體之知」，宇宙遊民明顯地是天均的體現。

　　莊子常借助薩滿（巫師）登天遊霧的形象以喻至人之姿，因為在宗教人物的形象中，巫師的離體遠遊，顯示了無比遼闊的行程，縱浪天壤比較容易顯示無方所、無目的的自在感。秦漢後道教的仙人常以下棋、投壺、博弈的形象出現，筆者相信莊子的至人意象應是這些仙人的祖型。然而，莊子的天民與後世道教的仙人或今人特別推崇的自由人格其實有重點上的差異，這也是我們這一節不能不論的一個問題：一種活在即身、非反思的人格之行

動有何「知」可言？筆者嘗試回答道：莊子的天民之逍遙自在，其行為所以能夠被設定體現了一種更高的「知」之精神，乃因當天民以無目的性的方式縱浪大化時，這樣的行為脫離了一切「特定性」的因素，無知才可擺脫知的定向作用，天民以無方、無所、氣機圓轉的遊之狀態合於道之整體性運轉。然而，整體不離部分，全體之知如落實於具體的人生，它不能不通過具體的知，以朗現人身輻射出的理性作用，它是非認知性的「無知之知」。

五、技藝之知

天民之遊的「無知」狀態非常明顯，「遊」總是非對象性的。「遊」字通常被視為中國美學的核心概念，當魏晉士人從兩漢強烈的政教倫理之網中游離出來，往外發現到自然，往內發現到美感的主體時，「遊」字的重要性也同時突顯出來，而「無知」與「遊」的關係也跟著顯題化[34]。然而，天民之遊多少是要有些物質條件的基礎的，即使精神之旅也要有從容餘裕的生活空間為前提，我們很難想像：多少人可以過齧缺、泰氏、姑射仙人那樣的生活？莊子哲學是具體哲學，他強調消融超越於當下，內七篇的結構明顯地是人間生活的展開。莊子的「無知」之殊勝處不僅在至人之靜觀萬物或至人之登天遊霧，而是在他的「乘物以遊心」中的主體之狀態。

「乘物以遊心」一詞連接了「物」與「心」，莊子重視「心」，重視「遊」，這是相當清楚的事，「心」、「遊」兩字連接，《莊子》一書遂有了「心有天遊」一詞，以表示主體之逍遙境

---

34 向、郭注《莊》，批判「知」甚厲，就這點而言，其注解是符合莊子旨趣的。

界。然而，論及莊子的遊之精神，我們不能忘掉雖然莊子始終堅持：「遊」不能限於「物」，但不能離「物」；就像「天」不能限於「人」，但不能離於「人」一樣。放在莊子兩重「知」的概念上講，也就是「大知」不能限於「小知」，但不能離開「小知」。論及莊子的大知、小知的關係，最具代表性的敘述當是莊子論技藝之知所呈現出來的兩種知之模態。

《莊子》在現代中國哲學史家的著作中，曾長期被視為主觀唯心主義的代表。「主觀唯心主義」一詞雖然是現代使用的學術術語，但通其義後，筆者倒覺得這樣的標籤放在中國長期的莊學詮釋傳統中看待，仍有部分的解釋力道。因為從魏晉後，莊子常被視為獲得「逍遙」的一位真人，而逍遙乃是明至人之心也[35]！也就是他體證了主體自由的精神。而至少從李唐以後，《莊子》又常被視為悟道之書，而莊子所悟之道乃是天道性命消息的宗教真理，成玄英的《莊子》疏就是這樣解釋的。在以往社會主義中國哲學史家的分類中，不管是魏晉的名士或唐宋的道士透過《莊子》所折射出來的世界，不折不扣即是主觀唯心主義的型態。

然而，論者如果以「主觀唯心論」一詞定位莊子，他馬上會面臨《莊子》文本一個很重要的主題的挑戰：《莊子》一書提供了中國哲學典籍中最豐富的技藝論的資料，而且此書所呈顯出來的技藝論中的人物時常是下階層的人物。這些人物可能是位捕蟬的老人，可能是位馭馬的馬伕，可能是位划船的水手，可能是位製器的木匠，更有名的是位善於屠牛的廚師。這些人物的出現是

---

35 「明至人之心」是支道林逍遙義的要義，支道林提出此命題以反對向、郭的現象論之自由觀，向、郭與支道林逍遙義爭辯可視為魏晉時期名士玄理與教下玄理之爭。

否意味著顛覆體系的社會批判？由於莊子時常發出強烈的階級批判之聲，他本人處於貧窮窘境的機會大概也不會少，所以世人有此解讀是合理的。但筆者傾向於認為他選擇這些下階層的人物作為技藝論的主角之用心大概不在彰顯階級意識，而是這些技藝都是要經由長期的操作習練，乃能有成。連結書中各個故事的主角的線索是「勞動」的概念，而不是「階級」，「勞動」與「階級」這兩個概念在當代社會當然也常連結在一起的，同樣是左派的當今詞彙。所以我們如果從「勞動是人的本質」此觀點著眼，至少我們可以承認莊子是具有符合左派精神的勞動意識的。

　　階級意識、技藝與勞動的關係在當代的莊子學研究是個不時會被人提出的議題，本文的重點不在此。「勞動」的問題在古希臘與古代中國都出現過，希臘社會的勞心與勞力階級之分，以及勞動價值與知識價值的強烈區分，都是明顯的例子。而在儒家傳統中，也常有「勞心」與「勞力」對舉的敘述。孟子的「勞心者治人，勞力者治於人」（《孟子‧滕文公》）之說，在 20 世紀的中國政治領域，幾乎被視為反動的代名詞。在 19 世紀，「勞動」一詞已成為一個時代重要的課題，馬克思即把「勞動」和「人的本質」連結起來討論，「勞動」一詞和主體的建構息息相關。筆者所以將勞動的問題帶上議事檯上來，乃因莊子的技藝論論述中，勞動與知的關係是核心的議題，而莊子的「知」的問題之核心恰好落在主體論上。透過了技藝論中的「勞動」性質之分析，我們或許可以更進一步確定莊子「無知之知」的內涵。

　　莊子論技藝的故事散布在全書中，尤其集中於〈養生主〉與〈達生〉兩篇，觀其篇名，也可理解莊子將技藝論放在「生」的架構下展開，這是個值得注意的訊息。前代注家注解莊子的「養生」、「達生」之「生」字，多認為其意乃為「性」，這樣的注解

自然無誤。但更恰當的理解當是莊子的「性」與「生」難以區隔，莊子自有一套通貫生命與精神的哲學。他對當時曾流行一時的「養形」的哲學主張不會有多高的評價[36]，但這無礙於他的性命之學是透過生命的行動展現出來的，所以「生」不能不養，其義下文還會觸及到。在〈養生主〉與〈達生〉篇的眾多故事中，〈養生主〉的「庖丁解牛」一節更是普受後世學者注目的故事。庖丁的牛是儒家與道家工夫論的原型，它不但頻頻出現於道家文本中，在後世的理學與技藝論述中也不斷出現。它與後世禪宗「十牛圖」的牛，合構成中國哲學史上最重要的兩頭牛。

「庖丁解牛」這則故事描述一位宮中御廚向「文惠君」解釋他長期解牛的過程，他先是一位生手，屠牛時牛刀的折損率甚高，但經由長期磨練後，技巧日進，終於達到「神乎其技」的境地。這位大師級的廚師說他解體一頭牛時，恍如參加一場豐盛的祭典，全身瀰漫音樂的節奏。等奏刀完畢後，此牛「如土委地」，瞬間瓦解。這位名為「丁」的廚師隨後擦拭屠刀，遊目四顧，為之「躊躇滿志」。莊子善於說故事，他常以說故事代替哲學論辯，「庖丁解牛」這則敘述頗有後世說書人的趣味。莊子的重點當然不在說故事，也不在屠牛，而在「屠牛」此象徵事件背後的蘊含。

「庖丁解牛」的故事非常有名，我們不妨羅列下列要點，觀看以滑稽荒唐著稱的《莊子》文字背後的旨趣到底為何。首先，庖丁解牛要經由長期訓練的過程，他的屠牛技術才可出神入化。其次，他的出神入化的表徵見於屠刀不折，因為「無厚入有

---

36 當時的「道引之士、養形之人」作的工夫是「吹呴呼吸，吐故納新，熊經鳥申」，見〈刻意〉篇。莊子評價這樣的工夫，當然不會給予太高的地位。

間」，有形的刀變成無形的尖器，看似無縫的全牛卻是處處呈現
孔隙的「有間」。第三，他的出神入化的表徵也見於他的身心之
一體化，他的身體各部分相互調和，意識活動與生理節奏恍若一
體同流一般。第四，雖然身心一體化，但庖丁解牛時，全身卻處
於精神高度集中的狀態，他的感官凝止於特定的點，而「神」開
始流行，亦即「神」代替「官」（感官），或者該說，接受了「官」
的功能成為運作的主體。

　　我們觀「庖丁解牛」，無異於觀摩詰居士幻華示相，莊子借
這位可能是幻構出來的偉大廚師，向我們宣示一種華夏的身體哲
學。莊子告訴我們：具體的人間生活是由技藝穿透的生活，技藝
是人與物之間的黏著劑。人透過了技藝的事件，所有的物全化為
意識結構中的項目，「物」成了人文世界的一環。這樣的「物」
用《易經》的話講，就是「器」。方以智說：「盈天地間皆物
也」，此句話稍加轉譯，即是「盈天下之物皆是與主體共遊之
器」，王夫之所謂：「天下惟器而已矣！」[37]「器」一詞比「物」
更帶有人文精神的內涵，「器」不是洪荒世界之物。真實的人生
不可能只是觀賞式地遊物，而是要創造之，介入之，進而與物共
化之，也就是「乘物以遊心」。

　　莊子鋪陳「乘物以遊心」的概念，他很務實地從現實的認
知、現實的感官、現實的主客磨合開始，「磨合」意味著有「磨」
有「合」。在中國傳統的形—氣—神的主體觀或者海德格的「在
世存有」的概念中，人與世界的共在是個不言自喻的前提；但人
與世界相對而非同一，這種原始的間距也是不言自喻的前提。人

---

37 王夫之，《周易外傳》，《船山全書》（長沙：嶽麓書社，1998）卷 5，頁
　　1028。

與物泯合共在與原始區隔，兩說同時成立。由於原始區隔是人的存在的前提，所以落到具體的人間活動來論，心對物的認知因此是難以踰越的程序，主體透過了認知，泯除了物我的間距。從另一方面論，物有「理」才可以呈現被認知的架構，莊子稱這種物之理為「天理」。莊子的「天理」可依主體的狀態而上下其講，但其根源意義乃內在於物的可知性，這樣的結構是很清楚的。莊子的技藝論因此可說始於感官知覺對物之理的體認、吸收，進而發為行動。技藝是一種「因」、「循」物，也是「依」乎天理的行動，這種行動是經由主體而符合「物理」，主客同步完成的事件。莊子奧妙的技藝論始源於很具體的現實，它出自日常的經驗。

然而，「感官─認知─物理」這樣的模式只是一般匠人的層級，它不可越過，卻不宜駐留。莊子的要求是要由技進道，在具體的人生活動中體證道之流行。莊子描述這種由技進道的過程仍然相當具體，我們看到他描述庖丁如何馴化感官，讓感官凝止於一點，如如不動，然後一種名為「神」的直覺活動取代了感官的位置。在感官起主導作用的時候，庖丁所面對者是樣相清楚的全牛；等神取代了感官之後，他所面對者卻不是全牛。「所見無全牛」意指他面對的不是認知的對象，而是一種非認知之物。神這種非認知的心靈機能可說是無知之知，因為他所見無全牛，所以是「無知」；但他卻可因無知而達到最精妙的解牛效果，無知導向一種非認知的行動之知，這種行動之知可叫無知之知。

庖丁的「無知之知」指向了一種建立在形氣神身體觀上的行動哲學，這種神妙的行動效果在許多偉大的技藝家或運動家身上

不難看到，相關的例子不少[38]。莊子的技藝論透過當代學者梅洛龐蒂的身體圖式、波蘭尼（Michael Polanyi）的焦點意識—支援意識、瑟爾（John Searle）的行動理論而獲得很好的說明。上述這幾位哲人的哲學背景各不相同，但他們的論點不約而同地指向了一種身體理性的作用，亦即在我們的感官的認知之外，另有一種由全身協調引致的非認知性之知，這是一種運動的、非以理智為中心的身心作用。當認知的活動由身體全體接管後，「知」的功能遂轉為「無知」，但無知卻無不知。身體之知是非對象的、非反思的，它可以說是無我的謙謙君子，它只能在活動中非反思地呈現自己，它做的善事（知）連自己都不知，也都不能知。知即無知，無知反而才可以知。

　　由知到無知的過程也就是由「官知」到「神」的過程，由有對象到無對之象的過程。莊子論及任何技藝時，皆強調一件技藝只有當主體穿透物、吸納物，亦即以知吸納物之理以後，主體與物漸漸嫻熟，化而為一，亦即主客互滲，因而產生了意識的變形，其技藝才算到家。技藝到家時，物即不再是對象，不再是主體之所待，而是主體之所遊，神與物遊。在神與物遊的狀態時，庖丁所見無全牛，老丈所見唯蟬翼。物回到自體，不再被理智所限定；主體也回到自體，理智融於形體。回到形氣主體的主體之知乃是全身融化為一的身體之知，身體之知即為體知。體知無知相，因體知無對象，所以體知是無知之知。我們觀《莊子》書中所有的技藝事件，其主體總是五官互凝、身心一如的「神」，而

---

38 參見波蘭尼著，許澤民譯，《個人知識：邁向後批判哲學》（貴陽：貴州人民出版社，2000），頁 73-82。

客體總是非對象義的「物如」或「物化」狀態[39]。

　　無知之知在中國哲學的流派中並不是特殊的概念，莊子之特殊者，在於他的無知之知緊扣著體知而來。反過來說，他的體知也總是扣緊著無知之知，兩者互訓。因為體知是五官渾融之知，無知之知不是生命僵硬的土木形骸，而是知的功能散入五官百骸，全身知覺化，全身氣虛而通，虛通而知，物我共登逍遙之境。比起儒家道德主體之證自由，或比起佛教的解脫涅槃之證自由，莊子的自由始終連著形神之氣化而朗現，這不能不說是莊學的一項特色。

　　相關連的另一項特色，乃是莊子的無知之知之概念總意味著一種生活世界的即物哲學，無知之知是要在即物的實踐活動中展現出來的，而即物的實踐不可能沒有認知的過程。莊子的無知之知因此既有具體的內容，又要通過此具體內容，以達到形氣主體深處另一種非對列的物我交涉的一。程朱哲學重格物窮理的過程以至「豁然貫通」，此義知者甚多。但莊子也重格物窮理，也重豁然貫通，知此義者相對之下少許多。莊子的「格物窮理」說當然不會是他的思想的主軸，它是個弱敘述[40]，但卻不是可以迴避的議題。莊子與朱子兩者的差異當然還是很明顯的，茲不贅述。

39　「物化」一詞見於〈齊物論〉、〈天道〉、〈知北遊〉等篇。「物如」一詞是筆者使用的詞彙，借自佛教「真如」或榮格所說的「心如」（psychoid）之「如」字，這些「如」字皆在破除實體義，而指向「真理」、「心」、「物」最接近的本來狀態。

40　荀子批判莊子「蔽於天，而不知人」（《荀子·解蔽》），即是從此點立論。荀子這裡用的「天」、「人」是莊子的用法，「天」指非感官機能的身體理性，「人」指感官機能。荀子的批判當然依他的標準而設，莊子當然不會不知「人」，只是代表感官機能的「知」沒被提升到理論的核心而已。

六、般若智

我們上述所作的四種分類自然是方便法門，便於突顯「無知」的內涵。毫無疑問地，莊子的「無知」意味著另一種知的「無知之知」，「無知之知」是與「小知」對照的「明」、「大知」、「真知」，更恰當的說法乃是一種建立在身體理性上的「體知」。莊子呈現出的身體理性乃是一種帶有虛化的、全體流動性的形氣主體之作用，「無知之知」與形氣主體的勾聯是我們區分莊子與其他學派的另類知的差異之關鍵所在。

另一種知的無知之知的論點在後世中國一點都不陌生，牟宗三先生甚至將一種建立在超越的性體之上的「無知之知」（他稱作「智的直覺」）視為中西哲學的大防所在。「無知之知」也有不同的型態，為突顯莊子的「無知之知」的特色，我們需要借道他者，才能返照自己，佛教的相對應概念即是我們將用以比較的參考工具。佛教強調一種有別於一般世俗知之外的般若智，是一個大家相當熟悉的例子，本節即以「般若智」作為第一個對照點。在佛教的世界觀中，「無明」（avidyā）是個根本的觀念，「無明緣行，行緣識，識緣名色，名色緣六處，六處緣觸，觸緣受，受緣愛，愛緣取，取緣有，有緣生，生緣老死」[41]。「無明」雖是無始以來即帶於身，然而，「無明」還是可以突破的，因為人有「般若」之智。「無明」本是修行的概念，帶有強烈的心理學的內涵。佛教後來發展出判教理論時，因判教牽涉到對法的本體論的說明，原本作為引發「現象」的心理因之無明概念遂不能不

---

41 《大乘舍黎娑擔摩經》，《大正新脩大藏經》（台北：新文豐出版公司，1985），第 16 冊，第 711 號。

帶有本體論的意思，在天台、華嚴的判教體系中「無明」扮演極重要的角色。此間的爭辯過程極繁複，非教派中人不易進入其爭論之細節。然而，大方向卻也不是那麼難懂。「無明」因為牽涉到現象界的存在，因此，如果要給現象界本體論的肯定的話，「無明」的性質就不能不水漲船高，總要有被肯定的一面。這種「無明」的兩面性在天台的判教中展現得極為深奧玄妙，也可以說將圓教論推向前所未有的高峰。有關無明、法性、般若的關係是天台義理的一大關節，此事專家自有解說，本文點到為止。

回到本文主旨來，也就是回到佛教原始的教義來，人人皆具般若智，這樣的設定是很清楚的。至少當竺道生提出「眾生皆有佛性」、「一闡提之人可成佛」之說後，般若智的概念已是個極清楚的概念，因為佛性不能不帶上般若的功能，涅槃境與般若智可說是佛性概念的分析命題。「般若」概念雖然是原始佛教的議題，但就佛教東傳的史實而言，後人只要論及佛性、理智與般若的關係，很難不聯想到僧肇的詮釋，尤其是〈般若無知論〉此名文的論點。此論是佛教思想史上的一大論，在這篇影響深遠的論文中，僧肇這位不世出的天才僧侶將「般若智」與「惑智」對立起來，僧肇的這組對照組對比特別強烈，對後世的影響也特別大，般若智的特性很容易就顯現而出。

〈般若無知論〉的文字很優美，論述的形式很嚴謹，但主軸倒是相當單一而清楚，僧肇是以論證經。《放光般若經》云：「般若無所有相，無生滅相」；《道行般若經》云：「般若無所知，無所見」，以此為前提，僧肇為之辯護「智照之用」[42]。「智」自

---

42 以上引文參見憨山，《肇論略注》（台北：佛教出版社，1976），頁 82-83。《肇論》文字皆依此版本。

然指的是「般若智」,「照」即「般若智」之功能,「智照」可說是般若智的體用關係。論及無限之知的內容時,中國的儒道傳統常用「感」字,《易經》的核心概念可以說即是感應論,佛教則喜用「照」字。「感」字意味著氣化的內涵,「照」則使用了明鏡的隱喻,「智照」之說可說即是般若智作為佛性的主要內容。佛性的說明是中國佛教分宗分派的一大事因緣,在後世的詮釋傳統中,佛性常被視為可跨越一切種屬分別的本體,而「照」是它的基本屬性,此基本屬性只有在人身上才可顯現出來,此謂般若智。作為本體之基本屬性的般若因而是自存的、永恆的活動,憨山注解此論時,所謂「真知獨照,故無所知;絕諸對待,故無所見」,其解可謂切題,類似的話語在佛教文獻中極多,般若的存在、般若的絕對無待,若此諸義可說是般若義的共解,僧肇的解釋也都是繞著這些共解而發的。

　　般若的無知之知其實不是陌生的概念,六朝時期那麼流行《莊子》,《莊子》的「無知之知」說應當不是冷門的議題。何況僧肇對老、莊那麼熟悉,僧肇皈依佛門前,大概也曾出入「二氏」,他對莊子的「無知之知」之說不可能不關心。然而,由僧肇所設定的諸多質疑之詞看來,這個概念和佛性的概念一樣,在六朝時期都是被視為「新義」的。正因為是新義,所以僧肇需要不斷地重複論述,語詞繁複,但推進的行程其實不多。由於「無知之知」之義在今日的解讀仍別有意義,所以我們還是可以順僧肇之語進一解。

　　僧肇在破題處,即力言般若之義為:「夫有所知,則有所不知。以聖心無知,故無所不知。不知之知,乃曰一切知。」後來面對許多「難者」的質疑,如:「知無所遺故,必有知於可知。必有知於可知,故聖不虛知」,「夫真諦深玄,非智不測……真

諦則般若之緣也。以緣求智，智則知矣！」難者的質疑出自各種角度，如第一則引文是說：「知」要預設「可知」，「知」才非虛論。第二則引文所述更深，認為即使在「真諦」這樣的理境上，也要有能所的關係，因為「般若」此特殊之智需要「真諦」之緣，才起作用，所以般若不能沒有知。這些質疑的問題雖玄，但可說都繞著「知不能沒有能所關係」此義展開。

僧肇於鳩摩羅什門下，名列四哲，號稱解空第一，他的反應應機如流。如針對上述的質疑，僧肇或答道：「真般若者清淨如虛空，無知無見，無作無緣，斯則知自無知矣！」或言「夫智以知所知，取相故名知。真諦自無相，真智何由知。」他的答語詞義雙彰，極玄論之美。這兩則的答語都訴諸詞義的內涵，借以破除能所關係，第一則的答語意指「般若」的概念本來即指「無作無緣」，也就是無所知；第二則的答語則力言「真諦」的定義是「無相」，所以不可能成為「對象」義，因此，它作為「般若」的緣是虛的，般若只能以無知知。僧肇的答語如丸圓轉，辯才無礙。但這些答語的有效性都得建立在人具有「般若智」的前提上。因為論者雖然質疑般若智的性質，真正的問題恰好是未明說出來的前提：人是否有般若智？

如果般若智通往真諦，通往空境，通往涅槃；相對之下，俗諦、現象界則委由一種經驗性的心靈機能負責，僧肇稱呼此心靈機能為「惑取之智」，也可簡稱「惑智」。「惑智」顧名思義，乃是帶著迷惘、不正確的智能之義。當入華佛教越來越重視圓融之義時，真俗的斷裂關係越來越趨向於各種類型的二諦圓融義。《肇論》可視為空宗的系統，其實在龍樹的系統中，真俗原本即圓融無礙。僧肇的「惑取」用語難免引發斷滅空之想，似乎有違空宗中道之義。但當異文化性質相當濃厚的般若思想傳入中國之

際，為證成般若智的勝義，僧肇對決般若智與惑取之智，並非不可理解之事。

僧肇兩種智的分別除了意味著其間質的差異外，其概念上的差異也意味著兩種獨立的心靈機能。然而，就現實的存在而言，凡夫的般若智未必能如如呈現，而證悟者很難常處於般若觀空的理境。現實世界總是脫離不了現象世界的拘囿，空可析法空，可體證空，但經驗的存在即為如是我聞、如是我觀、如是我想的人間存在，般若智在現實世界的作用不可能不與了別識的作用同時運作。取「轉識成智」之說，現實的般若智總是智識同流的，只是此時的「識」已化為「智」的載體，僧肇稱此種圓融渾合的作用為「漚和」，具有漚和作用的般若即為「漚和般若」。「漚和般若」云者，般若智與惑取之智相合的具體智慧，所謂「般若之門觀空，漚和之門涉有」（《肇論‧宗本義》）。後世天台宗有三智說，亦即一切智、道種智、一切種智，一切智觀空，道種智觀假，一切種智觀中。其說在僧肇思想中已經出現，般若智略同一切智，道種智略同惑取之智，「漚和般若」則可視為一切種智。

如果真實的人生經驗中，般若智不能脫卻惑取之智，「漚和」是必然的結果。那麼，由般若智與惑取之智牽連到的涅槃境界或佛性的問題之意義也不能不跟著改變，這是另一個深奧問題的開始，非本文所能及[43]。我們取僧肇的「般若無知」論之，是想對

---

43 簡單地說，從六朝晚期，中國佛教發展出圓教的教義，天台、華嚴的圓教之爭尤可視為佛教思想史上的顛峰之作。有關台、嚴之爭，論者已多，筆者無能再加一詞。然而，如果真俗圓融，惑取之智即不能沒有工夫論與本體論的功能，「無明」一詞因此不能只取心理學意義或負面性的工夫論語言之面向，而當取它具有朗現經驗界現象的本體論意義。依佛教體證的世界觀，境界既然可分成地獄、餓鬼、畜生、阿修羅、人、天、聲聞、緣覺、菩薩和佛，除

照真心系統下的「無知之知」與莊子形氣主體下的「無知之知」，兩者的異同何在。簡單地說，兩者之同在於莊子與僧肇的「無知之知」都是站在生命底層，也可以說即內在即超越的先天論之基礎上立論的；其差異在於莊子的「無知之知」要透過形氣主體展現出來，僧肇的「無知之知」則是佛性論的分析命題，它缺少「身體」的中介力量。

七、直覺之知

另外一種常用以對比「無知之知」的概念乃是生命哲學常用以強調的一種比理智或感官更重要的直覺或力量。「直覺」和「力量」是兩個不同的概念，但在生命哲學家如柏格森（Henri Bergson）使用的「直覺」與當代法蘭克福學派孟柯（Christoph Menke）所說的另類美學傳統的「力量」[44]，兩者同樣有對「低級」的理智或感官作用之貶斥，同樣宣揚一種建立在深層生命上的「無知之知」的作用，所以可一併討論。

「生命哲學」也是一個涵義很廣的詞語，一般認為尼采、叔本華是這種思想的主要源頭。在民國學術的建設過程中，生命哲

了佛境是大圓境智所現的終極理境，其他各界不能不有惑取之智的作用，因此，如果「法的說明」此種本體論的要求是圓教理論的核心因素，那麼，「無明」即不能不為法性所需，惑取之智不能不被視為圓融義的般若智所蘊含。天台宗的「即九法界而成佛」、「斷惑不斷無明」或「不斷斷」之說，其義雖然相當奇詭，但我們如果將空宗或僧肇所說的般若智與惑取之智或智與識的關係，從主體的概念轉從本體論的概念上解釋，其義也不是那麼難以理解。

44 參見 Christoph Menke, *Force: A Fundamental Concept of Aesthetic Anthropology*（New York: Fordham University Press, 2013）。

學也曾扮演過重要的角色，第一代新儒家人物如梁漱溟、熊十力、張君勱等人對生命哲學，尤其是柏格森哲學，皆曾大力闡釋，主張生命哲學與中國哲學的心性概念頗可相發明。生命哲學所以和本文的「無知之知」連得上關係，乃因生命哲學的內涵固然多歧[45]，但生命哲學家通常強調世界的本質乃變動不居，不是靜止；正因世界變動不居，所以不能用理智的方式認識世界，而當運用直覺的方式。柏格森在這方面的立場尤其明顯。

柏格森這位影響甚大的哲學家的著作並不多，我們單單看他幾本主要著作的書名《創造進化論》、《時間與自由意志》、《物質與記憶》，即可了解他的基本立場。他的「生之衝力（élan vital）」是哲學的核心概念，「生之衝力」是構成人的生命的本質，是真正的自我，它也是構成世界的真實，他這個基本的設定令我們聯想到叔本華的「意志」之說。生之衝力是連綿不絕的活動，這種持續性的活動以線型的方式切進這個世界。相對於生命本質的「生之衝力」，我們的理智只能以空間的形式，化動為靜，將衝力原本所及者轉化成對象。所以理智雖然可以掌握事物的形象，但它所掌握的其實只是真實的「影子」。

以柏格森為代表的生命哲學大體在一戰後被引進中國，並受到哲學界的文化傳統主義者的熱烈歡迎，這個現象很值得重視，筆者相信這個現象背後具有文化的及哲學的雙重意義。文化的意義可提升到反西方現代性的高度，在梁漱溟的《東西文化及其哲

---

45 如以寫《西方的沒落》一書揚譽於世的史賓格勒也可劃歸為生命哲學的立場，史賓格勒的思想預設了一種生物生命的類比論，人類歷史如同個人生命，有生老病死，這樣的類比論也可說是決定論。典型的生命哲學家如柏格森，恰好反對這樣的決定論。

學》一書中，西方文化是以生命向前衝動的面貌出現的，梁漱溟用了一個大寫意的語句形容西方文化的特色「意欲之向前要求」。這樣的意欲雖然是生命的盲動，但並非沒有工具理性的內涵，恰好相反，它是要帶有理智作用的，所以在晚年的著作裡，梁漱溟又加以補充道：西洋的生活乃是「直覺運用理知」。「生命盲動—理智—西方文化」的一體化在一戰後的梁啟超的著作中也可看到，梁啟超與梁漱溟在 1920 年代的中國，儼然並列成為鼓吹東方文化的頭號號手。

生命哲學的文化意義之內涵當然和此套思想的哲學意義分不開，儒家哲學本來就重情意，重直覺，所以生命哲學一進入一戰後的中國，遂得以如鹽入水，混合無間。這個現象的哲學的意義顯示出東、西方兩種直覺主義的接軌。民國的新儒家學者當中，或許除了馮友蘭傾向於程朱理學外，其餘的學者幾乎都是王陽明的信徒，王學在清末民初的復興是個重要的思想史地標。我們如果把上述的柏格森用語稍加改頭換面，如把具有生命本質的世界實相的「生之衝力」改成「此是乾坤萬有基」的「良知」，把空間思維、生命惰性的理智思維方式改成王學眼中的朱子學之「格物致知」，很容易找到它們的銜接點。生命哲學與民國新儒家同樣有反——至少是大幅修正——西方現代性的傾向，他們修正的方案也相當類似。

說是「類似」，乃因確實也有差異。任何有意義的體系之比較總是有異有同，兩者之異同之所以特別值得重視，尤其放在莊子的「無知之知」的概念下比較，乃因其異同牽涉到根本的理據之格局。很明顯地，柏格森的哲學反對 19 世紀機械的物理觀、生理觀、心理觀，他的生之衝力正好是唯物主義的顛倒形式，大體說來，凡唯物主義可用以解釋一切現象的根本概念都被柏格森

用「生之衝力」取代之。一般說來，「唯物主義」的對蹠系統當是唯心主義，然而，柏格森的生命哲學恰好也反對唯心主義脫離「生命」的概念，泛論理性的建構力量。柏格森的哲學帶有浪漫主義詩人歌詠大自然生命的情調，它不免讓人聯想起尼采、叔本華的瀰天漫地的意志之說。

　　民國新儒家接受柏格森思想的同時，他們其實也同時認定柏格森的思想之不足，甚至「不是」。牟宗三先生曾指出民國新儒家接受柏格森哲學時，沒有特別注意到柏格森帶有明顯的生物論或生理論的意涵，他的意思無異於說：柏格森的直覺不是陽明的良知，不是三教的智的直覺，因為他的直覺沒有觸及到作為本體的「物自身」的層次[46]。牟先生所加的按語其實早期的民國新儒家學者也都注意到了，熊十力、梁漱溟等人在引用柏格森的論點時，也都提到柏格森的直覺之說的生物學色彩太濃，無法徹盡誠明之源[47]。熊十力、梁漱溟等人浸潤佛學與王學甚深，他們很容易在狂禪、左派王學的概念中，找到與柏格森「生之衝力」相應

---

46 此意為牟宗三先生在台大授課時，筆者親聞其語。牟先生對柏格森直覺說的批評在 1935 年的早期著作〈精靈感通論〉已感慨言之，此文收入《牟宗三先生全集・牟宗三先生早期文集》（台北：聯經出版公司，2003），冊 25，頁 511-521。

47 參見梁漱溟說：「柏格森於宇宙生命無疑地有所窺見，或謂其得力佛學，卻未必然。佛家主於現量，而柏氏所稱直覺，在佛家寧為非量，不是現量。柏氏即生命流行以為宇宙本體，此無常有漏的生滅法，不是佛家所說的無為法。柏氏所見蓋於印度某些外道為近耳」，《人心與人生》（香港：三聯書店，1985），頁 138。熊十力答牟宗三信亦云：「『本體』若只言生化與剛健，恐如西洋生命論者，其言生之衝動，與佛教唯識宗說賴耶生相恆轉如暴流，直認取習氣為生源者，同一錯誤。」熊十力，《十力語要初續》（台北：樂天出版社，1973），頁 4。

的論點。

我們如果以當代華人知識圈較熟悉的兩種「無知之知」作對照，反思莊子的觀點，不難發現到有意義的對照系統。以僧肇為代表的「無知之知」說是非身體論的，它以般若智的功能切進能所不分的世界實相，它築基於超越論的基盤上；以柏格森為代表的直覺之說則是身體論的，但這樣的直覺是在歷程當中的，它缺乏中國體用論那種本體所具有「當下」之敘述，不可能是王學意義的「乾坤萬有基」。而凡和柏格森同一思考模式的身體論哲人，不管是重直覺或重力，基本上，他們都是出自孟柯所說的「幽暗的力量」，筆者相信這種幽暗力量和莊子的無知之知，兩者仍隔著不易跨越的鴻溝。

八、體知的復權

從壺子的「四門示相」到莊、惠的「知之濠上」到天民的「無知之遊」到庖丁的以「神」解牛，我們發現到這些敘述蘊含的或明言的「無知」都是「無知之知」。「無知之知」不免予人神祕之想，壺子與季咸的鬥法更容易令人聯想後世神魔小說裡的情節。但事情絕非如此，壺子與季咸鬥法還是有理路可談。我們由壺子可示季咸以「地文」、「天壤」、「太沖莫勝」、「未始出吾宗」，層層轉進，而季咸也可理解，由此顯示「未始出吾宗」是有結構的，它比前三者高，由前三者層層進化而來，亦即「未始出吾宗」的內涵建立在前三者的體知之基礎上。

如果說壺子與季咸鬥法顯示的「無知之知」與「知」的關係較晦澀的話，莊子的庖丁解牛、梓慶為鐻、老丈承蜩等等技藝故事所顯示的理論構造就相當清楚了。技如要進於道，知即要進於

無知之知，但技與知不可躍過不論。由莊子的技藝之知入手，我
們可說莊子的「無知之知」是身體現象學的一環，身體自有理
性，理性原不僅在意識，也不僅在大腦，它是貫穿身體諸功能：
生理的─心理的、意識的─非意識的、形軀的─氣化的，在這些
對分的功能上的綜合功能。「無知之知」不是無知，也不是反知
或反智，而是包含「知」在內，也就是要穿透「知」的機能，而
由身體吸收之並綜合之以後的直覺之知。

相對於「四門示相」及「技藝之知」的類型，莊惠的「觀魚
之樂」及天民的「心有天遊」看不出其間蘊含的知─無知之知的
轉化關係。這兩者的無知之知比較像學者依遮撥（或所謂的負面
性的方法）的過程所呈現者，莊子書的工夫論之大宗在遮撥一
途，如「墮肢體，黜聰明，離形去知，返於大通」所示者。透過
了這種遮撥的歷程後，形氣主體自然會呈現如如的狀態，這如如
的狀態如應物，即可以「無知知其樂」。這種轉化後的身體所知
者乃身體理性所提供，非思量分別之所能解[48]。說到底，無知之
知不管是依知之轉化而成，或是負面性地層層遮撥而成，其依據
皆指向意識底層一種氣化的、非意向性的體知。

莊子的「無知之知」有一些明顯不同於其他體系的特點，如
果放在東方思想的脈絡來講，尤其和佛教的體系作一對照，我們

---

48 「非思量分別之所能解」一語出自《法華經》，禪宗僧侶常用此語。朱子非
　　常反對這種方法，反而強調「思量分別」。然而，其「思量分別」的「格物
　　窮理」最終恐怕也不能沒有「非思量分別」的從容中道之實踐，至於「豁然
　　貫通」之事當然更屬於「非思量分別之所能解」。朱子的觀點和莊子的觀點，
　　尤其莊子的「技藝之知」的觀點，很值得相互比較。朱子的說法參見拙作，
　　〈格物與豁然貫通──朱子〈格物補傳〉的詮釋問題〉，此文收入鍾彩鈞編，
　　《朱子學的開展‧學術篇》（台北：漢學研究中心，2002），頁219-246。

發現莊子的「無知之知」很重視「無知」與「知」的連續性。在莊子學的詮釋傳統中，確實有股詮釋的路線將莊子推往直證先天境界的修煉哲學一途，尤其帶有內丹色彩的道教詮釋路徑進來之後，莊子不折不扣像一位遊於方外的真人。然而，我們有很強的文獻學的憑據與義理內部的論證，足以顯示莊子思想的特色在於提出一種新的主體範式，也在於提出一種新的智慧。這種築基於新的主體範式上的智慧顯示我們所「能」的比我們所知的還要多，我們超越理智的生命機能知道的遠超出我們的理智所得。莊子的無知之智慧在工夫論上會帶給我們不同於一般的修養或學習的視野。簡言之，如何培養生命的潛能，如何納理智於更寬廣的主體之中，也就是如何由人返天，培養具有更大的感通力量而非認知功能的形氣主體，將是莊子工夫論的重點。筆者相信：儒家教育理念的結穴也應當在此。

　　莊子是中國哲學傳統中「無知之知」論述的奠基者，他啟動了源遠流長的另類之知的論述傳統，這條主軸是很清楚的。但論者也很容易質疑：不要忘了，莊子同時也是中國哲學傳統中宇宙心論述的奠基者，莊子稱這種宇宙心為「常心」（〈德充符〉）。後世的心學論及本心時，常使用鏡子的意象，莊子是這個隱喻傳統的主要貢獻者；莊子無疑地又是早期提出逆覺以證道的工夫論之奠基者，逆覺體證是被牟宗三先生視為唯一合法的工夫論論述的。由於心學在後世三教的傳統中占有主導的力量，因此，莊子的「無知之知」遂常被置放在宇宙心論述下的格局加以定位。

　　論及直透先天的修養工夫，莊子無疑地有極大的貢獻，他的「心齋」、「坐忘」、「見獨」之說皆指向了性天交接的冥契之境。莊子無疑地是心學的大家，他因為有此心學才有此工夫論也才有此豐富的冥契論述。問題是：莊子的心學之心為何？如果「無知

之知」可以比照「般若」，同樣代表本體一種非認知性的妙用的
話，我們不宜忘掉：承載兩個概念背後的理論體系不一樣，它們
連結的主體概念也不一樣。「般若」的朗照是無中介性的直接朗
照，莊子的「無知之知」卻始終是體現的、涉身的、連著氣化
的。即使在工夫入微處，主體與形氣仍是交集的，亦即神與氣在
根源處是同構的。莊子論「心齋」云：「无聽之以耳而聽之以
心，无聽之於心而聽之以氣」。此處的「氣」字乃「神」義，如
文子所謂：「上學以神聽」是也。莊子論「坐忘」云：「離形去
知，同於大通。」大通之境乃是「同則無好也，化則無常也。」
「大通」仍蘊含了主體深處的氣之化的因素。由耳—心—氣這樣
的過程看來，莊子工夫論的途徑乃是身體機能的不斷內斂，內斂
至極，即可臻至有無幽明交會之際。「心齋」既然是透過形體體
現的境界，所以即使「形氣」的因素化至虛無之境，這種內在的
形氣主體之本質仍不能不是蘊含氣化的功能。

　　由於莊子的「無知之知」是涉身的，是涉知的，所以他的
「無知之知」與身體生命的諸功能以及理性的認知活動不是矛盾
的，而是包含的。「道」與「身體」在此有獨特的連結，莊子的
身體乃是形氣主體，形氣主體本身即有形上性格。反過來說，他
的工夫論之形上論述要穿透形氣主體顯現出來，形氣主體此中介
性質的作用不能被完全地透明化。在佛學中，甚至在某部分的王
學中，代表一種較低位階的理智活動常被視為負面的事物，莊子
不如是想。莊子當然知道經驗性的理智活動之不足，理智也常是
被負面看待的，但就「無知之知」的本質來論，此概念的成立還
是要建立在消納知的基礎上乃克有成的。莊子的「無知之知」之
根基源於「常心」這種本體的概念，這是確切的，他的工夫論以
逆覺證體為主軸，這也是無疑的。但莊子以氣化的連續性勾連先

天、後天的層次，也貫穿諸官能的性質，「無知之知」與「知」是異層的，但也是連續的，他這種思想的特色更是昭然清楚的。

主體的形氣構造是重要的面向，但反過來說，莊子的「無知之知」說與生命哲學的直覺論也有明顯的差異，連結兩者要特別小心。最明顯的差異在於莊子的形氣主體乃是道之載體，莊子的形氣主體與佛教的般若智、儒家的良知同一等第，這種超越的主體觀在生命哲學體系中總是不顯，牟宗三先生以「智的直覺」之有無界定中西哲學之差異，牟先生的判斷如何理解，或許見仁見智，但莊子的「無知之知」是「無翼飛者」，無翼之飛這個隱喻意指可頓入超越理境的「無知之知」，這種當下的超越之知在生命哲學中確實不易看到。兩者縱有影響模糊的近似之處，但民國新儒家學者認為兩者之間仍隔著幾重公案，筆者認為他們的判斷是需要嚴肅考慮的。

從莊子的「無知之知」與柏格森的直覺概念之差異著眼，我們可以解答莊子的「無知之知」論不免會遇到的一個問題：如果我們行動的主宰不是「知」，亦即不是意識性的自我；也不是感性直覺，亦即不是動物性生命的自我；而是由超出我們意識自我以及超出生理機能所及的無名主體所推動，那麼，這個氣化流動的無名主體為什麼可以知？為什麼所知者可以是更周延、更高一層的知識或真理？

我們很容易想到的線索還是身體的概念，晚近論身體主體的學者日多，凡提倡廣義的身體主體概念者，不管用肉身、氣身、身氣、氣化、形氣云云以稱呼之，這些論述大概都主張「身體」不是生物學意義下的軀體，它跨越了身心的界限，具有統合各種身體技藝、心靈機能的綜合能力，所以身體發出的綜合判斷比理智所及者要廣，要高，要深。我們在博藍尼的支援意識之說與瑟

爾的身體接收理智功能之說，可看到非常明確的解釋。他們的論點可以說在為莊子的「技進乎道」背書。

　　然而，論者更根源的質疑或許在於形氣主體與世界的關係處。如果生命底層是非規範性的驅力，不管是叔本華式的、哈特曼式的、尼采式的、佛洛依德式的，而世界也是不可知的黑暗深淵，那麼，這樣的身體主體所提供的理性將是極大的幽暗力量，至少是難以言喻的不確定性，由這種幽暗力量所發生的綜合判斷如何可能有無知之知的作用[49]？問題問得好，這樣的幽暗力量的主體圖像（或許該說：非主體圖像）與世界的關係顯然與莊子不合。莊子相信形氣主體與自然世界的本根有種神祕的連結，這種神祕的連結是價值之源，是規範之源。莊子眼中的兒童，或他眼中的初生之犢，就像他眼中的大自然，都有「原初之善」。正因天地「有大美而不言，萬物有成理而不說」，所以當意識主體空出自體，任由虛化主體遊化時，遂可與世界無縫接軌。恰恰用心時，恰恰無心用，受莊子影響甚深的禪師這段話語是值得「神聽」的[50]。

---

[49] 在一次與作者面對面討論的集會，國內幾位學者與孟柯本人共同研討他的新作 *Force: A Fundamental Concept of Aesthetic Anthropology*，孟柯此書所說的 force 乃指近代美學（說是近代哲學也可）中一種非官能性、非主體性的（或說：非主體意識所及的）幽暗力量。筆者受益此書良多，極佩服此書的深邃宏闊。但對此幽暗力道本身完全不受理性規範也看不出自我規範的作用，不免心驚。本文此處所論可以說是對孟柯教授此書的初步回應。

[50] 「恰恰用心時，恰恰無心用」此聯禪語出自牛頭山法融禪師語，見《五燈會元》（北京：中華書局，1984）卷 2，頁 61。永嘉玄覺的〈奢摩他頌〉也有此語，參見《永嘉集》收入《中國佛教叢書・禪宗編》（南京：江蘇古籍出版社，1993），冊 1，頁 10。

捌

莊子與人文之源

一、重讀的必要

《莊子》這部經典就像國史上的經典一樣,解釋的多義性是它必然的命運。著作一旦被視為經典之後,特殊化為普遍,記號化為象徵,各種不同的詮釋總會出現的,宗教性的經典最明顯,其他性質的經典多少也難免。即使我們不從道教徒的眼光看《莊子》[1],它依然會是部引發眾聲喧譁的經典,至少在魏晉時期,《莊子》一書已是當日士人共同關懷的重要典籍,名列三玄之一。再怎麼看,《莊子》一書都是中國文化史上一部重要的精神修煉傳統的著作,所以後世如有人將《莊子》與佛教、存在主義、馬克思、海德格等等相比,我們不會太感意外。而在儒家價值體系主導的年代,如果《莊子》曾被拿來與儒家相比,也是可以預期的。

本文所以提及魏晉時期的莊子學,乃因莊子思想的基本性格在此時期呈現兩極分化的解釋。首先,莊子與人文精神相融說在此一時期首度取得顯赫的解釋權,相融說在此時是以「自然名教一致說」的面貌出現的。至今保存完整的第一部《莊子注》,亦即向、郭的《莊子注》可為此說代表。向、郭的《莊子注》將莊子定位為已知「大本」,然而尚不能充分體現此大本的哲人,他天資極高,但未始藏其狂言,其地位不如聖人,孔子才是真正的體道者。就廣義的觀點來說,向、郭的《莊子注》可視為「莊子

---

1 《莊子》在後世道教徒眼中,自然是部宗教性的經典,它是「南華仙人」或長桑公子弟子所著的非人間之書。莊子師長桑公子之說見《真誥・稽神第四》,成玄英的《莊子疏》亦主此說。至於以莊子為「南華仙人」,道經中多有此說,見《太極真人敷靈寶齋戒威儀諸經要訣》,後世道教徒也多言莊子為仙人,《莊子》書為仙書。

儒門說」[2]的前驅。向、郭此一觀點大抵反映魏晉玄學家共同的認識，他們強調儒道同風，道述玄理，儒證斯境。老莊可視為「述者之謂明」的哲學家，孔子才是智及仁守的聖人，兩者的地位異質異階。

其次，另一種相反的解釋在此時期也特別流行，此種解釋認為莊子代表「非湯武而薄周孔」的系統，他抨擊儒家的價值體系不遺餘力，竹林七賢普遍被視為這種破壞性或解構性的莊老之信徒，阮籍著〈達莊論〉暢衍莊子追求超越世俗禮法的自由之意義，此論在當時具有指標的意義。而當時反對玄學與名士之風者——如范寧、王坦之等輩，他們所看到的莊子恰好也符合這種形象，只是他代表的意義完全不一樣了。莊子被認為破壞了人間的價值體系，「利天下也少，害天下也多」[3]。這種筆者稱之為「解構型」的哲人之意象淵遠流長，往上追溯，司馬遷也是這樣看待莊子的。而身為偉大史家的司馬遷所以有此看法，乃因《莊子》一書中，主要是〈外〉篇、〈雜〉篇的一些篇章提供了這樣的意象。〈外〉篇、〈雜〉篇的這些篇章縱使不是莊子自著，但至少是莊子後學所著，他們也有一套足以自圓其說的莊子觀。這種解構型的莊子很難說是「儒門的莊子」，因為他們所要解構者，通常就是儒家的價值體系。

魏晉時期的《莊子》文本還沒有定型，《莊子》文本的取捨和莊子思想的定位是分不開的。這種文本取捨與思想定位間的具

2　關於此說在唐宋後的發展，參見徐聖心，〈「莊子尊孔論」系譜綜述——莊學史上的另類理解與閱讀〉，《台大中文學報》，第 17 期（2002 年 12 月），頁 21-66。

3　此語出自王坦之，〈廢莊論〉，引自房玄齡等著，《晉書》（台北：鼎文書局，1980）卷 75，頁 1964。

體細節我們目前仍然不太能夠作出完整的判斷，但《莊子》的詮釋明顯的是分流了。一部《莊子》，兩種面貌，取捨不同，其思想定位遂會相去霄壤。筆者在下文將闡明：解構論的莊子也是創化論的莊子，解構乃就墮性的體制而言，創化則從創造的源頭立論，兩者相反卻所以相成。

筆者認為正是依此相反相成的圖像，我們發現到莊子與儒家的人文價值體系早已祕響旁通。筆者此說與時賢之論多有齟齬，但實非得已。儒家版圖多一塊少一塊此種帝國主義式的計算作風並非筆者關心所在，歷史的經驗顯示：學術政治版圖和學術活動能量往往呈反比的關係。學術與政治權力掛鉤、包山包海以後，通常生命力就開始衰竭，「權力使人腐化」此句話不只在政治領域內有效。為儒家計，它需要的是精神的活化，而不是版圖的擴大。本文重新建構儒家與莊子的關係，其結果不會是兩家學術版圖的一消一長，而是雙方互蒙其利。本文明顯地以儒家的原始精神重新看待莊子，也以莊子的原始精神重新看待儒家，筆者希望儒家與莊子的「本來面目」可以更鮮活的呈現。莊子與儒家的根源性是本文的「成見」，這個「成見」乃是《莊子》此文本提供的，筆者希望本文不是所謂的以儒解莊，而是不折不扣的以莊解莊。我們現在需要作的工作，乃是光明正大地打破學派壁壘，會通莊孔，讓一種更根源性的人文精神得以全幅敞現。

本文很難免踏入學派歸屬的爭議，但本文的重心確實不在此。在底下的鋪陳中，筆者將高屋建瓴，從人文精神的根源處著眼。一般認為儒家的人文精神色彩很濃厚，筆者也接受這種常識，但筆者認為儒家的人文精神有本有源，它來自於人性與天道玄祕的交會處。換言之，這是種具有超越源頭的人文主義，「人文主義」一詞重新定位後，我們比較方便探討莊子與儒家關懷的

價值根源之雙邊關係，本文可以說是另一種版本的〈原道〉。在底下數節，筆者將會指出具有超越義的人文精神之內涵。筆者相信：莊子對以往的中國人文傳統之建立以及爾後可能的貢獻，都比我們一般理解的要大得多了。

二、莊老異同

莊子在歷史上的面貌是千面的，真身難覓。他的人文精神所以蔽而不明，闇而不彰，關鍵在於他很早即被列入道家，而且和老子並稱。所以我們如從他與老子的關係入手，釐清其異同，似乎可得到答案的線索。此線索其實不難找，就在《莊子·天下》篇本身。《莊子·天下》篇就像孟子的〈盡心下〉篇末章、《史記·太史公自序》或《文心雕龍·序志》篇一樣。這些書的最後一章類似後世典籍首章的序言。《莊子·天下》篇如果不是莊子、至少是可代表莊子的學者之著作，而此人當是某原始《莊子》文本的編纂者，此篇詮釋《莊子》的權威是無庸置疑的。

在〈天下〉此篇中，莊子廣論天下學術，我們看到莊子採取一種泛道論的形上學立場，他認為人世間的一切文明皆來自一種可稱之為「一」或「太一」的「道」的創造：「聖有所生，王有所成，皆原於一。」「聖」、「王」是歷史的、文明的概念，「一」是道的代稱，文明的超越依據來自於形上之道的創造，依此太一之道所形成的規範即是所謂的「內聖外王」之道。莊子在此先秦時期最重要的論學術源流的文章中，採取的是一種形上學的立場，這種形上學的內涵乃是一種具有精神創造性的道，莊子更進一步對「一」或「太一」作實質的規定，他稱作「神明」。「神明」當是戰國時期形成的複合名詞，「神」者，伸也，它意指創造

性,「明」意指彰顯之功用。後儒或直接援引「內聖外王」之說以印證道之全體大用,絕非無故,我們有理由認為:內聖外王之道可以視為一種原始版本的體用論。

「太一」既然是文明的公分母,一切學術的價值因此乃依它與此「太一」的關係而論。我們看此篇文章安排當時所謂「得一察焉以自好」的學術鉅子之地位,從㈠墨子、禽滑釐以下,接著㈡宋鈃、尹文,㈢彭蒙、田駢、慎到,以至㈣關尹、老聃,其地位一層一層加高。莊子的排序是有邏輯的,其等第所以加高的理由乃在道的精神性愈來愈加顯著,墨家的價值取向基本上是外主體的;宋鈃、尹文是無關主體的;彭蒙、田駢、慎到此類思想家已重精神性,但卻是「枯木禪」型的。關尹、老聃層次比前述各家高出一大截,他們知道存在的統一依據在於「太一」,「太一」兼攝「無」與「有」。萬物皆出太一,萬物自身比起太一並不足貴。「太一」與「物」乃是本體論斷層的差異關係,兩者乃隔絕性的異質異層,所謂「以本為精,以物為粗」。關尹、老聃更重要的貢獻,乃在他們知道「太一」的真實內涵在於深層的精神之本體,學者要務,即當常居於深層的精神之內,毫不溢出,這就是所謂的「澹然獨於神明居」。

相對於關尹、老聃自居於深層的意識,世界處在一種未分化的樸拙狀態中,莊子的世界則是精神連著氣化的動能,不斷的湧現新的意義形式,其理不竭,其來不蛻,永無歇期。王夫之說:莊子將自家置於老子之後,乃因莊子曾沿承老子之學,但等到自家「朝徹見獨」,也就是有證體經驗(不只一般泛泛而言的體證經驗)之後,他就自立一種可名為「天均」之學的宗旨,獨立一宗於戰國的思想土壤上。「均」是陶輪,「天均」是個隱喻,它意指非人為的創造力像陶輪不斷運轉,而構成此運轉的動能是日

生日成的氣化,「內聚的深層意識」與「湧現的氣化意識」此組對照概念可視為老莊之別。

比較老子與莊子之學,可使用不同的理論模式,但由於兩家的精義多落在心性—形上學領域,言之所不能盡,意之所不能到,析辨異同極為費神。我們如能從隱喻入手,不失為一條方便理解的途徑。哲學的建構離不開隱喻,從 Stephen Pepper 開始直到當代的 Mark Johnson,論者已多。但此一理解的理論工具早在前近代的東西哲人已使用過了,雖然談不上系統化,但大義固在。我們剛剛使用的「天均」一語即出自王夫之注《莊》所用的隱喻。王夫之不但認為莊子是天均之學,他自己的學問也是天均之學,同一時期的好友方以智也有類似的主張。藉著天均的隱喻,我們發現從戰國時期的莊子到明清之際的王夫之與方以智之間,一條貫穿二千年儒家義理的線索浮現出來了。天均之學就像「均」字所顯示的,它是以中貫軸轉動的圓周運動帶動陶輪的旋轉,「圓」、「中」如何表述,此事一直困擾中國第一流的思想家。從女媧創世神話到老子的喻道,我們都可見到前人奮鬥的軌跡,但直到莊子出來,我們才看到恰如其分的表現「圓」、「中」的形式。

透過了隱喻此線索,我們找到了相應的哲人圖像。筆者認為相對於莊子使用了「天均」的隱喻,老子之學則用了神話上「大母神」的隱喻。在大母神的世界中,萬物皆由母神所創造,但萬物也由母神所懷抱。在母神深厚的胸懷擁抱中,萬物沉入半醒半醉的無何有之鄉,這是場寧靜而永恆的夢。夢中的個體沒有「個性」,「個性」只要稍加伸張,老子就會「鎮之以無名之樸」,「個性」即會立刻被「渾化」在整體的運化當中,這是種內斂的

「嗇」之哲學[4]。莊子的「天均」之學反對這種鈍化主體的直接
性，莊子強烈主張：道體要以氣化的精神主體之面貌出現。這種
氣化的精神主體一方面不斷的創生出新的形式，但在創造中，它
依據某條不可見的象徵性的軸心展開，軸心的兩端相轉相待，交
相衍化。就像「均」字所意指的陶均的運轉模式：中心之軸帶動
陶輪不斷從底層升起，作渾圓的轉動，輪面各區域不斷遞衍到對
立面的位置，東西相反而相成。莊子所用陶均、環中、車軸、歸
墟諸隱喻，皆是此義。

　　對照老莊，我們可看出「大母神」模式與「天均」模式的差
別，「獨與神明居」與「遊乎一氣」的差別，唯真心模式與物化
模式的差別。莊子在〈天下〉篇對老子的解釋，可以代表某種絕
對意識的知識類型，這種類型的知識主張在各種世間的知識底層
有一共通而普遍的真理貫穿其間，學者只有透過主體的轉化，才
可以契近這種深層的價值層面，而這樣的轉化通常要透過純化或
鈍化感性與智性的作用，並回歸到一種未分化的身心狀態才可體
得。但這種絕對意識的知識類型很容易造成深層意識與世間價值
的衝突，文化在主體意識的內轉歷程中往往被轉化掉了。因為絕
對意識的價值所在之地通常意味著時間的退化、空間的渾沌化以
及主體的未分節化。伴隨著絕對意識的知識類型而來的，偶爾會
有解構絕對意識的知識類型跟著出現，這種解構如果仍預設建構
的前提，它即有工夫論的意義，我們可稱之為「轉化絕對意識」
的知識類型。

4　這也是方以智何以常譏評老子為守財奴的理由，《東西均·全偏》說：「老子
　專惜之不用耳！」亦是此意。參見方以智著，龐樸注釋：《東西均注釋》（北
　京：中華書局，2001），頁 144。

　　〈天下〉篇所顯示的老莊之別反映了「絕對意識」與「轉化絕對意識」之類的知識類型，這個類型具有跨學派、跨文化的解釋效率。就儒家體系而言，我們不妨舉相當同情莊子的明末王夫之、方以智為例，因為我們在他們身上看到相似的精神再度顯現出來。王夫之批判王陽明唯心哲學不遺餘力，其立足點正落在類似莊子的天均哲學之基礎上，這是建立在整體論的、超乎心物區別的、歷程的、氣化的論述上的一種思想。同樣的情形又見於方以智《東西均》此天均哲學的代表作上，方以智對「心學」多所批判[5]。晚近論中西文化交流史的專著中，方以智總會被討論，他常被視為科學精神的先行者。然而，就成熟期的方以智思想論，他最關心的毋寧是如何從當時極為流行的主流思潮，主要是指王學與佛學中的本心系統中走出。筆者認為在反意識哲學與主張並攝心物的體用論之立場上，他的立場與王夫之相同，也與莊子相呼應。

　　事實上，一種潛入意識直握萬物本質的哲學不管在東方西方，都有相當的吸引力。魔笛的吸引力是迷人的，但也是危險的，因為這種直接的一體性幾乎無可避免的會帶來世界意義的弱化。黑格爾在《哲學史講演錄》中批判老子道：「統一在這裡是完全無規定的，是自在之有，因此表現在『無』的方式裡。這種『無』並不是人們通常所說的無或無物，而乃是被認作遠離一切觀念、一切對象──也就是單純的、自身同一的、無規定的、抽象的統一。因此這『無』同時也是肯定的；這就是我們所叫做的

5　參見方以智著，龐樸注釋，〈象數〉，《東西均注釋》，頁 202-215。此書的寫作背景可以說即是針對「心學」而發，不僅〈象數〉篇為然。

本質。」[6]黑格爾對東方哲學是有名的不友善,他對儒家哲學理解之偏差更令人訝異。然而,就老子哲學而言,黑格爾的評介不能說沒有洞見。我們如將他評老子、印度哲學、史賓諾莎處比較而觀,不難看出他反一種無中介內容的直接意識之立場是相當清楚的,黑格爾的立場始終一致[7]。

放在「絕對意識」與「轉化絕對意識」的知識類型底下看待老莊關係,兩者的異同不難看出。當莊子說老子「以深為根,以約為紀」時,其意不是指其人活在深層的玄暗意識中,接近於一種無內容的「一」之狀態嗎?而他批評老子「以物為粗」、「以有積為不足」,所說不是指其哲學抽象的割裂了心與物,因此,喪失了建構文化世界的功能嗎?我們如將《莊子·天下》篇的用語和黑格爾《哲學史講演錄》的批判作一對照,除了態度上的友善與否有差別外,內涵可以說是相同的,因為它們屬於同一種知識類型,所以有相同的關懷。

相對於老子的「以物為粗,以有積為不足,澹然獨與神明居」,莊子主張的合理的物我關係乃是「應化解物」。「應化」

---

6 黑格爾著,賀麟、王太慶譯,《哲學史講演錄》(北京:商務印書館,1983),頁131。

7 請再看下列這段話:「當希臘人說:絕對、上帝是一,或者當近代的人說:上帝是最高的本質,則那裡也是排除了一切規定的。最高的本質是最抽象的,最無規定的;在這裡人們完全沒有任何規定。這話乃同樣是一種否定,不過只是在肯定的方式下說出來的。同樣,當我們說:上帝是一,這對於一與多的關係,對於多,對於殊異的本身乃毫無所說。這種肯定方式的說法,因此與『無』比較起來並沒有更豐富的內容。」此段文字出自《哲學史講演錄》,頁131。這段話是緊接著引文批判老子的話來的。以黑格爾之逢「東方」必反的心理慣性,他此處會將老子與希臘人或「近代人」比較,可算是難得的紀錄了。

者，與大化相應，並參與變化之流；「解物」者，與物相解，融合無間。莊子哲學的工夫論雖然預設了「朝徹見獨」此轉化意識的歷程，但成熟的莊子思想卻不能以絕對意識論的框架限定之，它毋寧是種氣化的道論立場，道不僅在心齋層，也在屎尿層，它是在超越心物之別的全體上展現出來的。莊子這種應化哲學具有非比尋常的意義，它乃是透過一種主體的批判，亦即對深層意識的批判，而建立起來的調整心物關係的一種主體。簡單的說，莊子以形氣主體取代意識主體。莊子的形氣主體顯示出一種遊化或遊氣的身體觀，這樣的「身體」強調一種心氣不斷躍出，氣與天遊、心與天遊的身體圖式。如從形上學的角度著眼，他的形氣主體可說是建立在氣化的主體上面，有氣化的主體才有應化的存在模式。

　　透過一種新主體的建構，莊子建立起可具體地「應化」之主體，此主體伴隨「解物」而來，莊子對「物」的著眼甚高。相對於慎到等人「與物宛轉」，主體受制於物；以及老子「以物為粗」，物消失於主體；莊子卻超越兩邊，超越兩邊的前提乃是物不可以對象的方式出現。莊子論主體與物的始源關係時，強調「以神遇而不以目視」的命題，非表象式的感應而通乃是心物最原初的關係。物不是智性主體的對象，也不是如幻的主體之鏡中的呈現物。莊子看出在物之本源上，即不斷有新的意義形式（理）之創化，新理日出，連綿不斷。「物」與其說是具有永恆本質的「個體」，不如說是處於變化之流的「事件」之假稱，「個體」此概念在莊子思想中不好理解，了解物的流動性質，並參與其流動性，此之謂「解物」。「解物」與「應化」是一體的兩面，當主體參與大化之流後，它才可同時參與非對象的物之本來面目。所以與其說莊子思想是意識哲學，不如說它是玄化的物之哲

學，也就是物化哲學。莊子物化哲學平觀心物，心物兩者是共屬的，兩者是有機的整體的兩翼。

更具體的說，這種氣化的身體透過一種不斷湧現的語言之分節作用，我們可稱為「道言」的「卮言」，在精神與語言的分化處，一種築基於形氣主體的新的意義形式不斷湧現。這種創化的動能也見於莊子對技藝的重視，在一種完美的技藝行為中，匠人的全身都融入「官知止而神欲行」的渾化層次。形體本身提供了一種精微的調整全身各感官功能的直覺之「知」，用杜維明先生喜用的語言即是體知。體知的真正內涵乃是形體本身即有超乎感官之知上的綜合性之知，它經由各感官而不受限於任一感官的通道，以「神」的面貌介入實際的技藝之運作。一位好的工匠之技藝是種創造，他完成了具體的形氣主體之實踐，也完整的保全了物之本相，所謂「以天合天」。在技藝的實踐中，一種形氣主體轉化到物—我合構的實踐模式就此展開。

當莊子從老子的意識哲學走出，在下文中，我們將看到他給身體、世界、語言、技藝，都帶來新的向度。此時的莊子恰好不是扮演文化世界中拆除大隊隊員的角色，而是扮演不斷新化世界、理化世界的建構者。這樣的莊子顯然已走出「道家」與「老子」的藩籬，駸駸然地走進文化世界意義建構的領域，我們已到了該重新辨識莊子身分的階段了。

三、人文的背叛或證成？

當我們解開老莊連體的樞紐，老歸老，莊歸莊後，莊子思想的重新定位就被置放在日益迫切的議程表上來了。莊老對照，莊子的形象並不難領會，但如何恰如其分的突顯其特質，委實不

易。筆者在不同的場合裡，曾用「儒門內／旁的莊子」定位之，這個標籤有很大的好處，因為長期以來，莊子的形象總是和道家結合在一起，現在連結的結構變了，老莊脫鉤，相反的，莊子和中國思想史的大動脈之儒家結合起來，這種聯姻可以造成成說急遽翻轉的戲劇效果，強化讀者的印象。但這個標籤也有不利之處，因為它牽涉了筆者亟欲避免的傳統學派分類的瓜葛。本文的重點在哲學，而不在思想史的興趣，其目的不在重構歷史上發生過的影響，而在澄清莊子本身的理論問題。既然重點在理論之解釋，底下筆者想從另一種角度著眼。筆者認為既然莊子的核心義建立在基本存有論上的文化創化論，他關心的是氣化主體落在人文世界基礎之上的語言、氣化與技藝之展現，這樣的圖像不能不面對另一種公共形象的挑戰，此即莊子長期以來是被視為反人文的，最多是超人文的，那麼，如要徹底地給莊子重新定位，我們不能迴避莊子與「人文精神」關係的問題。筆者的結論很明確：莊子是「人文精神」的莊子。

　　筆者這種選擇要冒一些風險，首先，莊子似乎一向不以「人文」的形象見長，這種非人文或反人文的形象淵遠流長，最早對莊子下評論的荀子即說：莊子「蔽於天而不知人」，在天人的關係軸上，莊子被擺在「天」的一邊，而下評論的荀子則被認為擺在「人」的一邊。荀、莊相去不遠，兩人對天人關係同感興趣，荀子對莊子的評語，以及荀子可能隱含的「人優于天」的立場，似乎都可在他們各自的著作中找到相呼應的文獻證據。荀子是戰國結束前夕學識最豐富的思想家，我們很難懷疑他的判教的資格。荀子的論點下文再論，此處僅就莊子考量，我們只要看到其書中天人相對的語詞，通常莊子是將「人」與俗偽聯在一起討論，而「天」則與「真」、「本源」同論，莊子所嚮往的固是「畸

於人而侔於天」的人格，荀子的批判是可在《莊子》文本裡找到
依據的。單就文字層而論，選擇「人文」一詞似乎不算聰明。

　　其次，現代中文使用的「人文」或「人文主義」是一個容易
引發混淆的語彙，由於「人文主義」一詞有來自中國傳統的因
素，也有來自 humanism 譯語所帶來的新說，它在當代學術論述
的語境中，很可能被擇一使用，更可能的是不自覺的混用[8]。不
同文化系統間的混用已易導致語義歧出，加上 humanism 一詞在
當代西方社會的語境中，也是有名的歧路叢出，歷史一進展，即
有新義被帶進來。雖說西方的 humanism 都有強調人的精神作用
藉以強化人的價值這樣的傾向，但如何強化，強化之依據何在？
在上帝？在傳統？在主體？在喚醒的階級意識？言人人殊，因
此，它的歧義多到連共同的核心要義恐怕都不見得找得到。選擇
一個亟待澄清的語彙去澄清一個複雜的哲學史之案例，這樣的選
擇似乎不夠妥當。

　　Humanism 歧義這麼多，但筆者所以仍選擇使用「人文」一
詞作為莊子與儒家的聯繫項，乃因用人文主義界定儒家價值體
系，這是很常見的一種敘述[9]。常見不一定代表恰當，但筆者將

8　筆者曾參加一次有關人文主義的會議，大會有如下的說明：「China is being
　 featured in the conference insofar as it provides a specific space in which an array
　 of humanistic provocations and practices—from Greco humanism to liberal
　 humanism, from Renaissance humanism to Neo-Confucian humanism, from
　 various Marxist/Maoist engagements with humanism to Irving Babbitt's brand of
　 humanism, from Lu Xun and his brother's call for "human literature" in the 20's to
　 Wang Xiaoming and Chen Sihe's call for restoration of "humanistic spirit" in the
　 90's—are brought into play.」

9　唐君毅先生的著作最容易看到這樣的標目，其著作如《人文精神之重建》、
　 《中國人文精神之發展》、《中華人文與當今世界》，這些書皆冠以「人文」

指出：這種共同論述有其合理性，澄清其間的分際後，這種共同論述可以形成討論的共識之起點。如果我們能在此語言的共識之基礎上，找到莊子與儒家的核心義之人文主義可以相互發明，那麼，兩者之間的共通性就不顯得怪異，而莊子儒門說自然會顯示出其合理性。連帶地，莊子和儒家的基本性格之相互澄清也有可能可以達成。

　　當代學者論儒家的人文主義時，筆者認為至少有三義可說。首先，第一種儒家人文主義可稱作「禮樂倫理的人文主義」，這樣的人文主義是由社會結構面的禮樂與人群關係面的五倫組成。第二種人文主義可稱作「道德意識的人文主義」，此種人文主義強調人的主體意識中自然有一種道德法則作為依據，陸王所謂的「心即理」或程朱所謂的「性即理」是也，世間秩序固然由世間的關係所組成，但人文秩序的價值面向卻是主體賦予的，這樣的主體意識使得人的行為所及的領域都瀰漫了價值感，這種增進人的存在向度的價值之體系因而可稱作人文主義。第三種可稱作「體用型的人文主義」，這種類型的人文主義類似黑格爾所說的絕對精神，它預設了主觀精神與客觀精神的發展。這三種人文主義可視作彼此矛盾的三組命題，也可視為一以貫之的命題之三種層次。事實上，當代新儒家學者在定調儒家的人文主義精神時，幾乎都強調儒家的人文並沒有和超越界阻絕，但又會通向於客觀精神的國家社會，他們理解的人文主義傳統顯然不是存在主義式的沙特那種類型。新儒家學者所主張的人文主義，大體是可以發現創造的根源，並在人的生活世界中找到中介物（如詩書禮樂）價值的思想體系。這種人文主義，沙特、卡謬等人一定不以為

之名。

然。

　　儒家常被視為人文主義，而「人文主義」卻是有歧義的。但筆者認為我們如能仔細思索上述這些線索，並審視其以往的語義史，不無可能可以找到解決問題的門徑。我們不妨省思「文」與「人文」的語義。「文」在傳統用語中，通常指為有文彩之呈現，最常見的文彩乃是文化所展現者，亦即詩書禮樂，《論語》記載的孔門四教：「文、行、忠、信」的「文」，大概指的就是這個層面的意思。但「文」既然指向可見之文彩，它很容易帶來一種「使之可見的事物」之對照。「文」、「行」對照已有此涵義，但此種「文」偏向人倫道德的領域。殷周以來隱約形成的「文」、「德」對照，也是如此。更常見的對照概念則是「質」、「實」這類的語彙，《論語》有「文質彬彬」之說，朱子注：「凡物之理，必先有質而後有文，則質乃禮之本也。」「文」、「質」相對，此種語言套式形成流傳久遠的傳統。然而，此處所說的「相對」乃是對照而不是對反，此對照絕非意味著本質的決裂。就本質而論，「文」與「質」更常被視為一體的展現，有質才有文，反過來說，質也自然會顯現為文，文、質乃隱顯的兩種面向。文質、顯隱的圖式落在形上學領域來講，即有「道之顯者謂之文」[10]的說法。「道之顯者謂之文」此命題乃理學之常論，道—文對峙的語式可視為體用論語式的翻版，在體用論的思考方式之下，一切的現象、功用都會被視為來自一個超越的源頭，「文」因此成了「道」的顯像。

10　《論語‧子罕第九》：「子畏於匡。曰：『文王既沒，文不在茲乎？天之將喪斯文也』」云云。朱子注：「道之顯者謂之文，蓋禮樂制度之謂。不曰道而曰文，亦謙辭也。」

　　理學的命題一般會建立在對先秦儒典的解釋上面，在形上學領域內，理學通常是將先秦儒典隱微而尚未確定的語言作更精確的發揮，「文」的性質即是如此。在《國語・周語下》中，我們看到「夫敬，文之恭也；忠，文之質也」，一連串將諸德目視為「文」的展現之說法。此時的「文」與其說是「德之總名也」[11]，不如說「文是諸德之本體」。這種原始的本體論之語言不僅可在道德領域見到，在自然界的論述中也不陌生，《文心雕龍・原道》篇開宗明義說道：「文之為德與天地並生」即是此說之前驅，此說再向下推陳到細部，即有〈情采〉篇所說的「形文」、「聲文」、「情文」之論，「文」遍布在色界、聲界、意識界，亦即一切法界的形式皆衍自於「文」。《文心雕龍》的論點承自《易經》而來，筆者認為《易經》文本的「文」皆具此義[12]。它們的論點或許不能化歸為後世的體用論之語式，但確實都含有神祕化的或神話式的體用論之意。

　　「文」的形上學意義源自《易經》，「人文」一詞則不但具形上學意義，連語詞最早的源頭也是出自《易經》：「觀乎人文，以化成天下。」「人文」指的是聖賢之道所繫的禮樂文章，然而，如論禮樂文章的終極依據，不管是心性論或是形上學的解釋，其源頭總是來自超越之道，此《文心雕龍》所以說：「人文之元，肇乎太極。」顯然，古義中的「人文」與目前流行語中的「人文主義」之「人文」大異其趣，古義中的「人文」不是指一種人為

---

11 這是韋昭注解《國語・周語下》引文的語句。

12 《易經》言：「天下文明」、「文在中也」、「文明以止，人文也」、「通其變，遂成天地之文」等等，這些地方的「文」字多可解釋成天道外顯之文彩之意。至於這樣的「天道」到底為宋儒的本體宇宙論之類型，或是漢儒的氣化宇宙論之類型，此處姑且不論。

的文明之意，相反的，它是指一種作為「道之顯者」身分之「文」遍現於人的世界。文與道同在，它居有本源的地位，所謂「河洛由文興，六經由文起」，文甚至在聖經之前，而且為其本。這種古義的人文精神預設了一種詭譎的厚度，人文由道生出，但道也要外顯為人文。「人文」的關鍵在於它和道的綰合處，「人文」不是和源頭之道斷了線的自我意志之大主體所在地。我們有理由認定：莊子如定居在這種源頭的人文精神的靈台中，恐怕會比掛名侷居在道家的屋簷下貼切，他的自我感覺應該也會舒服多了。

如果我們對儒家傳統與「人文」古義不太陌生的話，不難理解當代新儒家學者理解的人文主義基本上繼承宋代理學的精神而來，而宋代理學的「人文」又是源自對遠古聖經的創造性轉化。眾所共知，理學的興起一方面是抗議佛老壟斷了心性形上學的領域，而又不能夠提供「道與世間」正確而合理的關係。一方面也抗議佛老在世間法的領域上，並沒有太大的貢獻。理學家的人文主義，即是針對著他們認定的佛老的不足而發，他們透過「明體達用」、「全體大用」的思維模式，聯繫了此界與彼界，形成了一個連續性的世界[13]。文化世界因為有「體」的加持，它構成了有厚度的意義載體。

我們將莊子定位為一位關心基本存有論的人文主義者，這樣的定位無疑顛覆了一種流行的非人文主義的莊子觀，這種非人文

---

13 關於理學的體用論思想，參見楠本正繼，〈全体大用の思想〉，《日本中国学会会報》，第 4 輯（1952），頁 76-96。島田虔次，〈体用の歴史に寄せて〉，《仏教史學論集——塚本博士頌寿記念》（京都：塚本博士頌寿記念会，1961），頁 416-430。

主義的莊子觀在當代的莊學研究中雖廣為流行，但其源頭很早，流程很長，此種莊子形象當創始於荀子。荀子對莊子的定評是「莊子蔽於天而不知人」，荀子這句話稍加改頭換面，在後世儒者的著作中不斷諸現。荀子是位思想深刻的一代大儒，他對當時思想家的批判縱使不見得公平，但都有個理路。錯誤而深刻的理路比泛泛而論的正確消息要重要多了，本文對莊子的定位和荀子完全不一樣，但很感謝他反而詭譎地提供了我們建構儒家—莊子匯通的平台。

　　荀子批判莊子之語所以值得留意，乃因天—人這組詞語在他自己個人的著作中，也是組重要的術語。在〈天論〉此一名文中，荀子提出「明於天人之分」、「唯君子為不求知天」此著名的命題[14]。〈天論〉很可能有特定的針砭對象，但此篇所提出的天人關係在他的著作中是非常一致的。荀子的「天」基本上是物性意義的自然天，它與人的世界不相干。人的世界是「人類」此種屬所創造出的禮義世界，文化在此，價值在此。它與自然的意義不相干涉，自然對人的作用是它提供了基本的與料以供人類創造，這就是所謂的「天生人成」[15]。在「天生人成」此基本的原則規範下，凡天生者，不管是大自然的物質（所謂天職）或人的自然本質（所謂天官、天情），都是有待轉化以符合人的價值體系的。從荀子的眼光觀察，莊子所關心的恰好是此義之外的非人文世界，所以說他「蔽於天而不知人」。

---

14 天既然是物質意義的天，荀子的「不求知天」當然也不排斥當順天之自然法則行事，這種功利性的天人合一與「不求知天」並不矛盾。

15 荀子思想的基本原則為「天生人成」，參見牟宗三，《荀子大略》（台北：臺灣學生書局，1982），頁213。

　　荀子常被視為人文主義的典型人物，他的人文主義正是和「天」切斷關係的人文主義[16]，聖人「不求知天」，他關心的是禮義之統的人倫世界。從荀子眼中看到的莊子似乎將意識的焦點集中到「天」上，反而和「人」切斷了關係。然而，我們看到莊子的天具有二義，天人的關係也見有二義。首先，莊子的「天」之意義部分承襲當時的用法，泛指人以外的大自然。〈逍遙遊〉篇所說：「天之蒼蒼，其正色耶？其遠而無所至極者耶？」〈天運〉篇說：「天其運乎？地其處乎？」這些文句中的「天」，即是此物質意義之天。荀子的批判是否針對此點而發呢？

　　如果依荀子的理解去了解莊子的天人關係，那麼，莊子應該對「天」有知識的興趣，而忽略了人界的價值。在戰國晚期，確實有股「前天文學」或「準天文學」的熱潮，〈天下〉篇記載喜論天地事物的黃繚即為代表性人物之一，惠施、鄒衍、屈原都探討過天的論題，《列子》記載的杞人憂天的故事也曲折的反映了這股新興知識的現象。回到莊子，我們在其書中也發現到〈天運〉等篇章蘊含了原始天文學的消息。荀子批判莊子，是否就是針對這股原始天文學的熱潮而言，我們不易確定。但可以確定的是：如果針對這一點而發，莊子顯然不需要太介意，因為這部分的知識在他的體系中，並沒有占太大的地位。

　　但人與作為自然的天之關係是否即是知識論類型的，恐怕也不見得。我們觀看莊子論天人的關係時，確實常將人放在這種宇宙性的「天」之意識下定位，由於莊子的主體是種氣化主體，氣

---

16 先秦的「天」之涵義是多重的，馮友蘭《中國哲學史》指出「天」有五義：物質之天、主宰之天、運命之天、自然之天、義理之天。依據其說，荀子的「天」自然不是主宰的，也不是義理的天，其主要的用法是「自然」的天。

化主體的存在樣態是種「宇宙性」[17]，「宇宙性」也就是一種「天」的模態，因此，人的本質本來即是與天同在，用莊子的語言講，這就是「遊乎天地之一氣」。「氣化」此主體透過氣化的遊盪，原則上，它以神祕而超自覺的方式融進了造化的運行，主體與自然一體難分。因此，我們如硬要依荀的定義，稱莊子「蔽於天而不知人」，在此背景下不是講不通的。然而，氣化主體下的「天」、「人」之意義乃意味著本真的狀態，日常意識不屬於本真狀態，日常意識狀態下的氣化主體是潛藏的，有待體現的，實際上沒有氣化可言[18]，也沒有天人同遊的共構關係。既然被告只是同名而不同人，所以荀子即使真的從這種「人之宇宙性」觀點批判莊子，莊子沒有理由接受荀子的審判書。

　　由天人同構的氣化關係是本真境界而非日常意識語彙，我們進入莊子的「天」之核心內涵，此即筆者認為莊子所用的「天」乃意指非人為的本初狀態，所謂「無為為之之謂天」（〈天地〉篇）之意。莊子強調人的可自覺的意志或感官之機能為「人」，而超乎意志或感官之上的自動自發之機能為「天」。人的感性、智性如果能夠完全由整體的生命機能貫穿，分殊性的意識融進入整體性的意識，這就是「由人返天」的構造，也可以說是由人為進入「自然」的層次。莊子的技藝哲學之目標在「自然」，其關鍵即在轉化人的感性—智性構造變成全身的直覺之感之運作，這

---

17 身體具「宇宙性」，此用語借自湯淺泰雄，《身體の宇宙性》（東京：岩波書店，1994）此書書名。此義並不難理解，海德格的「世界」，西田幾多郎的「場所」，雖用語不同，內在的空間感之層次也不一定相同，但同具有超主客的價值之空間性之義。

18 筆者這裡所說的「日常意識」借自 Henri Lefebvre 意指被消費社會體制構成的意識。海德格批判一般人日常的存在狀態乃存在情緒裡，其說略同。

是種非分殊性意識所及之行動，所以可謂之「天」，此「天」接近於「神」之意。在此一身心圖式下的天人關係是連續性的，脫離整體運作的背景之理智與感性一旦因工夫熟化而融入「神」之狀態，它就會再返回到整體的背景去，與之合一，也就是達到「天」的層次。莊子一直強調「聖人藏乎天」，要作「天之君子」，但他實質的想法乃是天人不相勝而相續。如果學者能讓身心機能不分歧化，而是從整體中躍出且與整體配合，以工夫成熟境界證成原初之本真，這種本真、自然的行動即是「天」[19]。

比較莊、荀兩人的天人思想，其特色馬上可以對照而出。荀子批判莊子「蔽於天而不知人」，他這裡所說的「天」、「人」完全是依照自己的定義下的。在「天生人成」的思維模式影響下，「天」成了材質義，它有待「人」之轉化加工。荀子的「聖人」頗像一位偉大的工匠，工匠的創造是對材料的精緻加工，大自然提供材質，聖人提供特殊的技術，兩者合作，遂有人類的人文世界。相對之下，莊子自己認定的「天」乃是一種生命未分化的本真狀態，「人」呈現的是現實的身心模態。「天」代表始源的完整，「人」則代表身心分化後的諸種功能。莊子的聖人是位偉大的藝術家，藝術家開始創造時，焦點意識與支援意識不相涉，意識主體與形氣主體無法融合，人自人，天自天。等到工夫純熟後，他全身皆是創造的主體，全身皆顯為神氣所流串的一體性。荀子之「不求知天」與莊子之「入於寥天一」，其說各有所當。至於荀子之批莊，其天人概念指涉不同，所以其天人關係可說是各說各話，荀子的理解與莊子本義並不相干。

---

19 畢來德，《莊子四講》（台北：聯經出版公司，2011），也有類似的主張，請參照。

　　回到莊子本懷，筆者認為他不是「蔽於天而不知人」，而是他對天人關係另有理解。天人關係恰好也是千年來儒學最關心的議題，儒學從唐中晚期的李翱開始，對「性命之學」即有狂熱的追求。如果依據當代新儒家學者的解釋，「性命之學」進一步的規定即是「天道性命相貫通」，這樣的學問恰好與莊子的天人之學領域重疊。筆者認為：理學家在重構天人之學時，他們一方面很成功地打通了意識與超越界溝通的管道，從此，他們的人文精神滲透了造化的力道。依照理學家體用論的基本思維格局，他們應該證成文化世界的內涵即為「道之顯者也」，但因為理學家道德形上學的要求太強，他們的深化同時也窄化了天人關係的幅度。筆者認為莊子因為缺少此方面的負擔，所以我們一方面固然可以批評說：此缺席造成了莊子道德感的強度不足，同時也造成了他忽略既存的禮義結構與人格成長的有機關連，荀子在這方面即比他敏感，荀子對人的理解也比較能得到當代反先驗的社會學家、人類學家甚至哲學家的支持。

　　然而，就荀子批莊的另一面而言，我們卻看到了《莊子》書中具有同樣深度的思想風光，荀子卻忽略了。莊子看到現實的人文世界必然會有異化，它需要被解而化之；而人性的始源即具有新理日出的創造動能，它有更化自己及世界的能量。莊子的天人思想比起荀子來，較難得到當代人的共鳴，乃因整體的時代氛圍與之不同調，莊子遠遠走在時代的前端。當莊子以形氣主體取代意識主體，而且以一種共屬性的氣化主體（形氣主體之深層向度）作為思想的核心時，我們看到一種新的天人關係形成了，一種氣化的連續性之模式重新架構了天人的管道。莊子此一定位在自然哲學與在文化哲學上都產生了極深遠的影響，我們要進一步落實他的「人文之源」的內容了。

四、人文之源與氣化主體

　　筆者要重述上文已確定的兩點：（一）莊子哲學的出發點是建立在對老子哲學的超越上，他作了主體的轉化工作，將道論設立在氣化主體而非唯心主體（絕對意識）的立場上。（二）人文精神的古義之一指的是「道─文」連續體在人的世界之展現，人文精神是「道」經由「人」的創造性體現出來，而不是「道」由「人」創造出來。筆者將進一步指出：站在當代思想氛圍的立場，比起上世紀以前的學者，我們更有機會可以用「人文精神」一詞定位莊子思想。筆者將莊子貼上「人文精神」此一標籤，並非源於廉價的比較哲學之立場，而是認為在根源的意義上，也就是在基本存有論的視座上，莊子與人文精神的本質確實可以相互輝映。筆者這裡使用的「基本存有論」明顯的借自海德格《存有與時間》的用法，海德格將基本存有論建立在「此在」（Dasein）的基礎上，依筆者的理解，它主要的特點有二，一是所有事物的本體論意義皆需在「此在的存在論分析」中理解，此在具有本質的優先性，萬物的意義依此而建立。其次，「此在存有的顯著特色乃是它本身可理解存有，此在自身的特色即在它是存有論的。」「此在」自生自證，既不共也不依他，它與其他的存有物不同質不同層[20]。這種自明的性質也可以說是「理性的事實」。

　　基本存有論牽涉到人與世界的根源性關係、語言與技藝問題，筆者認為這三個問題都是圍繞著氣化主體展開的。或者說：基本存有論是氣化主體的問題，此種主體無可避免地會牽引人與

---

20 上述觀點參見英譯本 Martin Heidegger, *Being and Time*（Malden: Blackwell Publishing Ltd., 1962），pp. 32-34。

自然的根源性關係之問題，至於語言與技藝則是氣化主體展現的模式。筆者認為除了將「此在」換成「氣化主體」外，「此在」作為基本存有論來源的兩點理由，氣化主體都具備。但莊子的「氣化主體」仍預設一種體證道體之後的具體性之發展，此「體證」因素在海德格思想中較薄弱。牟宗三先生批判海德格的「此在」作為基本存有論的基礎之資格堪疑，牟先生站在天道性命相貫通的立場自然會提出此疑。然而，施益堅先生最近撰文，主張海德格早年也有實踐哲學，其「此在」未嘗沒有工夫論的內涵，茲不細論。莊子在氣化主體、語言與技藝這三個問題上都提出了符合人文精神的解釋[21]。

就人與世界關係而言，我們當緊扣「人文」的一種古義：「人文之元，肇自太極。」「太極」一詞出自《易經》與《莊子》，此詞語通常作為本體宇宙論的語言來使用，在「道在屎溺」、「枯槁有性」此泛道論的格局下，它構成了儒道的自然觀的核心。眾所共知，莊子有自然哲學，理學家也有自然哲學。在理學家的自然哲學中，我們看到天地被他們視為生生的創化體，大自然是互攝的整體。除此之外，太極還以因陀羅網模式的一多相容，在整體的大自然且在個個分殊的自然物中完整呈現。理學家看待自然，總是會將它提升到「道之顯者」此至高的地位。然而，在性命之學基本框架的牽制下，大自然所呈現的意義大抵是作為天道性命相貫通此大原則下的一個子項目，自然本身的複雜面貌並未開展。然而，在《莊子》書中，我們看到大自然呈現出一種更豐

---

21 參見施益堅，〈何謂『實踐詮釋學』？──從海德格早期的弗萊堡講稿（1919-1923）說起〉，此篇收入李明輝、邱黃海主編，《理解、詮釋與儒家傳統：比較觀點》（台北：中央研究院中國文哲研究所，2010），頁 33-52。

饒的面貌。

與自然產生關連的知識有多種，美學是其中的一種，莊子對中國美學的貢獻至大，眾所共知。然而，以「美學」一詞定位莊子的影響，這種標籤其實誤導的作用大於引導的功能。我們現在回到「美學」的原意，它原來即帶有感性之學的意思，換言之，如果攝所歸能的話，「美學」的焦點應當放在主體一種特殊的與物交往的知識，而不是自然的物相具不具有「美」的屬性。當美學從對象轉到一種帶有宇宙性性質的主體，筆者稱之為氣化主體時，「美」字已無法窮盡人與自然交涉的學問，筆者認為我們不妨將「美學」視為「感學」的一個次類型[22]。「感學」雖說是依照一種新的主體意義而設立，但它的範圍主要在人與自然間的關係，感學的核心落在氣化本身，莊子的美學貢獻之核心其實落在超越能所關係之上的「感學」本身。

我們探討人與自然的基源關係，所以要牽涉到「美學」的重新定義，乃因此學在今日華文世界大興，而其領域恰與本文的關懷高度重疊。我們提出氣化主體在基本存有論中的核心地位，又提出此主體超能所的特色，乃因莊子的思維很難用精神—自然或意識—世界一刀兩切的本體論斷裂方式思考之，「氣化主體」的概念既預設與世同在，也預設形上—形下的連續性。勉強就方便法門地強分能所而論，我們發現莊子在客觀面上特別注重道的創化的能量，此能量以氣化的形式不斷生起。事實上，就創生動能而論，《莊子》與《易經》是中國文化傳統中談得最徹底的兩部

---

22 何乏筆先生也提過這個問題，他建議用「覺學」代替「美學」一詞，但「覺學」的東方意識哲學內涵太強，此語多少令人聯想到「證悟」之意，竊以為「感學」相比之下仍較差強人意。

典籍。但關鍵不僅在此,更在莊子很強調在始源的創化機制中,世界即有原生的理蘊乎其中,〈天下〉篇所謂「其理不蛻」,〈知北遊〉所謂「原天地之美而達萬物之理」,〈養生主〉所謂「依乎天理」所說皆是。這些「理」都比經驗性的理之層次高,莊子的理不是認識論的概念,而是感學形上學的概念,它屬於「道」的分化。借用老子「道生之,德畜之」的語式,我們不妨說:「道生之,理成之」,理不但是道的分化,它還是道在雜多的世界最初的根源秩序。我們不宜忘掉:莊子是最早強調「理」的重要性的哲人,世界本身即有可理解的意義結構,這樣的存有論之肯定最早出自莊子,理學家後來所作者,大體即緣此一思路而來。

由於世界本身即為有意義形式的構造,而在氣化主體的共構存在之運作下,人與自然之間即會呈現一種原初的和諧關係。主體與外物之原初關係,不是認識,不是利用,甚至也不是美感的欣賞,而是一種氣感的流通。在此氣感的流通中,一種尚未明文化的「理」已醞釀其中,海德格說:詮釋的首要任務在傳來消息,氣化主體感物的第一步不是明鏡應物,而是在主客未分的共屬狀態中的一種機感,此時身體得到未明文化的訊息。始源的心物關係乃是一種氣化共感的、原生美感的,在感中醞釀了文的形式,也可以說彰顯了最始源的人文精神。《莊子》與《樂記》所以將音樂此人文之大宗逆推到天地之氤氳流化,我們不難理解。

如果世界本身即有原生的秩序,它有倫有序有理有類,而且此倫序理類與人的氣感是共生的,那麼,莊子提供的這種世界圖像正是儒家形上學最盼望的類型。此原初的世界圖像一旦落實到現實的人文世界來,我們有理由相信:莊子對倫理價值也不是否定的。誠然,我們可在《莊子》一書中較偏冷的章節中,讀到莊

子對倫理教化的嘲諷之言。但我們也不宜忘了「子之愛父，不可解於心，君臣大義無所逃於天地之間」的名言。莊子這段名言出自於〈人間世〉篇，在此篇中，莊子一再言及人間政治事務之險惡，也勸導學者如何在此亂世中，保身全性，安然度過。然而，正是在此篇中，莊子勸導學者：父子君臣之間無法用利益計量，萬一不可免，也只能承擔了，這就是「知其不可奈何而安之若命」的真諦。〈人間世〉篇這些話無人懷疑出之莊子之口，其語也不是不了義。以此為準，莊子對君臣、父子這兩倫的判斷與一般的儒生的判斷並沒有出入[23]，他的倫理觀似宜重看[24]。

　　人際倫理學的問題點到為止，因為莊子在此領域發揮的力道不夠，莊子對後世人文精神的影響主要也不在此面向[25]。底下，我們還是轉到基本存有論與其表現的問題。

---

23 黃宗羲提供了一種對照的觀點，他在《明夷待訪錄》的〈原君〉此篇名文中說道：「小儒規規焉，以君臣之義無所逃於天地之間。」依據其說，莊子不但沒有毀壞世間的倫理價值，他的觀點反而接近墨守世俗禮法的俗儒了。這一推論當然更極端了，不可取。但莊子此語在後世相當流行，所以黃宗羲的批判也許不見得針對莊子，而是另有現實世界的指涉，無暇細考，茲不贅論。

24 莊子的深情是許多莊學名家都注意到的，從明末到當代，不斷有人重複提出這種觀點。一位深情的哲人會反僵化的倫理體制，這是可以理解的，《莊子》書中不乏這類的敘述。但一位深情的哲人會反對情感本身的情之秩序，這是很難想像的。牟宗三先生認為道家並不反倫理教化，它從事的乃是「作用的保存」，亦即莊子並不提出倫理學的命題，他只關心 how，如何使真正的人倫價值不異化地展現出來。「作用的保存」大致就是政治人物所謂的「可作不可說」，很可能這就是莊子的立場。

25 晚明覺浪道盛、方以智師徒很強調莊子的忠孝概念，筆者認為這是時運使然，其理論效果沒那麼有說服力。

五、人文之源：語言與技藝

　　如果氣化主體乃與世同在，氣與物遊，而且在「主體一世界」的連續體之構造中即有未分化的秩序存焉。從人文價值的角度衡量，此即原始的渾沌狀態中孕育了「文」的潛能。但「文」要由潛能變為能量、由無名的文變為人文，這需要一種彰顯的過程。但彰顯不僅是直接性的由潛藏轉為實現，而是在彰顯中有原生的詮釋，彰顯不是直接拷貝潛藏的原本，而是在彰顯中即有非意識化的定位作用。氣化主體感物而興不會止於此無名、無別的同體狀態，它需要破裂而出，並將此原始的經驗轉化到人文的世界來。此際，「語言」居間扮演了轉化的樞紐。筆者這裡使用的彰顯、詮釋、語言這類語詞，明顯的帶有當代詮釋學的氣味，事實確也如此，筆者認為在當代詮釋學提供的「詮釋」、「語言」、「彰顯」之概念，對我們了解莊子思想起了很好的指引作用。如果比起前代學者來，我們在今日反省莊子的語言思想，真有後出轉精之處的話，那大概就是我們生在語言哲學成熟的 21 世紀此後出時代的優勢了。因為經過所謂「語言的轉化」以後，我們思考人文科學的立足點完全不一樣了。

　　語言是人類諸機能中最神祕的一種，在神話思維中，語言與存在幾乎同義，語言不僅指義對象，它就是對象本身。《舊約・創世紀》說：太初有道（語言），道（語言）與上帝同在。〈創世紀〉的敘述來自久遠的神話傳統，語言之根源深矣！遠矣！然而，神話的語言智慧在史上並沒有得到充分的正視，自從哲學突破的時代以來，人們對語言的理解基本上是越來越抽象化，語言的魔咒力量日益減弱，而邏格斯的控制力道越來越強。直接經驗

的豐富性被犧牲掉了，它只剩下沒有血肉的骷髏[26]。在西方，「工具說」或「約定說」始終相當流行。根據這種理論，語言是約定俗成的，詞是客觀物可以相映的符號，透過了語言的中介作用，人可以清明的認識世界，以祈改善世界。上述這種觀點預設了鏡子的隱喻，人心像明鏡，它可客觀地表象外在事物，這種透明的主體是知識論導向的認知主體，它在西方社會有個極頑強的傳統[27]。這種鏡子隱喻的知識論導向的主體在東方也不陌生，荀子就可視為此說的代表。在華人世界曾一度十分流行的邏輯實證論，也可視為哲學界中語言抽象化的巔峰之作。

　　然而，西方世界從 Herder、Humboldt 以下，彼邦學者對語言的本質另有思考，其規模已遠遠走出「語言約定俗成」或「語言工具說」的藩籬。基本上，「人是語言的動物」，或「人類的語言性」是許多不同學派的共識。語言就是人性，語言就是存有，不是人說語言，而是語言透過人自己說。類此之言，乍看怪異，而今觸目可見，學子已不感新鮮。目前哲學界有關「語言」本質的討論文章汗牛充棟，筆者無能妄贊一辭；國內的相關引介也多，筆者同樣也只能三緘其口。但放在本文的立場下考量，筆者認為當代語言哲學中，至少有兩義是特別值得注意的，首先，是語言與精神的關係；其次是語言與彰顯（創造）實在的關係。筆者認為在這兩點上，莊子有迥異於東方大部分思想家的獨特視野，兩千年來他踽踽獨行，反而在近世歐洲他找到了同行者。時

---

26 參見卡西勒（Ernst Cassirer）著，于曉等譯，《語言與神話》（北京：三聯書店，1988），頁 102-115。

27 參見理查‧羅蒂（Richard Rorty）著，李幼蒸譯，《哲學和自然之鏡》（北京：三聯書店，1987）。

序進入 21 世紀以後，他的思想更有資格引發廣泛的回響，事實
上引發的共鳴之聲也已不少。由後視昔，我們不能不讚嘆莊子的
語言思想遠遠超出他當時同代學者的水平。

　　人的語言性或「語言構成世界的存有論基礎」諸義在今日已
大顯，但其源頭至少可追溯到 18 世紀的洪堡特。洪堡特的《論
人類語言結構的差異及其對人類精神發展的影響》此書在語言學
說史占有極重要的地位，卡西勒說：洪堡特的作品在語言思想中
「不只是一個顯著的進展而已，它在語言學史中標出了一個新時
代」[28]。洪堡特對語言的革命性見解，乃在它從「內在語言形式」
的觀點界定語言，語言不是靜態的，不是既成的規則，不是約定
俗成的公共工具，語言是精神作用的具體化活動。用洪堡特自己
的話語說：「語言不僅只伴隨著精神的發展，而是完全占取了精
神的位置。語言產生自人類本性的深底，所以，在任何情況下我
們都不應把語言看作一種嚴格意義的產品（week），或把它看作
各民族人民所造就的作品。語言具有一種能為我們覺察到，但本
質上難以索解的獨立性，就此看來，語言不是活動的產物，而是
精神不由自主的流射，不是各民族的產品，而是各民族由於其內
在的命運而獲得的一份饋贈。」[29]洪堡特此書可謂天才之作，理
論內涵既新，語言材料又豐富。開啟語言和精神間，以及個人語
言和民族精神間是相互體現的論述。

　　看過洪堡特的話語，我們不妨參看莊子〈寓言〉篇怎麼論厄

---

28 卡西勒（Ernst Cassirer）著，劉述先譯，《論人──人類文化哲學導引》（台
　　中：東海大學出版社，1959），頁 138。

29 洪堡特（Humboldt Wilhelm, Freiherr von）著，姚小平譯，《論人類語言結構
　　的差異及其對人類精神發展的影響》（北京：商務印書館，1997），頁 20。

言:「卮言日出,和以天倪,因以曼衍,所以窮年。不言則齊,齊與言不齊,言與齊不齊也。故曰無言。言無言,終身言,未嘗言;終身不言,未嘗不言。」上述這段論語言的文字在〈齊物論〉篇中,又重新出現了,只是它的主詞變成了道。述詞全同,主詞有別,筆者認為最好的解釋,乃是語言即道,道即語言。因為主體的重要內涵即是語言性,而主體與道體的依據是相同的。我們如果反思「道」的語義,發現此字除了「道路」一義外,原本即有言說之義。如此說來,道與言同體生起,這樣的連結似乎符合「原始語言」的意義了。

透過洪堡特「內在語言形式」以至海德格「存有之安宅」之對照,我們不得不很嚴肅地擦亮眼睛,反思為什麼莊子在〈天下〉篇論及自己的學術時,那麼重視語言的問題,從「以謬悠之說,荒唐之言,無端崖之辭」開始,迤邐至「以卮言為曼衍,以重言為真,以寓言為廣」,再至「芒乎昧乎,未之盡者」,這些看似縹緲的狀詞皆指向了語言活動。莊子論其他各家諸子,都沒花這麼多的篇幅討論語言,除了名家,基本上可以說連提都不提;即使名家,莊子所重者,仍是在其哲學命題,而不是語言本身。在〈天下〉篇這麼珍貴的書寫空間局限下,莊子為什麼花了一半以上的篇幅去描述自己思想中的語言問題[30]?

筆者認為:莊子的卮言,無疑的就是一種精神體現者的語言,我們不妨稱之為「道言」。「卮」是道的象徵,它以旋轉的形態,不斷的從深層湧現。從它以「不化」帶動「無盡之化」,從無盡深淵明朗化隱晦的訊息而言,莊子和洪堡特看到了同樣的

---

30 這是聞一多提的問題,參見聞一多,《古典新義》,收入朱自清等編,《聞一多全集》(台北:里仁書局,2000),第 2 冊,頁 283。

精神活動之現象。但在語言精神一體化的活動中，洪堡特看到個
人語言和民族精神之間的一體難分，民族精神透過個體語言顯示
出來，個體語言則因集體精神而得以溝通。莊子沒談到民族語言
的問題，他恐怕連民族的意識都沒有。他對語言的民族精神之共
通性著墨較少，但他觸及到了語言作為存有安宅的面向。

　　莊子的語言（巵言）具有本體論上的優越位置，這是從言—
道的連結結構即可推衍出來的。我們不妨再回想「應化解物」的
另一層意義，亦即它在語言層上的作用。應化者，語言作為「化
聲」也，它如天籟之生起。「解物」也者，語言體現物，盡之於
物，而物隨化流，所以語言也要隨化而解。王夫之注「道物之
極，言默不足以載」曰：「道不可盡，盡之於物。故於道則默，
於物則言……隨其言而成，乃謂之隨成，隨成而無不吻合。」[31]
在巵言隨大化而起的運動中，道不可見，唯物可論。物不自現，
因言而顯。從意義的存有論觀點考量，語言就是詮釋的精神，無
物不因語言而彰顯。我們如果不從一神論的上帝從無創造萬物，
或從原始材料（如水、土）創造萬物的觀點考量，而是從萬物的
本體論意義由隱而顯考量，那麼，語言可視為既是詮釋者也是創
造者。

　　然而，語言彰顯萬物，萬物有名之後，「言—物」的連體邏
輯結構即有自己的行程。巵言伴隨精神活動而來，脫離創造的母
體之後，它很容易體制化，言語（parole）變為語言
（language），語言擬像化為儼然的主體。然而，體制化的語言畢
竟也是不可少的，人格成長總是在文化傳統的語言系統下成長
的，語言的習得後才有言語之創發，語言的活化與僵化、創造性

---

31 王夫之，《莊子解》（台北：里仁書局，1984）卷 25，頁 237。

與體制性的張力由此展開。但就莊子的觀點而論，語言終究當在
活動中自行衍生意義，不主故常。卮言之作為存有之安宅，其宅
終究非靜態之安穩者，而是變化之力場。

　　本文要提及莊子與人文精神之關係之第三點，乃從技藝入
手。技藝在《莊子》書中的地位詭異，一方面我們看到莊子發出
「毀絕鉤繩，而棄規矩，攦工倕之指」（〈胠篋〉）這樣的呼聲；
一方面我們看到許多類似運動特技的特寫鏡頭畫面在他的著作中
不斷出現，在〈養生主〉及〈達生〉兩篇中，這樣的特寫鏡頭出
現得尤為密集。這兩種立場相去天壤，其差別似乎很難完全用禪
宗呵佛罵祖之說比擬之，我們因此不得不贊同劉笑敢劃分《莊
子》一書不同作者的洞見[32]。關於技藝價值的兩歧現象該如何解
釋，我們在下一節將另有說明。本節從正面立論，筆者認為莊子
對技藝有相當獨特的見解，它將技藝提升到人的存在意義之層
面。

　　《莊子》一書中，我們看到特別多的勞動者與技藝的故事，
這些勞動者中有解牛的庖丁、有製輪的輪扁、有為鐻的梓慶、有
承蜩的丈人、有射箭的伯昏無人、有冶陶的工倕、有操舟的津
人、有駕馬的東野稷（雖然他不是最理想的駕者），這些技藝卓
絕的人物大體可分成兩組，一組是器物的製造者，一組是器物或
動物的使用者。莊子舉的例子不少，但可想見的，沒舉到的勞動
故事還有很多。莊子本身是漆園吏，他對勞作一點都不陌生。由
於這些匠人出身低微，與他們對話的國君反而多不得道，所以李
約瑟以下，許多學者都相信莊子在此作了階級意識的批判。筆者
相信莊子表彰貧賤者的用心是有的，但筆者更相信莊子所以列出

32 劉笑敢，《莊子哲學及其演變》（北京：中國社會科學出版社，1988）。

這些故事,主要是想藉以指出:我們的環境是由器物環繞而成的,我們的生活則是由這些製器、用器的活動組成的世界。

在中國的經典詮釋傳統中,「器」一向不是重要的哲學概念,一直到晚明,才有「天下惟器而已」的命題[33]。而「器物」與人文世界的緊密關連,我們恐怕要到了 20 世紀因海德格論物的「傲向性」(in-order-to)結構與布希亞的「物」之象徵內涵,我們才比較清楚地了解新器物的創造不只是帶來生活的福祉,也不只是在外在的世界影響了主體,更重要的,它使得我們與世界的關係產生了深刻的變化。透過了現代的視野,我們返回看《莊子》與《易經》,我們不能不承認:《莊子》與《易經》的複雜思想體系中,至少有器物哲學的內涵。物是主體從絕對的同一性分化後,人與世界產生關連的重要步驟。雖然某些動物(如猩猩)也有製造器物的能力,但就器物所代表的意義而言,只有人類才是使用器物的動物,因為器物對我們而言不僅是生存工具的作用,它還有文化意義的問題。器物一旦出現了,它就成了一個中介的文化網脈,它使得主體與環境可以合構意義疊密的人文世界。

莊子有器物哲學,但比較起朱子的格物,或方以智、王夫之對物的理解,論者或許會說:莊子沒有賦予器物完整的意義,或者說:沒有如海德格那般賦予物「主體」的地位。莊子論製器用器,製物用物,他都是強調具體的人文活動不能脫離這些器物而存在。但莊子所著重者乃在透過器物而展現人文價值,「透過」的重點在於氣化主體之遊心於物,它與物形成共遊互滲的關連,

---

33 此詞語出自王夫之注解,〈繫辭上・第十二章〉,《周易外傳》,《船山全書》(長沙:嶽麓書社,1996)卷 5,頁 1026。

而不是種表象的關係。一種成功的製器或用器行為需要全身參與，其運作的主體肯定是氣化主體，而不是只依意識主體的焦點意識去運作。此之謂「以神遇而不以目視」，「官知止而神欲行」。

論者的解釋是可以成立的，然而，技藝論在《莊子》一書中占有那麼重要的地位，就「技藝論」而言，我們可以說：中國的任一本經典都沒有《莊子》一書貢獻得大，莊子對「技藝」的重視顯然需要「深層的描述」。我們所要從事的深層描述其實沒那麼複雜，因為「技藝」一定一方面牽涉到客體的物之關係，一方面牽涉到主體如何應物的問題。一旦技藝論的焦點由技術面轉到主客關係、心物關係時，我們發現「技藝」不再只是莊子思想中的一小塊部門，而是整體思想體系核心的成分。因為人的存在乃是與物共在的存在，人的生活世界是由「人—人」、「人—物」的共構關係所組成的。人的存在應當是一種乘物以遊心的構造，好的技藝即是遊於藝。莊子沒有具體地解析「物」或「器」的構造，乃因莊子是從實踐面的觀點探討「乘物」的論題。這種實踐不是一般的實用哲學，它是關連基本存有論的核心論述。

從氣化主體的提出，到理想語言的日生日化且隨物而成，再到氣化主體凝聚技藝且因器物而完成生活的意義。我們看到莊子的人文精神主要都是依循著氣化主體的軸心步步落實的，主體即「脫我」（ecstasy），依「脫我」而日生日化以成自體。但它的「脫我」不只是主體的向外射放，而是有「與物共化共遊」的辯證歷程。至於這樣的人文精神之內涵是否足夠，這是另個層面的議題了。

六、同一、解構與創化

如前所述，莊子的思想建立在基源的存有論基礎上，語言有身體性（形氣主體性），技藝有身體性（形氣主體性）；而身體主體（形氣主體）乃是道在人間的孔竅，道只能透過這個孔竅才可以在世間展開它的行程。身體本身就是一個莊子喜歡運用的喻根——陶均，它有個神祕的中心軸，依祕教天人同根的圖式，此中心軸即是作為宇宙軸的太極。宇宙軸不但有定位世界秩序的作用，它還會帶動世界變化不已的旋轉，莊子說：結合了外化與內不化，意義即從無法定點化的中心不斷湧現出。此說如成立，莊子思想乃是為窮究人文世界而立，因為只有坐落在形氣主體此陶均之基礎上，人文世界才可鞏固。脫離了氣化主體的運作，中軸虛轉，語言囈喃，技藝落空，最後終無人文可言。語言與技藝破碎處，一切法不成。

人文之源的假說如果成立的話，我們馬上面臨一個莊子詮釋學的障礙：《莊子》一書中對構成人文世界的主要內涵，如道德、技藝、語言，常抱著批判的態度。莊子的批判是一條鞭的，他從人的感性、智性之起源處開始，一連串的批判順河而下。他首先指出這種感性—智性主體會因語言與反省意識的活動而造成自身不斷的分化。語言分化以後，它會順著自性繁殖的軌道，不斷再分化下去，所以最好「言無言」。智性主體因其向外活動的性格會發展出技藝的活動，但技藝活動一旦發展下去了以後，它會有自己發展的軌道，如此會造成人的主體有了機心，「純白不備」，所以最好像漢陰丈人一樣，不要使用機械。至於構成儒家人文精神的核心之倫理道德，莊子的揶揄是很著名的，盜亦有道，詩禮發塚，若此之言，不時可見。他宣稱：「仁義者，先王

之蘧廬，可以一宿，不可久住」，此段話語更可視為對人文制度根本的批判。他反語言、技藝、倫理的態度這麼明顯，因此，後世讀莊者只要一張目，很難不看到帶著嵇康、李卓吾形象的哲人閃爍於其書之間。

我們彰揚莊子的人文精神的同時，不能對同樣明顯的不利的文字視若無睹。筆者同意論者如果提出這樣的質疑，他的質疑是有合法性的。然而，如果我們仔細觀察《莊子》書中這些批判人文價值的言論，稍加歸納，不難發現它們來自兩個不同的來源，筆者稱呼第一種來源為同一哲學的模式，另一個是解構哲學的模式。同一哲學意指「與道同一」的哲學主張，這種主張在東方世界特別流行，許多哲學流派都有類似的想法，其名稱雖然有出入，或言永恆哲學（perennial philosophy），或言冥契主義（mysticism），但同樣強調人的本質與世界的本質是相同的，而且「與世界的本質同一」具有最高的價值[34]。持此說的學者不僅出於理論的興趣，他們同時在工夫論上也顯現了迴向天人同一的體證境界之傾向。在《莊子》詮釋史上持這種同一說的詮釋者多半來自佛道兩教的高僧高道，或者一部分受到佛老影響但具有濃厚理學天道性命說傾向的儒者。如果要點名的話，筆者認為成玄英的《莊子疏》、憨山的《莊子內篇注》以及陸西星的《南華真經副墨》可為代表。成玄英、憨山和陸西星都是所謂的高道或高僧，他們嫻熟方外之學的性命之說，他們本身極可能也經歷過與道同一的冥契體驗。以過來人身分詮釋讀者不易進入的性命祕苑，他們的詮釋會有很強的效應，這是可以預期的。

---

34 「同一」這個詞語用在體證境界上時，其實內涵也很複雜，它往往會牽涉到「悖論」的問題。本文在此只是依邏輯法則的同一律解讀之。

　　這種從同一哲學的角度進入以詮釋莊子本地風光者，是否有說服力呢？筆者認為他們在解釋文本上是有部分的合理性。我們看《莊子》書中，尤其〈內七〉篇中，確實有不少非常徹底的悟道風光之語句。我們看下列諸句：「天地與我並生，萬物與我為一」（〈齊物論〉）、「以其心得其常心」（〈德充符〉）、「離形去知，同于大通」（〈大宗師〉）、「倫與物忘，大同乎涬溟；解心釋神，莫然無魂」（〈在宥〉）這些語言如果不從無限心的角度解釋，其論點總是彆扭。筆者曾比較郭象與成玄英對這些語句的解釋，怎麼看，郭象的注解都怪，很難想像能將莊子「無言獨化」思想發揮得如此淋漓盡致的思想家，他注解性命論的語句時，其解釋竟完全走樣。相對的，成玄英的解釋都很道地。郭象的注偏離了莊子原文，成玄英的疏又偏離了郭象注，結果反反以顯正。就論及性天相通的修煉語言而言，成玄英此高道更能充分了解莊子的向上一機[35]。

　　然而，了解莊子的性命思想，不一定了解莊子更重要的關懷。我們如果只從同一哲學的角度詮釋莊子，那麼，莊子思想和老子將不會有什麼兩樣。事實上，我們上文所提到的這幾位高僧高道，他們真的是將莊子當成老子的注釋者，成玄英所謂：「申道德之深根，述重玄之妙旨。」[36]好像莊子之於老子，就像孟子之於孔子，或保羅之於耶穌，他們都是教下的哲人。但我們不會忘掉〈天下〉篇的警示：老莊分列，各成一宗，莊子不是不曾體驗內聖外王之道所出的「太一」，但他的使命正是要經歷老子，

---

35 拙作，〈注莊的另一個故事——郭象與成玄英的論述〉，鄭志明主編，《道教文化的精華》（嘉義：南華大學宗教文化研究中心，2000），頁 297-335。
36 引自郭慶藩《莊子集釋》（台北：河洛圖書出版社，1974），頁 6。

而又走出老子。莊子是老子的修正者而不是追隨者，莊子從來沒有「道家」的意識，他沒聽過「道家」之名，也沒有立下「乃所願則學老子」的弘誓，他是心與天遊、獨往獨來的哲人。

莊子既有同一哲學的思想，而又能賦予人文活動本體論的基礎，筆者覺得一點都不衝突，而且完整的莊子正是需要兩者兼具。就同一哲學與人文精神兩種向度而言，筆者認為莊子人文精神之特色並不是在於他反對同一哲學，而是在於他走出同一哲學並消化同一哲學。同一哲學發展到巔峰，大致都會發展出類似冥契主義的體證哲學，冥契主義的第一義可以說是「主客為一，萬物一體」。當主客同一時，學者不能有反思的活動，在則不思，思則不在。從意識活動、語言到製器尚物，這一連串的活動都會將人帶出那玄冥的層次，所以都需化掉。內七篇以渾沌之死——死於代表理智活動的倏忽之鑿竅活動——作結，具有極濃厚的象徵意義，莊子顯然對意識的分化發展有很高的戒心。

但有戒心是一回事，體證者該不該或能不能常居在孤立的未分化境界又是一回事。任何體道者都很難長期處在證悟的當下經驗，但建立在冥契經驗上的思想通常都會因沉溺於此特殊法悅的同一經驗，而忘掉氣化的躍出精神之意義。在理學家文獻中，大師（如王陽明）勸告學者不可因耽溺靜坐之寂靜之樂，忘掉倫理的責任，這種記載是很多的。即使佛教出世法特重，但類似的規勸之言也不時可以聽到，可見同一思維具有特殊的吸引力，所以才需要被特別標記紅圈。但在各種克服絕對意識之同一性傾向方面，莊子的立足點特顯險峻，氣化的躍出精神是莊子最基本的關懷，他不是老子，不想「澹然獨與神明居」。

至於造成莊子反人文精神的第二種來源，筆者假借當代詮釋莊子者常用的一個語彙，稱之為解構主義的論點。「解構主義」

是當代的一個重要思潮，筆者假借其名，主要意指它「瓦解既存結構」的語義。同一哲學可視為超人文的思想，解構主義論述可視為反人文的思想。由於《莊子》文本中反禮樂、反體制、反語言的文獻極多，我們先前多少也觸及此一現象，故在此不予細論。對於《莊子》文本中這些解構精神的文獻，筆者不會視若無睹，而且還會認為這些文字有極重要的作用。先別說在中國長期穩定的社會結構中，莊子的解構精神起了多大的消炎解毒劑的功能。如果少掉了莊子的因素，我們很難想像處在亂世或政治濁世中的傳統知識人會少掉多大的精神支援力量。何況，我們從一些真正的大儒身上，也可看到他們對現存的體制通常也有極深的反感，他們同樣也會發出現實層面意義的批判力道，他們和莊子不同者，乃在其批判的層次不一樣。所以如就反現實存在狀態的解構精神而論，莊子和儒家不但沒有矛盾，兩者事實上有可能形成互補的作用[37]。

　　莊子的解構精神和人文精神所以不會相互牴觸，還有更深的理由。簡單的說，構成創化性來源的因素和異化的因素是同體的，形成人文精神的因素也有可能是反人文精神的障礙物，而作為人文之源的創化精神很容易和精神發展定型以後的異化意識產生衝突。學者必須藉著解構，以利化源新生。莊子對於人的精神之容易撕裂主客、全面異化，有極深刻的理解。莊子對「人心險於山川」之認知在其著作中不時可見，〈齊物論〉與〈人間世〉諸篇更可視為存在主義式作品的樣板。但莊子超出於一般的存在

---

37 「儒道互補說」是目前學界很流行的論述，本文無意涉及此說內涵。筆者在此只是強調：就轉化現實的批判精神考量，儒莊具有相似的關懷，可以互補。

主義哲學家者,在於他看出:結構與異化是連體嬰,秩序與壓迫是連體嬰,意識、語言、器具都有兩面性,它們一方面是人文之源,但也容易淪為異化之源。人類的文明始於「始制有名」,以後歷史必然會帶來社會的意識型態化。而文明所以必然會帶來意識型態的異化,乃因人性隨著語言—精神的外展,它自然會撕裂渾全,而引來「有左有右、有倫有義」等等的二元對立之狀態[38]。簡言之,凡我們在精神初發之處所看到的人文精神躍動之真機,只要一落入分化—結構的階段,它就會變為危機。

莊子對「結構」有強烈的不信任感。它看待人與社會結構的關係,不會認為人是在社會結構中成長,也是在社會結構中結構自己的人格的。在他看來,結構就是對逍遙的一種限制,所以我們看到莊子對結構面的批判不遺餘力。然而,當莊子對結構面提出批判時,他並沒有退回到未分化的意識狀態,莊子渾沌說的另一個故事給我們很大的啟示。在這個有名的漢陰丈人與子貢的對話中,我們知道漢陰丈人代表一種徹底在其自體的渾沌精神,孔子對子貢表示此種渾沌精神只知其一,不知其二,亦即它只是抽象的在其自體之完整意識,無法處理真正的人間生活,漢陰丈人的修行仍不到家。結合〈應帝王〉篇與〈天地〉篇兩個渾沌故事,我們發現莊子想要跟我們講的真理:為避免精神的異化,它需要一面創化,一面解構,兩者缺一不可。

在現行的《莊子》文本內,我們發現一組邪惡的三胞胎,創化的莊子與同一性的莊子及解構的莊子同時存在,表面上看來,

---

38 關於語言、意義、結構、權力、異化的複雜關係,參見葉維廉先生〈言無言:道家知識論〉及〈意義組織與權力架構〉兩文的解說。兩文收入《歷史、傳譯與美學》(台北:東大圖書公司,1988),頁 115-154、209-250。

亦即人文、超人文、反人文三者連袂而至,《莊子》一書的性質
所以會引發長期的詮釋學之爭議,主要的原因即在於《莊子》文
本本身的曖昧性。然而,我們有很強的理由主張:莊子人文精神
的特殊,在於它的人文延展到超人文領域,並且需要反世俗人文
的活動以便開展出它的人文向度。所謂的人文—超人文—反人文
正是它的三位一體,矛盾非矛盾,它是精神辯證的發展。

七、第三期的人文莊子說

「人文精神的莊子」並不是一種新說,如果我們放在莊子詮
釋史的脈絡下考量,這種「人文莊子」的詮釋聲音始終不斷,魏
晉、晚明是其中的兩個高峰,我們現在對莊子所作的解釋可視為
第三期的人文莊子說。如果莊子道家說是莊子學的主流的話,那
麼,莊子人文說當是莊子學最主要的支流,我們把此種詮釋途徑
視為連綿一千八百年的莊學修正運動也未嘗不可。

莊子人文說的第一波高峰在魏晉時期,郭象《莊子注》為此
說代表作。魏晉是文人個性解放的時代,但也是名教規範最嚴的
年代,自然與名教的關係成了此時期主要的思想課題,此期的莊
子人文說即是放在「自然—名教」的論題下展開的次類型論述。
如果不就社會的影響,而是單就理論的圓融而論,「自然名教一
致說」顯然更符合先秦儒家及某部分的道家思想的論點,就當時
的論述考察,它的理論內涵也較深刻。然而,郭象的莊子注觀點
與當日門閥體制的意識型態太接近,他的「適性說」幾乎等於要
求所有人安居於其階級位置的命定說。郭象這類型的玄學家雖然
善談名理,但在德行操守上並沒有太多值得讚美之處。他們對工
夫論的問題通常也沒有善解,郭象會通孔、莊的誠意令人懷疑,

其理論效果也要打折扣。當代儒者熊十力、錢穆所以常以名士為戒，良有以也。

郭象《莊子注》所提「自然名教一致說」雖然可視為第一期人文精神莊子修正運動的代表作，但此種理論只有在境界的形式上有溝通的效果，實質上的效用相當有限，而且恐怕名聲還不太佳。莊子和儒家的密切關係只有放在理學的脈絡下，才可以清楚的對照出來。第二階段的莊子人文精神修正運動幾乎伴隨理學的誕生而起，但此運動在宋元時期若現若隱，面貌不清。直到 17 世紀的明末清初，莊子人文精神修正運動才達到第二次的高峰。推動此波運動的人物乃是理學家或理學化的高僧，方以智與王夫之為此波運動的代表人物。此波運動可以說與理學並興，當理學從漢唐儒學的格局中走出，正式接受佛老心性—形上命題的挑戰後，莊子始終是理學家隱藏的一支友軍。理學家所以和莊子結盟是有理路可尋的，因為兩者同樣重視氣化的能動性與真實性，在緣起性空的對照背景下，中國儒道在形上學方面的差異被淡化了，其共同性則加強了。然而，直到明末，方以智、王夫之等人因為要克服以王學後學及禪學為代表的唯心哲學的偏差，有意援莊入儒，才赫然發現兩者原本為一家，至少是血緣相近的同族。

關於理學的演變與莊子的接受史，其細節非本文所能詳論，但筆者想指出一個極有意思的平行現象，此即明末莊學流行，同一時期，同樣接受莊子的一些大儒者幾乎同時反對三教中的心學體系，而且共同強調一種建立在《易經》基礎上的一種體用論的哲學。其中，像王夫之這般衛道意識極強的哲人，他可以說是最典型的儒家文化傳統主義者，但他注解《莊子》，其熱情與精到似乎猶勝過他的《周易內外傳》。莊子從老子入，而最後卻拋棄了內省的「大母神」模式；同樣的，王夫之、方以智同從王學或

禪學出發，後來紛紛叛離了「心學」的立場。明末的莊子和明末的理學可以說惺惺相惜，命運相同，這樣的平行現象恐怕不是偶然的，筆者認為莊、儒的結緣是本質性的。在明末的思想轉型之關鍵期中，《莊子》比起儒家其他的經典，它提供的理論資源毫不遜色。對長期卡在意識哲學領域的明末儒者而言，「重新發現莊子運動」所帶來的訊息太強烈了。莊、儒的結盟與其說是莊子需要儒家，不如說是儒家需要莊子，更不如說是兩者相互需要。莊子的人文精神修正運動至此由量變而質變，莊子思想的本質已經需要重新定位了。可惜，方、王之後，儒家潮流沒有順著他們的軌道發展下去。

　　17 世紀中葉的莊學修正運動著作具有極強的說服力，它不但是莊子學的思想高峰，即使放在整體理學史的視野下考量，它的意義也是一樣的重大。方以智、王夫之之後，莊子詮釋史上恐怕再也找不到可以與之比埒的著作。方、王注莊新義時出，鞭辟入裡，直欲掀千古公案。然而兩人的著作都不容易讀，其精金粹玉般的理論很容易被注釋體的艱澀文字掩蓋過去，《藥地炮莊》的文字更類似需要讀者苦參的禪門公案。然而，經過時光之流反覆沖刷，終究會刷去表層的迷障，顯現出他們的光彩的。我們看到方、王一方面消極地為莊子破壞倫常禮樂辯護，一方面兩人更積極地從精神的發展著眼，指出天均之學一種動態的全體大用之學。雙管齊下，建構起溝通莊、儒的平台。透過了他們的眼睛，我們發現了一位會持作用的保存倫理價值的哲人；一位會在世界的本源上體現生生不息的力量，而且居間發現了原生的理則的哲人；一位對作為生活世界最需要的技藝有極深刻體認、對中國美學精神有最深遠影響的哲人；有了這種不同的新視野，我們無論如何不宜再用解構的標籤強加在他的身上，反而當將他視為人文

精神最根源的展現者。

我們現在該處在莊子人文精神修正運動的第三波了，至今為止，筆者不認為在開發莊子思想上，整體而論，近代學者有超越方以智與王夫之的成就太多之處。因為大部分的人的理解都沒有站在這兩位巨人的肩膀上，他們看到的莊學風光自然沒有方、王兩人的全面與深入。然而，就個別的領域而論，如在美學、文學批評、甚至部分的比較哲學領域，這個時代的詮釋也有後出轉精之處，到底現代性的一些學科如人類學、神話學、語言學等等，可以提供我們以往學者沒有注意到的盲點。截長補短，我們未嘗不可在第二波修正運動的基礎上，將莊子更精準地帶返到一種創發性的、原初秩序的、心與物化的源頭上去，這是個尚未結構化的場所，卻是人文精神展現的源頭，也是莊、儒共享的場域。我們需要洗刷眼鏡，仔細分辨這個源頭的性質，誤釋或忽視都會帶來難以衡量的損失。筆者不認為人文的源頭即等於人文的全景[39]，但此源頭原汁原味，天光乍顯，具有十足的動能。莊子是最早揭開這幕風景的哲人，他遙遙領先他的時代，應該也會企盼未來有一個可以理解他的時代。

---

39 如人文精神很難不正視人類此一種屬特有的「傳統」與「社會」因素，但莊子對「傳統」與「社會」殊少正眼以觀。

結論
莊子之後的《莊子》

　　本書出版後，在浩浩湯湯的《莊子》研究著作行列中，又會增添新的一本。但我們對莊子的了解到底增加了多少呢？

　　莊子總是令人好奇的，也是令人喜歡的，偏偏我們對莊子的了解實在不夠多。我們知道他的一點訊息幾乎都是出自《史記》一篇很粗疏的傳記，以及冠在《莊子》名下的一些記載而已。和莊子豐饒橫溢的思想相比，其個人傳記之稀薄更呈現刺眼的反差。不過話說回來，我們如對照先秦其他諸子，莊子的情況並沒有更糟。比如和莊子常相提並論的老子、關尹子、列子、文子諸人，我們對他們的認識甚至還比不上莊子。依目前所能掌握的資料，我們對莊子的出身、師承、家庭是不太能著墨的，這些私人性的因素有可能影響一個人的思想既深且遠，但卻不容易論述。但從宏觀的角度入手，我們還是可以找到影響他的思想發展的幾條線索。

　　莊子活在公元前 4 世紀的宋國蒙地，現在的河南省商丘附近，這位常被後人視為代表逍遙精神的哲學家，卻活在一個不怎麼寧靜的邦國，他處的時代更是中國史上數一數二的大動亂的時代。早在他生前，宋國即因不堪長期處於楚晉爭霸的夾心位置，曾主動發起過國際間的弭兵會盟，希望借盟約來約束霸國的野心。在他成長的年代，宋國由於處在四戰之地，中原的任何戰事都會將這個不堪負荷的小國捲進歷史的絞肉機裡，宋國君臣對於如何在國際政局中自處，始終是小心翼翼。莊子身為當時宋國重要的思想家，又在國家官僚系統裡擔任一個官職，雖然漆園吏不

是太起眼，但總是公職，他幾乎沒有任何機會不注意到悲慘的時代情境。筆者所以籠統地討論莊子身處的政治環境，意在顯示：莊子的高人形象需要仔細地辨認，《莊子》內七篇的〈人間世〉、〈應帝王〉不妨視之為莊子對時局的批判。

　　然而，影響莊子思想的主軸可能不是政治局勢提供的刺激，而是宋國繼承的殷商文化以及春秋時期興起的孔老思想之問題意識。殷商文化是典型的巫文化，巫文化的核心在於巫者如何體現巫文化。巫文化自有一套巫教的知識系統，神巫的系譜、以宇宙軸為核心的象徵、三界的世界觀、神祕性能的動、植物云云。巫文化也有實踐的面向，巫是懂得離體之技的宗教人，只有此種宗教人才能掌握身心解離，進入解體狀態（所謂的出神）之諸種法門，亦即懂得掌握以齋戒為核心的工夫論。這些巫文化是殷商文化的主軸，殷商帝國崩潰後，巫文化的因素還是深深浸潤在該國的文化風土中。巫文化是殷商一朝的文化風土，自由與專制、智慧與愚昧的因素兼而有之，對巫文化的吸收與批判構成莊子思想的一大主軸。我們看莊子賦予至人的形象：昇天、變形、不懼水火，以及莊子對「氣」、「化」這些核心概念的闡釋，不難看出遠古神巫的身影。

　　除巫文化外，影響莊子思想最根源的事件當是他處於後老子、孔子的這個思想史的位置。戰國諸子都處於老子、孔子之後，因此，如果從時間先後著眼，「後老子─孔子」之說等於沒說，沒有增加任何解釋的效率。然而，「後」不只指向時間的意義，也指向論述的繼承關係。孟子可以說是後孔子時代的哲人，惠施就不好這麼談，因為孟子很自覺地繼承孔子之學，惠施則否。同理，我們說：莊子乃後老子─孔子的哲人，因為莊子思想的主軸是對老子、孔子思想遺產的批判、吸收、轉化，莊子思想

背後預設了他與老子、孔子的關係。身為後老子—孔子時代的哲人，莊子的批判性繼承最特殊者在於其繼承的模式乃是「精神發展」式的，而不是個別議題式的繼承。在先秦諸子當中，借著精神的發展以定位所繼承者思想之主從輕重，大概只有莊子會這樣作。莊子這種手法頗有後來天台、華嚴判教的型態，事實上，〈天下〉篇可貨真價實地視為莊子的判教哲學。

筆者所以提出政治局勢、巫教的文化風土以及孔、老之後的思想史位置，乃是想給莊子思想框住在一個獨特的精神發展史的位置上。本書對莊子所處的政治局勢殊少著墨，主因那不是本書的重點，而言者已多。但我們如多注意此層面，至少可對莊子的「人間性」有更同情的理解。至於論及巫教因素，乃是要突顯莊子的神話知識與心性經驗可能源自巫教的傳承。殷周之際是中國上古史，不，應當說是中國史上的一大轉捩點。筆者越來越相信由「武王伐紂—周公制禮作樂」這條歷史事件縱貫軸帶動的變革既是政治的革命，也是宗教的革命，同時也是主體範式的革命。巫教是殷商文化的主要內涵，它的作用在公元前 1046 年武王入朝歌後受到嚴厲的打擊。隨著巫師人格由禮樂人格取代，天的內容也改變了。這場變革的規模夠大，縱深夠深，所以作為事件，它不是一次完成的，而是波延好幾代。所以即使遲至戰國中期，莊子仍和孔子、老子一樣，他們可能都面臨過對巫教的吸收、轉化的問題。筆者對莊子與巫教的關係雖已有論述，但待闡釋者仍多。

本書的重點當然是將莊子放在孔、老後的思想史位置上考量。我們研究先秦諸子著作，固然可以依其文本所說，重構理論。但我們如果能夠了解他的問題因何發生？對話或對治者何人？我們對該思想家的了解可以更具體。老莊喜歡說：「有無相

生」之類的道理，言說的旨趣與非言說的思想背景，兩者合組相映，才能構成完整的圖像。莊子生於諸子爭鳴的年代，他當然有機會與諸子對話，尤其和惠施的對話更是欲罷不能。但筆者相信莊子是自覺地站在孔、老之後，綜合其學。不管孔、老在他的著作中出現的比例如何，孔、老思想的基本定位構成了莊子哲學反思的起點。〈天下〉篇所以依道（亦即具有本體論意義的精神）的發展，從老子延伸到莊子，事實上是從孔、老延伸到莊子，原因是它想從本質上顯出莊子如何走出孔、老。

如果我們以《莊子》文本為經，以上述三個因素為緯，仔細抽繹《莊子》文本的內涵，我們應該已有足夠的文字為證，足以建構較符合歷史事實的莊子形貌。筆者相信莊子在〈天下〉篇給自己定下的位置，等於是對東周一朝的思想作了整體性的哲學反思，他的天均哲學無異於太一之道的道成肉身。但這種「原始」版本的莊子是否曾經出現在漫長的莊學注疏傳統中呢？我們不能不感到好奇。「萬世之後而一遇大聖，知其解者，是旦暮遇之也。」（〈齊物論〉）世無大聖，解人不易，莊子的回首遠望，不知是否望到期待中的身影？但目前似乎時機已到，我們已經累積足夠的莊學文獻，可以反思莊子在《莊子》之後到底遭遇了什麼樣的命運。

我們現在理解的莊子，受到最早寫出莊子傳記的《史記》的影響很大，《史記》說莊子討厭拘拘小儒，所以多方剽刺儒墨。觀莊子用語，《莊子》外、雜篇中一些抨擊體制不遺餘力的篇章如〈馬蹄〉、〈盜跖〉等可代表莊子的哲學立場。司馬遷的莊子可稱為「支離」的莊子。「支離」一詞出自《莊子》，它意指從各種結構中游離出來，也疏外於各種價值體系。這樣的莊子形象我們不會太陌生，他不只見於司馬遷的〈老莊申韓列傳〉，他也

見於從竹林七賢以至當代的存在主義解讀名家。支離型的莊子有的是積極反抗型的，如嵇康所呈現者；有的是消極的逃逸者，如歷代的隱士所行者。支離的莊子觀在莊學史上一直占有重要的地位，它被視為主流價值（亦即儒家價值）的對反者，他追求一種個體式的絕對自由。筆者不會反對這樣的莊子形象，莊子確實起過這樣的影響。不但如此，筆者相信這種支離的、批判的「否定哲學」還沒發展徹底，它的光譜很廣，後續仍大有發展的空間。

相對於批判性的支離型莊子，另外一種常見的莊子形象落在另一頭，這種類型的莊子是位典型的東方體道之高士，他深入心源，冥契大道，唐宋以後，這種形象的莊子蔚為大宗。道士如唐代的成玄英、宋代的褚伯秀、明代的陸西星的著作最能突顯此義，但理學家或佛教僧侶的著作中也不時可見此義。這種冥契型的莊子可以說在為神巫作收尾，為老子作注腳，為佛教入華作橋梁。支離型的莊子與冥契型的莊子坐落在意識運作的兩端，一是以自外於主流價值的方式介入社會層，一是以自外於經驗世界的方式退居無之意識層。雖然「自外」的規模不同，但重疊處也不少，所以無意識的冥契型與反體制的支離型這兩種莊子觀常見於同一個人的詮釋中。但就知識類型而論，兩者各代表一種型態。

除了這種走「冥契路線」或者「支離路線」的莊子外，筆者認為另有一位掌握創化之源價值的哲人。他的「掌握創化之源」乃是重「有」而不是重「無」，是肯定而非否定型的哲學家。相對於佛教重空、道家重無，儒家被認為是重「有」的哲學，宋明理學家（尤其是張載、王夫之一系）在這方面的傾向特別顯著。因此，如果一定要依傳統的學派觀點定位的話，這樣的詮釋立場可以說成是向儒家靠攏。在莊學史上，從儒家觀點注莊者事實上比一般想像的要多，而且多很多，它有個傳承。但傳統上這些以

儒釋莊的著作除少數人外，其論證多屬文獻學式的比較工作，這種工作所得雖然較踏實，有文字可比對，有刻板化的學派名稱可歸類，但由於詮釋路線的性質或定位所限，其詮釋效果也不免跟著有較大的局限，早期的「莊子儒門說」終歸只是種非主流的講法。

　　本書很同情創化說的詮釋觀點，但因筆者別有用心，所以會以另外的形式呈現莊子的面貌。此位莊子透過筆者所說的形氣主體，由人存在的深淵，創造出意義形式，人身就是創化之源頭。這種形氣主體之創造性是有實質性的內容的，它的氣化、語言性、即物性，使得人文世界之所以能成為人文，有了本體論的基礎。筆者相信儒家強調人文化成，其主體的依據或許不僅止於莊子的形氣主體之內涵，但卻不能脫離其形氣主體的基本模態，我們不妨稱這種詮釋觀點呈現出來的形象為「天均」型的莊子。大體上，本書所呈顯的莊子比較像莊學史上一種主張與《中庸》、《易傳》相容的哲人，而不是社會建制下的儒者。筆者不會反對「冥契論的莊子」與「支離觀的莊子」之詮釋觀點，這兩種詮釋觀點確實有憑有據，而且發揮過歷史的影響，但筆者對上述第三種觀點特別同情。傳統的「莊子儒門說」雖然言者之理論水平不一，精粗互見，但遺形取神，其說仍大有重新詮釋之價值。

　　凡對莊學史不陌生的人大概都可以看出本書所接近的第三條路線，主要指的是以明末的方以智、王夫之為代表的一種解釋模式，事實確是如此。隨著本書的結構越來越清晰，筆者繼承方以智、王夫之遺志的想法也就越發濃厚。身為哲學家，莊子可以說是非常幸運的，他在生前身後的敵人都不算多，但要與他為友的學者或學派則不少。歷代都有人想將莊子拉進人文化成的陣營裡，讓莊子哲學從消極哲學變為積極哲學，也就是都想會通莊子

與孔子。筆者認為以向秀、郭象為代表的魏晉名士學者作的是第
一波的修正運動,明末以王夫之、方以智為代表的大儒則是第二
波的修正者。第一波的修正思潮以調和「名教與自然」的面貌出
現,向、郭在破除道之實體性,發揮另類的「化論」──獨化之
說,頗暢玄風。向、郭的「獨化」之說建立在破除造物者的「物
自生」的基礎上,這種理論如果能有回俗向真的工夫論作支柱,
其說原本可以破除造與被造這類形上學的幻象,而達到類似空宗
證空那般的解脫境界[1]。晚近一些哲學名家對向、郭的《莊子注》
所以賦予那麼高的地位,甚至視為道家思想更高的發展,隱然有
道家圓教的影子,其說不為無因[2]。然而,我們如果觀察向、郭
注《莊子》書中的工夫論之義,其注大抵籠統空泛,幾乎無一成
功。由此可推知向、郭之大暢玄風,畢竟只是玄談而已,難以落
實。事實上,由於向、郭接受氣成命定的論述,又接受體制的正
當性,莊子的創化思想遂變得蒼白無力,筆者認為他們的彰顯莊
子之人文精神是失敗的。

　　第二波的方以智、王夫之等人繼承了韓愈、蘇東坡以下融合
莊、孔的方向,但他們的精神氣魄遠遠超出前賢,理論也更深
刻。他們在改造禪宗與王學此心學格局的大業上,找到了莊子作
為最大的援軍,或援軍之一,《莊》、《易》聯手,一種新型態的
儒學世界就此展開。此波的新莊學義理深邃,其成立的背景可以
說是對「心學」的總修正。有關明末這波儒佛龍象所面對的「心

---

1 唐君毅先生論現象主義時,已指出向郭玄學與般若宗的近似性,參見《哲學
　概論》(台北:臺灣學生書局,1974),下冊,頁 689-690。

2 參見傅偉勳,〈老莊、郭象與禪宗──禪道哲理連貫性的詮釋學試探〉,收入
　《從西方哲學到禪佛教》(台北:東大圖書公司,1986),頁 399-433。

學」內容，顯然需要作更精緻的規定，因為此波思潮推動者的思想背景不全相同，王夫之與王學及禪學都沒有太多私人情感的因緣，所以對兩者的批判非常直截了當。道盛、方以智師弟皆為曹洞宗高僧，方以智家族和王學的關係尤為密切，所以他們之深入心學以改造心學，勢必不能不另闢蹊徑。然而，宏觀看來，明末思潮具有濃厚的中國「現代性」的訊息。晚明所具有的這種中國現代性的內容並非學界的冷門議題，但其解釋相當分歧，從資本主義的萌芽期到精神自由的徹底展現，都有學者提出，其左右拉弓的張力特別顯著。筆者的觀點比較接近熊十力，熊十力極重視晚明思想，尤其是王夫之的思想，認為此時期的思想之現代性特別濃厚。可惜的是此期的莊子論述在熊十力的晚明觀中並沒有占太大的地位，一支可以支持他的晚明現代性論述的理論大軍被閒卻了。更可惜的是這波生機淋漓的思潮入清之後，後繼乏力，挫折的中國現代性很快地就要面臨一種全球性的現代性之挑戰。

　　當代應該屬於莊子積極哲學說的第三波時期，《莊子》詮釋史上的這三波思潮都是在文化交流、思潮激盪下起的回應。如果說第一波是儒道交涉在《莊子》注疏上的歷史效應；第二波的修正潮是面對長期三教交涉下的心學主軸之反動；第三波的修正潮之歷史背景則是在西潮衝擊下的回應。此波的《莊子》詮釋發生於「現代世界中的中國」，「現代世界中的中國」之複雜遠非「天下中國」的任何時期所能比擬。筆者大體上會將百年前嚴復的評點《莊子》以及章炳麟的《齊物論釋》視為第三波修正潮的前聲，嚴復借莊子論自由，章炳麟借莊子說平等。我們在二戰後的存在主義之釋莊模式中，可看到一脈相承之處。然而，二戰後比較重要的莊子學修正潮當是 20 世紀 70 年代後的莊學的美學化，如果我們以徐復觀、葉維廉與李澤厚分別代表台灣、海外與大陸

莊子美學的學者，我們可看到他們的發號施令確實喚起了一股莊學詮釋熱，這股莊學熱也深入到主體的批判（如徐復觀、葉維廉）以及莊子的社會哲學（如李澤厚），但他們呈現的莊子主要是「美學莊子」的面貌。上世紀 70 年代出現的莊學熱不會沒有政治的作用，這股「美學莊子」的內涵仍需仔細爬梳。

　　時序進入 21 世紀後，往積極哲學傾斜的莊子修正潮仍持續發酵當中，在《道家思想研究》與《中國哲學與文化》這兩本學術期刊上，我們會看到較密集的討論。由於目前的華人人文學術社群的人口空前地龐大，學術著作也空前地繁榮，因此，對莊子的多元解釋也就連帶地出現。筆者掌握的資料有限，關懷又很確定，這些「成見」框住了選擇的範圍。在眾聲喧譁中，竊以為中央研究院中國文哲研究所自 2005 年起陸續邀請歐美學者來台對話，激起此地學者熱烈的回應，此波莊學交流很值得留意。尤其是自 2007 年的那場「身體、動物性與自我技術：法語莊子研究工作坊」以後，氣氛愈形發酵。這場研討會吹起了「法語說莊子」的先聲，接著畢來德（Jean François Billeter）、朱利安（或譯于連；François Jullien）、孟柯（Christoph Menke）先後來台，講學密集，並且對本地學者的討論都有詳細的回應。偉大的思想家如果真的偉大，他們應當都是複聲多語的，莊子說法語和柏拉圖說日語、龍樹說英語一樣，平常且正常，這樣的現象原本不值一提。但正因為在轉型時期的島嶼上，也正因為在中國崛起的這個大背景上，一種尋求新的價值定位的集體焦慮已醞釀多時，說法語的莊子適時而來，遂帶來前所未有的刺激，情況和以往大不一樣。

　　對人文科學學者而言（其實不只人文科學學者而已），當代「中國崛起」的心理效應與體制效應是不能不嚴肅面對的，很明

顯的,當一個世界性的經濟中國、政治中國、軍事中國已經成為赤裸裸的現實,中國產品、中國新聞已成為全球性的日常氛圍的成分時,敲鑼打鼓、號響已久的「文化中國」的身影是不可能缺席的。即使華人圈內的學者無意此事,圈外的世人總難免好奇:在新的世局中,傳統中國文化的資源到底能夠提供華人與世人什麼樣的養分?這波來台的漢學家幾乎同時身兼哲學家的身分,因此,他們與在地學者的對話遂不能不將莊子拉到當代的思想語境,尤其是現象學與法蘭克福學派的場域中,重新定位。他們都提到莊子可能可以提供一種新的「主體範式」,這樣的主體範式可能不只對當代的東亞人士有意義,這種號角吹起的樂章是很令人振奮的。

文哲所引發的這波莊子重新詮釋運動仍在繼續進行中,其成效顯然不是到了可以論定的時候。但筆者相信經過戰後幾代學者持續的努力,比起之前來,莊子的思想形貌已越發豐富,其人文精神的聲音也日漸朗暢。無疑地,莊子在 21 世紀的島嶼上開講,他雖然帶來了曙光,卻也帶出了混亂,因為《莊子》被放置在一個全新的脈絡下理解,這個重構的工程很複雜。但很弔詭地,複雜的工程經由詮釋焦點的轉移後,有可能變得相對地簡易;全新的脈絡從悠久的注釋史之束縛中鬆綁出來後,也有可能更接近公元前 4 世紀的原始脈絡。原始脈絡時期發出原始聲音的莊子不是道家的莊子,不是陸西星的莊子,不是嚴復的莊子。原始脈絡時期的莊子與 21 世紀的莊子之距離,不見得比他和上述那些偉大的莊學名家中的莊子來得遠。當莊子的主體由宇宙心轉向形氣主體,其知由神祕的性體之知轉向形體論的無知之知,逍遙論由抽象的絕對自由轉向乘物遊心的具體自由,語言、技藝由道之障礙物轉向道之朗現載體時,我們看到的莊子就不再是,至

少不僅是傳統的文士、高道或藝術精神導向的哲人，而是可以和各種的帝國的政治秩序與當代的處境對話的知識人，也就是帶有現代意義的「世界公民」[3]。雖然，此波的詮釋面貌仍在塑造之中，但筆者認為此階段的越界對話有機會成為第三波的「莊子積極哲學說」。

本書可以說是很自覺地站在今日的知識氛圍中，「接著」方以智、王夫之的學問講出來的，也可以說是有意銜接第二波與第三波的莊學修正運動。如果說此書對第二波的成績著墨不夠多的話，原因是這些因素其實已經蘊藏在各篇的論述中，只是尚未專篇專章地陳述而已。由於明末的莊學修正運動是整體文化運動中的一環，筆者希望未來能對明末以王夫之、方以智為代表的儒學新思潮作較全面性的解釋。本書對此階段的莊學詮釋，只能觀其大概。

如果說本書對第三波的現代思潮（也就是歐美現代思潮）的莊學闡釋也仍嫌不足的話，原因是這部分的許多知識已逾越我的專業，比我有資格的人可以作得更好。莊子第三波修正運動的對話對象和以往大不相同，它如果要有成的話，不可能不浴身在當代的思潮中，彼此混合之，彼此轉化之。在混合轉化的的過程中，如何使莊子那個永恆的動靜一如的天均核心可以為現代人所理解，而且還可以體證；如何使形氣主體在氣化感通中既定位世界也豐富主體；如何使莊子蛻變可說英語、法語、日語……而又是更古典的現代莊子，而不是失序錯位的畸零人，這樣的工程絕

---

3 從「公民」、「世界公民」的角度看待儒家諸子（含莊子），筆者主要受到劉述先與鄧育仁兩位先生的影響，「公民與莊子結合」的闡釋策略很有利，可將莊子帶到現代的語境來，箇中大義仍待闡釋。

非易事，本書仍然只是胡適一本名著書名所說的「嘗試集」而已。

　　莊子的第三波修正運動不能不落在混合的中西語境下重構，這是無法逃避的語境，現代的漢語、現代的知識體系、現代的世界早已是中西互滲互透的構造，回不去了。莊子在現代就只能是現代的莊子，他是具有文化風土底蘊的世界公民的哲人。只有在不可知的某一天，當新的世界公民的莊子與公元前 4 世紀的漆園吏相遇時，彼此能相視而笑，莫逆於心，這波的莊子積極哲學的修正運動才算是到了可以總結的時候。

附錄
從「以體合心」到「遊乎一氣」
——論莊子真人境界的形體基礎

一、離形去知

　　道家的形上學和修煉工夫有無關係？這是爭執相當久遠的老問題。認為有關係的，從河上公注《老子》以下，可說是瓣香不斷。但在知識分子階層中，贊成的固然有，反對的聲音也不小，馬端臨即曾說過：「道家之術雜而多端，先儒之論備矣。蓋清淨一說也，煉養一說也，服食又一說也，符籙又一說也，經典科教又一說也。黃帝、老子、列禦寇、莊周之書，所言者清淨無為而已，而略及煉養之事，服食以下所不道也。至赤松子、魏伯陽之徒，則言煉養，而不言清淨。」[1]馬氏文章繼續推論：服食、服籙兩家學說邪僻乖謬，為害非淺。至於經典科教之說，雖談不上有多大的流弊，但其宗旨大抵也不出「鄙淺之言」。因此，比較正派，也比較符合道家原義的，當屬清淨及煉養兩系，尤以前者為然。

　　馬氏的分類有一定的理路，他對道家各派在歷史上所發生的影響之判斷[2]，大抵也可以找到足夠的文獻支持。但是，道家重

1　《文獻通考》（台北：新興書局，1965）卷 225，頁 1810。

2　馬端臨這裡所說的「道家」和目前接受的「道教」觀念，事實上極難劃分，而這兩個詞語在歷史上的演變，也極為複雜。有關「道家」與「道教」，或老莊與「道教」的關係，參見酒井忠夫、福井文雅，〈道教とは何か〉，此文

視的「清淨」與「煉養」是否可以截然劃分，筆者深感懷疑；煉養之事是否為道家的邊際因素，「略及」而已，筆者尤其感到懷疑。在下文中，筆者雖不直接探討道家的修鍊思想，但將嘗試從莊子所描述的體道經驗中[3]抽繹其間隱含的、但與修鍊直接相關的形體因素，並進一步指出莊子的身體觀與其形上學的密切關係。

　　莊子行文，灑落不群，其論點往往隨文脈起伏，似斷還續，很難以一章一節定之。我們不妨暫且擱置論斷，先現象學地觀看《莊子》裡幾段著名的章句所說為何——這些章句都提到體道的經驗——為方便討論起見，茲排比其文如下：

　　墮肢體，黜聰明，離形去知，返於大通，此謂坐忘。（〈大宗師〉）

　　　心養，汝徒處無為，而物自化。墮爾形體，黜爾聰明，倫與物忘。大同乎涬溟，解心釋神，莫然無魂。（〈在宥〉）

收入《道教の總合的研究》（東京：圖書刊行會，1977）。福井文雅，〈「道教」の定義に關する一二の問題〉，《早稻田大學文研科紀要》，23，1978。宮川尚志，〈道教の概念〉，《東方宗教》，通號 16，1960。福永光司，〈道教とは何か〉，《思想》，696，1982。康德謨，〈法國兩位先哲對於中國道家的看法〉，《中國學誌》，5，1969。N. Girardot, *Part of the Way : Four Studies on Taoism*, History of Religion II, 1972, pp. 319-337. N. Sivin, *On the Word "Taoist" as a Source of Perplexity*, History of Religion, 1978, pp. 303-330.

3　「體道」一詞頗堪玩味，此語見於《莊子》〈知北遊〉篇：「夫體道者，天下之君子所繫焉。今於道，秋毫之端，萬分未得處一焉，而猶知藏其狂言而死，又況夫體道者乎！」《莊子集釋》（台北：河洛圖書出版社，1974），頁755。「道」是在其自體的，只有經由人的「體」之，它才能具體成形。此處的「體」字作動詞用，故可解釋成是一種隱喻的手法。但下文我們將闡明：「體」字不作隱喻，而作直接文意表示，可能更恰當。

形若槁骸，心若死灰，真其實知，不以故自持。媒媒晦晦，無心而不可與謀。（〈知北遊〉）

汝齋戒，疏瀹而心，澡雪而精神，掊擊而知。（〈知北遊〉）

上述四段文句雖然是《莊子》一書較受注目的章節，但其中的內涵其實遍布《莊子》全書，是構成此書基本思想架構的一個主軸。

為什麼《莊子》書中會反覆出現此種基調呢？此種基調和本文要探討的身體觀又有何關係呢？看過上文所述，我們可以分析其間到底有何涵義：

首先，這些文字顯示求道的過程必須經過感性與智性瓦解的階段：感性與智性是產生「對象」最基本的條件，也是「經驗」得以成立最基本的前提。但是莊子卻認為「與道合一的意識」和感性──智性是相反的，因此，要體證道，必須先消融「肢體」、「聰明」、「形、知」、「心神」。要不斷疏瀹之，澡雪之，掊擊之。

其次，經過瓦解感性與智性的階段後，「經驗我的人格之同一性」也跟著瓦解掉。莊子提到人得道之時，常會有「莫然無魂」、「媒媒晦晦，無心而不可與謀」的情景。前者當指解除偏執，自我的概念已不再存在[4]；後者則指心靈沉潛入無分別意識的深淵，因此，不再有任何明晰清澈的知覺[5]。莊子或直言「忘己」（〈天地〉）「喪我」、「喪其耦」、「未始有回」、「嗒然似非人」；

---

4 參見成玄英《疏》：「魂，好知為也。解釋，遣蕩也。莫然，無知；滌蕩心靈，同死灰枯木，無知魂也。」《莊子集釋》，頁391。

5 成玄英《疏》：「媒媒晦晦，息照遺明，忘心忘知，不可謀議。非凡所識，故云彼何人哉！」《莊子集釋》，頁738。

或委婉說道「媒媒晦晦」、「彫琢復朴」(〈應帝王〉)、「聖人愚芚」(〈齊物論〉)。不管莊子用的是陳述式的斷言句子,或是用的是描述性的狀態句,指涉的都是一種超脫現實自我同一性的境界。

第三,當求道者消解掉「經驗我的人格之同一性」以後,雖然其意識已不再繞著「個體」展開,但此時的意識反而處在一種更高層、更真實的位階,所謂的「真其實知,不以故自持」,即意指此種真實的意識已不再受往昔意識的運作模式所左右,而是一種可以同時洞照全體的知覺[6]。職是之故,一種基於全體朗照/部分執著,或真其實知/小識小知之間所形成的巨大對照,遂使莊子對世俗的知識採取一種批判的、調侃的議論,這種行文的策略在《莊子》一書時時可見。

第四,隨著真知之呈現,攝受者與被攝受物遂同時並現,一齊打通。「返於大通」、「大同乎涬溟」皆指出了體證道的經驗中,個別性、分殊性的意識雖然早已蕩然無存,但一種更真實的意識卻已瀰漫存在領域全體,沒有主客能所之分,沒有意識與非意識(物質)之別,「茫蕩身心大同,自然合體」[7]。

以上所列四點,在莊子論及道與人的關係處,雖詳略不同,但多少都可看出。無可否認地,和日常的生活經驗相比較之下,

6　成玄英《疏》:「無情直任純實之真知,不自矜持於事故也。」《莊子集釋》,頁 738。呂吉甫注:「真其實之,以其無知也。不以故自持,則其生之遺也。」引自焦竑,《莊子翼》(台北:藝文印書館,無求備齋莊子集成續編),冊 12 卷 5,頁 53 b。莊子這種無知之知或真知的觀點,後世玄學家頗喜張皇言之(如僧肇的〈般若無知論〉所言的般若知),莊子當是國史上最早提出兩種知或兩種心的區別的思想家。參見唐君毅,《中國哲學原論・導論篇》(台北:人生出版社,1966),頁 101。

7　語出成玄英《疏》,《莊子集釋》,頁 391。

上述四點都不能算是生活世界裡的事件。但是我們如將它們置放在道家傳統，廣而言之，如置於赫胥黎（A. Huxley）所謂的「永恆哲學」之傳統考慮[8]，莊子所說的證道特殊體驗，事實上卻帶有相當共享的成分。幾乎所有遍及各文化傳統、各不同民族的冥契主義者都肯定經驗的我以外，還有一更高層次的我；也肯定人可以與更高的實體會合為一；同時，在此合一的狀態中，體驗者固然失去其日常性的意識，但其心靈反而處在一種更完整、更清明的知覺（noetic）狀態[9]。

冥契主義的特質自然不只上述四點，莊子與冥契主義之比較也不是本文的重點，我們所關心的，乃是由莊子的敘述與冥契者的報導，可以看出在我們感官經驗、理智推演所及之外，另有一種更高層、更真實的實在。要領會此一更高層、更真實的實在，須先解消受囿於感性、智性的經驗我，讓內在一種更真實、更深

---

8 參見 A. Huxley, *The Perennial Philosophy*（New York：Harper & Row , 1970）. 赫胥黎從古今中外許多偉大的冥契學者處得到的資料顯示：人有共同的特殊體驗，也有共同的生命底層（p. VIII）。如果赫氏的說法可以成立的話，我們對於所謂的中國哲學之殊勝處——亦即天道性命相貫通——是否絕對僅見之中國或東洋，這樣的刻板印象可能要稍作修正。

9 以上所述，參見 W. James, *Varieties of Religious Experience*（New York: Modern Library , 1936）, pp. 371-373, R.M. Bucke, *Cosmic Consciousness*（New York: E.P. Dutton and Co Inc, 1956）, pp. 72-79, W.T. Stace, *Mysticism and Philosophy*（London: Macmillan, 1973）, Ch.2, especially pp. 131-133. L. Dupre 著，傅佩榮譯，《人的宗教向度》（台北：幼獅出版社，1986），第 12 章。高天恩，〈追索西洋文明裡的神祕主義〉；關永中，〈神祕主義及其四大型態〉，此兩文收入《當代》，36 期（1989 年 4 月）。以上諸文的立場並不相同，而且他們對道家思想（尤其是莊子）的關懷畢竟到什麼程度也很可疑。但是反過來說，如果這些與道家思想沒有歷史淵源的著作可以印證莊子的體道經驗之論述的話，我們似乎不該忽視其中透露出的訊息。

層的意識朗現後，兩者才可以會合為一。

內在深層的意識可視同人真正的本質，這也是《莊子》一書裡所述及的：「常心」（〈德充符〉）、「靈府」（〈德充符〉）、「靈台」（〈達生〉）、「真宰」（〈齊物論〉）、「虛室」（〈人間世〉）。「常心」自然指的是心靈永恆常定；「靈台」、「靈府」兩語語根可能出自源遠流長的宗教術語[10]，在此作隱喻用，意指常心之靈妙；「真宰」則指深層意識之自有定則及定則他物；「虛室」也是隱喻，莊子借用此明晰的意象，形容心靈之清虛，不著一物。一種恆常、靈妙、清虛不著、但又自有定則的意識境界，即是莊子用以界定道的真實意義，也是他用以指示人真正的「我」所能達到的極限所在（參見下文第六節）。

二、循耳目內通

經由經驗我之崩潰，真正的我與真正的實體可同時呈現，此種描述見於《莊子》全書以及許多冥契主義者的報導，可見要解釋此一特殊體驗，學者須先認定人的生命結構本身具有一種普遍性的特質，因此，縱使體驗者的文化傳統千差萬別，他們卻可以獲得類似的體驗[11]。但是，人身結構固然大體類似，不因時空而

---

10 「靈台」一詞首見《詩經》〈大雅・靈台〉，《左傳》哀公二十五年、僖公十五年亦見之。自《莊子》以後，使用者更是屢見不鮮。然莊子的用法是借用的，早期的靈台可能是人君用以迎天帝、祀天帝的壇台。參見橋本增吉，〈靈台考〉，《史學》第 13 卷，第 4 號（1934）。

11 筆者贊同 Stace 的觀點（前引書，頁 31-38）他認為許多冥契經驗的報導所以有出入，問題不在經驗本身，而是在「解釋」。

變，然因莊子處在冥契思想傳衍極為深遠的南方文化地區[12]，所以他對人身從體驗領域提升至超越界所面臨的工夫難題及轉變過程，可以有更為詳密的考察與解釋。底下我們將轉從另一種方向，探討第一節裡所談到的感性與智性的問題。

第一節談到的感性、智性，乃是被視為負面性的障礙，因此，必須瓦解而後快。此節所要談的內容之重點，卻轉了一個方向，它強調的是：

> 耳目感官被視為通向深層意識的管道，它們彼此之間雖然有功能上的差異，卻沒有本質上的不同，同樣可以被轉化成與深層意識同質的狀態。

為顯題化論點起見，我們不妨援引《莊子》書中一段著名的寓言，略加討論。〈人間世〉篇記載：顏回向孔子問「道」，孔子答以「心齋」。顏回誤以為戒酒茹素即是心齋，但孔子認為這只是一般的齋，真正的心齋應當是：

> 一若志，無聽之以耳而聽之以心，無聽之以心而聽之以氣。聽止於耳，心止於符。氣也者，虛而待物者也。唯道集虛，虛者，心齋也。

顏回聽了大喜，立刻追問細節，孔子也繼續發揮道：

> 聞以有翼飛者矣，未聞以無翼飛者也；聞以有知知者

---

12 參見蒙文通，〈晚周僊道分三派考〉，原刊《圖書集刊》，第 8 期（成都，1948）。後收入《古學甄微》（成都：巴蜀出版社，1978）。蒙先生認為晚周仙道可分三派，南方如王喬、赤松著重吐納行氣，於三派中，名氣最響。蒙先生分類頗精要，然認為莊子與此派工夫無甚關係，筆者持保留態度。

矣，未聞以無知知者也。瞻彼闋者，虛室生白，吉祥止
止……夫徇耳目內通而外於心知，鬼神將來舍，而況人乎！

「心齋」與〈齊物論〉裡的「喪偶」、〈大宗師〉篇的「坐
忘」、〈在宥〉篇的「心養」、〈大宗師〉篇的「朝徹見獨」，都
是描寫得道經驗的重要文獻。理論上而言，這些章節應當可以互
相補足，形成一完整的意義網脈。但是，當我們檢驗「心齋」的
敘述時，發現此間所涉及的感官、智性問題與前文所述，固然同
樣有將之瓦解之意，但瓦解的方式極為不同，我們不妨提出下列
的疑難，作為思索的參考點：

1. 「徇耳目內通而外於心知」，徇耳目如何可以內通？
2. 「聽之以氣」如何可能？為何此處要使用帶有感性意義的
   「聽」字？
3. 「氣也者，虛而待物者也。唯道集虛，虛者，心齋也。」氣一
   虛一道到底有何本質上的關連？

我們以上的質疑是否可以成立呢？莊子善於玩弄語言、解構
語言，這是一般閱讀《莊子》一書的人共有的觀感，而且，莊子
從來沒有隱藏他對於語言這種不信任、但又兼帶遊戲性質的態
度。那麼，我們如何能以閱讀康德或休姆的著作的習慣，解字剖
句，錙銖必較，去閱讀莊周的荒唐之言呢？

但是，《莊子》此段假托孔門師生問答的寓言，它所傳遞的
理論認知意義，真的那麼稀薄嗎？我們不妨再參考下面的話語：

何謂真人……古之真人，其寢不夢，其覺無憂，其食不
甘，其息深深。真人之息以踵，眾人之息以喉。（〈大宗
師〉）

　　這是莊子描寫的最高人格型態！為何真人「精神」的修養竟可以影響到睡眠作不作夢，飲食知不知味，甚至還可以呼吸以踵？就字面的意義理解，真人的意識與感官的關係此時不再是摧毀克服，而是滲透轉化。意識感官化，而感官也意識化了。

　　真人的意識可以滲透轉化感官，此一命題不易理解，因為我們如果接受身心二元，各具有不同的質性[13]；或認為感官的性能一一分殊，在功能上毫無重疊的話，那麼，意識的作用顯然不能被誇大到可以轉移感官的基本性質。但是，關於身心關係的理解，我們似乎應當嚴肅考慮道家傳統裡的某些看法，而不必將常識定為不可懷疑的準則[14]。陸西星解釋真人性格時，論道：

> 何以其寢無夢？凡人之夢皆識神所化，真人無識也，故其寢無夢……味乃舌塵，因塵起識，故有甘苦分別，貪愛之念從此而起，真人不貪，故其食也不甘。心有靜躁，則氣之出入亦隨之而有深淺。真人性定於內，故息息常歸於其根，踵即根也。根者，人之大中極，氣所歸復之處，玄家所謂命蒂是也。眾人不得其養，以心使氣，心躁而氣亦與之俱躁，故眾人之息以喉。踵息之說乃玄家專氣之要訣，所謂心息相依，神氣相守，載營魄抱一，無離其旨，皆不出此。[15]

　　陸西星對儒佛兩家學說頗有吸收，其注解道家經典時，亦常會引進許多教外的義理入內，輾轉注釋。此段有關真人的解釋，

---

13 身心關係問題極為複雜，簡要的論點參見唐君毅，《哲學概論》（台北：臺灣學生書局，1974），下冊，頁 793-831。

14 有關「常識」（common sense）的問題，參見第三節。

15 《南華真經副墨》（台北：藝文印書館，1974），冊 7 卷 2 下，頁 3b。

亦不免於融會之習（批評者或許會說是附會之習），但如果我們認為莊子與陸西星時代的人之體質並沒有結構上基本的差異；他們對於人身的認知亦大體沿襲氣—經脈的中醫傳統；而且如果我們也承認莊子的工夫論著重不斷轉化感性與智性（亦即身體）的基本功能，那麼我們似乎也當接受：不管陸西星將佛教的術語帶進論域之中，會產生何等的語義上之困擾，但順著他假借來的術語往其指涉（reference）著眼[16]，我們沒有理由不接受他所描述的那種深扎於人存在根基的境界。

依陸氏所論，我們可以簡單歸納如下兩點：

1. 人軀體最精微的運動可以和人的最深層意識合而為一，所謂心息相依，神氣相守，載營魄抱一[17]，所指的不外此意。

2. 人達到心息相依的境界時，感官也會全為氣所滲透，因此，感官失去它的定性作用，而與人深層的意識趨於一致。

耳目如何可以內通，我們可以這樣回答：因為此時的耳目已不再是「經驗世界裡感性的人所具有的限定性感官」，而是「為氣所滲透，且滲透於氣的感通性管道」。既然為氣所滲透，而且反過來還可以滲透入氣，因此，耳目不僅是接受一反應的感官系統，它也是深層意識往外運作必須經由的管道，同時，還是人的意識歸根復命時可以返視內聽的一種途徑。

---

16 這裡的 reference 之用法借自 Frege , referenc 與 Sense 的異同，參見 G. Frege, *On sense and Reference*, M. Black trans., in Translations from the philosophical writings of Gottlob Frege.

17 朱熹解釋「載營魄抱一」：「言以魂加魄，以動守靜，以水迫火，以二守一，而不相離。如人登車而常載於其上，則魂安靜而魄精明，火不燥而水不溢，固長生久視之要訣也。」〈楚辭辯證下〉，此文收入《楚辭集證》（台北：藝文印書館，1974），頁 12b。

「返視內聽」除了比喻的用法外，是否可以扣緊字面意義（literal sense），依字理解？我們上文所作的推論是否可以得到前人的印可？底下，我們不妨再援引前儒對於「心齋」的解釋，觀察是否與稍前的推論有出入：

> 文子曰：上學以神聽，中學以心聽，下學以耳聽。聽止於耳，則極於耳之所聞；心止於符，則極於心之所合而已；聽之於氣，則無乎不在，廣大流通。所以用形而非用於形，所以待物而非待於物，虛而無礙，應而不藏，故一志所以全氣，全氣所以致虛，致虛所以集道，此心齋之義也。[18]

此段注釋所言，顯然與我們上文所作的兩點小結若合一契。「一志全氣，全氣致虛」與「心息相依，神氣相守」其實可相互轉譯；而「用形而非用於形」之意與前文所說「感官全為氣所滲透」，可以說毫無兩樣。

三、聯覺與心凝形釋

前文陳祥道注《莊子》「心齋」理論時，援引《文子》上學—中學—下學之說頗有理趣，而且其言與莊子的聽之以耳—以心—以氣三段說，正可互相發明。但是，我們依然還要回到前文的老問題：為何莊子、文子要用「聽」字去形容神、氣之作用呢？「聽」可貫穿於上、中、下三學，為耳、心、氣所共用，這是否有一定的理路可談呢？還是它只是一種隱喻的表現手法之任意運用？

---

18 陳祥道著，引自《莊子翼》卷2，頁7a。

　　談及感官術語轉用於其他意識之功能，我們不免會想起《列子》裡兩段意味深遠的故事：

> 　　老聃之弟子有亢倉子者，得聃之道，能以耳視而目聽。魯侯聞之大驚……亢倉子曰：傳之者妄，我能視聽不用耳目，不能易耳目之用。我體合於心，心合於氣，氣合於神，神合於無。其有介然之有，唯然之音，雖遠在八荒之外，近在眉睫之內，來干我者，我必知之，乃不知是我七孔四支之所覺，心腹六藏之所知，其自知而已矣！[19]

　　另一段故事是描述列子「師老商氏，友伯高子，進二子之道，乘風而歸」以後，有尹生聞之，想跟他學道，但列子久久不啟門徑，尹生因失望而去，後來又返回向他抱怨。列子乃向他解釋自己以往的學習經驗云云，其中描述最後的體證境界時云：

> 　　內外進矣，而後眼如耳，耳如鼻，鼻如口，無不同也。心凝形釋，骨肉都融……竟不知風乘我邪？我乘風乎？[20]

　　張湛此處有注：

> 　　夫眼耳鼻口，各有攸司。今神凝形廢，無待於外，則視聽不資眼耳，臭味不賴口鼻，故六藏七孔，四肢百節，塊然尸居，同為一物，則形奚所倚？足奚所履？我之乘風，風之乘我，孰能辨也？[21]

---

19 楊伯峻，〈仲尼〉，《列子集釋》（北京：中華書局，1979）卷4，頁73-74。
20 同上，頁29。
21 同上。「今神凝形廢」之「今」原作「令」，引文據楊氏引盧文弨之說校改。

　　耳視目聽，誠然怪異，而且違反常人之共識（common sense）[22]。但如說人的感官可以交融：「眼如耳，耳如鼻，鼻如口，無不同也。」或「不知是我七孔四支之所覺，心腹六藏之所知」，這樣的述語卻未必怪誕，更未必違反「共識」。

　　我們可先輾轉從「常人之共識」（簡稱常識 common sense）談起。常人的各種感官意識都有它個別的施用範圍，難以彼此踰越。但早在亞里斯多德時，他業已指出：我們人類不僅可以分辨同一種感覺，比如視覺對象的紅黃橙綠，有相當的差異；我們也可以分辨不同種類的感覺之出入，比如視覺之白與味覺之甜等等。然而，依據身體的何種職能，此種分辨才有可能？亞氏認為：我們不當設想此種分辨的感覺和視覺、味覺等處在同一層次，而當設想有一種統一諸感官的、而且也是根源性的感覺能力，這就是「共通感覺」，也就是一種「共（常）識」。

　　此共同感覺不但可以區別各種不同種類的感覺之不同，它還可以理解個別感覺掌握不到的運動、型態、數目、統一等模態。因此，依據我們的想像力，我們可在不同的感官間尋找某種聯繫，比如作為味覺的甜，亦可引用到「聲音甜」（聽覺）、「笑容甜」（視覺）、「一覺黑甜」（體內平衡感覺）等等，但這樣的想像力卻是奠立在共通感覺上運作的結果[23]。

---

22 雖說怪異，違反常識，然前人間有作是言者，如沈一貫注〈德充符〉篇：「自其同者視之，萬物皆一也。夫若然者，且不知耳目之所宜而遊心乎德之和……」時，說道：「夫既謂之一矣，則耳如目，目如耳，耳亦可觀，目亦可聽，安之。耳之宜聲，目之宜色，又安之。耳目之宜何聲何色。」《莊子通》（台北：藝文印書館，1974），冊 9，頁 169。此說如何理解，筆者尚無較佳的線索。

23 參見中村雄二郎，《共通感覺論》（東京：岩波書店，1985），頁 7-9。

　　這種共同感覺其實極為接近於宗教經驗與藝術經驗中常見的「聯覺」（synesthesia）現象。聯覺所指涉的正是各種感覺之相會交通，同時並起。藝術家與宗教家或因天賦，或因修習，所以此種能力可以特別顯著。然而，究實而論，不僅此兩類人物有此能力，其實聯覺的稟賦人人皆有，只是常人或隱而未彰，不能在此疆彼界之間出入自在而已[24]。

　　「聯覺」的意義是否僅限定在感覺的層次而已，能否擴大運用？如參照本文所欲證成的目標而言，筆者認為是可以的。梅洛龐帝（Merleau-Ponty）在此方面的觀點，正可以提供我們不少有利的訊息。依據梅洛龐帝的說法，諸感覺之交互流通，原本是一極普遍不過的通則，只因我們受蔽於所謂的科學知識，因此，反而把具體的經驗抹殺掉了。然而，我們人的存在（人的身體）遠不僅於此，它的範圍擴大多了。如如而言，人的身體乃是此世內存在的一般活動之相攝相入之總合體系，它不斷地將各種印象，各種感覺，各種觀念相互轉換，互相翻譯：「所謂的人，即是一永續不斷的共通感官」[25]。

　　龐帝的身體哲學頗多精義，尚可發揮，但由以上的簡述，我們可以認定感官之相互出入，以及全身是個共通的感官，這類的命題是有生理學意義的基礎的。莊子與道家諸子所描述的「感官氣化」的現象，也不能脫離此基礎，但由於道家另有它工夫論的

24 中村雄二郎，《共通感覺論》，頁 131-138。J.F. Donceel , *Philosophical Anthropology*（New York: s.n., 1967），pp. 175-176.內藤耕次郎，〈共感覺的諸現象に關する研究史序說〉，《立命館文學》，1984。

25 Merleau-Ponty, *Phenomenology of Perception*, C. Smith trans.（London: Routledge & Kegan Paul, 1976），p. 235. 此語原出自 Herder，梅格龐帝隨之踵事增華。

傳統，因此，它不會將經驗現實存在的「聯覺」等現象視為定性的，最終的根盤。它雖不像佛教一樣認為人一出生以至成長皆是無明雜染的歷程，因此，需要經過長期的返滅工夫，才可回復到本來面目[26]。但道家諸子同樣都認定一般的「經驗我」——不管是「形軀我」或是「理智我」——是有待的，受拘限的[27]，如要達到逍遙無待的境界，只有站立在「聯覺」的根基上，徹底打破感官的定性作用，讓諸感圓融，為氣渾化之後，才有可能。簡言之，也就是要經由「吾喪我」的歷程後，才有真正的「吾」。

　　放在以上的背景考量，我們可以理解「眼如耳，耳如鼻，鼻如口，無不同也」之涵意。列子此處所述，不折不扣正是「聯覺」的境界。眼、耳、鼻、口各有攸司，當然不可能一樣，但當感官作用完全被氣滲透，失掉其定性的執著後，氣化之眼已非經驗之眼；氣化之耳也不等於經驗之耳；鼻、口的情況亦可依此推衍。隨著「經驗的」與「氣化的」對應「感官」差異日漸擴大，反而氣化之眼、氣化之耳、氣化之鼻、氣化之口彼此間有更大的

---

26 後世頗有提倡會通佛老者，認為老氏（或道家）有染淨還滅的理論問題，如憨山，〈論宗趣〉，《觀老莊影響論》（台北：台灣瑠璃經房影印，1972），頁25 所說：「老氏所宗虛無大道，即《楞嚴》所謂晦昧為空……然吾人迷此妙明一心而為第八阿賴耶識。依此而有七識，為生死之根。」然憨山所論，有其會通的用心與特殊理論，卻不一定可以反證老莊也有類似的思想。

27 勞思光分析莊子破解「形軀我」及「認知我」，其言相當清楚。但他認為莊子主張一種帶有觀賞態度的「情意我」，這種說法卻很容易誤導。「情」「意」或「情意」在莊子的思想中是不會有太高的地位的。即使「情意我」解成 aesthetic self，能否使問題更加釐清，也還是相當可疑。氣一身的觀念如不能被帶進「自我」的架構中討論，對莊子的理解畢竟會有所缺憾。勞先生之說參見《中國哲學史》（台北：三民書局，1981）卷 1，頁 202-234。

同質性，所以說「無不同也」[28]。

由列子的例證再返回莊子，我們對於「循耳目內通」說可以有初步的認識。如果我們將此種認識擴大運用，藉以檢證其理想人格，可以發現這些人格多少需要具備此種資格。論者若仍感懷疑，請不妨參考底下引文所說為何：

> 自其異者視之，肝膽楚越也；自其同者視之，萬物皆一也。夫若然者，且不知耳目之所宜，而游心於德之和。（〈德充符〉）
>
> 官天地，府萬物，直寓六骸，象耳目。（〈德充符〉）
>
> 假於異物，託於同體，忘其肝膽，遺其耳目，反覆終始，不知端倪。（〈大宗師〉）
>
> 聖也者，達於情而遂於命也。天機不張，而五官皆備，此之為天樂。（〈天運〉）

以上所引章句皆隱含了「聯覺」之意，由於其語言背後的理論依據和前文所論述者大率雷同，故不再喋絮贅言[29]。但前人在注解此類章句時，常援引佛教教義，相互比附[30]。佛道兩教的教

---

28 五官之間的同質性當然也還可再分別，比如「色聽」（colored-hearing）的現象，即顯示聲音與光、色的聯繫，遠較其他感官來得密切，參見內藤耕次郎，同上，頁 75-78。

29 可參見陸西星，《南華真經副墨》、沈一貫《莊子通》、焦竑《莊子翼》在各段下的注解。

30 憨山，〈德充符〉，《莊子內篇註》（台北：台灣瑠璃經房，1972）卷 3，頁 3、5 即常用這種表達方式，如他解釋所引〈德充符〉篇文句，即言：「形骸既忘，六根無用」又言「假借六根」。又如陸西星在〈德充符〉篇同樣的文字下注解道：「萬物與我同一根宗，既同一根宗，則六周一原，耳亦可視，目亦可聽，又焉知耳目之所宜乎！」《南華真經副墨》，上冊卷 2，頁 3b。

義是否常可互相轉譯，或許大可爭議。但人的生理結構既然大體相同，佛道的形上學皆建立在轉化人的生理定性作用，也可說毫無歧異，因此，透過一種逆覺過程，在人身上產生的效應，照理講也應一致。在此，僅援引一段，聊供參較：

> 於外六塵，不多流逸，因不流逸，旋元自歸。塵既不緣，根無所偶。反流全一，六用不行，十方國土，皎然清靜，譬如瑠璃，內懸明月，身心快然。[31]

以上引文出自《楞嚴經》。佛經中常有五官圓融，六根互用的記載，而《楞嚴經》一經所論，尤為明快皎然。引文明顯是以佛教的教義為底本，但我們如拿來與〈人間世〉篇論「心齋」處、〈天運〉篇論「天樂」處比，幾乎可視為對同一項事實的兩種不同版本的論述。佛道在此可以相通，是無庸避諱的[32]。

四、心氣同流

感官可以氣化，但氣所化的是否僅止於感官呢？我們前文引用到梅洛龐帝的說法，他認為人的身體乃是一種彼此相攝相入，「永續不斷的共同感官」，那麼，身體與共同感官可以有更緊密

---

31 語出《大正藏》（台北：新文豐出版公司），冊 19 卷 8，頁 141。同書卷 6，頁 131 的偈句復云：「一根既返源，六根成解脫……六根亦如是。元依一精明，分成六和合，一處成休復，六用皆不成，塵垢應念銷，成圓明淨妙。」其言亦可相互發明。

32 佛老「聯覺」之說頗可相通，可惜論者甚少。劉武是少數能正視此現象的學者，參見他一本長期被漠視的著作《莊子集解內篇補正》（台北：木鐸出版社，1988），頁 94-95。

的聯繫嗎？底下，我們將針對這個問題進一步主張：就像道家修養工夫運用在感官方面時，離不開「聯覺」的基礎，但其達到的層次絕不僅止於此。同樣的，道家修養工夫運用在全身時，它也離不開「永續不斷的共同感官」，但層次也絕不僅止於此。它將使全部身體徹底為氣所貫穿，直至無所不通為止。

第三節引用到列子的話語，他先說他「內外進矣」後，可以「眼如耳，耳如鼻」云云，最後則是「心凝形釋，骨肉都融」。形如何釋？骨肉如何融？張湛在此注解道：「六藏七孔，四肢百節，塊然尸居，同為一物。」張注甚善，但基本上他所說的仍然是境界語，而非詮釋問題的理論語，因此，同樣的問題我們還是可以再提一遍：人的軀體是個相當複雜的系統，怎麼可能會是同為一物？

為釋此疑，我們可先觀察一個有趣的現象：道家思想中，類似「四肢百節……同為一物」的章句，可說屢見不鮮。試觀下列文字：

> 今夫道者，藏精於內，棲神於心，靜默恬淡，訟繆胸中，邪氣無所留滯，四枝節族，毛蒸理泄，則機樞調利，百脈九竅，莫不順比。（《淮南子·泰族》）
>
> 凡事之本，必先治其身，嗇其大寶，用其新，棄其陳，腠理遂通，精氣日新，邪氣盡去，反其天年，此之謂真人。（《呂氏春秋·先知》）
>
> 定心在中，耳目聰明，四枝堅固，可以為精舍。精也者，氣之精者也。氣，道乃生，生乃思，思乃知，知乃止矣！（《管子·內業》）
>
> 精存自生，其外安榮；內藏以為泉原，浩然和平，以為

氣淵。淵之不涸，四體乃固；泉之不竭，九竅遂通……心全
於中，形全於外。(《管子・內業》)

　　凡道，必周必密，必寬必舒，必堅必固……全心在中，
不可蔽匿；知於形容，見於膚色……心氣之形，明於日月，
察於父母。(《管子・內業》)

　　人之情，思慮聰明喜怒也。故閉四關，止五遁，即與道
淪。神明藏於無形，精氣反於至真。(《文子・下德》)

　　故神制則形從，形勝則神窮。聰明雖用，必反為神，謂
之太沖。(《淮南子・詮言》)

　　除了上述道家諸子皆有所論述外，在《莊子》書中我們也可
發現類似的語言：

　　邀於此者，四肢彊，思慮恂達，耳目聰明，其用心不
勞，其應物無方。(〈知北遊〉)

　　以上所引文獻雖然大多不是出自《莊子》，但其年代終究相
去不遠。由其用語以及內容來看，它們可以說是同一文化氛圍下
的產物，因此，在書缺有間，文獻不足的情況下，它們彼此間的
某些理論正好可以拿來互相印證補充[33]。

　　然而，以上的段落雖然語言不同，有一點卻是彼此肯定的，
亦即：所有的文字都肯定人的四肢腠理、百脈九竅都是可以改變
的，改變的方向則是向著為道（氣）所滲透轉化的路途上走。

---

33 筆者同意史華茲（B. Schwartz）視「氣」為「共同論域」的解釋，參見史氏
　　所著，*The World of Thought in Ancient China*（Cambridge, Mass.: Belknap Press
　　of Harvard University Press, 1985），pp.179-184. 在「共同論域」的背景下，有
　　些觀點是共享的，因為它是文化體制下建構的成分，而非哲學家的「獨創」。

《淮南子‧泰族》的「四肢節族，毛蒸理泄……機樞調利，百脈九竅，莫不順比」；《呂氏春秋‧先知》的「腠理遂通，精氣日新」；《管子‧內業》的「耳目聰明，四枝堅固……九竅遂通……見於膚色」。這些話語無非表示：聖人的修養不僅僅是日常語義裡「精神」層次的事，它還會帶動我們生理的變化，使人的軀體從最根基的地方脫胎換骨，蛻舊出新。

然而，軀體畢竟是軀體，它如何可能被轉化？就算它被轉化了，它和被轉化以前的狀態相比之下，這種轉換過的身體又有何特殊的功能？

談到這裡，道家思想中「氣」的觀念，以及其「身體」的理念，自然而然，就必然得帶出來。前文第三節引用到亢倉子自言：他不能易耳目之用，但因為他「體合於心，心合於氣，氣合於神，神合於無」。所以再有多隱微、多遙遠的事物，他都可能感通得知[34]。亢倉子這裡所說極具理趣，它很難不令我們聯想到後世內丹學者屢屢喜歡張皇的「鍊精化氣，鍊氣化神，鍊神返虛」之說。而事實上，兩者確實也極為接近，它們對於人類身體的理解，與我們依據解剖學所觀察到的人身組織，著眼點極為懸殊。依亢倉子之言，我們可將人類身體的構造（當然也是修鍊的階段）分成下列四層：

1. 體合於心：張湛注：「此形智不相違者也。」
2. 心合於氣：張湛注：「此又遠其形智之用，任其泊然之氣

---

34 除了亢倉子這段話外，我們不妨再看《列子》底下的文字：「夫至信之人可以感物也，動天地，感鬼神，橫六合。」〈黃帝〉，《列子集釋》，頁 35。「一體之盈虛消息，皆通於天地，應於萬物。」〈周穆王〉，《列子集釋》，頁 63。這裡所說的感通顯然近於 clairvoyance 或 telepathy。氣—感通—因果間的關係如何，有待進一步的探索。

也。」

3. 氣合於神：張湛注：「此寂然不動，都忘其智。智而都忘，則神理獨運，感無不通矣！」

4. 神合於無：張湛注：「同無則神矣，同神則無矣。二者豈有形乎哉！」

　　亢倉子所說的第三點與第四點，理論上不易區別，它們之所以不同，其判準不在理論層次，而當在工夫純熟與否。因此，值得我們關心的，乃是前三項，其中第一項，牽涉到意識（心）與軀體（身）的問題。依亢倉子之言，軀體的活動可以被轉化到與人的意識相互配合的境地。至於「心合於氣」之說，卻又反過頭來，主張意識（心）可以轉化到與人內在生命的流動（氣）相配合，換言之，意識可以與氣並流，散入全身之中[35]。第三項「氣合於神」，指的又更進一步，此是神理獨運，「感無不通」，根本不能以理智妄加揣測。

　　這三項是連貫下來的，但首先我們可以先觀察第一、二項。這兩項所以值得相提並論，乃因這兩項剛好構成一種相攝相入，交互支撐的關係。所謂的「體合於心」，即要以意識「心」的作用，轉化軀體的頑抗性[36]。轉化所以可能，主要原因乃是：心是

---

35 「以體合心」之「體」與「以心合氣」之「氣」雖然同樣指身體，前者是指解剖學意義下的形軀，後者則指人身內部循環、氣動的身體，兩者層次大不相同。參見石田秀實，《氣流れる身體》（東京：平河出版社，1988），頁2-20。

36 轉化軀體的頑抗性，類似後來養生家所說的以意引氣，或孟子所說的以志帥氣。因學者如沒有善加轉化內外的身軀的話；或者犯了理學家常說的「隨軀殼起念」，他平日間的意一氣關係即可能變為「以氣動志」（《孟子‧公孫丑》）；或「心使氣曰強」（《老子》，第55章），而不是身心安寧的狀態。

「氣」，而軀體也是由氣構成，但兩者雖然同樣是氣，後者卻受制於人的生理結構，因此，只能隨著軀體的運作規則運轉。但反過來說，「心」固然較為靈敏，但它如果不能精微化、細緻化，換言之，也就是如不能氣化的話，它依然也是受限制的。但要徹底氣化，「心」就不能只限定在「心」的範圍內，它要滲入到「體」內，與「體」內之「氣」同流。

綜合體—心—氣的關係，我們可以發現一組平行的現象：

甲：體合於心，也就是軀體喪失掉它獨立的、感性的意義，全體皆化為心。

乙：心合於氣，心靈也喪失掉它主宰軀體的功能，它不再是「天君」[37]，而是融入體內之氣中，變得全心是氣。

甲、乙這兩組平行的現象是同時並起的，甲的系列事件一發動，乙的系列也會跟著波及。同樣的，乙的系列事件一發動，固然也要先經歷甲的系列，但它可以更深入、更徹底地回饋甲的系列。

前面引文的章句都必須建立在我們上述的小結上，才可以解釋得通。《管子・內業》篇所述，尤其值得我們把玩。「氣、道乃生，生乃思，思乃知，知乃止矣！」此句指出氣並不是現成給與之物（海德格所說的 present-at-hand）[38]，它是需要引導的，只

---

37 《荀子》的〈解蔽〉篇及《管子》的〈心術〉、〈內業〉諸篇皆將「心」比成「君」。此種比喻當然是用於強調心的主體性及優越性。但如果同樣使用這套隱喻的話，我們也可以說：在人精神發展的初階上，心—四肢百體的關係當然可以用君—臣民的模式類比。但精神發展到一個程度後，主體性或優越性的「主權」即當下放到四肢百體，使全身無地有臣僕，處處皆天君。所有的身體部門匯成平等之場，大家聯合發號施令，再無主從君屬可分。

38 「此在的本質在於它是存在的（existence）」，但「存在」不可與傳統存有論

有引導後，它才可以有一種靈覺的能力[39]，這種靈覺的能力可以「知」，只有達到「知」的層次時，修養工夫才算告一段落。

更值得注意的，是〈內業〉篇提及的「心氣」、「全心」的概念。同樣在此篇中，管子說過「心以藏心，心之中復有心」的名言。依據此句，「心」顯然可以分成兩層，一層是經驗的，一層是超越的；一層有待轉化，一層則可以轉化前者。超越的心無疑地是人存在的依據，是工夫的起點，也是工夫的回歸點。但起點與回歸點大不相同，起點時，超越的心之外有一片廣大的領域亟待克服轉化；及至回歸終點時，這一大片的領域皆已馴化，成為超越的心之王國之轄地，如實論之，它們事實上也都成為超越的心。由於此時的心滲貫到人的四肢九竅，更無餘蘊，因此，〈內業〉篇作者以「全心」名之。換言之，如果心不能征服並感化與它相對立的那片廣大領域，它就是不完整的。

「全心」又可以用「心氣」代替。因為「全心」狀態（用〈內業〉篇的另一種說法，也可稱作「心全」狀態）時，心靈展現的方式已不再是以意志操控軀體，而是意志向內翻轉，走向非意志化，按前文《淮南子・詮言》篇的解釋，也就是「聰明雖用，必反為神」。耳聰目明是不足的，它必須迴返到身心尚未分化的總源頭之妙用（神）上去。換言之，最精純的意識的運作是和人的存在方式，也就是和人身之氣同時出入的。全心在身，也就是全

所說的「固然自存（existentia）」相混。「固然自存」等於「手頭現成」（being-present-at-hand），此種存有的模式和此在的性格基本上是不相干的。M. Heidegger, *Being and Time*, J. Macquarrie & E. Robinson trans.（New York: Harper & Row, 1962）, p. 67.

39 這裡的「思」字當如《孟子・告子（上）》所說的：「心之官則思」的「思」，兩者皆不作「思考」解，而當指心靈一種自我覺醒奮發的能力。

心在氣，也可說是全身即氣，所以〈內業〉篇作者可稱呼此時的心靈狀態為「心氣」。總而言之，「全心」或「心氣」的概念一成立，我們即刻可以看到它隱含了以下兩種命題：

1. 心不再是經驗的心，它散入人存在的結構，與氣合一。
2. 身不再是現象學意義下的身，它全身為「全心」所貫透，因此，帶有「全心」的質性。

五、解牛的身體基礎

身體假如為全心貫透，全身為心，全心為氣，那麼，身體應當具有心靈的某些性質，但是，這種理智推演所得的經驗，在經驗行為上能否得到印證呢？尤其，我們怎麼能夠設想：除了大腦以外，意識還可以存在軀體的其他部分？在解答此一質疑前，我們先看看《莊子·養生主》篇中一段膾炙人口的寓言：

> 庖丁為文惠君解牛，手之所觸，肩之所倚，足之所履，膝之所踦，砉然嚮然，奏刀騞然，莫不中音，合於桑林之舞，乃中經首之會。文惠君曰：譆，善哉！技蓋至此乎？庖丁釋刀對曰：臣之所好者，道也，進乎技矣。始臣之解牛之時，所見无非牛者。三年之後，未嘗見全牛也。方今之時，臣以神遇，而不以目視，官知止而神欲行。依乎天理，批大郤，道大窾，因其固然。

文惠君聽完庖丁的話後，喟然讚嘆道：「善哉！吾聞庖丁之言，得養生焉。」

莊子假借庖丁解牛的寓言，確實不是要告訴我們一位技術巧妙的匠人的故事，他也不僅僅要告訴我們如何善調身軀。此寓言

明顯地與他論道—知識的問題密切相關。但我們更感興趣的，乃是此段敘述涉及到的身—心概念，就「庖丁解牛」此一事件來講，我們可以發現它基本上是由三項要素組合而成：首先是事件的主動者（主體）：庖丁。其次是事件的受容者（客體）：牛。第三是聯繫兩者的媒介：刀及切割的技術。如果我們泛觀技藝本身，可以認為：只要獲得媒介，善加運用，技藝原則上都可完成，差別只在功夫純不純熟而已。

但是，在莊子看來，事情絕非如此簡化。一件技藝的完成絕不只是技術層面的功夫純不純熟而已，它事實上還關連到人存在的問題。簡言之，技藝可以分成兩種：一種是技，一種是道；一種是所見無非牛，一種是所見無全牛；一種是官知，一種是神欲。茲為眉目清晰起見，謹再簡略表之如下：

類別	境界	對象	運作主體	身體狀態
規矩之技	技	全是牛	官知	以心使氣
物化之技[40]	道	無全牛	神欲	心氣合一

為什麼這兩種不同的技藝，分別代表人存在的兩種不同層次呢？因為在「規矩之技」的層次時，庖丁所運用的是一套曲折性的技術規則（discursive principles of techniques）；他所面對的是形象清晰，結構分明的客觀對象；而他用以掌握此對象的主體運作方式是藉由感官；至於此時身體的其他部分並沒有參與到事件行為中，真正主宰的，只是行為者強烈的意識。這幾項條件綜合起來，都指出了此時行為者的存在狀態，只是經驗的、表相的，

40「規矩」與「物化」的對照出自〈達生〉篇：「工倕旋而蓋規矩，指與物化而不以心稽。」《釋文》云：「倕工巧任規，以見為圓，覆蓋其句指，不以施度也。是與物化之，不以心稽留也。」《莊子集釋》，頁 662。

亦即他只是處在「物」的階段，而不是「純氣」為用；或者說：
他只能「開人之天」，而不能「開天之天」。

「物」—「純氣」與「人之天」—「天之天」的對照，出自
〈達生〉篇。此篇記載列子曾問關尹子：至人為什麼可以「潛行
不窒，蹈火不熱，行乎萬物之上而不慄。」關尹回答道：「是純
氣之守也，非知巧果敢之列。」同時，這也不是「貌象聲色」的
「物」之層次所能企及。在此段問答中，關尹又提出「不開人之
天，而開天之天」此一命題，據郭象注：「不慮而知，開天也；
知而後感，開人也。然則開天者，性之動也；開人者，知之用
也。」[41]郭注甚是，技與道的分別確實是「人」與「天」之別，
說的具體點，也就是「知之用」與「性之動」之別。郭向這裡所
說的「知」，無疑地就是道家傳統裡一再抨擊的「小知」（〈齊物
論〉），「知為孽」（〈德充符〉）之知，這是種受制於感官機能，
甚或意識型態的認知機能[42]。

但什麼是「性之動」呢？嚴格說來，「性」本身超乎動靜，
它是「動而無動」，不能以動靜等運動模態的概念規範之[43]。但
我們如果能稍加寬貸的話，當然可以蠡測所謂的「性之動」或

---

41 《莊子集釋》，頁 638。

42 陸西星，《南華真經副墨》卷 1 下，頁 4b-5a。注「大知閑閑，小知間間」
云：「大知之人忘己忘物，意見不生，灰心槁形，幾於喪我，故常閑閑。閑
閑者，從容暇豫之意……小知則日以心鬥，故常間間，間間者，立町畦，別
人我，一膜之外皆為藩籬，自謂心計精密，而不知此但小人之知耳。」

43 「性之動」雖是郭象注語，但莊子本身確實也常「心」、「性」混用，沈一貫
有說：「凡莊之所謂性者與吾異（按：即與吾儒異），吾之所謂性者，善也，
天繼之而為善……莊子之言性也，皆心爾。」〈讀莊概論〉，《莊子通》（台北：
藝文印書館），冊 9，頁 7。沈氏的解釋是對的，但「吾儒」也不是不會混
用，如程明道的「定性書」，即將「定心」說成「定性」。

「開天之天」，指的是一種超乎感性樊籬的直覺之知，如果我們返回到庖丁解牛的例子，我們也可以說即是「官知止而神欲行」。這種直覺之知因深入到人存在的深層，不是人的意識能力所能掌握，因此，它屬於「天」或「性」的層次。

分析這種扎根於人存在根基的直覺之知時，我們發現一項值得再三體玩的現象：此即伴隨此直覺之知而來的，乃是人的身體也會參與事件之中。乍看之下，此事或許不易理解，但理論上卻很容易推演：既然此知出於「性」，而非經驗意識，因此，構成人身根本結構的氣自然也就被引導生起，氣化四肢百骸，並與此知合一。所以在此種「物化之技」行為中，人之全體皆參與其中，四肢百骸完全被動員起來，由一種同質性的氣機（神）牽引鼓動，共同創造出技藝行為。我們且回想庖丁解牛時的神態：

> 手之所觸，肩之所倚，足之所履，膝之所踦，砉然嚮然，奏刀騞然，莫不中音，合於桑林之舞，乃中經首之會。

莊子形容技藝之出神入化，借用的是音樂此一意象，此中大有深意。因為音樂之意義是整體的，不容分割的，一首樂曲只有從頭演奏到尾，始末一貫以後，我們才可以領會全曲之奧妙。同樣的，我們要了解「解牛」這事件，只有把庖丁的手、肩、足、膝全部算進去──事實上，當是身體整體一起看待──並看出其間有「神欲」引導貫穿時，我們才能掌握其梗概。

既然是官知止而神欲行，所以我們可以看出「感官之非知覺化」與「身軀之知覺化」同時運行；另一方面，「對象之非對象化」與「對象與主體之相互融化」也是同時呈現。我們前文引用《管子‧內業》篇的說法，認為氣經過引導後可以覺醒（思），

覺醒後可以有某種意義的直覺之知（思乃知）。這種觀點我們可以在《莊子》一書論「由技進道」的章節裡，找到相互的佐證。如大馬捶鉤者為什麼會認為他的技藝是「用之者假不用者」（〈知北遊〉），伯昏無人為什麼會認為「不射之射」才是真正的射藝（〈田子方〉），這些妙語都可從「感官之非知覺化」與「身軀之知覺化」的觀點獲得某程度的解釋。由於本文重點安置於莊子修養工夫所涉及的身心問題，故對於其藝術觀所隱含的理論，暫且擱置不論。我們將轉從「對象之非對象化」與「對象與主體之相互融化」著眼。

在莊子的藝術思想裡面，我們不時可以看到類似「物化」、「無射之射」的涵義。在這種思想裡，我們可以看出：

1. 學者已將主—客、身—心間的界限打穿，「聰明雖用，必反為神」。

2. 技藝所需的法則已完全透明化，它最初雖由認知心所執取，但後來卻還歸為心靈秩序化外界時的一種定位走向，所謂「以天合天」，即近此意[44]。

因此，莊子在描述一件完美的藝術事件時，一定強調：

1. 此作品是超出一切限制，直入氣機深處下的感興作品。

---

[44] 笠原仲二解釋中國藝術中的「天」之問題時論道：「這些作品意味著是把天才煞費苦心地為尋求天地自然（造化）之美而直觀、心得的內在於萬物的理（真），代替天（造化、造物者）而完全畫出來……作為有神得天真，充滿生氣，洋溢生意的自然之美，在藝術上生產出的創造物。」楊若薇譯，《古代中國人的美意識》（北京：三聯書店，1988），頁 230-231，又云：「在中國，天才的作品與天—造化、自然便作為同樣生產的、創造性的東西，這是應該注意的，那麼，天才創造的作品正好與『自然』同樣」，同上，頁 231。以上所說，可作為「以天合天」的註腳。

2. 完成作品時的心靈固然是超自覺的，但它自然會將創作往一定
　的方向帶。因為，早先它將技術法則內在化時，已預啟了後來
　的軌約作用。

　　《列子》〈黃帝〉篇所說的「六藏七孔，四肢百節，塊然尸
居，同為一物……我之乘風，風之乘我，孰能辨也？」放在上述
論點考慮，毋寧是件很自然的事。

　　底下，我們不妨援引當代德國哲學家的親身體驗以為範例。
當他遠赴東方，和某位著名禪師學藝、學禪，費盡無限周折，最
後終於發出了「無射之射」後，不由地慨然唱道：

　　　我怕現在什麼也不明白了，即使是最簡單的事情也成為
　一團糟。是「我」張弓呢？還是弓把我拉入最緊張的情況？
　是「我」射中了靶子呢？還是靶子打中了我？這個「它」，
　用肉眼看時是心，還是心眼看時是肉？還是兩者都是？兩者
　都不是？弓、箭、靶子和我，都互相融入，我已無法再分離
　它們，也沒有分離的必要了。[45]

　　上述引言非常值得玩味，因為它出自思辨哲學訓練有素的哲
學家之口。引文充滿了禪意，但禪宗在許多方面受到莊子的影
響，這是文化史上的事實。說的更明確些，引文這段話簡直可以
作為伯昏無人「無射之射」的最佳注腳。

　　當沒有主—客、身—心、能—所的區別時，我們可以看到：

---

45 E. Herrigel 著，顧法嚴譯，《射藝中的禪》（台中：慧炬出版社，1979），頁
　144。此書作者描述他和日本禪師學禪時，禪師教導他如何透過射藝，以達
　到禪的境地。此書生動有趣，但筆者相信裡面所描述的體證經驗也見於《莊
　子》一書，我們甚至可以說：《莊子》開世後「由技進道」的途徑。

此時的身體已徹底的全體轉換，聽之以氣。但效果不僅止於此，因為如果「體合於心，心合於氣，氣合於神」時，此時日常經驗下的諸種區別已被徹底打散，因此，「身體」已不再是「個體」，它毋寧是宇宙間一切存在的流行[46]向經驗世界迴轉時，必須經由的凝聚點。但反過來說，這種通向於無限的氣之流行之身體，它到底是什麼樣的一種意義？

六、體盡無窮

要了解莊子身體觀的最終步驟，我們免不了要回到氣的概念上來。但要了解「氣」，我們又得先了解莊子形上學的基本假設。莊子的形上學特別重視變化，反對靜止的實在觀，這是研究莊子的專家學者大體共同接受的[47]。莊子的許多著名命題，如「生也天行，其死也物化」（〈刻意〉），「萬物皆出於機，皆入於機」（〈至樂〉），「登天游霧，撓挑無極，相忘以生，無所終極！」（〈大宗師〉），「樞始得其環中，以應無窮」（〈齊物論〉）等等，背後都預設著氣一元論的觀點，換言之，如果落在我們個體上來講，理論上也當同意：人，根源上來講，不能是「個體」的人，他一定是參與到存在流行的「宇宙人」[48]。如果用紐曼的話來講，

---

46 唐君毅先生將莊子的「氣」解釋成為「流行的存在」或「存在的流行」，參見《中國哲學原論·原道篇》（香港：新亞書院，1973），冊2，頁786。

47 參見熊十力，《讀經示要》（台北：廣文書局，1972）卷2，頁77-79。唐君毅，〈莊子的變化的形而上學與黑格爾的變化的形而上學之比較〉，此文收入《中西比較哲學論文集》（台北：宗青出版社，1978）。

48 「宇宙人」的概念轉借自 Richard Maurice Bucke, *Cosmic Consciousness* 一書，參見前揭書，頁1-18、61-18。

從人學的立場來看，人本質上就是冥契的人（mystic man），冥契的能力人人具足，絕非少數人可以專擅[49]。但是，為什麼現實上很少人可以做到呢？

莊子回答道：「今已為物也，欲復歸根，不亦難乎！」（〈知北遊〉）人既然成為「個體」，他就難免要受到這種個別性的結構（「體」）之限制。但是構成人的「個體」之主要條件——感官、身體——並不是不能改變的。我們前文已提過：感官、身體都不是現成不變的，它們根本有待於「踐形」，所謂的踐形即是氣化。當全身為氣所化之後，也就是學者的身體被充其至的朗現時，原本用以支撐或束縛成個體的感官、身體，反而成為個體向外流通的康莊大道[50]。

如果說感官、身體已不再是束縛個體，不再使此一個體與個體外的事事物物得以區分，那麼，我們如何界定何處是「我」的止境？或者：我們如何劃分「我」與「非我」？顯然，順著莊子的思路往下推論，所有的身體最後一定無身體意，所有的「我」之涵意最後也一定會自我瓦解。我們在第一節處，已簡略說明自我瓦解的過程。底下，我們再觀覽莊子如何界定人的身體所在：

---

49 E. Neumann, *Mystical Man*, in J-Campbell ed., Mystical Vision（Princeton: Princeton University Press, 1982）, pp. 375-415.

50 晚周以後思想常見「心術」一詞，此處的「術」之意義乃「謂所由之道路」。〈孔疏〉，《禮記註疏》（台北：藝文印書館，1974）卷38，頁6。亦有謂：「心氣之道所由舍者也，神乃為之使，九竅十二舍者，氣之門戶。」《鬼谷子》（上海：上海古籍出版社，1995）卷下，頁2a，總頁370。《鬼谷子》一書雖然年代可疑，然此處對「心術」一語的解釋，則頗符合晚周儒道哲學中的身體觀。後來王陽明論良知與感官的關係處，我們可從這方面追溯其源頭。另參見石田秀實，《氣——流れる身體》（東京：平河出版社，1987），頁111-125。

　　　　體盡無窮，而遊無朕。（〈應帝王〉）

　　　　聖人達綢繆，周盡一體矣。（〈則陽〉）

　　　　若夫乘天地之正，而御六氣之辨，以遊無窮者，彼且惡乎待哉！故曰：至人無己。（〈逍遙遊〉）

　　聖人為何可以周盡一體呢？如已周盡一體，他為何還可以用「人」（雖然是聖人）這種類名稱呼呢？且看前人的注解：

　　　　萬物與我本綢繆若一體，然者，聖人達綢繆，而包含覆育，無不周遍，若是乎大矣！蓋性體本然……他無所師而以天為師。以天為師，則彼亦一天矣，第其形猶人類，而人稱之為人也，其實天也。[51]

　　作為人格完美象徵的聖人確實已跳出人的範圍，成為某種意義下的「天」，但因從旁觀者的眼光看來，他尚有身體存在，因此，仍舊得以「人」稱呼之。

　　至於聖人如何「周盡一體」呢？〈應帝王〉與〈逍遙遊〉兩篇的句子跟我們說的很清楚，要「遊無窮」，要「遊無朕」。「遊無窮」我們可以理解，因為當人的個體被打散，軀體被打通時，人身之氣即參與到宇宙之氣的流行，再也無人我主客之可分，這也就是所謂的「遊乎天地之一氣」。但為什麼「遊無朕」呢？此處我們可以注意的是：「遊無朕」所遊的固然是「氣」，但這種「氣」不能視之為瀰漫於天地間的陰陽風雨之氣，換言之，它不能是人的呼吸器官藉以呼吸的「後天之氣」，而當是「心合於

氣，氣合於神」的「先天之氣」（或稱氣母，原氣）[52]。在這種境界底下，人不是以感官作用，而是以全部的存在去參與宇宙的流行。

說「參與」，其實不是很恰當。因為一參與，即有參與者意識之主動介入，以及被參與者之受容。但是當至人「體盡無窮，而遊無朕」時，他不需要這種克服主客之努力，他只是讓人的意識沉潛到四肢百骸，化為一氣之流行。既是一氣流行，自然也就流通於體內體外。在《莊子》一書中，我們時常可以見到其至高人格的形象總是處在緘默沖寧的境界，因為只有在這種境界中，他才不會擾亂他的氣，也才不會使人從「氣機沉潛於萬物」的合一狀態中，分裂成不同的意識狀態。「汝遊心於淡，合氣於漠，順物自然，而無容私焉！」（〈應帝王〉）「連乎其似好閑也，悗乎忘其言也」（〈大宗師〉），「明白入素，無為復朴，體性抱神，以遊世俗之間」（〈天地〉），「夫恬淡寂寞，虛无无為，此天地之平而道德之質也……能體純素，謂之真人」（〈刻意〉）。這些真人之恬淡寂寞並不僅是日常語意下所謂的修養道德而已。他事實上是與宇宙的流行同在[53]，因此，他必然要將個體性的感官與意志完全轉化掉，融入氣的流行中。否則，一有太多的感官知覺的干擾，他馬上會和流行的氣產生分裂，而對象也就會從變化流行的氣中生起，凝聚成感官攝取之物。

以體合心，以心合氣，以氣合神之後，人的意識和人的體氣和宇宙之氣即告混合同流，此時的心靈，我們可稱之為「遊」的心靈。「遊」之一字在莊子思想中極為特殊，有時我們可以看到

---

52 參見《莊子集釋》，頁 249。陸西星，《南華真經副墨》卷 2 下，頁 13a。
53 進一步的解釋參見劉武，《莊子集解內篇補正》，頁 14-17。

莊子用它來形容某些真人遊戲八方——「遊仙」一詞目前都還保存著這種涵義——但這種由原始宗教傳下來的概念固然有它文化系統內的實在性[54]，莊子也時常使用此種意象，但在更重要的層面上，莊子卻賦給了它新的意義：

聖人不從事於務，不就利，不違害……無謂有謂，有謂無謂，而遊乎塵垢之外。（〈齊物論〉）

彼方且與造物者為人，而遊乎天地之一氣。（〈大宗師〉）

予方將與造物者為人，厭則又乘夫莽眇之鳥，以出六極之外，而遊無何有之鄉，以處壙垠之野。（〈應帝王〉）

入無窮之門，以遊無極之野。（〈在宥〉）

出入六合，遊乎九州；獨來獨往，是謂獨有。（〈在宥〉）

若夫乘道德而浮游則不然，無譽無訾，一龍一蛇；與時俱化，而無肯專為……浮游乎萬物之祖，物物而不物於物，則胡可得而累邪！（〈山木〉）

刳形去皮，洒心去欲，而游於無人之野。（〈山木〉）

嘗相與遊乎無何有之宮，同合而論，無所終窮乎！（〈知北遊〉）

句子還可再列下去，但既然旨意相同，大可就此煞住。不過，對於莊子的夫子自道，我們沒有理由不在最後列上去，以相印證：

---

54 參見拙著，〈昇天、變形與不懼水火——論莊子思想中與原始宗教相關的三個主題〉，《漢學研究》卷 7，第 1 期，1989。

上與造物者遊，而下與外死生、無終始者為友。（〈天下〉）

人怎麼可能遊乎天地之一氣？遊無何有之鄉？出入六合，遊乎九州？浮游乎萬物之祖？又如何能上與造物者遊？假如莊子這裡的「遊」不是使用仙人輕舉遠遊之意，也不是使用想像力靈敏之意（如劉勰所說的神思）[55]，那麼，當如何解釋？其實，莊子早就告訴我們答案了：「遊乎天地之一氣」實質的意義上也就是「遊心於淡，合氣於漠。」這樣的「遊」並不是依靠軀體遠行，也不是思慮遍及六合四方，同樣，也不是耳目之流湎不返。它指的是人在一種遠離塵慮的狀態中，神氣與世界一齊呈現，一齊流動。因此，其根據在觀者提升自己，進入一種與萬物存在根基同在的冥契狀態，這樣的「遊」不是「外遊」，而是一種「內觀」。但觀無觀相，無能觀與所觀，所以「內觀」根本只是一氣之流行[56]。

到了「遊乎天地之一氣」時，人的身體已全氣化，散入存在之流行中，如果我們仍要從外表觀察軀體，當然還是可以說軀體終究是軀體，它是被決定的，只能是存在的個體中的某某（Das Man）[57]。但是身體不當外觀，而當內觀。一內觀時，顯然「遊乎天地之一氣」是種無增益見的現象學描述。然而，莊子的身體觀是否尚可再追究下去呢？

顯然是可以的，我們前文引用到亢倉子的話：「體合於心，心合於氣，氣合於神，神合於無。」但在討論中，主要是繞著前

---

55 周振甫注，《文心雕龍注釋》（台北：里仁書局，1984），頁 515-517。

56 參見《列子集釋》，頁 80。

57 海德格，《存有與時間》，頁 166-1671。

三者進行，對「神合於無」，則殊少論及。但如果體—心—氣—神—無之間是相續不斷的，我們沒有理由在「氣」、「神」的前面即停止不進。

但如果我們再往前邁進時，將會發現出現在我們眼前的景象，極不易處理，試觀下列諸文：

> 死生亦大矣，而不得與之變。雖天地覆墜，亦將不與之遺，審乎無假，而不與物遷。命物之化，而守其宗也……彼為己，以其知得其心，以其心得其常心……一知之所知，而心未嘗死者乎！（〈德充符〉）
>
> 古之人外化而內不化，今之人內化而外不化。與物化者，一不化者也。（〈知北遊〉）
>
> 吾與日月參光，吾與天地為常，當我，緡乎！遠我，昏乎！人其盡死，而我獨存乎！（〈在宥〉）
>
> 已外物矣，吾又守之，九日而後能外生；已外生矣，而後能朝徹；朝徹，而後能見獨；見獨，而後能无古今；无古今，而後能入於不死不生。（〈大宗師〉）

這四段話給我們帶來一種與前文所述大不相同的景象。「命物之化而守其宗」其意猶「外化而內不化」，其描述的應是存有論層次的問題。但是如果「遊乎天地之一氣」也涉及到人與萬物存有的關係時，那麼，這兩種命題間顯然有矛盾。

因為既然「內不化」，怎麼還能「遊」呢？如果「遊」了，怎能「內不化」呢？然而，兩者有距離固然是事實，說是矛盾卻也未必。因為當莊子提到「守宗」、「內不化」時，所觸及的境界已是終極的，無一無多，無時無空，自然更沒有「個體」之觀

念可言。只要是個體，就不可能超出時空（莊子卻說：外天下，無古今），不可能永恆不變（莊子卻說：一不化，「常」心），當然也不可能沒有毀壞死亡（莊子卻說：未嘗死，獨存，不死不生）。一言以蔽之，此時絕無「我」可言，「吾與日月同光，吾與天地為常……人其盡死，而我獨存。」這裡的「吾」、「我」絕不是有個體意義或個體意識的「我」。

那麼，這樣的「我」是怎麼回事呢？莊子已經跟我們說了，這是最終的層次，它是獨一無二的，永恆不變的，莊子名之為「常心」或「獨」。對於這最終的層次可以強名之為「至道」[58]，或名之為「性真」[59]，「性空真體」[60]，「一」。一個最方便的分法或許可以假用吠陀哲學使用的理論。此派哲學將人分為「私我」（atman）與「泛我」（brahman）兩部分。私我淨盡後，泛我呈現。但泛我是無聲無臭，無主無客，絕對超乎言說的[61]。

既然超乎言說，無主無客，我們就不好再將它劃歸為「我」的領域內。我們當然承認莊子思想中有此面向，但我們更應注意：莊子從來沒有要求學者常居住在「澹然獨與神明居」的心境中，他的學說也不是「主之於太一」[62]。他在好幾處地方都強調人要活在一種具體的、有個體意識參與的氣化流行，要其一也一，其不一也一，不能僅行前者，而疏忽了後者。一言以蔽之，「常心」或「獨體」能不能算是「我」或「身」的範圍，端看我

---

58 《莊子集釋》，頁 254。

59 憨山，《莊子內篇注》，頁 32。

60 陸西星，《南華真經副墨》，總頁 201。

61 參見 Heinrich Zimmer, *Philosophies of India*（Princeton: Princeton University Press, 1974）, pp. 333-354.

62 以上兩語皆出自《莊子・天下》形容老子的道之風格處。

們願不願意將「我」或「身」的語意擴大至超個體的意義。擴大，則一切皆我，一切皆我身，我與道（上帝、梵天）同大；不擴大，則我溶入無限，我身亡而一種無個體意義的獨體長存。

道家人物的語言率多飄渺恍惚，旨趣難尋，莊子尤甚。但是，莊子思想不易掌握，莊子的表現手法固然是主要原因，但古今哲人在理解身體的觀念方面有相當大的差異，造成整個解釋典範也跟著發生轉變，無疑地也是相當關鍵性的因素。莊子在〈天下〉篇提到他哲學的目的之一是想「上與造物者遊，而下與外死生，無終始者為友」，這段話極為醒目，研讀《莊子》一書的人士通常也將它視為典型的莊子風格。但是，這種目標當如何契近呢？可以契近此境界的人又是怎麼樣的「我」呢？難道莊子所說只是偽命題嗎？

「偽命題」觀的形成雖事出多端，但與晚近某些詮釋莊子思想者往往有意無意間將莊子思想中的身體觀念抹殺掉，不無關連。一種相當常見的觀點認為莊子是神祕主義（冥契主義）、懷疑主義，或唯心主義，要不然就是三者混合的錯綜體。神祕主義的問題比較複雜，此處暫且存而不論。但認為莊子是主觀唯心論，其間縱然有些唯物論的影子，大體上並沒有掩蓋住其唯心論的底彩[63]，這種想法筆者認為相當不妥。具體的內容先且不談，單單將「氣」解成「唯物」，「心」解成「唯心」，這種解釋很可

---

[63] 如關鋒，〈莊子哲學批判〉，《哲學研究》，第 7、8 期合刊（1960），頁 35-38。曹大林，〈略論反對絕對主義的莊學認識論〉，《吉林大學學報》，第 2 期（1982），頁 6-12。張岱年，〈論莊子〉，《燕園問學集》，頁 85-106，1984，以及《歷代哲學文選・先秦篇》（台北：木鐸出版社，1980）頁 287-289，等等皆是。晚近中國哲學界中，將莊子視為一亟需批判的唯心論者或懷疑論者一直是個很流行的看法。

能即會造成極大的歧異。底下，我們且舉榮格對西洋學者的一段諫語為例，以供參較：

> 在本文中，它思求使肉身變得無足輕重，因為氣身（breath-body）已取而代之。氣身不是我們這裡所說的「精神的」意義，西方人為求得知識精確的緣故，因此，強將身心分割為二。但這兩者在心靈中其實是並存的，心理學必須首肯此點：「心靈的」意指身心兩者。[64]

榮格此段話見之於他對一本中國修鍊典籍的評述，但此段話如移之於規勸許多人對莊子的理解，不增不減，也依然適用。

本文即想站在較為「實證」的立場，討論莊子工夫論中牽連到的身體觀。我們先從莊子對感性、智性的懷疑、抨擊、轉化開始談起。然後，談到莊子對於感官的要求，主要的不是灰身滅智[65]，而是要使它們融化為一體，成為心氣流動之管道。再其次，我們又提出：不僅是人的感官，連人的全部身體都需要為氣所滲化。全身氣化後，主客內外區別即變得極為「淡漠」，這時，心氣的流行也就沒有體內體外可分，這也就是「遊」的一種精神。修養工夫至此，已是「身體」一詞所能承載的最高限制。過此以往，人進入不死不生，靈光獨照的層次時，已不能再以任

---

64 C. Jung, R.F.C. Hull trans. *Psychology and the East*（Princeton: Princeton University Press, 1978），p. 53。

65 我們可以回顧一下《莊子·天下》所提及的彭蒙、田駢、慎到一派的學說：「夫無知之物，無建己之患，無用知之累，動靜不離於理，是以終身無譽。故曰：至於若無知之物而已，無用賢聖，夫塊不失道。」其次，我們可以看莊子如何引豪傑之言，以伸己意：「慎到之道，非生人之行，而至死人之理。」這種「至於若無知之物」的學問，也就是所謂的「斷」之學。

何言說論之，更別說是帶有個體意義的「我」或「身體」等語彙了。

莊子工夫論中涉及的轉化身體之思想，是否純是莊子個人的體悟呢？本文認為大部分不是的。有些概念，比如「遊」，無疑地在《莊子》一書特顯精采，其他子書少見，這是莊子極大的創見。但莊子思想中身—心—修養的關係在道家諸子中也可見到，論證也頗相近，只是它們的內容不如《莊子》一書記載的詳細罷了。如果我們擴大範圍，將探索的觸角延伸至儒家的孟子及諸理學大家，或許還可發現：一談到身—心—修養時，相似點相當的多。到底人的身體結構大體相同，一種超出思想系統以外的共同點比較容易被彼此認定接受。

但從另外一種觀點來看，人的身體結構固然大體相同，但儒道諸大師處理此問題時的立場，卻還是站在某種共同文化的氛圍底下形成的。他們認為人身不是現成的、圓滿的，而是一種趨向完美，可以昇華的起點。以現實的身體作為昇華的起點，以期達到朝徹見獨，終至乎下迴流行。這種全程轉化的身體觀卻不是一般文化系統底下常見的，在中國卻蔚為大宗。從此種觀點看來，儒道體驗的形上學（放在本文的脈絡裡面，不妨稱作身體的形上學）不能說沒有特殊的觀點在。

莊子思想中的身體觀是否可以再進一步探索？答案顯然是可以的。毫無疑問，本文雖然隨《莊子》文句宛延作解，力求洞照其間轉化生理結構的因素。但莊子所以會有這些觀念出現，不一定是出自他個人的創造，很可能是其描述後面有一更完整的身體理論作依據，因此，莊子可以依需要擇取，靈巧運用。筆者相信：中國傳統醫學在儒道的工夫論傳統中，扮演相當重要的角色。又如在修養過程中，人的身體結構轉化時，他的身體可能會

產生一些生理上的變化（如光），這些變化後來可以再轉變成重要的象徵。因此，我們理解後世文本此類的觀念時，可以領會得更深入，更徹底，也更了解儒道的體驗形上學並不朦朧模糊，其間盡有無窮複雜的道理在，這些都有待更深入地探討。

儒門內的莊子

2016年2月初版　　　　　　　　　　　　　　定價：新臺幣650元
2023年5月初版第四刷
有著作權‧翻印必究
Printed in Taiwan.

著　　　者	楊	儒	賓
叢書主編	沙	淑	芬
校　　　對	吳	美	滿
封面設計	沈	佳	德

出　版　者	聯經出版事業股份有限公司	副總編輯	陳	逸	華
地　　　址	新北市汐止區大同路一段369號1樓	總　編　輯	涂	豐	恩
叢書主編電話	（02）86925588轉5310	總　經　理	陳	芝	宇
台北聯經書房	台北市新生南路三段94號	社　　　長	羅	國	俊
電　　　話	（02）23620308	發　行　人	林	載	爵
郵政劃撥帳戶第0100559-3號
郵　撥　電　話　（02）23620308
印　刷　者	世和印製企業有限公司
總　經　銷	聯合發行股份有限公司
發　行　所	新北市新店區寶橋路235巷6弄6號2F
電　　　話	（02）29178022

行政院新聞局出版事業登記證局版臺業字第0130號

國家圖書館出版品預行編目資料

儒門內的莊子/楊儒賓著 . 初版 . 新北市 .
聯經 . 2016年2月（民105年）. 504面 . 14.8×
21公分
ISBN 978-957-08-4668-3（精裝）
[2023年5月初版第四刷]

1.莊子 2.研究考訂 3.儒家

121.337 104028035